Gábor Paál

—

Was ist schön?

Gábor Paál leitet die Redaktion SWR2 Wissen im SWR. Mit Schönheit beschäftigt er sich, seit ihn vor mehr als 30 Jahren sein Geographie-Studium mit Fragen der Landschaftsästhetik in Berührung brachte. Seine Ideen zu einer Ästhetik der Erkenntnis skizzierte er in einem ersten Buch 2003. Neue Forschungsergebnisse sowie viele eigene Recherchen veranlassten ihn nun dazu, sie zu einem universellen Konzept von Schönheit auszubauen.

Gábor Paál

Was ist schön?

Die Ästhetik in allem

Mit Illustrationen
von Britta Wagner

Königshausen & Neumann

Bibliografische Information der Deutschen Nationalbibliothek

Die Deutsche Nationalbibliothek verzeichnet diese Publikation in der Deutschen Nationalbibliografie; detaillierte bibliografische Daten sind im Internet über http://dnb.d-nb.de abrufbar.

Gedruckt auf säurefreiem, alterungsbeständigem Papier
Umschlaggestaltung: Britta Wagner
Umschlagabbildung: © NASA

Printed in Germany
ISBN 978-3-8260-7104-1
www.koenigshausen-neumann.de
www.ebook.de
www.buchhandel.de
www.buchkatalog.de

Mit Ästhetik meine ich die Aufmerksamkeit für das Muster, das verbindet.

Gregory Bateson

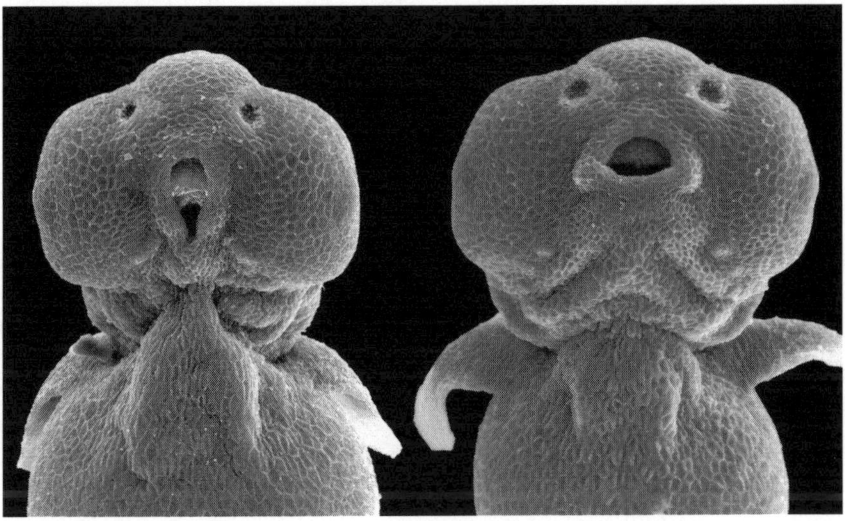

Inhalt

Einleitung ... 9

Teil I: Die vier Arten der Schönheit

1. Prämissen: Worüber reden wir? ... 17

   Was ist schön? – Schönheit vs. Glück – Was ist ästhetisch? – Kategorien und Werte – Kontextualisierung alias Rahmung alias „Framing“ – Subjektivität

2. Schönheit in Gehirn und Körper ... 29

   Empirische Ästhetik – Mehr als Lust – Schönheit als Meta-Emotion – Kognitive Leichtigkeit – „Bewegt sein“ – Gänsehaut und andere Körperreaktionen

3. Elementare Ästhetik: E-Werte ... 47

   Was heißt elementarästhetisch? – Probleme der Evolutionspsychologie – Individuelle Unterschiede – Grenzen der elementaren Ästhetik

4. Erkenntnisästhetik: O-, S- und K-Werte ... 59

   Der Unterschied: Schönheit in Zeichen – Erste Einordnung – Das Modell – Persönliche Vorlieben – Der Sinn der Sinnlichkeit

5. O-Werte ... 79

   Was Objekte und Muster O-wertig macht – Syntaktische und semantische O-Werte – Symbole, Signale und Ideologien

6. S-Werte ... 91

   Was Beziehungen S-wertig macht – Die Vielfalt S-wertiger Phänomene – S = O ?

7. K-Werte ... 115

   Was Handlungen K-wertig macht – Spannung – Erleben von Kreativität – Flow

8. Wie Werte wechselwirken 135

Doppelt und dreifach: Kaskaden der Schönheit – Die Auflösung der Paradoxie der Hässlichkeit – Kitsch – Mode

9. Erinnerungen 145

Unser Gedächtnis täuscht uns (auch über Schönes) – Rückwirkende Ästhetisierung – Konvergenz von Glück und Schönheit

Zwischenspiel: Das Schöne und das Gute 151

Ästhetik und Moral: Die Schnittmengen – Wie Moral ästhetische Vorlieben prägt und umgekehrt – Evolution: Wie das Schöne in die Welt kam – Ästhetik: sät Ethik?

Teil II: Schönes Lernen

10. Lernen: Kognitive Sensibilisierung 169

Die feinen Unterschiede – Von einem Thema Ahnung haben

11. Themenwelten und Denklandschaften 175

Die Themenwelt – Denklandschaften – Von einer Landschaft in die andere

12. Der Weg der reinen Neugier 193

Erfahrung und Überblick – Was Hobbyforscher antreibt – Innovation und Diffusion – Ästhetische Werte als Wegweiser

13. Stil 205

Was ist Stil? – Form, Sinn, Raum: Die Struktur von Stilen – Ästhetik und Stil – Stile sind wie Themen

14. Kreativität lernen 219

Lernen lernen lernen – Ästhetisches Lernen lernen – Die Ästhetik des Rucks

Zwischenspiel: Das Schöne und das Wahre 227

Vertrauen – Wahre Schönheit, schöne Wahrheit? – Wissenschaftliche Schönheitskriterien im Wandel

Teil III: Die Ästhetik der Wissenschaft

15. Wissenschaft als Erkenntnisstil 245

Kunst im Wissen – Fülle: Der Unterschied von Kunst und Wissenschaft – Handlungsmotive: Schönes Forschen – Exakt und hermeneutisch

16. Erkenntnismotive: Schöne Themen 255

Ästhetische Impulse in wissenschaftlichen Biografien – O-Themen – S-Themen – OS-Themen

17. Die Ästhetik der akademischen Fächerwelt 273

Fallstudie: Die Geographie – Geographische Erkenntnismotive – Parallelen in anderen Disziplinen – Fachspezifische Träume

18. Ästhetik und Realphilosophie 283

Realphilosophie – Die Ästhetik der Realphilosophie – Erkenntnisästhetik als Metawissenschaft

Nachwort 291

Literatur/Bildnachweis 293

Register 300

Einleitung

Infolgedessen verdient die Frage, warum der Liefdefjord „schön“ ist, die gleiche Aufmerksamkeit wie das Problem, das uns eine Fuge von Bach aufgibt.

Alfred Andersch, *Hohe Breitengrade*

Ein Kind im Streichelzoo, bei den Ziegen: „Wie sich das anfühlt, die zu streicheln und wenn die einem die Hand ablecken.“ Schön!

Oder eine Chemikerin. Die bei Experimenten auf interessante Materialeigenschaften stößt. Sie denkt schon über mögliche Anwendungen und Patente nach. Schön!

Ein Bildhauer, dessen jüngste Skulpturen genau das vermitteln, was ihm vorschwebte. Schön!

Welches Muster verbindet die drei? Überlegungen darüber, was uns gefällt und was nicht, prägen unseren gesamten Alltag, vom Einkaufsbummel bis zur Bundestagswahl. Das zeigt sich schon darin, worüber wir mit anderen Leuten plaudern: Wenn nicht gerade über wichtige Neuigkeiten, dann vor allem darüber, was uns gefällt und was nicht. Alles bietet sich dafür an: Filme, Kleider, Reisen, Bücher, Kneipen, Wohnungen, Männer, Frauen, Parteien. Überall bewegen wir uns im Spannungsfeld zwischen „Toll!“ und „Völlig daneben!“, zwischen „Liebe ich!“ und „Kann ich nicht ausstehen!“

Auf den ersten Blick sieht es so aus, als benutzten wir das Wort „schön“ inflationär: Schöne Erlebnisse, schöne Nachrichten, schöne Vorträge, schöne Begegnungen. Das sagen wir so, aber das hat, so scheint es, nichts zu tun mit der Schönheit eines Rilke-Gedichts oder eines Da-Vinci-Gemäldes. Oder doch? Ich will in diesem Buch zeigen, dass es gute Gründe für einen sehr weiten Begriff von Schönheit gibt. Gleichzeitig werde ich dabei einen besonderen Akzent auf diejenigen ästhetischen Vorgänge legen, die sonst weniger Beachtung finden: Die Ästhetik der Erkenntnis. Sie ist aus meiner Sicht der Schlüssel zum Verständnis des Phänomens Schönheit.

„Erkenntnis“ klingt hochtrabend, ist aber nicht so gemeint. Unser Alltag ist voll von erkenntnisorientierten Prozessen: Wir führen Gespräche, wir denken nach, wir recherchieren und probieren Dinge aus. Wir lernen, lesen Zeitung, besuchen Museen und sammeln Erfahrungen. Und überall spielt ästhetisches Erleben eine maßgebliche Rolle. Ebenso gilt das für diejenigen, die selbst Wissen und Ideen vermitteln, indem sie einen Vortrag halten, eine Nachrichtensendung zusammenstellen, Kinder unterrichten, eine Kunstausstellung konzipieren, eine Mannschaft trainieren oder Menschen psychologisch beraten. Auch diese erkenntnisstiftenden Tätigkeiten sind von ästhetischen Erwägungen begleitet: „Welche Ideen werden auf Resonanz stoßen? Wie kann ich sie wirkungsvoll vermitteln? Welche Stilmittel sind angemessen?" Diese Fragen bilden die gemeinsame Basis wissenschaftlicher, journalistischer, pädagogischer, künstlerischer und vieler anderer Tätigkeiten. Sie betreffen alle Bereiche menschlicher Kommunikation.

In diesem Buch plädiere ich für eine in mehrfacher Hinsicht integrative Ästhetik. Integrativ, denn Schönheitserleben, davon will ich Sie überzeugen, durchdringt unser Leben. Schönheit beschränkt sich nicht auf Kunst oder auf besinnliche Momente, sondern sie ist existenziell. An einem Mangel an Schönem kann man leiden.

Integrativ ist die Ästhetik, die ich hier vorstelle, auch deshalb, weil sie Erkenntnisse aus unterschiedlichsten Wissenschaften zusammenführt. Das war in der Erforschung der Schönheit eher selten der Fall. Die Geschichte der neuzeitlichen Ästhetik ist im Wesentlichen geprägt von zwei Herangehensweisen, die der Mediziner Gustav Theodor Fechner im 19. Jahrhundert als „Ästhetik von unten" bzw. „Ästhetik von oben" unterschieden hat. Die „Ästhetik von oben" ist die ältere, die der traditionellen Philosophie und Literaturwissenschaft. Diese „schöngeistigen" Theorien hatten allerdings meist keine empirische Grundlage. Sie waren wohlformuliert, aber ebenso abstrakt wie spekulativ oder essayistisch. Selbst Adornos berühmte „Ästhetische Theorie" befasste sich ja keineswegs mit der Frage der Schönheit, sondern vielmehr mit der gesellschaftlichen Funktion und Bedeutung der Kunst – ein anderes Thema.

Die Ästhetik von oben half also wenig, um konkrete Fragen wie „Warum finden viele Menschen dieses Bild nun schön?" zu beantworten. Und sie betrachtete Schönheit fast ausschließlich im Zusammenhang mit Kunst, vielleicht allenfalls noch mit Landschaften. Die Schönheit, die wir beim Anblick von Menschen, Gebrauchsgegenständen oder auch in der Beschäftigung mit wissenschaftlichen Theorien empfinden, wurde ausgeklammert oder bestenfalls als Randaspekt abgetan. Für den Hausgebrauch waren diese Theorien deshalb wenig geeignet.

Als Gegenentwurf bemühte sich die „Ästhetik von unten" in der Tradition Fechners sehr stark um eine empirische Grundlage. Sie reduzierte Ästhetik auch nicht auf Kunst, sondern betrachtete Schönheitserleben als das, was es ist: als eine alltägliche Erscheinung, ein psychologisches Phänomen, das sich in Experimenten untersuchen lässt. So hat die experimentelle Psychologie viel über die Wirkung bestimmter Farben oder musikalischer Motive herausgefunden. Ebenso darüber, welche geometrischen Muster, Gesichter und Landschaften wir anziehend finden und welche nicht. In jüngerer Zeit wurden diese Forschungen durch die modernen Methoden der Hirnforschung verfeinert und bereichert. Sie konnten bestätigen, auf welche Reize das für das Empfinden von „Lust“ zuständige „Belohnungszentrum“ reagiert.

Doch gerade in diesen Versuchen zeigte sich auch die große Schwäche der „Ästhetik von unten“: So wie Philosophie und Literaturwissenschaft das Schöne stark verklärt und auf die hohen Sphären der Kunst reduziert haben, so ist doch die profane Auffassung von Schönheitserleben als „Lustempfinden“ eine mindestens ebenso starke Reduktion. Denn sie beantwortet viele Fragen nicht: Experimentell etwa lässt sich zeigen, dass für die meisten Menschen *Symmetrie* ein Merkmal ist, das Muster attraktiver macht. Symmetrische Gesichter werden als ansprechender bewertet als asymmetrische. Doch was ist mit der Mona Lisa, die keineswegs symmetrisch lächelt? Oder den Gesichtern, die Picasso malte? Harmonische Klänge gelten als angenehmer als disharmonische. Trotzdem erfreut sich auch der Jazz mit seinen disharmonischen Akkorden großer Beliebtheit. Schon diese Beispiele zeigen: Schönheit ist nicht ganz so simpel, und der Kontext des Erlebens spielt für die ästhetische Bewertung eine große Rolle.

Die experimentelle „Ästhetik von unten“ tut sich zudem schwer damit, individuelle Unterschiede zu erklären: Warum sind Geschmäcker verschieden? Oder das Phänomen der *Mode:* Warum begeistern wir uns heute für manche Dinge, über die wir vor fünf Jahren noch den Kopf geschüttelt hätten? Und warum sprechen uns manche Musik- und Kleidungsstücke von früher überhaupt nicht mehr an?

Weder die Ästhetik *von oben* noch die *von unten* kann also das Schönheitserleben umfassend erklären. Das liegt auch daran, dass beiden Strömungen von einer inzwischen überholten Annahme ausgingen: Alexander Gottlieb Baumgarten, der Begründer der modernen Ästhetik, definierte im 18. Jahrhundert ästhetisches Erleben als die „sinnliche“ Erkenntnis – gegenüber der „rational-begrifflichen“. Das „Schöne“ wurde somit dem Bereich der Sinne und Gefühle zugerechnet, streng zu trennen von allem „Vernünftigen“ oder „Kognitiven“, wie man heute oft sagt.

Diese Verwendung des Wortes *Ästhetik* hat mit seiner ursprünglichen Bedeutung nur noch indirekt etwas zu tun. Im Griechischen bedeutete *Aisthesis* sowohl „Wahrnehmung, Erkenntnis“ als auch „sinnliches Empfinden“. Die *Metaphysik* von Aristoteles beginnt mit dem Satz: „Alle Menschen streben nach Wissen; dies beweist die Freude an den Sinneswahrnehmungen [*tōn aistheseōn*]“. *Aisthesis* wird hier also unmittelbar verknüpft mit Wissen! Das Wort schillert somit, ganz ähnlich wie sein deutsches Pendant *Sinn,* das uns sowohl *sinnvolle* Gedanken wie *sinnliche* Erfahrungen erlaubt. Wir sind vernünftig, wenn wir „alle Sinne beisammenhaben“, können uns aber auch gefühlsbetont „mit allen Sinnen“ auf eine Erfahrung einlassen.

Auch deshalb ist ein integrativer Ansatz notwendig: Ziel ist eine Ästhetik, die das „Entweder-oder“ überwindet, die das Sinnliche *und* das

„Sinnhafte“ berücksichtigt. *Alle* Wahrnehmungs- und Erkenntnisprozesse werden als potenziell ästhetisch betrachtet. Denn „Schönheit“ und „Rationalität“ sind keine Gegensätze. Man muss kein Mathematiker sein, um das zu erkennen.

Beide Bewegungen – die Ästhetik von unten und die von oben – sind auf halbem Wege stecken geblieben. Doch immerhin, um im Bild zu bleiben, sind sie weit genug aufeinander zugegangen, um sich zu begegnen. Die Erkenntnisse, die die empirische Ästhetik in den letzten 20 Jahren gewonnen hat, helfen dabei. Doch ohne eine philosophische Synthese geht es in dem Fall auch nicht. Denn notwendig ist eine Gesamtbetrachtung, Neusortierung und Strukturierung der Befunde, eben: eine Integration von Philosophie und psychologischer Forschung.

Das Rezept dafür stammt wiederum von Gustav Theodor Fechner. Er hat als einer der Ersten erkannt, dass es unterschiedliche Ebenen ästhetischen Erlebens gibt.[1] Er unterschied „primäre Formalprinzipien“ und ein „sekundäres Assoziationsprinzip“. Zu den Formalprinzipien rechnete er Widerspruchslosigkeit, Klarheit, Einheit in der Vielfalt; mit Assoziationsprinzip meinte er vor allem die symbolische Bedeutung eines Objekts. Sein Konzept muss zwar heute modifiziert und erweitert werden. Doch der Ansatz, verschiedene Ebenen ästhetischer Erfahrung auseinander zu halten, wies genau in die richtige Richtung.

Dies bestätigen die bekannten ästhetischen Paradoxien: Etwas „an sich Hässliches“ kann auf einer höheren Ebene als „schön“ empfunden werden, weil es zum Beispiel „das Unschöne auf so gelungene Weise darstellt“. Der Philosoph Nelson Goodman nennt diesen „schaurig-schönen“ Sachverhalt *Paradox der Hässlichkeit*.[2] Auch dem Kitsch liegt eine Paradoxie zugrunde, denn das Kitschige ist zwar schön – aber zu schön, um (wirklich) schön zu sein. Wie wir sehen werden, lösen sich solche scheinbaren Paradoxien elegant auf, wenn man verschiedene Arten von Schönheit auseinanderhält. Schon allein deshalb lohnt sich diese integrative Ästhetik.

Was also können wir von einer zeitgemäßen Theorie der Schönheit erwarten?

- Sie sollte sich auf den aktuellen Stand der empirischen Ästhetik, der Sozial- und Kognitionspsychologie sowie der Hirnforschung stützen und dabei die zum Teil sehr unterschiedlichen Befunde integrieren.
- Sie sollte ästhetische Phänomene einerseits erklären, andererseits Raum lassen für individuelle Vorlieben. Die Geschmäcker werden weiter verschieden sein. Das bedeutet aber nicht, dass ästhetische Werte völlig beliebig wären.

[1] Fechner 1876.
[2] Goodman 1995, 235.

- Sie sollte Argumente und Kriterien an die Hand geben, um das eigene ästhetische Urteil besser zu verstehen und zu begründen. Sie sollte aber keinen normativen Anspruch erheben, sich also nicht anmaßen „wissenschaftlich festzustellen“, was schön ist und was nicht.
- Sie sollte alltägliche Phänomene erklären wie *Mode* oder das *Paradox der Hässlichkeit.*

Zurück zum Anfang: Was also verbindet die Konzertbesucherin mit dem Konsumenten, der sich über seine neue Gartenbank freut? Den Epidemiologen, der auf ein Computermodell stößt, das die Ausbreitung einer Pandemie sehr wirklichkeitsgetreu beschreibt mit der Jongleurin, die ihr neues Kunststück nun endlich souverän beherrscht? Die Antwort darauf zu geben, ist Ziel dieses Buches.

Es hat drei Teile: Im ersten werde ich die Grundzüge einer Theorie – man könnte auch sagen: eines Ordnungsmodells – der Schönheit entwerfen. Ich werde darstellen, warum sich Schönheitsempfinden am besten als Meta-Emotion beschreiben lässt, und wie gut das zu den Erkenntnissen der Hirnforschung und der neuen Empirischen Ästhetik passt. Den Kern des Modells bilden vier Arten ästhetischer Kategorien: eine elementarästhetische (E-Werte) und drei erkenntnisästhetische, die ich O-, S- bzw. K-Werte nenne. Am Ende dieses ersten Teils werde ich zeigen, wie diese Werte miteinander wechselwirken können und wie sich so auch die erwähnten Paradoxien der Hässlichkeit auflösen lassen.

Teil 2 widmet sich der ästhetischen Dimension des Lernens. Ich werde dabei Lernen als eine Sensibilisierung von Erkenntnisprozessen betrachten und in Form einer Reise durch „Denklandschaften“ darstellen. Dabei wird sich auch zeigen, was es bedeutet, von einem „Thema“ eine „Ahnung“ zu haben und wie man Kreativität „lernen“ kann.

In Teil 3 schließlich werde ich auf eine spezielle Form von Erkenntnisprozessen eingehen, nämlich auf die Ästhetik der Wissenschaft. Ich werde versuchen zu zeigen, dass – und wie – ästhetische Motive die gesamte Wissenschaft prägen.

Wer, wie ich, in Frankfurt aufgewachsen und regelmäßig an der Alten Oper vorbeigeradelt ist, verschwendet hin und wieder ein paar Gedanken an die bedeutungsschwangere Inschrift, die ihr Portal ziert: „DEM WAHREN SCHOENEN GUTEN“. Ich fand, ein Buch über das Schöne wäre unvollständig, würde es nicht auch die Beziehung zu diesen beiden anderen Werten klären: Wie verhält sich Ethik zu Ästhetik? Wie Schönheit zur Wahrheit? Tatsächlich zeigen sich hier interessante Berührungspunkte. Diese Gedanken zweigen ein wenig von der Hauptlinie der Gesamtargumentation ab, weshalb ich sie in jeweils eigenen „Zwischenspielen“ ausleuchten werde. Zu diesem Buch gibt es außerdem eine begleitende Website (http://was-ist-schön.de), auf der ich weiterführende Informationen zu bestimmten Aspekten gebündelt habe.

Erwähnen möchte ich, dass die Ideen des Natur- und Erkenntnisphilosophen Gregory Bateson zumindest indirekt einiges zu diesem Buch beigetragen haben. Sein Name wird nicht oft, aber immer wieder und an sehr unterschiedlichen Stellen auftauchen. Kaum jemand hat die verschiedenen Ebenen, die geistigen Prozessen zugrunde liegen, so gründlich analysiert wie er. Am Ende seines Buches *Geist und Natur* hatte Bateson angekündigt, er wolle sich als nächstes dem Zusammenhang zwischen „dem Schönen, dem Heiligen und dem Bewusstsein" widmen. Allerdings ist er dazu nicht mehr gekommen. Das nach seinem Tod von seiner Tochter Mary Catherine herausgegebene Buch *Angels Fear*[3] (deutsch unter dem Titel *Wo Engel zögern*) enthält lediglich einige Gedankensplitter zum Thema Schönheit, aber keinen Entwurf einer Theorie. Dennoch war Batesons systemische Art zu denken für mich inspirierend. Die wenigsten Menschen wissen, dass es Bateson war, der die heute so verbreitete Vorsilbe „Meta-" (wie in Meta-Ebene, Meta-Analyse, Meta-Kommunikation usw.) zur Abgrenzung verschiedener logischer Bezugsebenen etablierte. Bateson hat auch das Denken in *Mustern* (und Beziehungen in Mustern) propagiert, das im Grunde der Kern systemischen Denkens ist und auch das hier vorgestellte Konzept prägt.

Dieses Buch setzt keine fachwissenschaftlichen Vorkenntnisse voraus. Einen ausführlichen philosophie- bzw. wissenschaftshistorischen Abriss der Ästhetik werden Sie hier nicht finden. Ein Problem ist, dass fast alle Strömungen, die sich mit Ästhetik und mit Erkenntnisprozessen beschäftigt haben, eine jeweils eigene Terminologie benutzen. So ist es unvermeidbar, dass manche der Begriffe, die ich verwende, sich bei Philosoph X oder Literaturwissenschaftlerin Y in einer etwas anderen Bedeutung finden. Wo es mir sinnvoll erscheint, werde ich versuchen, begrifflichen Missverständnissen vorzubeugen. Würde ich mich aber nur im Bezugsrahmen bereits eingeführter Terminologien bewegen, entstünden entweder Widersprüche oder nichts wirklich Neues.

[3] Bateson & Bateson 1987.

Teil I

Die vier Arten der Schönheit

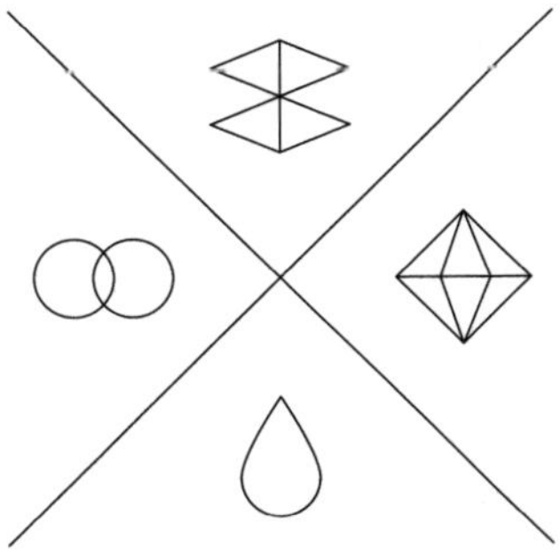

1. Prämissen: Worüber reden wir?

Wie es geschrieben steht:
„The purpose of this study was ... "

Was es bedeutet:
„Wir haben ..."

S. Bär, *Forschen auf Deutsch*

Was ist schön?

Manchmal kommt man nicht umhin, einen Gedankengang mit Definitionen zu beginnen, auch wenn das oft einen falschen Eindruck erweckt. Es scheint dann, als hätten die Definitionen tatsächlich am Anfang gestanden und alles weitere wäre aus ihnen abgeleitet worden. In Wirklichkeit entstehen sie in vielen Fällen wohl erst im Nachhinein, wenn die Idee in ihren Grundzügen bereits skizziert ist und man dabei ist, sie systematisch auszuformulieren. Vermutlich werden in Wissenschaft und Philosophie fast immer die Definitionen den Theorien angepasst und nicht umgekehrt. Denn mit Definitionen sind unweigerlich auch einige grundsätzliche inhaltliche Annahmen verknüpft.

Ich hatte schon in der Einleitung angedeutet, dass es aus meiner Sicht sinnvoll ist, den Begriff *schön* in einem weiten, übergeordneten Sinn zu verwenden, nämlich fast so, wie wir es im Alltag auch tun.

Def (schön)

Schön finden wir ein Objekt, wenn es uns um seiner selbst willen gefällt.

Der Begriff *Objekt* ist dabei ebenfalls weit gefasst. Bei Objekten kann es sich um Gegenstände handeln, aber auch um Menschen oder andere Lebewesen, um Geräusche, Musik, Gerüche, Texte, Situationen, sogar um Vorstellungen, Träume oder Ideen. All diese Objekte können im Mittelpunkt des Schönheitserlebens stehen. Die Einschränkung „um seiner selbst willen" soll dabei schöne Objekte abgrenzen von solchen, die uns lediglich deshalb gefallen, weil sie einem übergeordneten Zweck dienlich sind. Das meinte auch Immanuel Kant, als er Schönheit als „interesseloses Wohlgefallen" verstand. Mit „Interesse" meinte Kant nicht, dass jemand sich zwanglos „für etwas interessiert", sondern an etwas ein persönliches Interesse hat. Er grenzte das Schöne vom Angenehmen und vom „vernünftig" Guten ab. Wenn uns etwas gefällt, weil es angenehm oder vernünftig ist, sei das mit Interesse verbunden. Schön sei nur, was uns ohne dieses Interesse gefällt, eben: um seiner selbst willen.

Noch mehr entspricht meine Definition aber der des Philosophen George Santayana, der Schönheit an genau diesen drei Merkmalen festmachte: *„Beauty […] is value positive, intrinsic and objectified"*, also mit einer positiven Bewertung verbunden, intrinsisch (ein anderes Wort für „um seiner selbst willen") und objektbezogen.[4]

Dieser Schönheits-Begriff wird heute von vielen geteilt, ist aber in Fachkreisen nicht selbstverständlich. Ein oft gehörtes Gegenargument lautet, dass dieser Begriff des Schönen zu inflationär und schwammig sei, spätestens, wenn es um Kunst geht. Gute – also: ästhetisch wertvolle – Kunst sei schließlich nicht immer „schön", lautet der gängige Einwand. Sie könne sich auch dadurch auszeichnen, dass sie irritiere, verstöre und provoziere.

Die Entgegnung darauf lautet – und das entspricht auch meiner Haltung – dass auch ein vordergründig verstörendes Bild auf einer anderen „höheren" Ebene eben doch schön ist, wenn es uns *als Kunstwerk* gefällt. Schönheit wäre demnach der übergeordnete Begriff, der Kern aller ästhetischen Werte. Dies entspricht dem berühmten Dreiklang Platons, der die großen Ideen in „das Wahre, das Schöne und das Gute" einteilte. Platon sprach ja nicht vom Wahren, Guten, Schönen, Verstörenden, Irritierenden und so weiter. Im Schönen war alles Notwendige zusammengefasst.

Daraus folgt aber nicht, dass sich Schönheit nicht differenzieren ließe. Genau darauf will ich hinaus: Es gibt Unterschiede zwischen der Schönheit eines „attraktiven" Gesichts, eines Sonnenuntergangs, einer guten Rede und einer Sinfonie. Nicht nur, weil es sich um verschiedene Objekte handelt, sondern auch, weil jeweils unterschiedliche *Arten* von Schönheit zum Tragen kommen. Sie zu identifizieren, ist eines meiner Hauptanliegen im ersten Teil dieses Buches.

[4] 1896.

Aus der Definition von „schön“ ergibt sich dann eigentlich auch die der Schönheit:

> ***Def (Schönheit)***
>
> *Schönheit* ist das Empfinden, dass etwas schön ist.

Dieser Satz mag zunächst irritieren, da wir sprachlich „Schönheit“ behandeln, als wäre es eine Eigenschaft eines Objekts, ähnlich wie etwa „Helligkeit“ oder „Gewicht“. Doch wenn Sie von Ihren schönen neuen Schuhen schwärmen, verrät das nichts über die Schuhe, sondern beschreibt nur, wie Sie sie finden. Deshalb ist im Begriff „Schönheit“ bereits das Empfinden ebenso enthalten wie im „Glück“ das Glücksempfinden.

Schönheit vs. Glück

Um auch diesem möglichen Missverständnis vorzubeugen: Schön ist keineswegs alles, was sich irgendwie gut anfühlt. Ebenso ist Schönheit klar abzugrenzen vom (ebenso schwer definierbaren) „Glück“ – ein Begriff, um den herum sich in den letzten zwanzig Jahren ein eigener Forschungszweig entwickelt hat. Das reicht bis zu Versuchen, Glück zu messen und – nach dem Vorbild Bhutans – so etwas wie ein Bruttosozialglück als Wohlfahrtsindex zu etablieren. Ich habe dafür große Sympathien. Dennoch sind die beiden Konzepte klar auseinanderzuhalten. Der wesentliche Unterschied ist in *Def (schön)* bereits enthalten: Schönheit ist an Objekte geknüpft.

Dies bedeutet nicht, dass die Gründe, weshalb wir etwas schön finden, immer im jeweiligen Objekt zu suchen wären. Im Gegenteil: *„Dieses Objekt ist schön“* bedeutet nach der Definition für Schönheit: *„Es ist schön für mich, X zu erleben“*. Ob das an Eigenschaften des Objekts liegt, an den äußeren Umständen, an mir oder an einer Mischung aus alledem, ist damit noch nicht gesagt. Dennoch ist es stets ein Objekt, an dem wir die empfundene Schönheit festmachen.

In dieser Hinsicht erleben wir Schönheit auch immer *bewusst*: Selbst dann, wenn wir nicht klar sagen können, *warum* wir etwas schön finden, sind wir uns bewusst, *was* wir schön finden und *dass* wir es schön finden. Dies ist der Unterschied zum einfachen „Wohlfühlen“, zum „Angenehmen“ und zu den guten und schlechten Launen, die unseren Alltag begleiten und deren Auslöser wir allenfalls diffus wahrnehmen. Auch diese Bewusstheit unterscheidet Schönheit vom „Glück“ der Glücksforschung.

Allerdings gibt es zwischen Glücksempfinden einerseits und Schönheitserleben andererseits einige Verbindungen und Parallelen. Zum einen löst das Erleben von Schönheit auch Glücksgefühle aus. Zum anderen treten bei beiden – vor allem in Erinnerungsvorgängen – ähnliche Effekte auf. Darauf werde ich in Kapitel 9 ausführlicher eingehen.

Was ist ästhetisch?

Ästhetisch bedeutet in der Umgangssprache oft das Gleiche wie schön. Man hört schon mal Sätze wie „diese Farbkombination finde ich ziemlich unästhetisch". Die Wissenschaft verwendet den Begriff anders, aber – wie in der Einleitung dargelegt – ebenfalls nicht einheitlich. Heute bezeichnet ästhetisch zum einen all die Merkmale und Eigenschaften, die beeinflussen, wie etwas auf uns wirkt. Zum anderen – und so werde ich den Begriff verwenden – die Merkmale, die damit zu tun haben, ob wir etwas schön finden oder nicht.

Def (ästhetisch)

Ästhetisch heißt etwas dann, wenn wir es unter Gesichtspunkten der Schönheit beurteilen.

Auch das mag unscharf klingen, aber eine noch präzisere Definition scheint mir ebenso unmöglich wie im Fall der *Schönheit*. Man kann die Begriffe bestenfalls so eingrenzen, dass jeder aus seiner Erfahrung heraus in etwa versteht, was gemeint ist. Diese Unschärfe ist aber nicht schlimm. Auch eine Biologin kann saubere Arbeit leisten, selbst wenn sie den Begriff „Leben" nicht philosophisch und trennscharf definieren kann. Ähnlich sollen auch hier die Begriffsklärungen nur die grobe Richtung zeigen, der Rest ergibt sich im Lauf des weiteren Textes.

Kategorien und Werte

Setzt man die Begriffe *ästhetisch* und *schön* zueinander in Beziehung, so ist ästhetisch die *Kategorie*, innerhalb derer wir etwas (im positiven Fall) als schön *bewerten*. Oft wird der Begriff Kategorie so verwendet, als sei er ein Synonym für „Klasse". Man hört von „*Hotels der gehobenen Kategorie*" oder Sätzen wie „*Das gehört in die Kategorie Flachwitze*".

In der Erkenntnistheorie ist eine Kategorie dagegen der Aspekt, unter dem man etwas betrachtet. „Form", „Farbe", „Helligkeit", „Tonhöhe", „Temperatur", „Oberflächenbeschaffenheit" usw. sind einfache Kategorien, die die unmittelbare Sinneswahrnehmung betreffen. Wir können Objekte auch in abstrakten Kategorien beschreiben wie etwa „Reaktionsverhalten", „Herkunft", „Verträglichkeit", „Stabilität" oder auch: „ästhetische Wirkung". Je nachdem, was man beschreibt, kann man etliche weitere spezifische Kategorien finden.

Sind die Kategorien gewählt, kann man die Positionen bzw. die Werte bestimmen, die ein Objekt innerhalb der jeweiligen Kategorien einnimmt. In der Kategorie „Farbe" beispielsweise gibt es Werte wie „rot" und „violett", in der Kategorie „Gewicht" die Werte „20 Gramm", „3 Kilogramm" oder „40 Tonnen"; in der Kategorie „Verträglichkeit" Werte wie „hilfsbereit", „kooperativ" oder auf der anderen Seite „streitbar" und „egozentrisch". In der Kategorie „ästhetisch" wiederum gibt es Werte wie „schön", „hässlich" oder „naja".

Sprachlich unterscheiden wir allerdings oft nicht zwischen Kategorien und Werten. *Höhe* ist eigentlich die Kategorie, innerhalb der zwischen *hoch* und *niedrig* unterschieden wird. Sagen wir aber: *„In der Höhe ist die Luft dünn"*, bezeichnet Höhe eine Ausprägung: dort, wo es hoch ist. Das ist auch kein Problem, denn diese Doppeldeutigkeiten führen im Alltag selten zu Missverständnissen.

Jede Aussage über Objekte erfolgt somit auf der Grundlage einer Kategorisierung und Wert-Zuordnung. Beschreiben wir etwa andere Menschen, benutzen wir Kategorien wie „Beruf", „soziales Verhalten", „politische Haltung" usw. Innerhalb dieser Kategorien suchen wir dann die passenden Werte: Die eine Person können wir als zurückhaltenden, konservativen Lehrer charakterisieren, die andere als hilfsbereite, links-liberale Großhandelskauffrau.

Das Beispiel klingt freilich etwas hölzern. Denn ganz so gehen wir nicht vor: Wir kategorisieren Objekte ja nicht immer nach dem gleichen Schema. Die Wahl unserer Kategorien hängt in der Regel vielmehr davon ab, was uns an dem jeweiligen Objekt besonders auffällt. Wenn wir jemanden beschreiben, der uns außergewöhnlich höflich erscheint, werden wir diese Eigenschaft erwähnen. Bei einer anderen Person hingegen werden wir vielleicht die Vorliebe für protzigen Schmuck hervorheben. Die eine Personen beurteilen wir also in der Kategorie „Benehmen", die andere in der Kategorie „äußeres Erscheinungsbild". Es gibt dabei keine objektiv richtige oder falsche Kategorisierung. Es ist nicht „richtiger", bei einem Hemd auf die Farbe zu achten statt auf das Material. Kategorisierungen sind *immer* eine subjektive Entscheidung.

Welche Kategorien eine Person wählt, um die Welt oder andere Menschen zu beschreiben, verrät aber oft einiges über sie. Rassisten unterscheiden sich etwa von Nicht-Rassisten darin, dass Menschen gedanklich nach der Kategorie „Abstammung" sortieren. Oder, ein anderes Beispiel: Man sagt manchmal, dass ein Mensch, der einen Hang zum Moralisieren hat, oft gerade mit seiner eigenen Moral am Hadern ist. Falls das stimmt, dann ist das prägende Merkmal solcher Menschen nicht, dass sie moralisch oder unmoralisch wären, sondern dass die Moral als *Kategorie* ihr Denken beherrscht (vielleicht gerade, weil sie ein Problem damit haben). Andere Menschen mögen in Kategorien von Macht, Reichtum, Intelligenz, Humor, Ruhm oder Attraktivität denken und sind es gewohnt, sich und andere entsprechend einzuordnen. Hat man erkannt, nach welchen Kategorien jemand andere Menschen beurteilt, weiß man schon einiges über ihn. Verallgemeinernd kann man es vielleicht so formulieren: Etwas *verstehen* bedeutet in den allermeisten Fällen weniger, herauszufinden, wie etwas *ist*, sondern eher, in welchen Kategorien es *gedacht werden muss*.

In Bezug auf Menschen heißt das: Der Ehrliche mag ehrlich sein, weil er Ehrlichkeit wichtig findet. Der Unehrliche dagegen ist in der Regel nicht unehrlich, weil er Unehrlichkeit für erstrebenswert hielte, sondern weil für ihn Ehrlichkeit weniger wichtig ist als Höflichkeit, Machterhalt oder das Erlangen materieller Vorteile. Um es noch ein wenig formaler darzustellen: Oberflächlich sieht es so aus, als besetzten der Aufrechte und der Lügner entgegengesetzte Positionen („Plus“ und „Minus“) *innerhalb* der Kategorie „ehrlich/unehrlich“:

Der Ehrliche   Der Lügner

+ ⟷ –

In Wirklichkeit unterscheiden sie sich jedoch in ihrer Haltung *zur Kategorie*. Der Ehrliche betrachtet die Kategorie „ehrlich/unehrlich“ als wichtig, der Lügner als unwichtig (gekennzeichnet durch das Negationszeichen ~). Eine Kategorisierung ist eine Entscheidung über *Interesse* oder *Indifferenz* gegenüber dem jeweiligen Wertesystem.

Der Ehrliche   Der Lügner

(+/–) ⟷ ~ (+/–)

Es gibt fleißige Menschen, die gar nicht merken, dass sie fleißig sind. „Fleiß“ ist für sie keine relevante Kategorie. Sie arbeiten nur deshalb viel, weil sie an ihrer Arbeit viel Freude haben – im Gegensatz zu anderen, die Fleiß und Leistungsbereitschaft für eine hohe Tugend halten, der sie sich verpflichtet fühlen. Sie sind fleißig, weil sie nicht faul sein bzw. als faul gelten wollen. Sie mögen auch ihre faulen Seiten haben, heben sich diese aber zum Beispiel für den Urlaub auf, wo sie es für „legitim“ halten. Auch das ist dann eine bewusste Entscheidung innerhalb der Kategorie. Der Anthropologe Gregory Bateson beschrieb Ähnliches in Bezug auf Kategorien wie „Dominanz/Unterwerfung“ oder „Exhibitionismus/Voyeurismus“.

> Wenn wir wissen, dass ein Individuum zum offenen Ausdruck einer Hälfte von einem [...] Muster erzogen wird, z.B. zum Herrschaftsverhalten, dann können wir mit Gewissheit voraussagen [...], dass damit auch die Saat der anderen Hälfte – Unterwerfung – in seiner Persönlichkeit angelegt ist. Wir müssen in der Tat das Individuum als zu Herrschaft-Unterwerfung erzogen denken und nicht zu Herrschaft *oder* zu Unterwerfung.[5]

Um eine andere Person zu verstehen, kommt es oft weniger darauf an, ob sie moralisch oder unmoralisch, fleißig oder faul, schüchtern oder draufgängerisch, ehrlich oder unehrlich, erfolgreich oder erfolglos erscheint, sondern darauf, welche Bedeutung diese Kategorien für sie haben. Denn letztlich kann jeder Mensch je nach Situation und Kontext beide Seiten an den Tag legen. Damit ist ein weiteres Stichwort gefallen:

Kontextualisierung *alias* Rahmung *alias* „Framing"

Die Wirkung eines Kinofilms beruht darauf, dass wir uns in die gezeigten Charaktere und ihre Erlebnisse einfühlen. Doch auch der realistischste Film bleibt ein Film. Selbst wenn wir uns noch so sehr mit den Personen identifizieren, wissen wir, dass es für uns nie wirklich gefährlich wird. Wenn der Film aus ist, leben wir weiter wie vorher. Wie der Kognitionspsychologe Steven Pinker scheibt: Gerade die großen Schmachtfetzen erlauben es uns, auf ungefährliche Weise Abenteuer jeglicher Art zu erleben.[6] Wir bekommen ein bisschen von dem Kribbeln mit, ohne dass wir wirklich Angst um unser eigenes Leben haben müssten. Das ist eine einfache Form der Kontextualisierung. Ein spannender Film gibt dem Erleben von Drama und Gefahr einen ungefährlichen Rahmen, so wie eine Achterbahnfahrt uns Erfahrungen beschert, auf die außerhalb des Vergnügungsparks sicher niemand versessen wäre.

Kontextualisierungen sind auch in nicht-fiktionalen Situationen allgegenwärtig. Ich wähle im Folgenden bewusst extreme Beispiele, um den Gedanken zu verdeutlichen. Am 12. September 2001, dem Tag nach den Terrorangriffen auf das World Trade Center und das Pentagon, erschien die bis dahin wohl ungewöhnlichste Ausgabe der *New York Times* seit ihrem Bestehen: Den Anschlägen widmete die Zeitung ganze 27 Seiten mit 60 Berichten, und das, anders als sonst, ohne jegliche Werbeanzeige. Der neue Chefredakteur Howell Raines, zum Zeitpunkt des Anschlags gerade knapp eine Woche im Amt, bedankte sich bei seinen 1200 Mitarbeitern für ihren Einsatz. Auf die *New York Times* jenes Tages könnten sie noch viele Jahre stolz sein, sagte er, denn:

5 Bateson 1981, 137.
6 Pinker 1998, 669.

Ihre düstere Schönheit ist der Dimension der Ereignisse angemessen.[7]

Für den Chefredakteur war die Lektüre dieser Zeitung mit all ihren fürchterlichen Nachrichten ein ästhetisches Erlebnis! Natürlich galt sein ästhetisches Urteil nicht den Anschlägen, sondern der Art, wie die Zeitung mit dem Thema umging und so die Anschläge kontextualisierte. Diese Rahmung bewirkte die Ästhetisierung: die „düstere Schönheit".

Ein anderes Beispiel lieferte die Diskussion über das Berliner Holocaustmahnmal: Interessanterweise wurde gegen das Mahnmal lange der Einwand vorgebracht, es würde die Erinnerung an die Ermordung der Juden ästhetisieren. Diese Feststellung ist im Prinzip richtig, denn das Mahnmal gibt der Erinnerung einen neuen Kontext und ästhetisiert sie so tatsächlich. Der damalige Bundeskanzler Gerhard Schröder hatte sogar gefordert, es solle ein Denkmal werden, *„vor dem die Deutschen nicht Furcht empfinden, sondern wo sie gerne hingehen, um sich zu erinnern, um sich auseinanderzusetzen."*[8] Schon in dieser Bemerkung zeigt sich die ästhetische Funktion des Mahnmals.

Allerdings: Auch andere Erinnerungsstätten – etwa ehemalige Konzentrationslager – rahmen die Erinnerung. Wer sie heute besucht, erlebt nicht die Lager, wie sie im Nationalsozialismus existierten. Man sieht vielmehr ein menschenleeres, museales Relikt, das mithilfe von Schautafeln an die Naziverbrechen in einer Weise erinnert, die es zulässt, dass Leute den Ort freiwillig aufsuchen – „gerne" im Sinne Schröders. Die Vorstellung, im einen Fall würde die Erinnerung ästhetisiert, im anderen nicht, wäre also falsch. Zweifellos knüpft ein ehemaliges Konzentrationslager als Zeichen der Erinnerung sehr viel direkter und nüchterner an die Nazi-Realität an als ein völlig neues, im Stil der späten 1990er Jahre entworfenes künstlerisches Mahnmal. Die entscheidende Frage lautet aber nicht, *ob* ästhetisiert wird, sondern – genau wie für Howell Raines – ob die *Art der Ästhetisierung angemessen* ist. Was die Kritiker des Mahnmals mit ihrer Kritik meinten, war, dass beim Mahnmal die Ästhetisierung zu sehr als solche zu Tage trete. Dass das Mahnmal *zu „künstlerisch" schön* sei, um angemessen zu sein. Aber egal, wie man ein Mahnmal gestaltet, eine Ästhetisierung ist es zwangläufig.

Und so ist es mit vielen Dingen: Opern ästhetisieren Liebe und Tod, Kulturorganisationen und Tourismusindustrie ästhetisieren die Ruinen verfallener Städte. Die Dienstleistungsgesellschaft ästhetisiert heute alte Fabrikgebäude. Galten die alten Zweckbauten früher als Inbegriff hässlicher Architektur, so heißen sie heute Industriedenkmäler und sind zu neuen Kulturstätten umfunktioniert worden. Unverputzte Beton- und Klinkerwände, offene Rohre, kurz: das was bei ursprünglichen Bau einfach nur

[7] Zit. n. *Der Spiegel* 18.5.2002, 107.
[8] In einem Interview im Fernsehsender Sat 1, 1.11.1998.

billig und zweckmäßig war, wird jetzt mit einem ästhetischen Charme assoziiert, an den die Erbauer der Gebäude nie gedacht hätten.

Auch Sprache ist ein wichtiges Kontextualisierungs- und damit auch Ästhetisierungsmittel: Vor Jahren haben einige Städteplaner ein Konzept für einen „Landschaftspark“ im Großraum Stuttgart entworfen. Das Praktische war: Für den „Park“ musste gar nicht viel getan werden, denn schon mit einigen semantischen Kunstgriffen bekam die Stuttgarter Umgebung ein völlig neues Gesicht. Die Autobahnen wurden darin nämlich zu einem „Band schneller Bewegung“ er- bzw. verklärt, und die zersiedelte, durch Straßen zerteilte Filderebene wurde beschrieben als „moderner Großstadtpark, der die Infrastrukturen, die die Landschaft überformen, nicht zu verstecken vorgibt“. Ich wohnte damals an einer relativ stark befahrenen Straße, nun konnte ich sie mit völlig anderen Augen sehen: als Teil eines „modernen Großstadtparks“!

Heute ist häufig von *Framing* die Rede – im Kern ist es nur ein anderes Wort für Kontextualisierung. Die jüngere Framing-Forschung hat allerdings geholfen, die Prozesse, die dabei eine Rolle spielen, noch besser zu verstehen. Insbesondere auch, welche Rolle die Sprache dabei spielt. Denn sprachliche Kontextualisierungen – eben: Framing – war schon immer ein gängiges Mittel insbesondere der politischen Kommunikation.[9]

Eine sehr starke kontextualisierende und dadurch ästhetisierende Wirkung hat auch die Musik. In Filmen hat sie die Funktion, Worte und Bilder in einen besonderen emotionalen Kontext zu stellen. Wir erleben eine Situation dann je nach Musik als heiter, tragisch, lyrisch, schicksalhaft, dramatisch oder gelöst. Auch das Musikhören in der Öffentlichkeit trägt dazu bei, unsere unmittelbare Umgebung zu ästhetisieren. Der Musikwissenschaftler Peter Kiefer beschrieb es mal als „Filmmusik zur Realität“:

> Die Kopfhörer wirken quasi als Dämmmuschel zur Abschottung der akustischen Außenwelt und liefern gleichzeitig einen neuen Raumeindruck [...], sei es zu Fuß, mit dem Fahrrad, mit Inline-Skates, im Auto oder in öffentlichen Verkehrsmitteln. Es vermischen sich dabei Rhythmen der eigenen Fortbewegung mit den Rhythmen der Musik und den Rhythmen der visuellen Welt. Da der Walkmanhörende die realen Geräusche der visuellen Welt nicht oder nur sehr gedämpft wahrnimmt, ergeben sich zufällige Synchronpunkte und Übereinstimmungen auf unterschiedlichen Ebenen. Da die gehörte Musik dazu auch meist noch rhythmisch betont ist, ergeben sich viel mehr solcher synchronen Events als man zunächst vermuten mag. Man sieht zum Beispiel, wie einem Herrn im grauen Anzug der Aktenkoffer hinfällt und hört gleichzeitig eine Betonung in der Musik.

9 Wehling 2016.

> Man sieht die repetitive Bewegung eines vorbeifahrenden Radfahrers und hört synchrone Beats dazu.[10]

Kopfhörer sorgen dafür, ebenso wie Radios und Stereoanlagen, dass wir anstelle der natürlichen Klänge unserer physischen Umgebung irgendwelche ganz anderen Klänge hören. Der kanadische Akustiker Murray Schafer nannte es *Schizophonie*: Das, was wir heute hören, hat mit dem, was wir gleichzeitig sehen, riechen, tasten, oft nichts mehr zu tun.

Auch Museen und Ausstellungen leben von Kontextualisierungen. Nur kontextualisieren sie in der Regel nicht eine zusammenhängende Erlebniswelt, sondern konkrete Einzelobjekte. Dies wird in einer Studie von Hilde Hein über die Ästhetik wissenschaftlicher Museen sehr deutlich:

> Wissenschaftliche, wie überhaupt alle Museen ästhetisieren ihren Inhalt, indem sie ihn dekontextualisieren und rekontextualisieren. Ihrer Vergangenheit und ihrem ursprünglichen Nutzwert entzogen, die sie als Objekte in der Welt hatten, nehmen alle Objekte, die in einem Museum ausgestellt sind, einen neuen, auf die Präsentation bezogenen, Charakter an. [...] Um ein Ausstellungsstück in einem Museum zu werden, muss eine Sache in einem gewissen Sinn sterben und neugeboren werden. Und in diesem Sinn [...] sind sowohl Wissenschafts- als auch Kunstmuseen ein Widerspruch in sich: Statt die Welt zu zeigen, aus der sie sind, benutzen sie die Welt als einen Stoff, aus dem sie neue (Museums-)Welten herstellen.[11]

Alle bisherigen Beispiele für Kontextualisierungen bzw. Ästhetisierungen beruhten auf irgendeiner Art medialer Transformation: Die Terroranschläge in der Zeitung, die Historie im Mahnmal, die natürliche Umwelt in musikalischer Begleitung, die Objekte in der Ausstellung. Doch ist der Prozess der Ästhetisierung nicht zwingend an Medien gebunden. Gehören Sie auch zu denen, die sich im Urlaub gerne in ein Straßencafé setzen und „die Menschen beobachten"? Die Hektik der Geschäftsleute, die beiden Pärchen, die sich gerade begegnet sind, das Gebaren der Straßenhändler. Das ist dann fast wie Kino – nur ohne Leinwand. Sie lassen das Geschehen auf sich wirken, ohne wirklich beteiligt zu sein. Dadurch erleben Sie es aber zwangsläufig anders als die Akteure auf der Straße. Und es ist *Ihre* Entscheidung, diese Beobachtungsposition einzunehmen, das Geschehen auf diese Weise zu rahmen und es von außen zu betrachten. Die ästhetisierende Kontextualisierung der Situation findet dabei nur in Ihrem Kopf statt.

Man kann einen Einkauf als pure oder sogar lästige Notwendigkeit betrachten und ihn lustlos absolvieren. Man kann ihn aber auch als eine Erkundung durch die aktuelle Warenwelt betrachten oder als eine

10 Peter Kiefer in einem Vortrag auf dem Symposium *Ganz Ohr* 1997 in Kassel.
11 Hein 1996, 268.

Gelegenheit, andere Leute zu treffen. Durch diese Kontextualisierung nimmt der ganze Vorgang dann eine ästhetische Dimension an. Sogar die Erinnerung an frühere Erlebnisse kann über den Weg der Kontextualisierung ästhetisierend wirken und Situationen im Rückblick verklären. Schönheit und Ästhetik gibt es – zumindest potenziell – in allem.

Æ (1)

Schönheit beruht immer auf einer Kontextualisierung.

„X ist schön" ist eine Kurzform für: „Es ist schön für mich, X im aktuellen Kontext zu erleben."

Subjektivität

Ästhetisches Empfinden ist bekanntlich etwas höchst Subjektives. Zum einen hat jeder Mensch andere Kriterien zur Beurteilung von Schönheit. X mag Gedichte, die durch ihre einfache, aber treffende Wortwahl auffallen; Y legt dagegen Wert auf einen guten sprachlichen Rhythmus. Doch selbst die Frage, ob ein Objekt ein bestimmtes Kriterium erfüllt oder nicht, lässt sich oft nur subjektiv beantworten. Ein Text, den X „klar" findet, beurteilt Y als „verworren".

Die Subjektivität setzt bereits bei der Wahrnehmung an. Unser Gehirn ist kein einfacher Empfänger und Verarbeiter von Informationen. Zwar bekommt es Reize aus der „Außenwelt", doch werden diese Informationen in unserem Gehirn dermaßen stark gefiltert und modifiziert, dass das, was wir wahrzunehmen glauben, zu einem großen Teil unsere eigenen Konstrukte sind. Dies ist die zentrale These des philosophischen Konstruktivismus, und sie wird von den Befunden der Hirnforschung untermauert.[12]

In der „Welt da draußen" gibt es zum Beispiel keine Farben, es gibt lediglich elektromagnetische Wellen unterschiedlicher Frequenzen. Die „Farben" entstehen als Konstrukt unseres Hirns. Das Gleiche gilt für komplexe Konzepte wie das eines kontinuierlichen und einheitlichen „Selbst". Wir erleben uns in der Regel als ein „Ich", das sich in einer „Umwelt" bewegt. Nimmt man die Kognitionswissenschaften ernst, dann ist selbst diese Grenze zwischen einem „inneren Ich" und einer „äußeren Umwelt" eine Konstruktion. Manche Vertreter eines strengen Konstruktivismus halten deshalb auch die Unterscheidung zwischen Subjekt und Objekt für erkenntnistheoretisch überholt.

12 Varela 1990; Roth 1997, 314 ff.

Doch mit der Feststellung, dass Menschen die scheinbar gleichen Dinge unterschiedlich wahrnehmen und beurteilen, endet auch schon der Beitrag, den der Konstruktivismus zur Ästhetik leisten kann. Denn die Ästhetik trifft Aussagen über unser *subjektives* Erleben, und wir nehmen nun mal Farben so wahr, als seien sie die Eigenschaften von Objekten. Wenn wir ein bestimmtes Blau schön finden, dann bezieht sich unser Urteil auf das Blau, so wie wir es erleben, nicht auf eine Wellenlänge. Im Zusammenhang mit Ästhetik ist es daher egal, ob unsere Wahrnehmungen Konstruktionen sind. Es ändert nichts an dem, was wir erleben.

Æ (2)

Ästhetisch relevant ist das subjektive Erleben der Wirklichkeit, nicht eine objektive Wahrheit.

Die in diesem Buch formulierte Ästhetik ist deshalb in gewisser Weise konstruktivistisch und anti-konstruktivistisch zugleich. Konstruktivistisch insofern, als sie den Konstruktivismus als Grundannahme weitgehend anerkennt: Die Wahrnehmungen, die unseren ästhetischen Urteilen vorausgehen, sind Konstruktionen.

Doch für die Details und das weitere Philosophieren darüber sind Wahrnehmungspsychologie und Erkenntnistheorie zuständig. Die Ästhetik dagegen käme mit dem Konstruktivismus nicht weiter als bis zur banalen Feststellung, dass auch Schönheit ein Konstrukt unseres Gehirns ist. Sie hält sich deshalb nicht lange damit auf zu fragen, wie Wahrnehmungen zustande kommen. Vielmehr setzt sie sie als gegeben voraus und interessiert sich dafür, wie ein Subjekt seine Wahrnehmungen bewertet. Gefallen sie ihm? Wenn ja, warum? Das ist eine ganz andere Art von Subjektivität als die, um die es dem Konstruktivismus geht.

Die Antwort auf die Frage „*Was ist schön?*“ geht deshalb über den Konstruktivismus hinweg.

2. Schönheit in Gehirn und Körper

Um sie vorweg in wenig Worte zusammenzufassen, so verzichtet diese Schrift auf den Versuch, das objective Wesen des Schönen begrifflich festzustellen [...] sondern begnügt sich, den Begriff des Schönen als einen Hülfsbegriff im Sinne des Sprachgebrauches zur kurzen Bezeichnung dessen, was überwiegende Bedingungen unmittelbaren Gefallens vereinigt, zu verwenden, sucht den empirischen Bedingungen dieses Gefallens nachzugehen, legt hiermit das Hauptgewicht vielmehr auf die Gesetze des Gefallens als auf begriffliche Entwickelungen aus der Definition des Schönen heraus.

Gustav Theodor Fechner, *Vorschule der Ästhetik*

Empirische Ästhetik

Mit seiner *Vorschule der Ästhetik* hat Fechner die Grundlagen für das gelegt, was heute Empirische Ästhetik heißt und für deren Erforschung es seit 2015 in Frankfurt am Main ein eigenes Max-Planck-Institut gibt. Fechner sah darin ein Teilgebiet der „Psychophysik", die eines der ältesten Teilgebiete der Psychologischen Forschung darstellt. Psychophysik bedeutet, Zusammenhänge herzustellen zwischen psychischem Erleben einerseits und naturwissenschaftlich messbaren Gegebenheiten (Reizen) andererseits.

Erstaunlich ist, wie wenig sich die Empirische Ästhetik zwischen Gustav Theodor Fechner im 19. Jahrhundert und den aktuellen Forschungen im 21. Jahrhundert weiterentwickelt hat. Es gab keine Kontinuität, sondern immer nur kurze Phasen, in denen diese Forschungen in verschiedenen Gegenden der Welt mal kurz aufflackerten. Lange nach Fechners Tod wurde 1920 in Moskau eine „Akademie für Empirische Ästhetik" gegründet, an der auch Wassily Kandinsky eine maßgebliche Rolle spielte. Doch 1928 wurde sie wieder geschlossen.

In den 1960er Jahren griff der britisch-kanadische Psychologe Daniel Berlyne die Forschungen erneut auf. Er forschte in Toronto und beschäftigte sich vor allem mit den Momenten der Erregung (*arousal*) und Neugier und gründete 1965 die bis heute existierende *International Association of*

Empirical Aesthetics. Sein Standwerk *Aesthetics and psychobiology*[13] sollte für lange Zeit eines der meistzitierten Werke auf dem Gebiet bleiben, denn nach seinem frühen Tod 1976 wurde es erstmal wieder still auf dem Gebiet.

Erst seit etwa Mitte der 2000er-Jahre erleben wir nun eine vierte Welle der Empirischen Ästhetik, die schließlich auch zur Gründung des Max-Planck-Instituts führte. Sie hat gegenüber den früheren einen großen Vorteil: Ihr stehen wesentlich bessere Instrumente zur Verfügung, von den bildgebenden Verfahren der modernen Neurowissenschaften bis zu den Methoden der rechnergestützten Datenanalyse. 2001 prägte Semir Zeki den programmatischen Begriff *Neuroästhetik*[14], der zunächst nur ein Versprechen war. Denn die so etikettierten Forschungen lieferten zunächst keine verallgemeinerbaren Einsichten über die neuronale Grundlage der Schönheit.[15] Das sollte sich in den Folgejahren ändern.

Für mich ist diese Entwicklung besonders interessant, denn diese vierte Welle setzte gerade in der Zeit ein, als mein erstes Buch über Erkenntnisästhetik erschienen war.[16] Diese neueren Forschungen konnte ich darin entsprechend noch nicht berücksichtigen. Umso schöner war es für mich festzustellen, dass meine recht theoretischen Überlegungen mit den empirischen Erkenntnissen erstaunlich gut zusammenpassten.

Das beginnt bei der Frage, was man empirisch überhaupt beobachten und messen sollte, um Schönheit zu verstehen. Und das hängt eng mit der Grundsatzfrage zusammen: Was ist Schönheit überhaupt, psychologisch? Ist Schönheit eine *Emotion* – so wie Angst, Freude oder Ärger? Ist es eine wie auch immer geartete *Haltung*?

Über viele Jahre hat sich die Empirische Ästhetik an Berlynes Konzept des *Arousal* gehalten – der Gradmesser für Schönheit war also die Lust und Erregung, die eine Probandin zeigte. Wenn wir etwas schön finden, so die Annahme, dann sei eben unser Lustempfinden stimuliert worden, etwa durch bestimmte Proportionen in unserem Blickfeld, durch gewisse Rhythmen, durch einschlägig bekannte Duftstoffe oder durch eine optimale Dichte an Reizinformationen. Die Gründe dafür, dass wir auf bestimmte Reize mit einer solchen „Lust" reagieren, werden bis heute der menschlichen Evolution zugeschrieben. Auf die Probleme, die mit diesen Theorien verbunden sind, werde ich im nächsten Kapitel noch näher eingehen.

Doch so naheliegend es war, den unbestimmten und zugleich so wuchtigen Begriff „Schönheit" irgendwie auf messbare Größen wie Lust und Erregung herunterzubrechen, so unbefriedigend blieben die Ergebnisse am

[13] Berlyne 1971a.

[14] Zeki 2001.

[15] „Zu ambitioniert", urteilte der Psychologe Martin Dresler (2009) in einer Bilanz der „Neuroästhetik" und wies dabei auch auf zahlreiche Widersprüche und methodische Schwächen hin.

[16] Paál 2003.

Ende dann doch. Das haben schon Berlynes Nachfolger kritisiert, ohne allerdings echte Alternativen vorzuschlagen.[17] Aber was genau stimmt nicht mit der Lust?

Zunächst wäre es seltsam: Wenn Schönheit mit Lust und Attraktivität gleichzusetzen wäre, bestünde kein großer Unterschied zwischen der Wespe, die sich von der Marmelade angezogen fühlt, und Ihnen, wenn Sie sich von ihrer Playlist bei Spotify angezogen fühlen. Warum aber sollten wir so einen Aufwand betreiben, um etwa Kunst herzustellen und uns damit zu beschäftigen, wenn sich Lustempfinden doch mit ein bisschen leckerem Essen und Sex so viel einfacher herbeiführen ließe? Irgendeinen Unterschied muss es da schon geben.

Sieht man sich die Befunde der Hirnforschung an, so fällt noch etwas auf: Sie können zum Teil recht genau beschreiben, was bei Angst, Freude, Wut oder eben auch Lust in unserem Gehirn passiert. Sogar für extreme Erlebnisse wie Ekstase, Nahtod-Erlebnisse oder spirituelle Erfahrungen gibt es plausible neurophysiologische Erklärungen.[18] Doch die Hirnforschung tat sich lange Zeit sehr schwer damit zu sagen, was im Gehirn passiert, wenn wir etwas – ein Bild, ein Musikstück, eine Landschaft – schön finden. Das sind schon erste Hinweise, dass es sich bei Schönheit um etwas anderes handelt als um eine klassische Emotion bzw. einen Affekt wie „Lust“ oder „Erregung“.

Ein weiteres Argument ist das schon erwähnte *Paradox der Hässlichkeit* – das Phänomen, dass auch solche Objekte schön sein können, von denen *keine* lustvollen Reize ausgehen. Der Philosoph Nelson Goodman konstatierte:

> Der Volksmund sagt, dass ein gutes Bild hübsch ist. Auf der nächsthöheren Ebene wird „hübsch“ durch „schön“ ersetzt, da die besten Bilder offensichtlich nicht hübsch sind. Und außerdem sind viele ganz ersichtlich hässlich.[19]

Dass wir auch solchen Objekten ästhetisches Vergnügen abgewinnen können, die auf den ersten Blick „hässlich“ oder „unharmonisch“ sind, ist den Vertretern des Lust-Ansatzes zwar nicht entgangen. Doch sie wichen dem Problem in der Regel aus. Eine gängige Argumentationsfigur lautete etwa, bei solchen Phänomenen handele es sich nicht um wirkliche Schönheit, sondern allenfalls um „Interessantheit“. Diese Auffassung vertrat etwa der Biologe Klaus Richter:

17 Brody 1982.

18 Austin 1999; Persinger 1999; Newberg u.a. 2001.

19 Goodman 1995, 235.

> Während das Schöne mit dem Emotionellen und dem Unbewussten in Beziehung steht, wird das Interessante vorrangig vom Intellekt erfasst.[20]

Dabei hat die Hirnforschung längst gezeigt, dass die alte Gegenüberstellung von Emotion einerseits und Intellekt andererseits unangemessen ist.[21] Offenbar hatte auch Richter bei seiner These ein ungutes Gefühl, denn er schränkte sie im nächsten Satz gleich wieder ein.

> Das schließt natürlich nicht aus, dass Interessantes auch gefühlsbezogen oder gefühlswirksam sein kann.

Es hilft alles nichts. Wir kommen nicht an der Feststellung vorbei, dass uns offenbar auch Musik gefällt, die nicht so harmonisch ist wie Mozart, und dass auch das Lesen eines interessanten Buchs Lust bereiten kann, kurz: dass die Unterscheidung zwischen „nur interessant" einerseits und „wirklich schön, weil lustvoll" andererseits in dieser Form nicht haltbar ist.

Was aber ist die Alternative? Denken wir nochmal an die Paradoxien der Hässlichkeit: Tragische Filme können ausgesprochen schön und mitreißend sein, und der fragwürdige Erfolg brutaler Horrorfilme belegt, dass sogar Ekel und Grusel mit Gefühlen der Begeisterung einhergehen können. All das sind Beispiele dafür, dass ästhetisches Empfinden und die damit einhergehende sinnliche Bewertung anders einzuordnen sind als Gefühle und Affekte wie „Angst", „Ärger" oder „sexuelle Erregung".

In *Ästhetik und Erkenntnis* habe ich vorgeschlagen, Schönheitsempfinden als etwas Übergeordnetes zu verstehen, als eine Art *Meta-Emotion*. Dank der Forschungen, die es seitdem gab, lässt sich diese Idee nun konkretisieren.

Mehr als Lust

Schon lange ist bekannt, dass die Konzepte von *Lust* und Erregung eng an die Aktivitäten im sogenannten Belohnungssystem im Gehirn gekoppelt sind, vor allem im *Nucleus accumbens*. Starke lustbetonte Aktivitäten wie Sex, Drogenkonsum, aber auch Einkaufen oder ein leckeres Essen gehen mit einer hohen Ausschüttung von Dopamin einher, für das der *Nucleus Accumbens* dank seiner vielen Rezeptoren besonders empfänglich ist. Populärwissenschaftlich ist auch oft vom „Lustzentrum" die Rede. Auf die Bedeutung des Belohnungssystems stieß man erstmals 1954 bei behavioristischen Experimenten mit Ratten. In der Folge haben sich auch die

[20] 1999, 22 f.

[21] Z.B. Roth 1997, 194-213.

Empirischen Ästhetiker lange Zeit viel mit Lust und Erregung befasst und diese Variable sozusagen als Basis-Maß für „Schönheit“ verwendet.

Heute weiß man, dass das Belohnungssystem auch bei Suchtverhalten eine zentrale Rolle spielt und dass es eher ein Belohnungs-*Erwartungs*-system ist, weil es tatsächlich nicht nur bei der tatsächlichen Lustbefriedigung aktiv ist, sondern vor allem, wenn sich diese ankündigt und das Verlangen danach entsteht. Im Nucleus Accumbens scheint also beides stattzufinden: Die Entwicklung des *Verlangens,* als auch – in einer besonderen Substruktur, der mittleren Schalenregion – die Bestätigung des Lustempfindens.[22]

Doch spätestens zwei Experimente von 2001 ergaben, dass Schönheit offenbar etwas grundlegend anderes ist als Lustempfinden. Ein Forschungsteam zeigte männlichen heterosexuellen Testpersonen Bilder von männlichen und weiblichen Gesichtern.[23] Die Männer beurteilten dabei auch die Schönheit der Gesichter. Sie konnten per Tastendruck selbst entscheiden, wieviel Zeit sie einem Bild widmeten. Auch die Aktivität im Belohnungssystem wurde dabei mit Hilfe funktioneller Magnetresonanztomographie (fMRT) beobachtet. Das Ergebnis: Das Urteil über die Schönheit der Gesichter stimulierte *nicht* zwangsläufig das Belohnungssystem im Gehirn und auch nicht das Belohnungsverhalten. Obwohl die Männer sowohl männliche als auch weibliche Gesichter als schön beurteilten, haben sie nur die Gesichter der Frauen länger angeschaut, und nur dann war auch das Belohnungssystem aktiv.

Ein anderes Experiment – diesmal mit Versuchspersonen beiderlei Geschlechts – hat den Zusammenhang noch weiter eingeschränkt und kam zum Ergebnis: Attraktive Foto-Gesichter aktivieren das Belohnungssystem nur dann, wenn sie der Versuchsperson in die Augen schauen. Wenn nicht, bleibt das Belohnungssystem neutral.[24] Mehr noch: Je attraktiver ein Gesicht ist, das dem Betrachter *nicht* in die Augen schaut, desto *geringer* ist die Aktivität im Belohnungssystem.

Das bedeutet: Das Empfinden von „Lust“ hängt zwar mit Schönheitserleben zusammen, ist aber nicht damit identisch. Der Blickkontakt mit einem attraktiven Gesicht stimuliert die Zentren des Lustempfindens, doch das Urteil darüber, *ob* das Gesicht überhaupt schön ist oder nicht, treffen wir weitgehend unabhängig davon, ob es uns ansieht. Und dieses Urteil wird offenbar nicht im Belohnungssystem gefällt. Doch wo sonst?

Das Schlüsselexperiment, das den entscheidenden Hinweis geben sollte, veröffentlichten Camilo Cela-Conde und sein Team 2004: Sie identifizierten den orbitofrontalen Cortex (Abb. 1) als die Region, die aktiv

22 Kringelbach/Berridge 2013.

23 Aharon u.a. 2001.

24 Kampe u.a. 2001.

wird, wenn uns visuelle Reize ästhetisch ansprechen.[25] Morton Kringelbach und Kent Berridge kamen zu einem ähnlichen Ergebnis: Demnach gibt es einen Informationsfluss vom Belohnungszentrum zum orbitofrontalen Cortex in der Form, dass die im „Belohnungszentrum" entstehende Lust im Cortex bewertet und bewusst (!) wahrgenommen wird.[26]

Zahlreiche weitere Versuche haben diese Grundaussage seitdem bestätigt und dabei noch mehr ergeben. Dazu gehören auch die Experimente des Neurowissenschaftlers Thomas Jacobsen, der heute an der Helmut-Schmidt-Universität in Hamburg forscht.[27] In einem seiner Versuche ging es nicht um Gesichter, sondern um ganz einfache eigentlich nichtssagende, abstrakte Linien-Muster. Die Muster wurden bewusst so gewählt, dass sie möglichst keine Erinnerungen wecken, denn die Probanden sollten ihr mögliches Schönheitsurteil nicht aus dem Gedächtnis abrufen. Die Muster sollten, so Jacobsen, „einfach sein, aber hinreichend ansprechend".

Manche dieser Muster waren symmetrisch, andere weniger. Manche waren einfacher, manche komplexer. Den Versuchspersonen wurden dann unterschiedliche Aufgaben gestellt. Eine Gruppe wurde gebeten, auf die

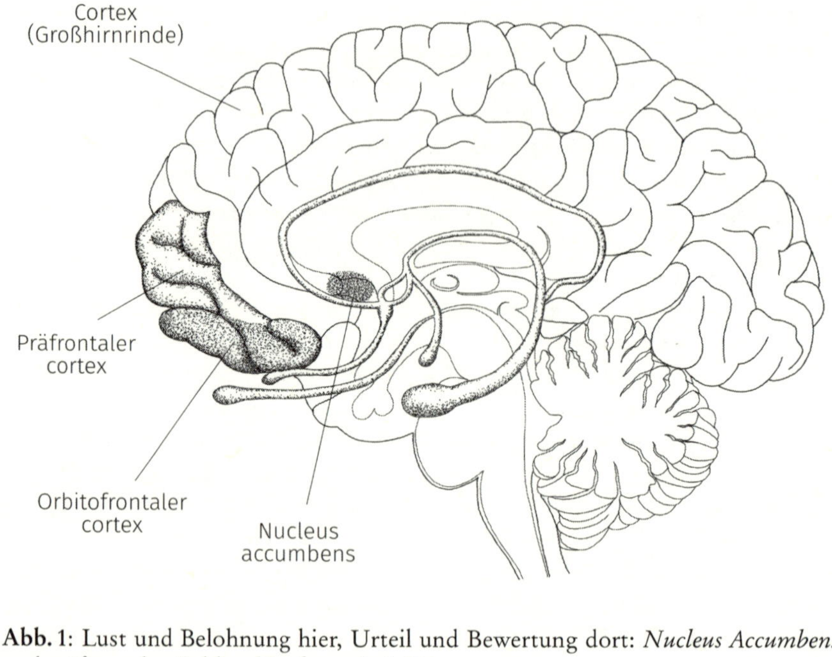

Abb. 1: Lust und Belohnung hier, Urteil und Bewertung dort: *Nucleus Accumbens* und präfrontaler (inkl. orbitofrontaler) Cortex.

25 Cela-Conde u.a. 2004
26 Kringelbach/Berridge 2013.
27 Jacobsen 2004; Jacobsen u.a. 2006.

formalen Eigenschaften zu achten: Wie symmetrisch ist das jeweilige Muster? Die andere Gruppe dagegen sollte es ästhetisch bewerten: Wie schön ist es? Das Ergebnis: Je nach Fragestellung unterscheidet sich die Hirnaktivierung – selbst bei den jeweils gleichen Mustern.

Später hat Jacobsen zusammen mit Kolleginnen analoge Experimente mit musikalischen Akkordfolgen durchgeführt, mit einem im Kern gleichen Ergebnis: Bei den rein beschreibenden Aufgaben sind die Hirnregionen aktiv, die auch sonst beim Analysieren akustischer Reize gefordert sind – das sind andere als bei visuellen Reizen. Bei der ästhetischen *Bewertung* der Akkordfolgen sind jedoch die gleichen Hirnareale im präfrontalen Cortex aktiv wie bei der Bewertung der grafischen Muster.[28]

Noch ein weiteres Ergebnis dieser Studien ist interessant. Jacobsen hatte die erwähnten grafischen Muster ja deshalb verwendet, weil sie nichts Konkretes zeigten. Es waren keine Bilder oder Symbole. Nichts, was irgendetwas darstellt oder was die Probanden schon kannten. Und doch: Als sie die Muster zu sehen bekamen, zeigten sich sofort Hinweise darauf, dass das Gehirn unwillkürlich anfing, nach passenden Erinnerungen zu suchen. Denn es zeigten sich die für Gedächtnisabruf typischen Aktivierungen im linken Temporallappen. Offensichtlich, so die Deutung von Jacobsen, fingen die Probanden an, selbst bei nichts-sagenden Mustern spontan nach Assoziationen und bereits bekannten Anknüpfungspunkten zu suchen. Auch dies deutet darauf hin, dass es ein reines, von früheren Erfahrungen unbeeinflusstes, Schönheitserleben nicht gibt.

Æ (3)

Ästhetisches Erleben knüpft praktisch immer an Vorerfahrungen an und ist von Assoziationen beeinflusst.

Der präfrontale Cortex spielt auch bei der Wirkung von *Marken* eine Rolle. Dies zeigen die „Cola-Studien“: Probanden bekamen eine Cola serviert. Mal war das Getränk als „Coca-Cola“, mal als „Pepsi-Cola“ etikettiert. Sobald sie ihre bevorzugte Marke wahrnahmen, zeigte sich eine starke Aktivierung im präfrontalen Cortex – und sie waren auch überzeugt, dass diese Cola besser schmeckte, egal ob das Etikett richtig war oder vertauscht.[29] Andere Studien bestätigten das: Auf (positiv bewertete) Marken reagiert das Gehirn deutlich anders als auf Nicht-Marken. Das ist auch deshalb interessant, weil diese Areale auch bei moralischen Bewertungen eine Rolle spielen. Was nichts anderes bedeutet, als dass im Gehirn beim Urteilen über Moral und Schönheit ähnliche Zentren aktiviert sind.

28 Müller u.a. 2010.

29 McClure u.a. 2004; Deppe u.a. 2005.

Æ (4)

Das Belohnungssystem im Gehirn spielt bei Schönheit eine Rolle und kann entscheidende Signale senden. Doch die ästhetische Bewertung selbst ist davon zu trennen. Sie ist ein eigenständiger Prozess, an dem maßgeblich Areale im präfrontalen Cortex beteiligt sind.

Schönheit als Meta-Emotion

Ich kannte die im vorigen Abschnitt genannten Experimente noch nicht, als ich *Ästhetik und Erkenntnis* geschrieben habe, aber sie bestätigen hervorragend zum einen, dass ästhetischem Erleben immer eine Kontextualisierung zugrunde liegt. Und zum anderen die Annahme, dass sich Schönheit am besten als eine Art Meta-Emotion deuten lässt. Ein Gefühl, das sich auf andere Gefühlserlebnisse bezieht, diese aber in einem bestimmten Kontext *bewertet*. Das erklärt auch, warum Angst und Traurigkeit zwar nicht schön sind, aber ein Film, der diese Emotionen auf bewegende Weise vermittelt, durchaus schön sein kann. Somit ist Schönheit zwar etwas „Emotionales“, aber doch irgendwie anders. In welcher Form anders?

Auf S. 19 habe ich festgestellt, dass Schönheit immer an ein bewusstes Erleben geknüpft ist. Dass wir ästhetische Urteile, vereinfacht gesagt, „in der Großhirnrinde fällen“, unterstützt diesen Befund. Genau das unterscheidet Schönheit auch vom einfachen Wohlbefinden oder von klassischen Emotionen wie Wut oder Traurigkeit.

Das passt auch zu einem Modell der Bewusstseinsforschung: „Repräsentation“ bezeichnet in den Kognitionswissenschaften die Art und Weise, wie unser Gehirn Informationen abbildet und sie „in Neuronensprache übersetzt“. Unsere Wahrnehmung beruht darauf, dass optische oder akustische Reize auf eine bestimmte Art im Gehirn „repräsentiert“ sind. Auch die Eigenwahrnehmung bei bestimmten Gefühlen beruht auf entsprechenden Repräsentationen von Körperzuständen.

Dies setzt aber noch kein Bewusstsein voraus. Bewusstsein kommt – zumindest ist das eine Idee aus den Kognitionswissenschaften – dann ins Spiel, wenn das Gehirn eine Repräsentation der eigenen Repräsentationen erzeugt. Vereinfacht gesagt: Wir nehmen nicht nur *etwas* wahr, sondern auch die Tatsache, *dass* wir etwas wahrnehmen. Dies wird dann als „Meta-Repräsentation“ bezeichnet. Der Hirnforscher Hans Flohr schreibt:

> Systeme, die repräsentationale Zustände bilden können, können unter bestimmten Voraussetzungen nicht nur externe Gegebenheiten

> (d.h. Gegenstände und Ereignisse in der Außenwelt) repräsentieren, sondern ebenso Repräsentationen ihres eigenen internen Zustands haben. Sie können Repräsentationen höherer Ordnung ausbilden. [...] Solche Systeme werden ein *Selbstmodell* entwickeln. [...] Sie haben eine Repräsentation von sich selbst, von ihrem eigenen aktuellen Zustand und können alle anderen internen Zustände darauf beziehen. Solche Systeme können propositionale Einstellungen wie Meinungen und Überzeugungen entwickeln. Sie können daher eine *Meinung* entwickeln, wie es ist, dieses System zu sein.[30]

Auch dies passt zum Gedanken, dass ästhetisches Erleben auf einer solchen Ebene von Metarepräsentationen angesiedelt ist, während andere Gefühle und Affekte wie „Angst“, „Stress“ oder „Freude“ eher der Ebene der Körperrepräsentationen zugeordnet werden müssen.

Wie jeder weiß, sind klassische Emotionen sehr klar mit bestimmten Körperzuständen verknüpft: Ärger „schlägt auf den Magen“, bei Freude klopft der Puls, und die Gesichtsmuskeln spannen sich zu einem Lächeln. Auch Angst oder Scham gehen mit klaren körperlichen Veränderungen des Blutdrucks, des Pulsschlags usw. einher. Der Hirnforscher Antonio Damasio meinte sogar: Die Gefühle *sind* diese Veränderungen.

Beim ästhetischen Erleben dagegen gibt es keine derart eindeutige körperliche Symptomatik. Es kann sogar verschiedene andere Affekte und Gefühle begleiten. Wir können Schönheit für etwas empfinden, was uns zum Lachen bringt oder aber uns zu Tränen rührt – denken Sie an die „düstere Schönheit“ der *New York Times* am Tag nach den Terroranschlägen! Schönheit können wir in hektischer Aktivität, in ausgelassener Ekstase oder in konzentrierter Stille empfinden. Auch deshalb lässt sie sich am besten als Meta-Emotion bezeichnen: als ein Gefühl, dass verschiedene andere Gefühle und Affekte markieren kann. Dies passt zum Gedanken der Kontextualisierung: Kontexte sind schließlich immer „Meta“.

Æ (5)

Schönheit lässt sich als eine Art Meta-Emotion beschreiben: als ein bewusst und positiv erlebter Zustand, der andere Gefühle und Erlebnisse markiert.

Welche Gefühle ästhetisch markiert werden, hängt von der jeweiligen Situation ab. Ich möchte im Folgenden auf zwei Parameter näher eingehen, die sehr unterschiedlicher Natur und in sehr verschiedenen Situationen relevant sind, die aber in der Empirischen Ästhetik der letzten Jahre eine besondere Rolle gespielt haben.

[30] Flohr 1994, 348.

Kognitive Leichtigkeit

„*Schnelles Denken, langsames Denken*", heißt der berühmte Bestseller von Daniel Kahneman.[31] Was er im Titel als „schnelles Denken" bezeichnet hat, ist letztlich ein anderes Wort für das, was in der Psychologie „kognitive Leichtigkeit" genannt wird (englisch: *Processing fluency*). Mit „schnellem Denken" ist also nicht „Intelligenz" gemeint, sondern kognitive Prozesse, die jedem von uns leichter fallen als andere, die anstrengend sind. Das fängt bei einfachen Assoziationen an: Um bei „Paris" unwillkürlich an den Eiffelturm zu denken, müssen wir uns nicht konzentrieren. Um das Produkt 17 x 18 zu berechnen, schon.

Steht eine kognitiv schwierige Aufgabe in Konkurrenz zu einer leichten, lassen wir uns leicht ablenken und lösen bevorzugt die leichte. Bei der Frage, ob eine Politikerin „gut" ist, erstellen wir selten eine Gesamtbilanz ihrer Leistungen, sondern ersetzen die Frage durch leichtere Fragen wie: Ist sie sympathisch? Kann sie gut reden? Wodurch ist sie in letzter Zeit aufgefallen? Kahneman beschreibt im Buch etliche solcher kognitiven Abkürzungen.

Eine nennt sich „Verfügbarkeitsheuristik": Wenn wir intuitiv einschätzen sollen, wie gefährlich Fliegen ist, sucht unser Gehirn nach Anhaltspunkten und findet sie in der Häufigkeit, in der wir in letzter Zeit von Flugzeugabstürzen gehört haben – etwa im Vergleich zu Haushaltsunfällen (die in Wahrheit viel häufiger vorkommen). Wir nehmen also die mentale Präsenz, in dem Fall die Gedächtnis-Verfügbarkeit von Ereignissen als Maß für die tatsächliche Häufigkeit. Und das ist nur ein Effekt, der im Zusammenhang mit kognitiver Leichtigkeit auftritt. Auf einen anderen – nämlich die Wirkung von Geschichten – werde ich in Kapitel 6 eingehen.

In einem wegweisenden Aufsatz von 2004 schlugen Rolf Reber, Norbert Schwarz und Piotr Winkielman eine Brücke zwischen dem Konzept der kognitiven Leichtigkeit und ästhetischen Präferenzen.[32] Demnach sind Objekte dann ansprechend, wenn wir sie kognitiv leicht erfassen können. Für diese These führen sie eine Reihe von Experimenten an (und weitere folgten später), die bestätigen, dass Probanden bei der Betrachtung von visuellen Mustern diejenigen als ansprechender beurteilen, die sich kognitiv leichter erfassen lassen – sei es, weil sie symmetrisch sind oder im Vergleich zu anderen klarer, weniger komplex oder kontrastreicher. Auch die Vertrautheit spielt dabei eine Rolle: Die wiederholte Wahrnehmung eines Bildes macht es mental „verfügbarer", vertrauter und erhöht die Wahrscheinlichkeit, dass es ästhetisch positiv bewertet wird. Auch dieser „Mere-Exposure-Effekt" ist empirisch gut belegt. Was Menschen als „normal" empfinden, bevorzugen sie tendenziell gegenüber dem atypischen.

[31] Kahneman 2012.
[32] Reber/Schwarz/Winkielman 2004.

Die Forscher konnten zeigen, dass es sich dabei offenbar um zwei Schritte handelt. Zunächst löst die Tatsache der leichten kognitiven Verarbeitung ein positives Grundgefühl aus, das aber nicht auf das *Objekt* bezogen ist. In einem zweiten Schritt fließt dieses positive Grundgefühl in die *ästhetische Bewertung* ein.

Hier müsste man hinzufügen: *Wenn danach gefragt wird.* Denn erst durch die Frage wird in diesem Fall ein ästhetischer Kontext hergestellt. Ohne ihn kann es auch beim guten Gefühl bleiben. Und wenn nach etwas anderem gefragt wird, kann der positive Affekt der kognitiven Leichtigkeit auch andere Wirkungen haben. Beispielsweise kann er nicht nur Urteile über Schönheit, sondern auch über Wahrheit beeinflussen. Daniel Kahneman führt das an folgendem Beispiel vor. Er stellt zwei Aussagen gegenüber. Was stimmt?

> ***Adolf Hitler wurde 1892 geboren***
> *Adolf Hitler wurde 1887 geboren.*

Beide Aussagen sind falsch, aber Experimente zeigen, dass in solchen Fällen die fettgedruckte Aussage eher geglaubt wird. Ein Effekt, der sich auch auf andere Situationen übertragen lässt: Aussagen in großer und gut lesbarer Schrift wirken überzeugender als andere. [33] Aktien von Unternehmen, deren Name leicht über die Lippen geht, entwickeln sich im Schnitt besser als die von Firmen, deren Name ein Zungenbrecher ist. AUCH IN VERSALIEN GESCHRIEBENE TEXTE ERSCHWEREN DIE LESBARKEIT. Wer überzeugen will, sollte sie vermeiden.

Vielleicht haben Sie an der ein oder anderen Stelle dieses Abschnitts schon innerlich einen leichten Widerstand gespürt und gedacht: „Es stimmt doch gar nicht, dass einem immer das Einfache, Unkomplexe, Typische und Vertraute am besten gefällt.“ Das räumen auch Reber, Schwarz und Winkielman am Ende ihres Aufsatzes ein: Je häufiger ein Muster präsentiert wird, je vertrauter es also ist, desto größer ist zwar die Wahrscheinlichkeit, dass es gefällt – aber nur bis zu einem bestimmten Punkt. Irgendwann ist es dann auch mal gut, und das Gefallen lässt wieder nach. Das Gleiche gilt in Bezug auf die Komplexität. Spätere Studien bestätigten auch, dass Bilder, die mehrdeutig – und somit nicht so leicht zu erfassen – sind, als ästhetisch ansprechender bewertet werden.[34]

Die Autoren bringen hier einen weiteren Faktor ins Spiel: Die *Erwartung*. Komplexe Muster können entgegen der ersten Annahme doch schön sein, wenn sie sich bei näherer Betrachtung als leichter verarbeitbar erweisen als ursprünglich erwartet. Gerade wenn etwas komplex aussieht, sich aber am Ende doch als leicht und einleuchtend erweist oder man in der

[33] Kahneman 2012, 85ff.
[34] Jakesch u.a. 2013.

Komplexität eine Einheit erkennt, könne dies besonders starke ästhetische Erfahrungen hervorrufen.

Das klingt zugegebenermaßen etwas unbefriedigend. Diese Erklärung scheint sich beliebig hinbiegen zu lassen: Das Einfache und Vertraute ist schön, weil es kognitiv leicht verarbeitbar ist. Das Komplexe und Neue ist aber auch schön, weil es zunächst der Erwartung widerspricht. Was denn nun? Wie wir später noch sehen werden, lässt sich dieser scheinbare Widerspruch auflösen, wenn man verschiedene ästhetische Ebenen unterscheidet.

„Bewegt sein“: Ästhetische Emotionen

Im vorletzten Abschnitt habe ich dargelegt, wie sich Schönheit von klassischen Emotionen unterscheidet. Und jetzt ein Kapitel über ästhetische Emotionen? Das ist kein Widerspruch: Auch wenn Schönheit selbst keine Emotion ist, scheint es Emotionen zu geben, die das ästhetische Erleben maßgeblich beeinflussen können. Das Empfinden von Lust bzw. Erregung ist ja auch so eine Emotion, die nicht mit Schönheit identisch ist, aber unter Umständen eine gute Grundlage schafft. Winfried Menninghaus, Direktor am Max-Planck-Institut für empirische Ästhetik hat zusammen mit Thomas Jacobsen und weiteren Beteiligten 2019 eine Übersicht über ästhetische Emotionen veröffentlicht.[35]

Vor allem eine Emotion heben sie dabei besonders hervor, an die wir meist gar nicht beim Begriff „Emotion“ denken: Das Gefühl des Bewegtseins. Die Idee, dass „Bewegtsein“ als eine eigene Emotion aufzufassen ist, hat sich in den letzten Jahren etabliert. Als ich selbst zum ersten Mal davon gehört habe, regte sich ein innerer Protest: Für emotionale Bewegtheit gibt es doch sehr unterschiedlich geartete Auslöser, traurige Anlässe ebenso wie freudige. Entsprechend kann man positiv oder negativ bewegt sein. Ist es wirklich sinnvoll, das zu *einer* Emotion zusammenzufassen? Inzwischen kann ich dem Gedanken etwas abgewinnen.

Menninghaus nennt als ein Beispiel Beerdigungen: Deren Anlass ist meist traurig und sie lösen ein entsprechendes Gefühl aus. Gleichzeitig können sie sehr bewegend sein, wenn sie würdevoll und schön gestaltet sind. *„Sie geben die Gelegenheit der Erinnerung an den Gestorbenen. Sie stiften eine Verbindung unter den Verbliebenen und sie stellen das positive Erlebnis dieses Ereignisses in den Vordergrund.“*[36]

Dem emotionalen Bewegtsein liegt ein prosoziales Verbundenheitsgefühl zugrunde. Dass die westliche psychologische Forschung es früher nicht als Emotion berücksichtigt hat, führt Menninghaus darauf zurück,

[35] Menninghaus u.a. 2019a.

[36] Dieses und die folgenden Zitate von Menninghaus stammen aus Paál 2020.

dass es in den meisten europäischen Sprachen kein gängiges Substantiv ist. „Liebe", „Hass", „Freude" und „Trauer" sind vertraute Wörter. „Bewegt-Sein" wirkt künstlich zusammengesetzt, deshalb haben wir es nicht auf dem Schirm.

Das Team von Menninghaus hat in einem Experiment Menschen einen bewegenden Film vorgeführt und sie hinterher gefragt, welche Gefühle der Film ausgelöst hat. Wenn sie die Antworten frei formulieren konnten, nannten nur zehn Prozent dabei „bewegend". Wenn aber verschiedene Antwortmöglichkeiten – darunter „emotional bewegend" – vorgegeben waren, bekommt diese Antwort sehr hohe Werte. Das Gefühl ist den meisten Menschen also durchaus vertraut, auch wenn es ihnen nicht spontan einfällt.

Was sich in den Experimenten auch zeigte: In Wahrheit ist man nicht *entweder* positiv *oder* negativ bewegt. Bei den wirklich bewegenden Momenten kommt vielmehr beides zusammen. Die bewegendsten und dann auch schönsten Elemente würden immer auch von negativen Emotionen begleitet. Mit Methoden, die ich im nächsten Abschnitt noch darstellen werde, konnten das die Max-Planck-Forscher in der Wirkung von Filmen oder Gedichten nachweisen. In Bezug auf die Gedichte seien hier alle Erwartungen übertroffen worden: *„Es wurden Peaks – Höchstwerte für negativen Affekt – parallel mit den Höchstwerten für positiven Affekt gefunden. [...] Was also genau diesen Gedanken bestätigt: dass eine Prise Negativgefühl die maximale Würze ist, um eine starke ästhetische Lust, die man auch erinnert, hervorzurufen."*

Diese Bedeutung der negativen Emotionen haben die Forscher insbesondere für die Bewertung von Filmen und Kunstwerken beschrieben.[37] Aber es könnte auch für Landschaften gelten. Haben Sonnenuntergänge nicht immer auch etwas Melancholisches? Tatsächlich würden Menschen bei der Bewertung von Landschaften denjenigen, die sie als besonders schön bezeichnet haben, neben positiven Gefühlen auch negative Momente zuschreiben. *„Also etwas in dieser Naturwahrnehmung ist immer definitiv positiv. Aber es gibt dieses Widerlager. Es gibt etwas daran, was als leicht traurig wahrgenommen wird. Oder wenn wir das Gefühl haben, das ist etwas Bedrohtes."*

Negative Gefühle sind nicht einfach das Spiegelbild von positiven. Sie sind grundsätzlich anders. Negative Emotionen binden stärker unsere Aufmerksamkeit – die täglichen Nachrichten sind dafür ein typisches Beispiel. Wir erleben sie intensiver und sie bleiben zudem stärker im Gedächtnis. Menninghaus vermutet deshalb, dass sie auf diesem Weg auch die ästhetische Wirkung insgesamt intensivieren. *„So gesehen, ist das Gefühl des Bewegtseins ein bipolares Gefühl. Aber das Gute ist, es hat immer noch eine Dominanz des positiven Anteils."*

[37] Menninghaus u.a. 2017.

Wenn sich im Film ein Paar nach langer Trennung versöhnt, kann das eine sehr bewegende Liebesszene sein – wesentlich bewegender, als wenn sich das Paar nie getrennt hätte. Schließlich beinhaltet der Moment der Versöhnung noch den Schmerz der vorangegangenen Trennung.

Interessanterweise gibt es auch Hinweise darauf, dass das *Bewegtsein* mit Aktivitäten in mehreren Hirnregionen korreliert, die als *Default Mode Network* bekannt sind. Das konnte der Neurowissenschaftler Edward Vessel zeigen, indem er die Aktivität im Gehirn von Probanden verfolgte, die verschiedene Gemälde betrachteten.[38] Das *Default Mode Network* (DMN) heißt so, weil diese Hirnareale in der Regel dann aktiv sind, wenn wir *keine* Aufgabe zu erledigen haben, wenn wir uns nicht auf die Außenwelt konzentrieren müssen, sondern die Gedanken treiben lassen können. Das DMN setzt sich aus mehreren Hirnregionen zusammen, zu denen wiederum der mediale präfrontale Cortex gehört.

Vessels fMRT-Aufnahmen zeigten nun etwas Bemerkenswertes: Betrachteten die Versuchspersonen Gemälde, ging die Aktivität im DMN zurück – das entspricht der Erwartung, schließlich ist die Aufmerksamkeit auf einen äußeren Reiz gerichtet. Aber es gab eine Ausnahme: Ging von dem Bild eine besonders starke Wirkung aus – die die Versuchspersonen selbst als „bewegend“ charakterisierten – verhielt sich das DMN genau entgegengesetzt: Es wurde ungewöhnlich aktiv. Diese Aktivierung ging dabei auch mit einer hohen ästhetischen Bewertung einher. Ob die Beobachtungen aus den Gemälde-Studien auf andere ästhetische Erfahrungen übertragbar sind, ist noch nicht klar. Bisher sind dies nur erste Hinweise. Sie würden aber ins Gesamtbild passen.

Insgesamt verhält es sich mit dem Bewegtsein also ähnlich wie mit dem schönen Gefühl kognitiver Leichtigkeit: Die primäre Emotion *ist* noch nicht das Schönheitsempfinden – aber sie beeinflusst es sehr stark. Auch hier wieder: *wenn* im Experiment danach gefragt wird oder – allgemein – ein ästhetischer Kontext hergestellt wird. Denn es gibt natürlich auch bewegende Momente, die kein ästhetisches Erlebnis hervorrufen.

Bewegtsein und kognitive Leichtigkeit sind zwei völlig unterschiedliche Phänomene. Das Gefühl kognitiver Leichtigkeit mag angenehm sein – aber *bewegend* ist es in der Regel nicht. Somit stehen die beiden Einflussfaktoren offenbar für zwei grundlegend verschiedene Arten von Schönheit. Ein Gesamtkonzept ästhetischen Erlebens muss deshalb beiden Arten gerecht werden.

[38] Vessel u.a. 2013; Belfi u.a. 2019.

Æ (6)

Bewegt uns ein Objekt emotional, erhöht dies die Chance, dass wir es in einem ästhetischen Kontext schön finden.

Das Gleiche gilt für Objekte, die kognitiv leicht verarbeitbar sind.

Es handelt sich um jeweils unterschiedliche Arten von Schönheit.

Erfahrungsbericht: Gänsehaut und andere Körperreaktionen

Für die Einordnung des Bewegtseins als eigene Emotion sprechen auch die damit verbundenen körperlichen Reaktionen. Im Kino können es sowohl besonders traurige (Tod der Heldin) als auch besonders freudige Momente (Rettung in letzter Sekunde, Versöhnung nach langem Konflikt) sein, die uns die Tränen in die Augen treiben oder Gänsehaut hervorrufen. Und bei emotionalen Höhepunkten kommt sogar beides – Tränen und Gänsehaut – zusammen vor, wie Eugen Wassiliwizky eindrücklich belegen konnte.[39] Er forscht ebenfalls am Max-Planck-Institut für Empirische Ästhetik und gab mir Gelegenheit, an einem „Gänsehaut-Experiment" teilzunehmen.

Das Max-Planck-Institut befindet sich im Frankfurter Westend. In seinem Innenhof prangt das Wort „SCHÖN", in einer großen rosafarbenen Leuchtschrift. Fast schon intime Fragen stehen bei meinem Besuch im Raum: Bekomme ich bei Musik Gänsehaut? Oder zeigen sich andere Körperreaktionen? Und wenn ja, an welchen Stellen innerhalb der Musik? Das herauszufinden ist Ziel des Versuchs.

Die Vorbereitung dauert eine gute halbe Stunde. Mir werden zunächst drei Elektroden für das EKG angelegt, um meinen Herzschlag zu verfolgen. Anschließend bekomme ich einen Atemgurt um den Bauch. Er misst die Atemfrequenz und die Atemtiefe. Ich bekomme Elektroden an Zeige- und Mittelfinger – wie beim Lügendetektor. Sie messen unter anderem den Hautleitwiderstand als Indikator für die Erregung. Denn schon die kleinste Aufregung führt dazu, dass die Schweißdrüsen aktiv werden, dadurch wird die Haut feuchter und elektrisch leitfähiger.

Auch der Ringfinger und der kleine Finger werden verkabelt. An ihnen werden die Temperatur und die Durchblutung gemessen. Besonders wichtig sind vier weitere Elektroden, von denen je zwei auf meiner Stirn

[39] Wassiliwizky u.a. 2017.

und an meiner Wange angebracht werden. Denn auf der Stirn befindet sich der *Corrugator supercilii*, auch „Stirnrunzel-Muskel" genannt. Es ist der Muskel, der die Augenbrauen zusammenzieht, wenn uns etwas unangenehm ist oder wir Schmerz empfinden. Wenn dieser Muskel kontrahiert – und sei es noch so unmerklich – gilt das als zuverlässiger Hinweis auf negative Emotionen. An der Wange wiederum befindet sich der Gegenspieler, der *Zygomaticus major.* Er verläuft vom Mundwinkel bis zum Ohr – es ist der „Lächelmuskel". Ist er aktiv, deutet das auf positive Gefühlsregungen hin. Die Aktivität dieser beiden Muskeln gelten über die Empirische Ästhetik hinaus als zuverlässige Indikatoren. So geht auch das Lösen kognitiv leichter Aufgaben mit einer Aktivität im Lächelmuskel einher.[40]

Zu guter Letzt wird mir um beide Unterarme je eine Gänsehautkamera geschnallt. Die Kameras sind in einem Gehäuse untergebracht. Ihre Linsen fokussieren die Hautoberfläche, die von einer Leuchtdiode bestrahlt wird. Nachdem alles montiert ist, begebe ich mich in die Testungskammer, setze mich vor den vorbereiteten Bildschirm. Das Licht geht aus.

Schon vor meinem Besuch in Frankfurt wurde ich gebeten, drei Musikstücke zu nennen, die bei mir Gänsehaut auslösen. Ich bekomme allerdings selten Gänsehaut, und wenn, dann nicht verlässlich immer bei bestimmten Stücken. Deshalb habe ich mir damit beholfen, Stücke auszuwählen, die mich halbwegs zuverlässig emotional berühren. Aber auch das ist natürlich situationsabhängig. Und die Situation jetzt ist: Ich sitze in einem Labor, in einer fast schon klinischen Umgebung, überall sind Kabel, und ich weiß: jede Körperregung wird registriert. Um mich ganz auf die Musik einzulassen, schließe ich die Augen, versuche, alles um mich herum auszublenden und mich ganz auf den Klang zu konzentrieren.

Abb. 2: Innenhof des Max-Planck-Instituts für Empirische Ästhetik.

[40] Kahneman 2012, 89.

Als das erste Stück zu Ende ist, geht das Licht an. Am Bildschirm werden mir eine Reihe von Fragen gestellt. Auf einer Skala von 1 bis 10: Wie bewegend erlebe ich das Stück? Wie melodisch, wie rhythmisch, wie Ehrfurcht einflößend? Eher beruhigend oder eher erregend? Hat es mir gefallen? Wie gerne würde ich es nochmal hören? Nachdem ich diese Fragen beantwortet habe, klicke ich auf „weiter".

Wieder geht das Licht aus. Die nächste Musik läuft, anschließend dieselben Fragen. Dann eine Überraschung. Zusätzlich zu den Musikstücken, die ich selbst für das Experiment vorgeschlagen hatte, höre ich über die Kopfhörer ein Gedicht. Später werde ich erfahren, dass es von Rilke ist. Ich kenne es nicht, aber es gefällt mir. Und vermutlich sieht das Versuchsleiter Wassiliwizky gerade an meinen Messwerten. Vermutlich ist mein Lächelmuskel aktiv, obwohl ich gar nicht bewusst lächle. Ich bilde mir sogar ein, eine leichte Gänsehaut zu bekommen. Ich bin gespannt, was sich in den Daten zeigen wird.

Als ich zu allen drei Musikstücken und dem Gedicht die Fragen beantwortet habe, entlässt mich Wassiliwizky aus der Testungskammer und befreit mich von den Elektroden und dem Kabelsalat. Wir schauen uns die Signale am Computer an. Tatsächlich ist an manchen Stellen die Körpertemperatur leicht angestiegen. Auch mein Stirnrunzelmuskel war aktiv, gelegentlich auch der Lächelmuskel, teilweise auch gleichzeitig. Das ist kein Widerspruch, denn positive und negative Emotionen können ja gleichzeitig auftreten. Doch Gänsehaut habe ich keine bekommen. Nicht mal in Ansätzen, weder auf dem linken noch auf dem rechten Unterarm zeigt sich etwas.

Wassiliwizky tröstet mich: So ergehe es etwa der Hälfte aller Versuchspersonen. Vielleicht liegt es an der „klinischen" Versuchssituation oder daran, dass die Messmethodik noch nicht sensibel genug ist, um kleine unterschwellige Regungen der Hautoberfläche wirklich zu erfassen.

Trotzdem: Mit solchen Experimenten konnte Wassiliwizky schon einiges herausfinden: Bei Gedichten etwa tritt Gänsehaut besonders häufig am Ende einer Strophe oder Zeile auf. Ebenso in Passagen, die eine wörtliche Rede wiedergeben. In der Musik sind es solche Stellen, in denen der Refrain beginnt oder der Gesang einsetzt. Wenn Probanden bestimmte Stellen in Musikstücken als besonders schön bezeichnen, neigen sie beim Anhören auch dazu, den Atem anzuhalten. Auch der Lächelmuskel ist dann aktiv. Bei Filmen wiederum haben vor allem Szenen mit Close-Ups ein hohes Gänsehaut-Potenzial, in denen also ein Gesicht in Großaufnahme gezeigt wird.

Doch was drückt Gänsehaut in solchen Momenten aus? Ist sie ein Maß für Schönheit oder eine bestimmte Art von Lust? Eigentlich hat Gänsehaut ja eine ganz andere Funktion: Sie schützt uns vor Kälte, indem sie die kleinen Muskeln an den Haaransätzen aktiviert und gleichzeitig dafür sorgt, dass sich die Haare aufstellen und ein isolierendes Luftpolster bilden.

Aber warum tritt sie auch bei Musik, bei Gedichten, bei emotionalen Momenten auf? Eine mögliche Erklärung ist, dass Gänsehaut generell ein Schutzmechanismus ist, den der Körper aktiviert, wenn er sich emotional bedroht fühlt und negativ affiziert ist.

Auch bei Filmen, Musik oder Gedichten treten Gänsehautmomente an Stellen auf, die sich durch eine besondere Spannung auszeichnen, wo eben nicht alles schön und gut ist, sondern auch negative Emotionen mitschwingen, die für eine besondere emotionale Bewegung sorgen. Vielleicht eine Bedrohung, ein Konflikt oder ein großer Moment, in dem etwas Neues beginnt, was aber mit dem Abschied von etwas Altem verbunden ist. Auch wenn solche Momente schön sind, kann es diese negativen Begleitemotionen geben, auf die der Körper dann mit Gänsehaut reagiert, so zumindest eine Vermutung. Doch so ganz ist das Phänomen bis heute nicht verstanden.

Auch ist nicht jede körperliche Reaktion zwangsläufig eine ästhetische. Wenn Musik etwa plötzlich laut wird, kann das ebenfalls den Herzschlag beschleunigen oder den Hautleitwert erhöhen, einfach als Reaktion auf einen physikalischen Reiz, ohne dass das etwas über die emotionale Wirkung verraten würde. Manche Menschen bekommen schon bei quietschenden Stühlen Gänsehaut. Das zeigt, dass auch diese Körperreaktion nicht unbedingt etwas über das emotionale Bewegtsein verrät. Deshalb ergibt das Messen dieser körperlichen Veränderungen nur Sinn, wenn man sie Beziehung setzt zu dem, was Versuchspersonen beim Erleben etwa der Musik empfinden – weshalb ich in der Testungskammer nicht nur verkabelt war, sondern auch zu jedem Musikstück ausführliche Fragen beantworten musste.

Das Max-Planck-Institut in Frankfurt verfügt sogar über eine eigene Bühne. Sie bietet die Möglichkeit, auch die Wirkung von Konzerten und Lesungen an einem Live-Publikum zu beobachten und die Körperreaktionen in Echtzeit zu messen – außerhalb der klinischen Atmosphäre einer Testungskammer und den damit einhergehenden Beschränkungen. Dabei kommen dann nochmal weitere Aspekte ins Spiel, wie etwa die gemeinschaftliche Dynamik im Publikum. Melanie Wald-Fuhrmann – auch sie ist Direktorin am Max-Planck-Institut und von Haus aus Musikwissenschaftlerin – beschreibt das so: Wenn Paare in ein Konzert kommen, kommt es immer wieder vor, dass sich die Partner gegenseitig angucken oder an der Hand fassen. Solche Momente können ebenfalls einen Hinweis geben auf besonders bewegende Stellen geben.[41]

So also geht Empirische Ästhetik.

[41] In Paál 2020.

3. Elementare Ästhetik: E-Werte

Was heißt elementarästhetisch?

Wie in den vorangegangenen Kapiteln ausgeführt, scheint es ästhetische Reaktionen zu geben, die sehr stark in unserer Biologie verankert sind. Hier geht es um die unmittelbare Wirkung sinnlicher Reize wie Klänge, Farben, Gerüche, Gesichter oder Landschaftsmerkmale. Diese Ebene bezeichne ich als elementarästhetisch.[42]

Die Evolution hat uns zu Wesen gemacht, die bestimmte Sinneseindrücke als angenehm und andere als unangenehm empfinden. Harmonien schmeicheln unserem Ohr, Dissonanzen weniger. Manche Materialen und Formen fühlen sich schön an, andere nicht. In manchen Räumen fühlen wir uns wohler als in anderen. Ähnlich geht es uns mit Rhythmen, Farben, Gerüchen und Wetterlagen: Regen und graue Wolken bezeichnen wir als schlechtes, Sonnenschein als schönes Wetter. Manche dieser Effekte lassen sich physiologisch erklären: Etwa dass verschieden schnelle Rhythmen unsere Hirnströme auf unterschiedliche Weise beeinflussen und deshalb eine jeweils spezifische Wirkung haben; oder dass helles Tageslicht im Gehirn die Ausschüttung des „Stimmungstöters“ Melatonin unterdrückt und deshalb aufmunternd wirkt; oder dass Schokolade die Produktion des stimmungsaufhellenden Botenstoffs Serotonin in unserem Gehirn fördert.

Neben äußeren Sinnesreizen können auch körperliche Empfindungen elementarästhetisch relevant sein. Dazu gehört die Wirkung körperlicher Bewegung oder tiefer Atmung auf der positiven Seite, innere Schmerzen oder Taubheitsgefühle – also das Ausbleiben „normaler“ Empfindungen – auf der negativen.

42 Wolfgang Welsch (1994) sprach in einem ähnlichen Zusammenhang von einer „elementar-vitalen“ Ebene der ästhetischen Wahrnehmung.

Natürlich sind die allermeisten Sinnesreize – vor allem bei Erwachsenen – auch an individuelle oder kulturelle Assoziationen geknüpft. Viele Gerüche oder Klänge verbinden wir mit bestimmten Erinnerungen oder Lebensgefühlen. Und Sonnenschein ist schon deshalb schön, weil er die Möglichkeiten der Freizeitgestaltung erweitert. Das ändert jedoch nichts daran, dass – auch wenn unser Gehirn fast immer nach Assoziationen sucht – Sinnesreize zunächst einmal eine unmittelbare Wirkung auf unser Gemüt haben. Sie wirken belebend oder beruhigend, nervenaufreibend oder entspannend, wohltuend oder schmerzhaft, fröhlich oder bedrückend.

Dies für sich genommen hätte noch nichts mit Schönheit zu tun. Als Meta-Emotion kommt sie jedoch dann ins Spiel, wenn wir diese Wirkungen bewusst danach beurteilen, ob sie uns „gefallen" oder nicht. In manchen Fällen scheint die Zuordnung relativ klar und ist schon aus der Wortwahl ersichtlich: „Entspannend" ist in der Regel schöner als „nervenaufreibend", „wohltuend" schöner als „schmerzhaft", „fröhlich" schöner als „bedrückend".

In anderen Fällen wie „belebend/beruhigend" ist es schon nicht mehr so eindeutig. Beides können wir jeweils als schön empfinden – je nachdem, ob es morgens oder abends ist, ob wir einen anstrengenden oder ruhigen Tag hinter uns haben, ob wir in einer stabilen oder turbulenten Lebenssituation stecken. Doch wenn uns die entsprechenden Reize zum richtigen Zeitpunkt erreichen, so kann man auch sie als „lustvoll" bezeichnen.

Dennoch ist es wichtig, zu unterscheiden: Das reine „Sich-gut-Anfühlen" ist noch keine Schönheit – ebenso wenig wie „Lust" (S. 30). Erst in dem Moment, in dem wir bewusst *feststellen*, wie schön das ist, was uns gerade diese Lust und dieses Wohlfühlen bereitet, bewegen wir uns auf der elementaren Ebene der Ästhetik. Das Gleiche gilt für *Attraktivität.* Attraktivität bedeutet zunächst nur, dass wir uns zu etwas hingezogen fühlen (was uns womöglich Lust bereitet). In vielen Fällen wird dies auch dazu führen, dass wir das jeweilige Objekt auch als „schön" bewerten. Doch auch wenn Attraktivität Schönheit bedingen kann, ist sie nicht damit identisch.

Elementarästhetische Wirkungen werden seit langem erforscht und längst in Farb-, Aroma- oder Musiktherapien eingesetzt. Auch die Industrie interessiert sich sehr dafür, auf welche Düfte wir anspringen und welche Berieselungsmusik unsere Kauflust steigert. Würde man alles zusammentragen, was Psychoakustik, Farbpsychologie und andere Disziplinen über die Wirkung bestimmter Sinnesreize herausgefunden haben, erhielte man eine lange Liste von elementarästhetischen Prozessen. Dies ist auch ein Merkmal der elementaren Ästhetik: Sie besteht aus vielen einzelnen Phänomenen, die sich schwer auf einen Nenner bringen lassen. Es gibt kein übergeordnetes Prinzip, das sie verbindet. Dennoch haben sie zweifellos einen großen Einfluss auf das Schönheitsempfinden.

Def (E)

Elementarästhetische Prozesse beruhen auf den vegetativen Wirkungen bestimmter Sinnesreize.

Das reine Lustempfinden oder die Attraktivität, die von solchen Reizen ausgeht, ist noch keine Schönheit. Schönheit entsteht erst in dem Moment, in dem wir sie bewusst erleben und einem Objekt zuordnen.

Merkmale solcher Sinnesreize, deretwegen wir ein Objekt schön finden, heißen *E-Werte.*

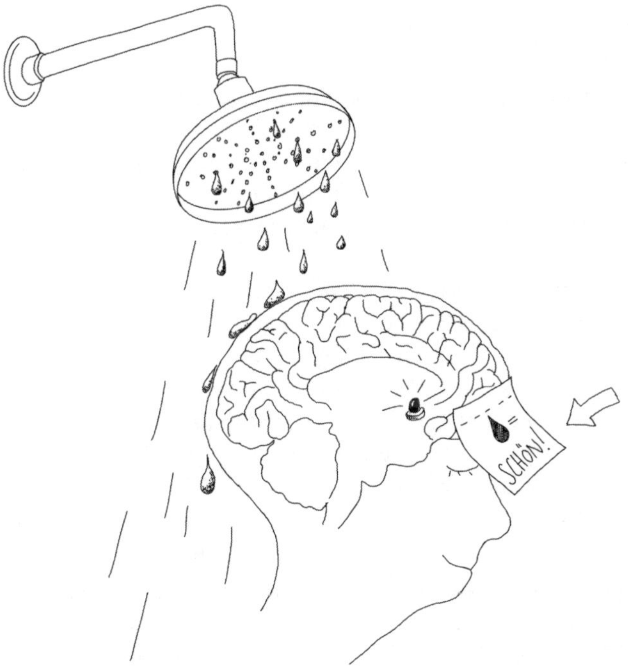

Abb. 3: Bei elementarästhetischen Prozessen werden Sinnesreize bewertet.

Probleme der Evolutionspsychologie

Über die Gründe für viele elementarästhetische Vorlieben kann man meist nur spekulieren. Oft wird die Evolution bemüht: Wir finden demnach solche Reize schön, die sich in der Geschichte der Menschheit als irgendwie nützlich erwiesen haben. Sei es, weil sie für das Überleben unserer Vorfahren notwendig waren oder weil sie die Fortpflanzungsrate gesteigert haben. Und wir finden solche Reize hässlich oder abstoßend, die unseren Vorfahren Schaden zugefügt haben. Auf diese Weise lässt sich unsere Vorliebe für Zucker ebenso erklären wie unsere Abneigung gegenüber verdorbenen Früchten.

In den 1980er Jahren etwa haben Wissenschaftler festgestellt, dass Menschen auf der ganzen Welt bestimmte Landschaftstypen bevorzugen. Besonders hoch in unserer Gunst stehen Flusslandschaften sowie Landschaften mit saftig grüner Vegetation, aber auch halboffene Parklandschaften.[43] All dies wurde evolutionspsychologisch begründet. Schließlich waren für unsere Vorfahren Landschaften von Vorteil, die Aussicht auf Nahrung und Wasser, zugleich aber auch einen gewissen Schutz boten.

Es gab sogar die Vermutung, dass der Mensch in Parklandschaften unbewusst seine Urheimat, die afrikanische Savanne, wiedererkennt. „Entsprechend kursierte diese Hypothese als „Eden-Theorie“. Beweisen lässt sie sich jedoch nicht – und ich persönlich finde sie auch buchstäblich zu weit hergeholt: Der Mensch hat sich in den letzten hunderttausend Jahren allen möglichen Naturräumen angepasst, nicht nur kulturell, sondern auch genetisch. In dieser Zeitspanne haben sich die regional unterschiedlichen Hautfarben und Gesichtszüge entwickelt, zum Teil in Anpassung an die klimatischen Verhältnisse. Doch während sich all das verändert hat, sollen wir noch immer eine genetisch vererbte Vorliebe für den Landschaftstyp in uns tragen, in dem unsere frühen Vorfahren vor mehr als 100.000 Jahren gelebt haben? Das klingt unwahrscheinlich. Ich bevorzuge deshalb eine andere Erklärung für die Attraktivität von Parklandschaften, auf die ich im Zusammenhang mit den S-Werten eingehen werde (S. 103).

Bei anderen positiv bewerteten Landschaftsmerkmalen erscheinen evolutionspsychologische Theorien plausibel. So waren unsere Vorfahren noch in historischen Zeiten gut beraten, nach Orten Ausschau zu halten, in denen es frisches Wasser gab und eine üppige Vegetation. Dass Menschen bis heute Landschaften mit Wasser („Haus am See“) und grüner Vegetation besonders anziehend finden, ist empirisch gut belegt. Selbst in Stadtlandschaften beeinflusst kein Merkmal das ästhetische Urteil so sehr wie das Vorhandensein von Vegetation.[44]

43 Heerwagen & Orians 1993.
44 Weber u.a. 2008.

Sollten diese Erfordernisse tatsächlich dazu geführt haben, dass wir eine Vorliebe für diese Landschaftstypen „in unseren Genen“ haben, dann wäre dies dem Bereich der elementaren Ästhetik zuzurechnen.

In der Evolution setzen sich aber nicht nur solche Merkmale durch, die das Überleben begünstigen. Ein Tier muss, um seine Gene in die nächste Generation zu bringen, auch einen Partner bzw. eine Partnerin von sich überzeugen, mit dem es Nachwuchs zeugen kann. Auf diesem Weg können im Tierreich wunderbare Merkmale entstehen, die sich nicht als unmittelbare Anpassung an die natürliche Umwelt erklären lassen. Dieses zweite evolutionäre Prinzip, die sexuelle Selektion, ist weniger bekannt, wird aber oft gerade als evolutionspsychologische Erklärungsfigur herangezogen.[45]

Sexuelle Selektion kann nämlich dazu führen, dass sich bestimmte Vorlieben verselbständigen. Als ein Lehrbuchbeispiel dient oft das Geweih des Hirschs: Große Geweihe können als Waffe die Chancen im Kampf gegen Rivalen erhöhen. Das wäre ein klassischer Überlebensvorteil. Doch das hat Folgen. Denn konsequenterweise ist es dann auch für die Hirschkühe evolutionär von Vorteil, sich ihren Partner nach der Größe seines Geweihs auszusuchen, denn dadurch bekommen sie mit hoher Wahrscheinlichkeit überlebenstüchtige Nachkommen mit ebenfalls großen Geweihen. Eine Hirschkuh, die ihren Partner nach der Geweihgröße auswählt, erhöht somit die Chance, die eigenen Gene in die nächste Generationen zu bringen. Auf diese Weise setzten sich nicht nur die Gene für große Geweihe durch, sondern auch die *Gene für die Vorliebe* für große Geweihe bei den Weibchen. Und so wurden große Geweihe zum evolutionären Selbstläufer: Die Hirsche mit den großen Geweihen hatten schon allein deshalb einen größeren Fortpflanzungserfolg, weil sie bei der Partnerwahl bevorzugt wurden. Durch diesen Effekt wurden die Geweihe am Ende größer, als es für das tägliche Überleben notwendig ist. Dieses Erklärungsmodell lässt sich auch auf andere Attribute anwenden, etwa den Schwanz des Pfaus oder den Gesang von Vögeln.

Auch beim Menschen werden nun manche Vorlieben als Folge sexueller Selektion erklärt. So finden wir angeblich symmetrische Gesichter deshalb schöner als asymmetrische, weil für unsere Vorfahren symmetrische Gesichtszüge ein Hinweis auf die gesundheitliche Verfassung unseres Gegenübers waren. Die Wahrscheinlichkeit, mit diesem Partner viele gesunde Kinder zu zeugen und zu ernähren, ist größer – deshalb habe sich die Präferenz für symmetrische Gesichter in der Evolution durchgesetzt, so die gängige Erklärung.

Und was für Gesichter gilt, lässt sich auf den ganzen Körper übertragen. Eine Studie, die in Jamaika durchgeführt wurde, kam etwa zum Ergebnis, dass Frauen eine Präferenz für Männer zeigen, die gut tanzen.

45 Miller 2001.

Dabei stellte sich auch heraus, dass die Körper derjenigen Männer, denen die Frauen gerne beim Tanzen zusahen, eine stärkere Symmetrie aufweisen. Also, so argumentierte William Brown in der Zeitschrift *Nature*, lesen Frauen an den Tanzfähigkeiten indirekt den Gesundheitszustand eines Mannes ab.[46] Das klingt plausibel: Männer, die gut tanzen, beweisen eine gute Körperkontrolle, ein gutes Rhythmusgefühl, vielleicht auch einen insgesamt guten Gesundheitszustand. Gründe genug jedenfalls für die Frauen, solche Männer zu bevorzugen.

Es gibt Hinweise, dass für die Evolution des Menschen die sexuelle Selektion seit rund zwei Millionen Jahren eine immer wichtigere Rolle spielt. Dafür spricht die Angleichung der Körpergrößen von Männern und Frauen in diesem Zeitabschnitt. Bei den Australopithecinen – den Vorfahren der Gattung Homo – waren die Männer um 50 bis 100 Prozent größer als die Frauen, beim modernen Menschen beträgt der Unterschied nur noch rund 15 Prozent.[47] Dies könnte darauf hindeuten, dass die Männer ihre Rivalen nicht mehr so sehr durch körperliche Macht – also Größe und Kraft – ausstachen, sondern durch andere Qualitäten überzeugen mussten.

So weit, so gut. Mit dem Prinzip der sexuellen Selektion wird nun alles Mögliche erklärt. Etwa, weshalb heterosexuelle Männer und Frauen jeweils bestimmte Körperformen attraktiv finden. Die Blicke von Männern würden demnach von solchen Frauen angezogen, deren Körper Fruchtbarkeit und Gebärfähigkeit versprechen, während umgekehrt Frauen eine Schwäche für athletische Typen zeigten, deren Körper signalisiert, dass er sie und ihre Nachkommenschaft erfolgreich beschützen und verteidigen kann. Man kann also die sexuelle Selektion wunderbar nutzen, um traditionelle Geschlechterrollen zu legitimieren.

Sie alle haben solche Erklärungen schon gehört, und viele von ihnen klingen nicht einmal abwegig. Doch genau das ist das Problem: Mehr als glauben kann man sie nicht. Beweisen lassen sie sich selten. Vielleicht sind symmetrische Körper und Gesichter nur deshalb attraktiver, weil symmetrische Muster kognitiv leichter erscheinen?

So ist es oft: Eine evolutionäre Erklärung mag einleuchten, muss aber deshalb noch lange nicht stimmen. Und gelegentlich sind sie so flexibel, dass man sie sich beliebig zurechtbiegen kann. Ein schönes Beispiel dafür ist die Geschichte der „Durchschnittsgesichter“.

Ende der 80er Jahre untersuchten Psychologen anhand von virtuellen, am Computer erzeugten Gesichtern, welches Frauengesicht die männlichen Probanden am schönsten finden. Es war jenes, das den absoluten Durchschnitt aller Frauen in der Bevölkerung repräsentierte („Miss Mix“). Dieser Durchschnitt bezog sich auf bestimmte Proportionen, etwa den Augenabstand, die Nasengröße oder das Verhältnis von Gesichtslänge zur

[46] Brown 2005.
[47] Junker 2013, 147.

-breite. Die Erklärung für dieses Ergebnis schien auf der Hand zu liegen: Männer bevorzugen Durchschnittsgesichter, weil diese gewissermaßen den Inbegriff gesundheitlicher Norm darstellen.

Doch wenige Jahre später mussten die Psychologen ihren Befund korrigieren, als den Probanden weitere Gesichter zur Auswahl vorgelegt wurden. Dem Durchschnittsgesicht von *Miss Mix* wurde *Miss Beauty* gegenübergestellt: Auch *Miss Beauty* war ein Durchschnittsgesicht – mit dem Unterschied, dass es nicht den Durchschnitt der gesamten weiblichen Bevölkerungen repräsentierte, sondern den Durchschnitt von Gesichtern, die bereits in einer *Vorauswahl* als besonders attraktiv bewertet wurden. Es zeigte sich: *Miss Beauty* toppt *Miss Mix.* Aber auch damit war es nicht getan. In einem weiteren Schritt haben die Forscher die Unterschiede in den Proportionen von *Miss Beauty* und *Miss Mix* am Computer noch einmal verstärkt. Sodass am Ende etwa die Höhe der Wangenknochen oder der Abstand zwischen Kinn und Mund markant vom Durchschnitt abwichen. Und siehe da: Diese Gesichter wurden als noch schöner beurteilt – und zwar kulturunabhängig, in Japan ebenso wie in Europa.[48] Daraufhin mussten neue Erklärungen konstruiert werden, wonach die herausgehobenen Merkmale – wie etwa die Höhe der Wangenknochen – offenbar eigenständige „Gesundheitsindikatoren" seien.

Das Beispiel zeigt, dass bei solchen evolutionspsychologischen Theorien die Gefahr von Zirkelschlüssen groß ist, denn die Argumentationsketten folgen oft diesem Muster: Warum mögen wir symmetrische Gesichter? – „Weil sie ein Indikator für die Gesundheit des Partners sind." – Und wieso sind sie das? – „Sonst würden wir solche Gesichter ja nicht bevorzugen." Oder, ein beliebter Gesprächsstoff bei sommerlichen Gartenfeiern: Warum stehen Männer gerne am Grill? – „Darin zeigt sich ihre steinzeitlicher Jägernatur." – Und woher wissen wir, dass in der Steinzeit die Männer gejagt haben? – „Das Rollenmuster hat sich ja bis heute gehalten."

Evolutionspsychologische Theorien bieten gelegentlich auch Erklärungen, warum Menschen *unterschiedliche* Vorlieben haben: Eine bekannte Studie befasst sich mit der Attraktivität bestimmter Körpergerüche.[49] Unser Körpergeruch hängt eng mit unserem Immunsystem und den Antikörpern in unserem Blut zusammen. Wissenschaftler haben nun herausgefunden: Männer und Frauen riechen sich gegenseitig dann besonders gern, wenn sich ihre Immunsysteme ergänzen, sie also gegen unterschiedliche Erreger gewappnet sind. Auch das lässt sich evolutionär begründen: Wir suchen instinktiv die Nähe zu solchen Partnern, mit denen wir immunologisch wahrscheinlich gut gerüstete Nachkommen zeugen würden. Denn sie bekämen über das Erbgut ihrer beiden Elternteile zwei sich ergänzende Abwehrsysteme mit auf den Lebensweg.

[48] Rehm 1994.
[49] Milinski & Wedekind 2001.

Für all diese Theorien gilt: Sie können richtig sein, aber es bleiben so genannte „Just-so-Stories“: Wer sich Zeit nimmt, wird für jede erdenkliche Vorliebe eine derartige evolutionspsychologische Theorie konstruieren können. Und deshalb sind sie meist nicht mehr als „ganz interessant“. Selbst wenn man, unwahrscheinlich genug, tatsächlich eines Tages irgendwelche „Vorliebe für Flüsse“-Gene oder „Vorliebe für symmetrische Gesichter“-Gene finden würde, wäre es kaum möglich herauszufinden, wie sie in unser Erbgut gelangt sein könnten.

Doch egal, welche dieser Erklärungen stimmen und welche nicht. Für uns ist an dieser Stelle nur wichtig: Zweifellos gibt Reize, für die der Mensch evolutionär bedingt eine natürliche Präferenz entwickelt hat. Seien es süße Speisen, bestimmte Gesichts- und Körperformen, spezielle Landschaftstypen, Farbkombinationen oder Stimmlagen.

In den meisten Fällen ist es aber schwierig, das biologische Erbe vom kulturellen zu trennen. Das gilt selbst für scheinbar so naheliegende Präferenzen wie unser musikalisches Harmonieempfinden. Es klingt ja einleuchtend, dass der Mensch Oktaven, Quinten und Quarten besonders harmonisch findet – schließlich haben die entsprechenden Tonfrequenzen die einfachsten denkbaren Zahlenverhältnisse (1:2; 2:3; 3:4), und sie bilden auch die jeweiligen nächsten Obertöne. Auch Babys zeigen Experimenten zufolge ein stärkeres Interesse für harmonische Klänge als für dissonante. Und doch scheren sich viele Musikkulturen bekanntlich überhaupt nicht darum.

Manche angeblich „natürliche Vorlieben“ erweisen sich auch als Fiktion. So wurde lange spekuliert, warum der „Goldene Schnitt“ – eine Proportion, definiert durch ein besonderes Zahlenverhältnis – von alters her als besonders „schön“ gilt.[50] Heute ist klar: Die Frage stellt sich nicht, denn es stimmt nicht. Der Goldene Schnitt hat zwar zahlentheoretisch viele besondere Eigenschaften und erfreut sich in der Geschichte der Kunst großer Beliebtheit – aber es gibt keinen Beweis, dass Menschen die Proportion des Goldenes Schnittes von Natur aus schöner fänden als alle anderen. Das hat schon Gustav Theodor Fechner anhand eigener Experimente festgestellt: „Hiernach kann ich nicht umhin, den ästhetischen Wert des goldenen Schnittes … überschätzt zu finden.“[51]

Und nachdem Prähistoriker herausfanden, dass in der Steinzeit auch Frauen gejagt und Männer gesammelt haben, darf sich auch die Arbeitsteilung am Grill gerne dieser Erkenntnis anpassen.

[50] Berlyne 1971a.
[51] Fechner 1876.

Individuelle Unterschiede

Dass es elementarästhetische Vorlieben gibt, bedeutet keineswegs, dass sie genetisch festgelegt wären, oder dass die entsprechenden Reize auf alle Menschen in gleicher Weise wirken müssten.

Zum einen dürfte es genetische Unterschiede geben. Es wäre merkwürdig, wenn die Menschen in den verschiedensten Teilen der Erde nicht auch verschiedene ästhetische Dispositionen in ihrem Erbgut hätten. Schließlich haben sie sich über Jahrtausende an die verschiedensten Umwelten angepasst. Solche genetischen Unterschiede müssen nicht einmal eine adaptive Funktion haben, sie können auch auf zufälliger genetischer Drift beruhen. Ebenso wie viele Menschen in Ostasien eine angeborene Unverträglichkeit gegen Kuhmilch oder Alkohol haben, ist vorstellbar, dass in verschiedenen Teilen der Welt auch Farben unterschiedlich empfunden werden. Allerdings kenne ich keine Studie, die kulturell unterschiedliche ästhetische Einstellungen auf eine biologische Grundlage zurückführen könnte.

Dasselbe gilt für geschlechtsspezifische Unterschiede. Zwar weisen ein paar Jahrtausende Zivilisationsgeschichte darauf hin, dass Frauen die Welt im Durchschnitt ästhetisch etwas anders wahrnehmen als Männer. Die Theorie der sexuellen Selektion würde dies auch nahelegen, da die Geschlechter in der Evolution eine unterschiedliche Rolle spielen – in der Fortpflanzung ebenso wie in der Aufzucht des Nachwuchses. Es wäre also nicht verwunderlich, wenn Männer (auch über die Partnersuche hinaus) andere Reize attraktiv fänden als weibliche. Doch ob es zwischen den Geschlechtern wirklich Unterschiede im „ästhetischen Erbgut" gibt, lässt sich ebenfalls kaum beweisen.

Und natürlich gibt es Wahrnehmungsunterschiede zwischen einzelnen Individuen. Die einen sehen die Welt „blasser", die anderen „farbiger". Bei Synästhetikern kann es sogar vorkommen, dass sie Farben nicht nur sehen, sondern auch „schmecken"; dass sie Gerüche „hören" oder Buchstaben und Wörter als „farbig" wahrnehmen. Vier von tausend Personen sollen diese besondere Fähigkeit haben, bei der verschiedene Sinneskanäle miteinander verschmelzen.[52] Die Beispiele zeigen: Es gibt unzählige Unterschiede schon in der Sinneswahrnehmung einzelner Individuen.

Zu den genetischen Wahrnehmungsunterschieden kommen erlernte hinzu. Dazu einige Beispiele aus der Psychoakustik: Die US-Psychologin Diana Deutsch hat herausgefunden, dass unsere Herkunft einen starken Einfluss darauf hat, wie wir Töne wahrnehmen. Eine Kalifornierin empfindet bestimmte Tonintervalle – beispielsweise C-Fis – anders als ein Engländer.[53] Murray Schafer beschrieb in seiner *Kulturgeschichte des Hörens*,

[52] Emrich u.a. 2001.
[53] Deutsch 1992.

wie sich die Lautstärke der Polizei- und Feuerwehrsirenen in Nordamerika im Zeitraum von 1912 bis 1970 verachtfacht hat, weil das Gehör der Menschen im Laufe der Jahre immer stärker abgestumpft ist.[54] Auch machte er darauf aufmerksam, dass offenbar ein Zusammenhang besteht zwischen den lauten und bassreichen Klängen der modernen Popmusik und den entsprechenden akustischen Eigenschaften der heutigen Städte.

Und dies sind alles nur Unterschiede in der *Wahrnehmung* von sensorischen Reizen. Doch selbst wenn zwei Personen Reize gleich wahrnehmen, können sie sie ästhetisch unterschiedlich *bewerten*. Dasselbe Blau, das beim einen angenehme Gefühle erzeugt, mag die andere abstoßend finden.

Und schließlich müssen wir davon ausgehen, dass sich diese Reaktionen auch bei einem einzelnen Menschen im Laufe des Lebens wandeln, etwa durch altersbedingte Veränderungen in unserem Nervensystem: Schnelle Rhythmen wirken auf junge Menschen noch anregend, ältere fühlen sich durch sie eher genervt. Auch Gewöhnungsprozesse führen zu Veränderungen: Wer sein Essen regelmäßig kräftig salzt, gewöhnt seine Geschmacksnerven an eine bestimmte, als „optimal“ empfundene Salzkonzentration. Bekommt die gleiche Person eine Zeit lang weniger stark gesalzene Speisen vorgesetzt, werden die Geschmacksnerven sensibilisiert. Nach einer Weile wird auch das schwächer gesalzene Essen wieder schmecken.

Grenzen der elementaren Ästhetik

Es gibt viele Phänomene, die ich in diesem Kapitel nicht angesprochen habe. Ich möchte es dennoch hierbei belassen, denn auch das ist ein Merkmal der elementaren Ästhetik: Es sind fast alles Einzelfälle, die bestenfalls einen kleinen Ausschnitt unseres ästhetischen Erlebens behandeln: tanzende Männer, Geruchsmoleküle, Parklandschaften, athletische Körper. Die damit verbundenen ästhetischen „Werte“ lassen sich kaum systematisieren und vermitteln kein Gesamtbild. Deshalb finde ich sie persönlich immer nur flüchtig interessant.

Der zweite, wesentlich wichtigere Grund, dieses Kapitel abzuschließen, ist aber, dass die elementare Ästhetik nur eine sehr beschränkte Erklärungskraft besitzt. Tatsächlich werden wir nur in seltenen Fällen ein Objekt allein aufgrund seiner elementarästhetischen Reize beurteilen. Wäre unser ästhetisches Empfinden wirklich weitgehend das Erbe eines Jahrmillionen dauernden evolutionären Prozesses und fest in unsere Gehirne programmiert – warum gibt es dann Moden, die jedes Jahr wechseln? Und wie

[54] Schafer 1988.

erklärt sich, dass sich unser Schönheitssinn mit den Jahren wandelt? Dass wir uns mit 50 Jahren für Dinge begeistern können, die wir mit 20 noch langweilig fanden? Die elementare Ästhetik erklärt nicht die Schönheit von Kunstwerken wie Skulpturen, Sinfonien, Epen oder Schlössern. Sie erklärt nicht die Schönheit wissenschaftlicher Errungenschaften – Bilder vom Sternenhimmel, organische Muster, mathematische Formeln, schlüssige Beweise. Sie erklärt nicht die „Schönheit" aufrichtiger Gespräche, guter Witze oder Dokumentarfilme.

In elementarästhetischen Prozessen gilt, in Anlehnung an Gertrude Stein: Eine Rose ist eine Rose ist eine Rose – und nichts anderes. Sie wirkt unmittelbar über ihre Form, ihre Farbe und ihren Duft. Sie ist kein Zeichen der Zuneigung, keine symbolische Verdichtung schöner Erinnerungen, keine Metapher für „Blühen und Vergehen" und auch kein Exempel für das Wunder des Lebens oder die Leistungen der Pflanzenzucht. Falls sie es aber doch ist, haben wir die Schwelle zur Erkenntnisästhetik überschritten.

4. Erkenntnisästhetik: O-, S- und K-Werte

Es gebe drei Dinge, und nur sie, pflegte er zu sagen: Begierde, Wohlgefallen und Geborgenheit. Und alle seien sie verfänglich. Am flüchtigsten sei die Begierde, dann komme das Wohlgefallen, und leider sei es so, dass die Geborgenheit, das Gefühl, in jemandem aufgehoben zu sein, irgendwann auch zerbreche.

Pascal Mercier, Nachtzug nach Lissabon

Der Unterschied: Schönheit in Zeichen

Es gab Zeiten, da hätte schon die Wortkombination „Erkenntnisästhetik" befremdlich geklungen. Gelten doch bis heute sinnliche Empfindung und Ästhetik als das Gegenteil von „rationaler" Erkenntnis. Doch die Wissenschaft hat mit diesen vermeintlichen Gegensatzpaaren – „Fühlen vs. Denken", „Herz vs. Kopf", „Emotion vs. Kognition" – aufgeräumt. Denken ist praktisch immer von emotionalen Färbungen begleitet und viele kognitive Leistungen wären ohne diese emotionalen Markierungen gar nicht möglich.[55] Umgekehrt sind Emotionen von kognitiven Vorgängen beeinflusst. Deshalb muss jede Ästhetik ernst nehmen, was der Philosoph Nelson Goodman schon 1969 feststellte, nämlich „dass Emotionen in der ästhetischen Erfahrung kognitiv funktionieren."[56]

Nelson Goodman gehört zu einer Gruppe von Denkern, die ästhetisches Erleben auf Zeichen- bzw. Informationsprozesse zurückführten. Tatsächlich hat die Semiotik, die Lehre von Zeichensystemen, einen wichtigen Beitrag zur Ästhetik geleistet, indem sie ästhetische Objekte in ihrer Funktion als Zeichen bzw. Zeichenträger untersuchte. Diese Erkenntnisse

[55] Damasio 1994 und 1999; Markowitsch 1996.

[56] Goodman 1995, 228.

liefern, zusammen mit einigen Ideen der Informationstheorie, die entscheidenden Kriterien, um elementare Ästhetik und Erkenntnisästhetik voneinander abzugrenzen.

„Information ist ein Unterschied, der einen Unterschied macht" – so lautet eine bekannte Definition Gregory Batesons. Der erste Teil „Information ist ein Unterschied ..." läuft zunächst auf die einfache Feststellung hinaus, dass die Information einer Nachricht nicht nur aus dem besteht, was sie explizit sagt, sondern zugleich aus dem, was sie mit dem Gesagten ausschließt. Dieses Verständnis entspricht dem Grundgedanken der Informationstheorie: Selbst die kleinste Informationseinheit – das Bit – ist nicht, wie es oft dargestellt wird, eine „1" oder eine „0". Ein Bit ist eine „1" *in Abgrenzung zur* „0" bzw. umgekehrt.

Wahrnehmungen sind immer Wahrnehmungen von Unterschieden: Die „Erkenntnis", dass das Glas neben meinem Computer „sauber" ist, setzt die Idee eines schmutzigen Glases voraus. Das gleiche gilt für das darauf aufbauende ästhetische Urteil: Mein sauberes Glas ist nicht deshalb schön, weil die Wahrnehmung seiner glatten, transparenten Oberfläche mein Nervensystem auf elementarästhetische Weise stimulieren würde. Sondern wir schätzen das saubere Glas zunächst einfach deshalb: *weil es nicht schmutzig ist.*

Und damit sind wir beim zweiten Teil des Satzes: „... der einen Unterschied macht" bedeutet: Das saubere Glas kann sich vom schmutzigen unterscheiden, doch ein Informationswert ergibt sich daraus erst, wenn sich daraus für mich ein Unterschied ergibt, und sei es nur hinsichtlich eines ästhetischen Urteils.

Hier liegt nun ein wichtiges Abgrenzungskriterium: *Erkenntnisästhetisch* ist ein Objekt X nur dann schön, wenn wir uns bei seiner Beurteilung der Alternativen zu X bewusst sind: Wir schätzen das saubere Glas, weil wir auch schmutzige kennen. Elementarästhetisches Erleben beruht dagegen auf der unmittelbaren Wirkung bestimmter Eigenschaften eines Objekts – etwa seiner Farbe oder seines Klangs. Es setzt kein Bewusstsein von Alternativen voraus.

Beide Arten ästhetischen Erlebens können auch in der gleichen Situation auftreten: Wenn wir die frische Waldluft an einem Frühlingsmorgen schön finden, weil sie in ihrer Zusammensetzung eine belebende Wirkung auf uns hat, so wäre das eine elementarästhetische Erfahrung. Oft jedoch kommt ein weiterer Gedanke dazu, etwa: *Wie schön ist diese Waldluft im Vergleich zum Gestank auf den Straßen!* Hierbei handelt es sich um ein erkenntnisästhetisches Urteil, das auf der bewussten Unterscheidung der Waldluft von ihren möglichen Alternativen beruht.

Die Waldluft kann zusätzlich einen Zeichencharakter bekommen. Statt dass wir uns nur an ihrer rein vegetativen Wirkung erfreuen, kann das Erleben auch von Gedanken begleitet sein wie: „*Wie herrlich es nach*

Frühling duftet!" oder „*Wie schön, endlich mal wieder gesunde Luft zu atmen!*". Hier wird also ein bestimmter Geruch als *Zeichen* für „Frühling" oder „gesund" wahrgenommen. Auch was das saubere Glas betrifft, können wir mit ihm Eigenschaften verbinden wie „Reinheit", „Glanz", vielleicht auch „Hygiene". Das Glas und die Waldluft stehen in diesen Situationen als Zeichen für bestimmte, als „wertvoll" erachtete Eigenschaften, und dieser Zeichencharakter hat einen maßgeblichen Einfluss auf das (dann erkenntnis-)ästhetische Urteil.

Und so funktioniert auch Werbung. Ein wesentlicher Teil der Wirkung, die bestimmte Autotypen oder Smartphone-Marken auf Menschen ausüben, beruht darauf, dass diese Marken bestimmte Merkmale wie Schnelligkeit, Sportlichkeit oder Luxus verkörpern. Statt einfach zu sagen: „Das Auto ist schön", wäre es in einem solchen Fall genauer zu sagen: „Die Wahrnehmung von Schnelligkeit, Sportlichkeit und Luxus über das Zeichen 'Auto' ist schön". Marketing-Abteilungen versuchen genau das: Das eigene Produkt als *Marke* in den Köpfen der Kundschaft zu verankern, umso mehr, seit die Forschung gezeigt hat, dass Marken im Gehirn völlig andere Prozesse wachrufen als Nicht-Marken (vgl. S. 35).

Bei anderen ästhetischen Urteilen steht der Zeichencharakter sogar noch stärker im Vordergrund. Die Kuppel am Reichstagsgebäude ist nicht einfach eine Kuppel. Sie sollte, als sie gebaut wurde, bestimmte Ideen vermitteln wie *Bürgernähe* (weil offen für Besucher) und *Transparenz* (weil gläsern). Auch weite Teile der Kunst, des Designs, der Mode oder auch des Marketings wirken über die Zeichenfunktion ihrer jeweiligen Objekte: wofür sie *stehen*.

Def (Erkenntnisästhetik)

In *erkenntnisästhetischen Prozessen* nehmen wir Objekte in ihrer Zeichenhaftigkeit wahr und in bewusster Abgrenzung zu möglichen Alternativen.

Elementar- und erkenntnisästhetische Wirkungen können sich also ergänzen. Wie das Experiment von Thomas Jacobsen mit den grafischen Mustern (S. 35) zeigte, setzen schon nach kurzer Zeit Assoziationen und Reflexionsprozesse ein, die dafür sorgen, dass eine Rose eben nicht mehr nur eine Rose eine Rose ist. Deshalb ist es in der Praxis oft schwer zu sagen, ob die Schönheit eines Objekts auf einer elementar- oder erkenntnisästhetischen Wirkung beruht.

Eine Faustregel wäre: Elementarästhetisch bedingte Vorlieben sind vergleichsweise stabil. Sonnenuntergänge, rauschende Brandungen, der Anblick eines lodernden Kaminfeuers, der Duft des Frühlings, bestimmte

Akkordfolgen, vielleicht auch gewisse weibliche bzw. männliche Körperattribute – das alles verknüpfen wir über weite Strecken unseres Lebens mit relativ konstanten ästhetischen Urteilen.

Demgegenüber können Urteile, die auf erkenntnisästhetischen Prozessen beruhen, zwar ebenfalls über lange Zeit stabil sein, sind aber anfälliger für Schwankungen. Wir leben in einer Welt, in der nicht nur mit jeder Saison die Mode wechselt, sondern in der auch wir selbst immer wieder Phasen durchlaufen, in denen uns bestimmte Dinge eine Zeit lang gefallen, bis wir von ihnen genug haben. Diese Phänomene wären nicht zu erklären, wenn unsere Vorlieben allein von elementarästhetischen Empfindungen geleitet wären. Sie hängen vielmehr damit zusammen, dass neben den elementarästhetischen Wirkungen auch Zeichenprozesse im Spiel sind. Pecorino ist nicht nur Pecorino, sondern auch „Italien“. Salsa ist nicht nur ein Musikstil, sondern steht auch für eine bestimmte Vorstellung von „Lateinamerika“. Wir assoziieren Stilrichtungen mit Lebensgefühlen, und wir verbinden bestimmte Moden mit entsprechenden Phasen in unserem Leben, die ihrerseits mit gewissen Erfahrungen, Stimmungen und Lebenseinstellungen zusammenhängen.

Betrachtet man es historisch, so hat sich die *Ästhetik von unten* stärker mit elementarästhetischen Vorgängen befasst. Denn die lassen sich empirisch leicht untersuchen: Wie reagieren wir auf einfache Reize? Die meisten Theorien der *Ästhetik von oben* dagegen, die aus der Philosophie und der Literaturwissenschaft stammen, konzentrierten sich dagegen auf erkenntnisästhetische Prozesse (ohne sie freilich so zu nennen): Sie betrachteten Ästhetik entweder nur im Zusammenhang mit Kunst oder im Zusammenhang mit einzelnen gesellschaftlichen Aspekten wie „Ästhetik des Zerfalls“, „Ästhetik des Widerstands“. Auch diese Ästhetiken untersuchen nahezu immer Wirkungen, die mit Zeichen, Signalen und ihren jeweiligen Interpretationen zu tun haben.

O-, S- und K-Werte: Eine erste Einordnung

Drei grundlegende Arten von erkenntnisästhetischen Werten werde ich nun unterscheiden. Ich nenne sie O-, S- und K-Werte. Diese Bezeichnungen haben keine tiefere Bedeutung. Ich habe sie gewählt, weil konkrete Begriffe nur falsche Assoziationen wecken würden. Zwar leiten sich „O“, „S“ und „K“ aus bestimmten Wörtern ab, doch handelt es sich dabei eher um Eselsbrücken: „O“ kann für „Ordnung“ stehen, „S“ für „Selbst“, „Sympathie“, „Situation“ bzw. „Stimmung“ und „K“ für „Kreativität“ oder „Komplexität“. Das mag den Anschein erwecken, als würden hier Dinge zusammengeworfen, die miteinander nichts und mit Ästhetik nur wenig zu tun haben. Doch es sind, wie gesagt, nur Hilfsbegriffe. Es wäre falsch, von

O-Werten als „Ordnungs-Werten" zu sprechen oder S-Werte mit „Stimmungs-Werten" zu übersetzen.

Ich will zunächst anhand von vorläufigen, teils auch assoziativen Beispielen eine erste Vorstellung vermitteln, was mit O-, S- und K-Werten gemeint ist und worauf das Konzept hinausläuft. Im Anschluss werde ich es präzisieren und systematisieren. Dann wird auch deutlich werden, was es mit den Eselsbrücken auf sich hat.

Rhetorik, Wissenschaft, Journalismus, Schule

Dem Konzept der O-, S- und K-Werte nähert man sich vielleicht am besten, indem man bestimmte Qualitätskriterien denkt, die wir in zum Teil unterschiedlichen Zusammenhängen anwenden. Ein erstes Beispiel ist die Rhetorik.

Die Merkmale einer guten Rede haben sich seit Cicero und Augustinus praktisch nicht mehr verändert. Es sind: die Schlüssigkeit der Argumente, die Fähigkeit, das Publikum emotional zu rühren, und schließlich der Unterhaltungswert. In den Worten von Augustinus: *Docere, movere, delectare.* In allgemeiner Form bewerten wir nach diesen Kriterien nahezu alle sachlichen Informationen, seien es wissenschaftliche Texte, journalistische Berichte oder Schulbücher. Wir erwarten von ihnen, dass sie

- *überzeugend* sind: verlässlich, korrekt, übersichtlich, evident, plausibel und nachvollziehbar begründet;
- *bedeutend* sind, also von etwas handeln, das uns persönlich wissenswert und relevant erscheint;
- *anregend* sind: neu und nicht-trivial, geistig stimulierend.

Diese drei Kriterien entsprechen im Grunde den drei Arten erkenntnisästhetischer Werte: Übersichtlichkeit und Verlässlichkeit haben etwas mit O-Werten zu tun, Relevanz etwas mit S-Werten und geistige Anregung etwas mit K-Werten. In einer ersten Näherung lassen sich O-Werte demnach als Eigenschaften beschreiben, die für Ordnung, Zuverlässigkeit, Stabilität oder Sicherheit sorgen. „Übersichtlichkeit" und „Stringenz" sind solche Merkmale. Ästhetisch werden sie aber erst dann, wenn sie nicht nur als „zweckdienlich" wahrgenommen werden, sondern als eigenständige Werte – *um ihrer selbst willen* im Sinne von *Def (schön)*. Ist ein Bericht plausibel, so ist diese Eigenschaft zunächst von praktischem Nutzen. Sie gewährleistet, dass sich die im Bericht enthaltene Information weiterverwerten lässt. Es wäre aber falsch zu sagen „Der Bericht ist nützlich, *also* ist er schön." Eine ästhetische Note bekommt er nur dann, wenn es auf die Frage der Weiterverwertbarkeit gar nicht unmittelbar ankommt, sondern die Plausibilität als etwas Schönes an sich empfunden wird.

S-Werte sind Eigenschaften, die, allgemein formuliert, eine Verbindung zwischen Subjekt und Objekt herstellen bzw. diese Verbindung verstärken. S-Werte bewirken, dass etwas für mich *bedeutsam* ist, dass ich es als zu „meiner Welt" gehörig betrachte.

K-Werte wiederum sind Eigenschaften, die es reizvoll erscheinen lassen, sich mit einer Sache zu beschäftigen. Sei es, um etwas zu verstehen oder auch, um selbst etwas zu gestalten. Ob die Beschäftigung mit einem Objekt uns gefällt, hängt davon ab, ob es uns anregt, weil es etwa ein gewisses Maß an Neuartigkeit oder Komplexität besitzt. Zusammengefasst lässt sich somit sagen:

- O-Werte haben mit Vertrauen, Verlässlichkeit und Ordnung zu tun;
- S-Werte schaffen Verbundenheit;
- K-Werte sorgen für geistige Anregung.

Menschliche Beziehungen

Vergleichbare Kategorien lassen sich auch in menschlichen Beziehungen finden. Sie finden sich schon in Pascal Merciers Eingangszitat zu diesem Kapitel, zu dem man ergänzen muss: Er schreibt hier von der Liebe.

Zu O-Werten in menschlichen Beziehungen gehören Eigenschaften wie Zuverlässigkeit und Glaubwürdigkeit. Diese Begriffe können sich auf bestimmte „Funktionen" beziehen, etwa, dass ich eine Kollegin wegen ihrer Zuverlässigkeit schätze. Aber auch auf die Ausstrahlung und das Auftreten einer Person: Wenn mir jemand „authentisch" erscheint, habe ich das Gefühl, er ist nicht nur ehrlich, sondern gibt sich auch so, wie er ist. Auch Geborgenheit kann mir eine Person nur vermitteln, wenn ich sie als mir gegenüber verlässlich empfinde.

S-Werte in menschlichen Beziehungen sind diejenigen Eigenschaften, die uns jemanden sympathisch und vertraut machen. Sympathie beruht in erster Linie auf Empathie, also der Annahme, sich in eine andere Person einfühlen zu können. Das kann ich, wenn für mein Gegenüber und mich ähnliche Themen, Werte oder Denkweisen relevant sind, zumindest auf einer bestimmten Ebene. Das betrifft nicht nur sachliche Themen oder Hobbys (etwa, dass wir uns beide für Musik interessieren), sondern auch Themen, die mit Beziehungen und menschlicher Kommunikation zu tun haben. Etwa: Worauf kommt es in einer Beziehung an? Auf Zuverlässigkeit? Auf intellektuellen Austausch? Auf Humor? Guten Sex? Gemeinsame Themen können auch durch biographische Überschneidungen und gemeinsame Erlebnisse bedingt sein. Auch in menschlichen Beziehungen entsprechen S-Werte also denjenigen Eigenschaften, die *Verbundenheit* schaffen.

Und selbst, wenn beides nicht gegeben ist – die Person erscheint uns weder zuverlässig noch allzu sympathisch – kann sie immer noch anregend sein. Sei es, weil sie spannende Dinge zu erzählen weiß, uns mit einer ungewöhnlichen Sicht der Welt konfrontiert oder einen Abend lang für Unterhaltung sorgt. Das entspricht den K-Werten.

Erziehungswerte

Die gleiche Dreiteilung findet sich auch in der Pädagogik. Die wichtigsten Werte, die man in einer (liberalen) Gesellschaft Kindern zu vermitteln versucht, lassen sich drei Gruppen einteilen.

Ein Ziel von Erziehung ist es, bestimmte *Tugenden* zu vermitteln – Eigenschaften und Verhaltensweisen, die – wie O-Werte – für Vertrauen und Verlässlichkeit stehen: Verantwortungsbewusstsein, Verlässlichkeit, Ehrlichkeit, Gerechtigkeitsempfinden, das Einhalten von bestimmten sozialen Regeln bis hin zur Pünktlichkeit. Im intellektuellen Bereich kommt noch hinzu: Die Fähigkeit, klar und kritisch zu denken und sich Kompetenzen anzueignen, die verlässlich abrufbar sind.

Darüber hinaus sollen junge Menschen lernen, andere Menschen zu verstehen, sich in andere Denkweisen hinein zu fühlen und zu denken. Sie sollen lernen, sich sozial zu verhalten. Nur so kann jemand mit der Welt und anderen Menschen in eine Verbindung treten. Eine weitere Voraussetzung dafür ist aber auch, einen Zugang zu den *eigenen* Gefühlen zu finden, sich selbst mit seinen Eigenarten gut einzuschätzen und zu verstehen und ein möglichst stabiles Selbst zu entwickeln.

Interesse, Neugier und Kreativität sind weitere Erziehungsziele, die eher etwas mit Anregung und Horizonterweiterung zu tun haben. Junge Menschen sollen – über das, was wir meist „Bildung" nennen – in die Lage versetzt werden, eigene und neue Ideen zu entwickeln.

Diese drei Erziehungsziele finden ihre Entsprechung ebenfalls in O-, S- bzw. K-Werten. Mir ist bewusst: Diese Listen können in dieser knappen Form etwas holzschnittartig erscheinen. Es geht mir hier aber nur darum, eine Vorstellung zu vermitteln, was O-, S- und K-Werte jeweils auszeichnet.

Kunst

Bei der Beurteilung von Kunstwerken lassen sich ebenfalls O-, S- und K-Werte unterscheiden. Kunstwerke sind O-wertig, wenn sie überzeugen. Ein O-wertiges Kunstwerk ist in sich stimmig, kommt aus einem Guss und ist handwerklich gut gemacht.

„Mit diesem Stück kann ich nichts anfangen." Sätze wie diese drücken das Fehlen von S-Werten aus. Sie beschreiben das Gefühl, dass ein Werk, selbst wenn es handwerklich einwandfrei ist, nichts in uns bewegt, uns nichts sagt; dass es Themen anspricht, die für uns keine Bedeutung haben.

„Dieser Film war wirklich interessant, aber nochmal würde ich ihn mir nicht anschauen". Was oft klingt wie eine wohlwollende Floskel, kann einen wahren Sachverhalt wiedergeben. „Interessant", so wie das Wort hier verwendet ist, kann etwa bedeuten: „Es war spannend, wie es am Ende ausgehen würde – aber jetzt weiß ich es ja schon" oder „Es hat Spaß gemacht, sich in diesen Film hinein zu denken und sich 90 Minuten lang mit einer ungewohnten Betrachtungsweise der Wirklichkeit auseinanderzusetzen. Aber letzten Endes ist mir das Ganze fremd geblieben." Das Kinoerlebnis war in einem solchen Fall K-wertig, während S-Werte gefehlt haben.

Architekten, Stadtplaner und andere Kunsthandwerker

Was für Wissenschaftlerinnen und Journalisten gilt, trifft auch auf Architektinnen, Stadtplaner, Fahrradproduzentinnen, Modedesigner und Werbeagenturen zu. Sie alle sind, wenn man so will, Kunst-Handwerker im weitesten Sinn des Wortes: Sie stehen bei ihrer Arbeit vor der Aufgabe, „funktionalen" und „ästhetischen" Ansprüchen gleichermaßen gerecht zu werden – so scheint es zumindest. Doch diese Formulierung wäre irreführend: „Funktional" und „ästhetisch" sind, wie wir gesehen haben, keine Gegensätze. „Funktionalität" kann ihrerseits ästhetisiert werden und schön sein. Angemessener wäre es daher zu sagen: Die Aufgabe des Kunsthandwerks besteht darin, E-, O-, S- und K-Werte in Einklang zu bringen und darüber hinaus praktische, also nicht-ästhetische Notwendigkeiten zu berücksichtigen.

Nehmen wir die Architektur: O-wertig sind diejenigen Eigenschaften, die gewährleisten, dass ein Haus seine Funktion erfüllt: Es ist stabil, wetterfest und gedämmt, und die Räume sind so geschnitten, wie ich sie brauche. Die genannten Eigenschaften sind auch hier nur dann O-wertig, wenn sie um ihrer selbst willen geschätzt werden. Eine Wärmedämmung macht ein Haus noch nicht ästhetisch, doch wenn die Architektin mit einer ausgeklügelten, auf die jeweilige Situation angepassten Technik eine gute energetische Bilanz erreicht, die zugleich ein gutes Raumklima ermöglicht, dann ist das Haus für jemanden, der sich an dieser „intelligenten Technik" erfreut, O-wertig.

Zu den S-wertigen Aspekten des Hauses gehören diejenigen Merkmale, die beeinflussen, ob es mir so „sympathisch" ist, dass ich mich wirklich „zu Hause" fühle: Das fängt damit an, ob ich mich mit dem Baustil identifizieren kann. Auch das richtige Verhältnis von „Offenheit" und „Geschlossenheit" der Räume kann dazu gehören. Das wiederum wird bestimmt durch die Zimmeraufteilung, die Größe und Ausrichtung der Fenster, die Form und Anlage des Gartens oder die Abgrenzung zu den benachbarten Grundstücken.

Zu den K-wertigen Aspekten eines Gebäudes gehören Dinge wie Originalität oder Individualität, also Eigenschaften, die dafür sorgen, dass die Besichtigung eines Gebäudes interessant und reizvoll erscheint. Und in diesem Fall gibt es schließlich noch einige elementarästhetische Faktoren zu berücksichtigen wie etwa die Akustik, das Raumklima oder die Helligkeit der Räume.

Jeder ästhetische Wert steht dabei für sich: Etwas „nur" O-wertiges ist auf andere Weise schön als etwas „nur" S- oder K-wertiges. Ein Haus kann schön sein, auch wenn es nicht originell gestaltet ist. Es kann aber auch einen ästhetischen Reiz haben, weil es originell ist, selbst wenn man zum Ergebnis kommt, dass man selbst darin nicht wohnen wollte. Und es kann doppelt oder gar dreifach schön sein, wenn es sowohl hinsichtlich der O-, als auch der S-, als auch der K-Werte positiv auffällt.

Und all das, was für Häuser gilt, lässt sich auf Stadtbezirke, Fahrräder, Möbel oder was auch immer übertragen. Ob im Journalismus, in der Wissenschaft, in der Architektur oder bei Industrieprodukten – die Qualitätskriterien sind sich auf dieser abstrakten Ebene sehr ähnlich.

Das Modell

Nach dieser ersten, phänomenologischen Beschreibung erscheint Ihnen die Differenzierung in O-, S- und K-Werte vielleicht noch etwas willkürlich. Was bringt sie? Kann man nicht auch eine gänzlich andere Unterteilung vornehmen? Wer sagt, dass es nicht noch weitere Werte gibt? Die Antwort ergibt sich, wenn wir nun die *formalen* Unterschiede zwischen den genannten Werten analysieren. Sie ergeben sich als Antwort auf die Frage, *was* überhaupt O-wertig, *was* S-wertig und *was* K-wertig sein kann.

Def (OSK) (1)

O-Werte sind formale Eigenschaften von Objekten bzw. Mustern.

S-Werte charakterisieren eine Beziehung zwischen einem Selbst und einem Objekt.

K-Werte sind Eigenschaften von Handlungen.

Was O-wertig sein kann: Objekte bzw. Muster

Vielleicht erscheint es merkwürdig zu betonen, dass bestimmte ästhetische Werte Eigenschaften von Objekten sind. Was sonst sollen wir mit Wörtern wie „schön" oder „ästhetisch" meinen, wenn nicht ein konkretes Objekt? Schließlich ist auch in *Def (schön)* explizit von Objekten die Rede.

Tatsächlich sind es zwar Objekte, die wir als schön bewerten, das bedeutet aber nicht, dass ihre jeweiligen Eigenschaften dafür ausschlaggebend sind. Dies ist vielmehr nur bei O-Werten der Fall, und gilt selbst hier nur mit Einschränkungen.

Ein O-wertiges Objekt kann alles Mögliche sein: ein Buch, ein Gemälde, ein Mosaik, ein Lied, ein Hammer, eine Solaranlage, eine Theorie oder ein Gedicht. Jedes Objekt lässt sich dabei als ein *Muster* auffassen: Es setzt sich aus einzelnen Elementen zusammen, die zueinander in einer bestimmten Beziehung stehen. Ein Hammer ist ein T-förmiges Muster, bestehend aus einem länglichen Griff und einem dazu querstehenden Schlagmetall. Eine Komposition ist eine Anordnung von Tönen bzw. von musikalischen Motiven, Rhythmen und Harmonien; eine Theorie wiederum besteht aus der Verknüpfung einzelner Aussagen.

Mehrere einzelne Objekte wiederum können ein übergeordnetes Objekt und somit ein größeres Muster bilden: Ein Mann und ein Musikstück bilden zusammen ein größeres Muster, wenn der Mann zur Musik tanzt. Ein Text, der ein Ereignis beschreibt, bildet ein Muster „Ereignisbericht". Auch das mag trivial klingen, ist aber in diesem Zusammenhang sehr wichtig. Denn ein ästhetisches Urteil über einen Bericht bezieht sich nicht allein auf den Text, sondern auch auf die *Beziehung* zwischen dem Text und dem Sachverhalt, den er beschreibt.

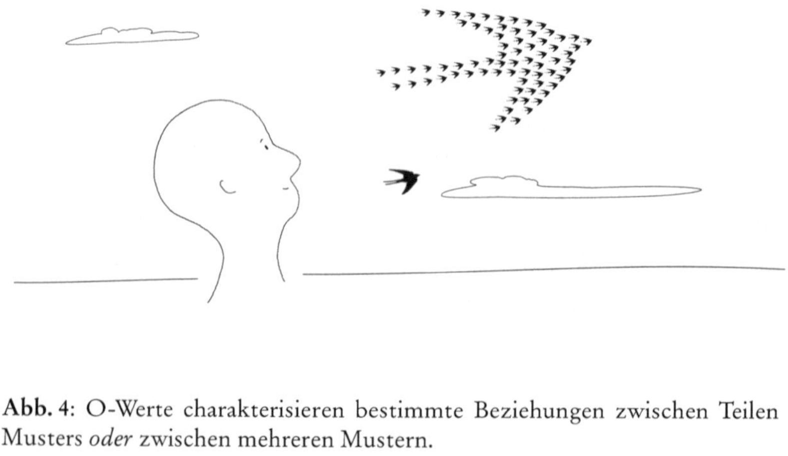

Abb. 4: O-Werte charakterisieren bestimmte Beziehungen zwischen Teilen eines Musters *oder* zwischen mehreren Mustern.

Def (OSK) (2)

Jedes Objekt verkörpert ein Muster.

Ein Muster besteht aus Beziehungen zwischen verschiedenen Elementen.

Mehrere Objekte können ein übergeordnetes Muster bilden.

Was S-wertig sein kann: Persönliche Beziehungen zu Objekten

S-Werte sind nicht Eigenschaften von Objekten, sondern Eigenschaften von *persönlichen Beziehungen zu Objekten*. Im Unterschied zu O-Werten spielt bei ihnen deshalb die *persönliche Identität* eine Rolle, also das Selbstbild des erlebenden Subjekts. Wenn ich etwas S-wertig finde, dann bin ich – ist mein Selbst – ein *Teil* der ästhetischen Beziehung zu einem Objekt.

Objekte wiederum können auch hier alles Mögliche sein: Gegenstände oder Lebewesen, Ideen oder Texte. Es können Gerüche sein, mit denen ich etwas mir Bedeutsames verbinde; Landschaften, in denen ich mich gut aufgehoben fühle; oder Stimmungen, die mir vertraut sind und auf die ich mich gerne einlasse. Auch Wissensbestände und Lebensweisheiten, die ich für mich als wichtig ansehe, können als Objekte in einer S-wertigen Beziehung fungieren, wenn sie mir persönlich etwas bedeuten, wenn ich mich mit ihnen identifiziere, wenn ich sie überhaupt als „zu meiner Welt gehörig“ betrachte.

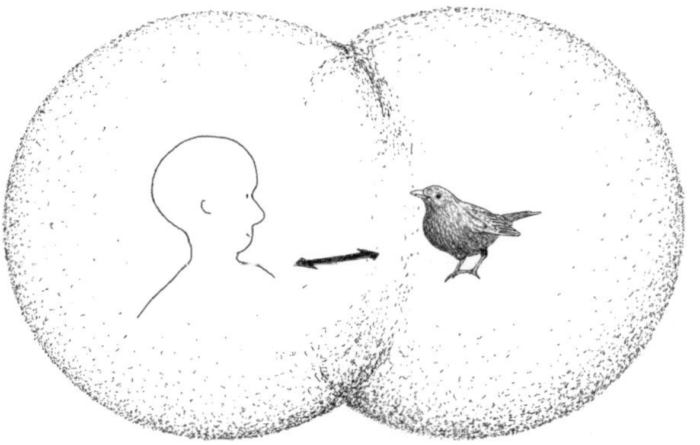

Abb. 5: S-Werte charakterisieren eine persönliche Beziehung zu einem Objekt.

Was K-wertig sein kann: Handlungen

Unabhängig davon, ob etwas im O- oder S-wertigen Sinn schön ist oder nicht, kann es schön sein, sich mit diesem Etwas auseinanderzusetzen. Es kann schön sein zu malen, auch wenn das ein oder andere Bild misslingt. Es kann schön sein, in Ruhe ein neues Musikalbum anzuhören, auch wenn nicht jedes der Stücke den eigenen Geschmack trifft. Es kann schön sein, mit Leuten zu diskutieren, auch wenn am Ende niemand den anderen überzeugt hat. Dieses „schön" mag auf den ersten Blick etwas unpassend klingen, doch kennzeichnet es tatsächlich einen weiteren ästhetischen Bereich: den der K-Werte. Sie beziehen sich auf Handlungen wie Erkunden, Diskutieren, Planen, Spielen, Komponieren, Basteln, Lesen oder sportliches Training – Handlungen, in denen man sich mit *Objekten* beschäftigt.

Diese können auch hier sehr unterschiedlicher Art sein: Es kann sich um Bücher handeln, um Musik, Spiele, Gedanken, Theorien, Unternehmen oder andere Menschen. Die Beschäftigung mit solchen Objekten verändert immer etwas, zumindest in der eigenen Perspektive (Abb. 6). Wenn man etwas malt, entsteht ein Bild. Wenn man eine Gegend erkundet, lernt man sie besser kennen.

Man könnte im Grunde auch sagen: Ebenso, wie O-Werte Eigenschaften von Mustern sind, so sind S-Werte Eigenschaften von „Beziehungs-Mustern" (Mustern persönlicher Beziehungen zu Objekten) und K-Werte Eigenschaften von „Handlungs-Mustern". Diese Ausdrücke sind aber in der Psychologie sowie in der Umgangssprache schon anderes besetzt, deshalb möchte ich sie nicht verwenden.

Werte und Worte: Ein Hinweis zur Terminologie

Die Tücken der Sprache erfordern an dieser Stelle noch eine Klarstellung. Schon bei der Verwendung eines Begriffs *Wert* ist Vorsicht geboten, denn er ist im Deutschen mehrdeutig.

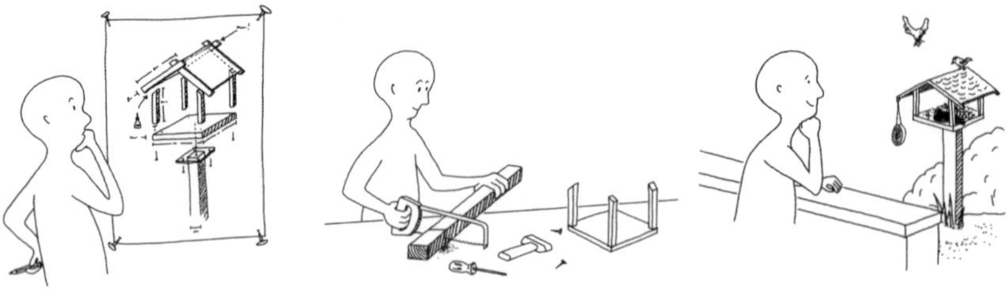

Abb. 6: K-Werte sind Eigenschaften, die Handlungen schön erscheinen lassen.

„Hier sind die Laborwerte."
„Wir stehen für Werte wie Freiheit und Eigenverantwortung."
„Diese alte Vitrine hat einen hohen Wert."

In jedem dieser Sätze bedeutet *Wert* etwas anderes. Im ersten Satz bezeichnet das Wort die konkrete Ausprägung eines Merkmals innerhalb einer Kategorie und somit eine *Eigenschaft* (vgl. S. 20). Innerhalb der Kategorie „Haarfarbe" etwa gibt es „Werte" von blond bis schwarz. Innerhalb der Kategorie „pH-Wert" sind es Zahlen zwischen 0 und 14.

Der zweite Satz verwendet den Begriff *Wert* aber nicht deskriptiv, sondern eben: *wertend.* Ein Wert ist dann speziell eine Eigenschaft, die positiv besetzt ist. Das ist die Art von Werten, über die wir im Zusammenhang sowohl von Ethik als auch von Ästhetik sprechen – nämlich die Eigenschaften, die dafür sorgen, dass wir etwas gut oder schön finden. *Eleganz* oder *Angemessenheit der Darstellung* etwa können ästhetische Werte sein. Und natürlich ist auch *Schönheit* selbst ein Wert.

Und drittens bezeichnet der Ausdruck *Wert* in der deutschen Sprache selbst eine *Kategorie* – nämlich die, innerhalb derer wir zwischen *hochwertig* und *geringwertig* unterscheiden – so wie im dritten der oben genannten Sätze. In diesem Sinn hat alles einen Wert – nur nicht immer einen hohen.

Um Verwirrungen zu vermeiden, werde ich den Begriff *Wert* in dieser letztgenannten Bedeutung *nicht* verwenden. Mit ästhetischen Werten sind im Folgenden positiv besetzte *Eigenschaften* gemeint. *Schön* ist somit ein ästhetischer Wert, der sich zunächst in *E-*, *O-*, *S-* und *K-wertig* differenzieren lässt und schließlich weiter in konkrete Attribute wie *bewegend, stimmig* oder *interessant.*

Die deutsche Sprache vermischt häufig Kategorien und Werte. Wir sprechen zum Beispiel sowohl von „ökonomischen Untersuchungen" als auch von „ökonomischen Lösungen". Im ersten Fall hat *ökonomisch* die kategoriale Bedeutung von „die wirtschaftlichen Verhältnisse betreffend". Im zweiten Fall wird *ökonomisch* wertend gebraucht und bedeutet etwa so viel wie „wirtschaftlich sinnvoll". Ähnlich verhält es sich mit Wörtern wie *ökologisch, musikalisch, moralisch* oder eben *ästhetisch*, was ja gelegentlich als Synonym für „schön" verwendet wird. Wir unterscheiden in diesen Fällen nicht immer sauber zwischen Kategorien und Werten – und in der Regel entstehen dadurch auch keine Missverständnisse.

Mit den Wörtern *O-wertig*, *S-wertig* und *K-wertig* könnte man daher ebenso verfahren und sowohl von einem „O-wertigen Bild" sprechen als auch von einer „O-wertigen Betrachtung". Im Fall des Bildes wäre dann eine Wertung im Sinne von „wegen seiner O-Werte schön", während mit einer „O-wertigen Betrachtung" nicht eine „schöne" Betrachtung gemeint ist, sondern eine, die sich auf O-Werte *bezieht.*

Wie auch schon beim Begriff „Wert“ möchte ich aber auch beim Adjektiv „wertig“ streng sein und die kategoriale Bedeutung ausschließen. Der Begriff *O-wertig* bezeichnet immer eine ästhetische *Wertung*. In kategorialen Zusammenhängen dagegen, in denen O-Werte lediglich das *Maß* sind, auf das Bezug genommen wird, verwende ich den Ausdruck *O-mäßig*. Sie kennen eine analoge Verwendung aus der Umgangssprache, von Sätzen wie: *Wie sieht's bei Dir jobmäßig aus? – Geht so, aber kohlemäßig in Ordnung.*

Def (OSK) (3)

E-wertig, O-wertig, S-wertig, K-wertig bezeichnen ästhetische Wertungen.

O-mäßig, S-mäßig und *K-mäßig* sind dagegen Kurzformen für „in Hinsicht auf O- (S-, K-)Werte“ oder „O- (S-, K-)Wert-bezogen“ usw.

Diese vielleicht etwas spitzfindig klingende Terminologie hat einen Vorteil: Sie erlaubt es, auch die Gründe zu benennen, weshalb ein bestimmtes Objekt wie ein Text oder eine Handtasche *nicht* schön sind. Ist es ein Mangel an O-, S- oder K-Werten, weshalb uns ein Film nicht gefällt? Je nachdem wäre er O- *(bzw. S- oder K-)mäßig hässlich.*

Und schließlich ein letzter Punkt: Im Alltag sprechen wir oft so, als bezögen sich unsere ästhetischen Urteile auf Objekte und eben *nicht* auf Beziehungen oder Handlungen.[57] Wir sagen *„Die Gegend ist schön“* oder *„Das Buch ist anregend“* und nicht, was angemessener wäre: *„Meine Beziehung zu dieser Gegend ist schön“* oder *„Das Lesen des Buchs ist anregend“*. Wir projizieren also die empfundene Schönheit auch von Beziehungen und Handlungen auf die *Objekte*. Um es nicht zu kompliziert zu machen, werde ich diese Praxis beibehalten. *„X ist S-wertig“* ist also eine vereinfachte Formulierung für *„Meine Beziehung zu X ist S-wertig“* – und das Gleiche gilt für die anderen Werte.

Def (OSK) (4)

<table>
<tr><td rowspan="4">Ist</td><td>ein Reiz</td><td>E-wertig</td><td rowspan="4">wird auch das betreffende Objekt</td><td>E-wertig</td><td rowspan="4">genannt.</td></tr>
<tr><td>ein Muster</td><td>O-wertig</td><td>O-wertig</td></tr>
<tr><td>eine Beziehung</td><td>S-wertig</td><td>S-wertig</td></tr>
<tr><td>eine Handlung</td><td>K-wertig</td><td>K-wertig</td></tr>
</table>

57 Vgl. Bateson 1982, 80-81.

Persönliche Vorlieben

Menschen beschreiben das, was ihnen gefällt, nicht in O-, S- oder K-Werten. Sie haben vielmehr konkrete Vorlieben: Sie mögen Mozart, italienische Küche oder Bücher von John leCarré; sie machen gerne Camping-Urlaub, haben eine Affinität zu esoterischen Gedanken oder begeistern sich für Münzen; sie schauen gerne in den Spiegel und haben bei ihrer Partnerwahl einen Hang zu eher stillen Typen; sie lieben es, bei einer Tasse Tee auf dem Sofa zu sitzen und dabei Kreuzworträtsel zu lösen. Wenn meine Thesen richtig sind, dann lassen sich all diese Vorlieben letztlich auf ein Zusammenspiel von E-, O-, S- und K-Werten zurückführen.

Doch Menschen haben unterschiedliche Vorlieben. Die Geschmäcker sind verschieden. Das liegt daran, dass unser individuelles ästhetisches Empfinden zwar von denselben Werten geprägt ist, diese aber anders zum Tragen kommen. Denn wir alle haben eine jeweils unterschiedliche *ästhetische Disposition*. Sie ist es, die die konkreten Vorlieben bestimmt.

Verschiedene Parameter spielen dabei eine Rolle (Abb. 7). Der erste ist die *sensorische* Disposition. Wir alle hören Klänge unterschiedlich, nehmen Farben verschieden wahr, haben einen unterschiedlich ausgeprägten Ge-

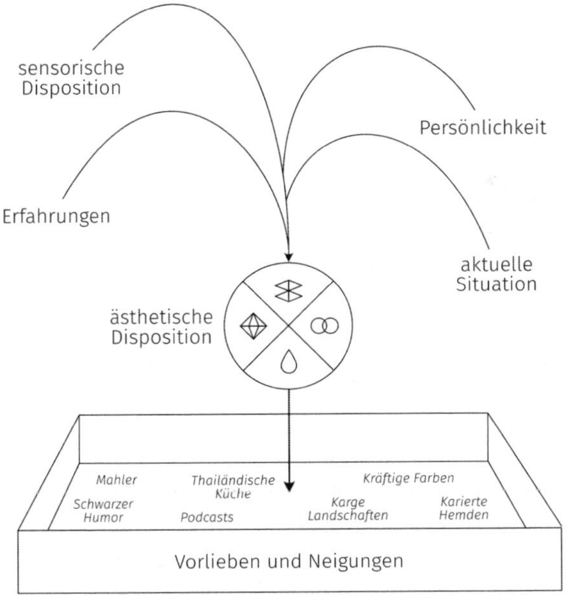

Abb. 7: Die ästhetische Disposition bestimmt, welchen Stellenwert E-, O-, S- und K-Werte jeweils für eine Person haben und wie sie ihren individuellen Vorlieben um Ausdruck kommen – was sie also konkret schön findet.

ruchssinn und vieles andere mehr. All die auf S. 55 beschriebenen Eigenarten unserer individuellen Wahrnehmung lassen sich in der sensorischen Disposition zusammenfassen.

Ein zweiter Parameter lässt sich als *Persönlichkeit* zusammenfassen: Welche persönlichen Vorlieben aus den O-, S- und K-Werten resultieren, kann zum Beispiel davon abhängen, ob jemand extrovertiert oder introvertiert, emotional stabil oder instabil, ruhig oder hyperaktiv, mehr oder weniger ambiguitätstolerant, männlich oder weiblich, musikalisch oder sprachbegabt ist.

Ich schreibe *kann*. Denn es gibt zwar eine Reihe von Studien, die einen Zusammenhang zwischen Persönlichkeit und ästhetischen Vorlieben untersuchen. Doch nur wenige haben auch etwas Substantielles dabei gefunden. Dies geht aus einer vergleichenden Übersicht von Viren Swami und Adrian Furnham hervor.[58] Den stärksten Einfluss hat demnach das Persönlichkeitsmerkmal *Offenheit für Erfahrungen* – eines der „Big Five" der Persönlichkeitspsychologie. Menschen, die überdurchschnittlich offen sind für neue Erfahrungen, zeigen demnach auch

- ein stärkeres Interesse an bildender Kunst im Allgemeinen,
- eine größere Vorliebe für abstrakte und moderne Kunst,
- eine geringere Affinität zu traditioneller, darstellender Kunst und zum Impressionismus und
- in der Musik eine stärkere Zuneigung zu „komplexer" und „rebellischer" Musik wie Blues, Jazz, Klassik, Folk, Rock und Heavy Metal im Vergleich zu anderen Genres wie Pop, Country, Rap und Hip-Hop.

Die Korrelationen sind dabei zwar signifikant, aber meist nicht besonders stark. Die Korrelation zwischen Offenheit und einer Neigung zu bildender Kunst liegt zwischen 0,2 und 0,3 (der Höchstwert bei Korrelationen ist 1).

Bei anderen Persönlichkeitsmerkmalen der „Big Five" sind die Korrelationen noch schwächer, aber es gibt sie: *Emotional instabile* („neurotische") Menschen zeigen demnach eine leichte Vorliebe für abstrakte Kunst. *Verträgliche* und *extrovertierte* Menschen fühlen sich stärker als andere zu Pop und elektronischer Musik hingezogen. *Gewissenhafte* Persönlichkeiten können mit Malerei und den bildenden Künsten tendenziell wenig anfangen. Wohlgemerkt: Es handelt sich hier um schwache, statistische Korrelationen, die nichts über einzelne Personen aussagen.

Manche Forscherinnen betrachten sie deshalb mit einer gewissen Skepsis. Die Musik-Wissenschaftlerin und MPI-Direktorin Melanie Wald-Fuhrmann bemängelt, dass etwa im Bereich der Musik viel zu große Cluster gebildet würden.[59] „Jazz" oder „Pop", „Rock" oder „Klassik" sind ja jeweils

[58] Swami/Furnham 2014.

[59] In: Paál 2020.

in sich äußerst vielfältig. „Klassische Musik" reicht von Barock bis mindestens ins 20. Jahrhundert, von Kammermusik bis Oper. Selbst wenn Charakter und Musikgeschmack irgendwie zusammenhängen, dürften sich die Fans von Mozart und die von Mahler ebenso unterscheiden wie die von Madonna und Abba im Bereich des Pop. Aber so differenziert ist die Forschung bisher nicht.

Der dritte Parameter, der unsere persönlichen Vorlieben beeinflusst, sind unsere *biographischen Prägung*. Das liegt zum Teil auf der Hand: Pakistani hören mehr pakistanische Musik als Deutsche. Um eine Vorliebe für mexikanisches Essen zu entwickeln, muss man es erstmal kennenlernen. Und Menschen, die bei ihren Eltern viel klassische Musik gehört haben, können in der Regel auch als Erwachsene mehr damit anfangen als andere.

Neben diesen banalen Zusammenhängen spielen aber noch andere Arten von biographischen Prägungen eine Rolle. Melanie Wald-Fuhrmann erforscht in Frankfurt etwa den Einfluss von „Schlüsselerlebnissen" im Musikgeschmack. Damit bezeichnet sie solche Momente, in denen Menschen ein musikalisches Aha-Erlebnis haben und ganz neue Musikrichtungen in ihre Vorlieben integrieren. Wann passiert so etwas? Befragt man die Studienteilnehmer, dann erleben sie diese Momente als zufällig und unerwartet. Den ersten Studien zufolge kommt es dazu eher bei Live-Musik, weniger bei Musik „aus der Konserve".

Die interessante Frage ist aber: Warum sind sie im entscheidenden Augenblick gerade für *diese* Musik empfänglich? Vermutlich kommt auch hier wieder die Persönlichkeit ins Spiel oder andere Vorerfahrungen, an die das neue Ereignis anknüpft. Überdurchschnittlich oft berichten von Schlüsselerlebnissen solche Menschen, die auch von ihrer Persönlichkeit her offen für neue Erfahrungen sind. Sie zeichnen sich auch dadurch aus, dass sich ihre musikalischen Vorlieben auch lange nach Abschluss der Pubertät weiter verändern, während andere Menschen einen über die Lebensspanne stabileren Musikgeschmack haben.

Wie die Persönlichkeit und biographische Erfahrungen die eigenen Vorlieben im Detail beeinflussen (wofür genau also die Pfeile in Abb. 7 stehen), ist noch wenig verstanden. Zumindest aber weist die bisherige Studienlage darauf hin, *dass* sie einen Einfluss haben – und nur darauf kommt es im Moment an.

Und schließlich hängen unsere Vorlieben auch von der momentanen Lebenssituation ab: Bin ich angespannt oder gelöst? Lebe ich in ruhigen Verhältnissen oder in einer Umbruchphase? Fühle ich mich gerade reizüberflutet oder unterstimuliert? Scheint die Sonne oder regnet es? Ist Frühling oder Herbst? Habe ich gerade Alkohol getrunken? Oder Tee?

Zu der „momentanen Lebenssituation" kann man auch *Priming*-Effekte zählen – also die unmittelbaren assoziativen Effekte von vorausgegangenen Reizen. Ist ein bestimmtes Thema gerade sehr präsent – sei es durch die Medien oder aufgrund eines vorangegangenen Gesprächs – kann das dazu führen, dass es mir subjektiv gerade besonders relevant erscheint. Es kann auch bewirken, dass Dinge, die mit diesem Thema assoziiert sind, kognitiv leichter zugänglich sind. Auch dies kann im Einzelfall ästhetische Urteile beeinflussen.

Manchmal geschieht das sogar unmittelbar: Es gibt ein berühmtes Experiment von 1988, bei dem Studenten einen Cartoon beurteilen sollten.[60] Die eine Gruppe sollte sich dabei einen Bleistift quer zwischen ihre Zähne klemmen. Die andere Gruppe nahm den Bleistift so in den Mund, dass die Spitze nach vorne zeigte. Im ersten Fall provozierte der Bleistift eine „lächelnde" Gesichtsmuskulatur, im anderen Fall eine „stirnrunzelnde". Diejenigen, die den Bleistift quer zwischen den Zähnen hielten – bei denen also ein Lächeln künstlich provoziert wurde, fanden den Cartoon wesentlich lustiger als die anderen. All solche Einflüsse können das momentane ästhetische Empfinden beeinflussen, ohne dass sich die ästhetischen Werte selbst verändern.

Der Sinn der Sinnlichkeit

Ästhetisches Erleben wird gelegentlich als „sinnliche" Erfahrung beschrieben. Dagegen spricht nichts, wenn „sinnlich" dabei nicht als Gegensatz zu „rational" verstanden wird. Denn auch wissenschaftliche Texte können ästhetisch erlebt werden. Das „Sinnliche" ist aber auch existentiell *sinnstiftend*. Schönheitserleben – in der Form, in der ich es hier beschreibe – ist existenziell. Es hängt eng zusammen mit seelischen Grundbedürfnissen.

Was elementarästhetische Reize betrifft, so entsprechen diese sogar am ehesten dem, was man gemeinhin mit „sinnlichem" Erleben in Verbindung bringt. Einen Alltag ohne elementarästhetische Erlebnisse würden wir wohl als in gewisser Weise leblos, leer und schal empfinden. Aber auch Situationen, in denen man – aus welchen Gründen auch immer – keine O-, S- oder K-Werte erlebt, können zu einem Gefühl der „Ent-Sinnlichung" führen.

Das Fehlen O-wertiger Erlebnisse etwa führt im Extremfall zum Gefühl, dass sich die Welt um einen herum in Unordnung und Unübersichtlichkeit auflöst. Fehlende S-Werte äußern sich in einem Defizit an persönlichen Beziehungen und Zugehörigkeits-Erfahrungen, einem Mangel an einem eigenen Identitäts- und Selbstwertgefühl. Ein Mangel an K-Werten kann sich in Langeweile ausdrücken, einem Gefühl, das man vielleicht noch als Symptom einer reizübersättigten Gesellschaft abtun könnte. Doch es gibt auch eine sehr existentielle Form der „Langeweile", nämlich das Gefühl, dass es nichts Neues und Interessantes mehr zu entdecken und

[60] Strack u.a. 1988.

zu erleben gibt. Oder auch, dass man selbst nichts (mehr) bewirken oder gestalten kann und sich nicht in der Lage fühlt, eigene Ziele zu verfolgen.

All diese Defizite sind Extremfälle. Sie weisen aber darauf hin, dass ästhetisches Erleben, so wie es hier verstanden wird, kein Luxus ist, sondern eine sinnstiftende Funktion hat. Jedes dieser Defizite stellt eine Form von Entsinnlichung dar, die psychische Folgen, etwa in Form depressiver Stimmungen nach sich ziehen kann.

Was ich damit auch sagen will: Ästhetik ist ein psychologisches Thema. Sie versucht, Aussagen darüber zu treffen, was in den Köpfen anderer Menschen vorgeht. Dabei stößt sie an Grenzen. Kein Experiment gewährt einen unmittelbaren Zugang zum tatsächlichen Erleben. Man kann beobachten, was im Gehirn bei bestimmten kognitiven Aktivitäten geschieht. Man kann Personen befragen, was sie erleben, was sie schön finden und was sie damit überhaupt meinen. Doch was sie dabei wirklich empfinden und warum, ist schwer zu ermitteln. Solange das so ist, kann das hier vorgestellte Modell lediglich beanspruchen, einen Entwurf zu formulieren, der in sich schlüssig ist, sich mit den empirischen Befunden der Psychologie verträgt – und letztlich auch mit persönlichen Erfahrungen.

5. O-Werte

Es ist revolutionär, als Wissenschaftler zu behaupten, dass Schönheits-Angelegenheiten sehr formal, sehr real und entscheidend für das gesamte politische und ethische System sind, in dem wir leben.

Gregory Bateson, *Wo Engel zögern*

Was Objekte und Muster O-wertig macht

Wann ist ein Objekt O-wertig? Als vorläufige Antwort fielen dazu im vorigen Kapitel Begriffe wie Verlässlichkeit oder Ordnung. Das ist auch schon die erste These:

> *O (1)*
>
> Bei O-Werten handelt es sich um Eigenschaften, die für eine gewisse Ordnung und Verlässlichkeit sorgen.

Mit Ordnung und Verlässlichkeit hängen viele Eigenschaften zusammen, von denen ich einige ebenfalls schon genannt habe: Klarheit, Korrektheit, Übersichtlichkeit, Vollständigkeit, Reinheit, Symmetrie, Konsistenz, Harmonie, Authentizität, Effizienz, Sauberkeit, Einheitlichkeit. Diese Liste ließe sich noch um viele weitere Merkmale ergänzen. Doch ist das nicht nötig, denn praktisch alle genannten Begriffe lassen sich einer von drei abstrakten Eigenschaften zuordnen:

- „Korrekt“, „authentisch“ oder „symmetrisch“ stehen für *Stimmigkeit.*
- „Vollständig“ und „einheitlich“ stehen für *Ganzheit.*
- „Klar“, „übersichtlich“ und „effizient“ sind Formen von *Schlichtheit.*

Stimmigkeit, Ganzheit und Schlichtheit machen tatsächlich die zentralen O-Werte aus. Warum gerade diese drei? O-Werte, so hatte ich in Kapitel 4 definiert, sind Eigenschaften von Mustern. Ein Muster wiederum besteht aus Elementen sowie aus Beziehungen zwischen den Elementen. Diese Beziehungen sind für das Erleben von O-Werten das Entscheidende.

Stimmigkeit drückt aus, dass die Elemente zueinander passen – wie im Fall der Symmetrie oder der in sich schlüssigen Theorie. *Ganzheit* bedeutet, dass sie vollständig erscheinen und keine Lücke erkennbar ist – wie im Fall einer kompletten Sammlung. Und *schlicht* ist ein Muster dann, wenn die Zahl der Elemente bzw. ihrer Verknüpfungen überschaubar und aufs Wesentliche reduziert ist – wie in einer mathematischen Formel.

Genau deshalb tragen diese Eigenschaften – und zwar zunächst unabhängig von ihrer ästhetischen Funktion – auch zu Ordnung und Verlässlichkeit bei: *Stimmigkeit* ist die Voraussetzung für plausible Informationen. Mit Unstimmigkeiten, falschen oder in sich widersprüchlichen Informationen kann man nicht operieren. Im Alltag sollten wir uns darauf verlassen können, dass sich die Regeln, mit denen wir leben – Naturgesetze ebenso wie soziale Konventionen – nicht ständig ändern. *Ganzheiten* ersparen aufwendige Differenzierungen: Begreife ich eine Ansammlung von Objekten als zusammengehörige Einheit, kann ich sie als solche behandeln – was schon damit beginnt, dass ich sie mit *einem* Begriff bezeichnen kann. *Schlichtheit* macht Dinge überschaubar. Je schlichter etwas ist, desto besser und sicherer lässt es sich verstehen und beherrschen.

Diese Merkmale erinnern auffallend an diejenigen, die *kognitive Leichtigkeit* gewährleisten (s. S. 38). Stimmigkeit, Ganzheit und Schlichtheit machen Objekte leicht erfassbar. Genau dadurch gewährleisten sie eine gewisse Ordnung. O-Werte spiegeln somit die von der empirischen Psychologie erkannten Zusammenhänge zwischen kognitiver Leichtigkeit und ästhetischem Gefallen. Allerdings gilt auch hier, dass die genannten Eigenschaften als Werte *um ihrer selbst willen* und somit in einem ästhetischen Kontext wahrgenommen werden, und nicht als Mittel zum Zweck. Eine vollständige Sammlung oder ein elegantes Design können O-wertig sein – aber nicht deshalb, *weil* sie für Ordnung und Verlässlichkeit sorgen würden, sondern weil sie Vollständigkeit (als eine Form der Ganzheit) und Eleganz (als eine Form der Schlichtheit) verkörpern.

O (2)

O-Werte lassen sich drei allgemeinen Begriffen zuordnen: *Stimmigkeit*, *Ganzheit* und *Schlichtheit*.

Syntaktische und semantische O-Werte

Ein Muster kann sich aus mehreren untergeordneten Mustern zusammensetzen. Auf S. 68 habe ich schon Beispiele genannt: Der Tanz, der aus Tänzer und Musik besteht, oder der Vogelschwarm in Abb. 4. Insbesondere aber entstehen solche übergeordneten Muster dann, wenn Objekte als *Zeichen* auf etwas anderes *verweisen*: das Auto, das für „Schnelligkeit" bzw. „Eleganz" steht, oder das Mahnmal, das an den Holocaust erinnert. In diesen Fällen nehmen wir ein Muster wahr, das sich aus zwei Teil-Mustern zusammensetzt: einem explizit wahrgenommenen und einem assoziierten. Zwischen beiden Teil-Mustern besteht eine Beziehung, auf die sich die genannten O-Werte ebenfalls anwenden lassen: In einer authentischen Reportage etwa deckt sich der *Text* (das explizit wahrgenommene Muster) mit der *Wirklichkeit* (dem Muster, auf das er sich bezieht).

Ich kann O-Werte also auf ein vorliegendes Muster anwenden – oder aber auf die Beziehung eines vorliegenden Musters zu einem anderen, das ich mit ihm assoziiere. Dieser Unterschied entspricht dem zwischen Syntax und Semantik. Die Begriffe stammen aus den Sprachwissenschaften und der Semiotik. Die Syntax beschreibt, wie Elemente innerhalb eines Musters verknüpft sein können – in der Sprache etwa die Wörter in einem Satz. Die Semantik dagegen beschreibt die Beziehung zwischen einem Muster und dem, was es bezeichnet, bedeutet bzw. was wir mit ihm assoziieren.

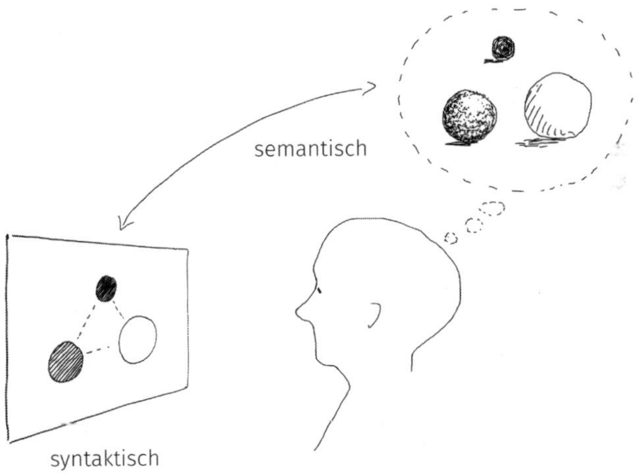

Abb. 8: Es gibt syntaktische und semantische O-Werte, je nachdem, ob sie sich auf Beziehungen zwischen den Elementen des jeweils wahrgenommenen Musters beziehen *oder* auf die Beziehungen zwischen dem wahrgenommenen und einem assoziierten Muster.

Da wir es in der Erkenntnisästhetik mit Zeichenprozessen zu tun haben, können wir auch bei O-Werten zwischen syntaktischen und semantischen Werten unterscheiden. Tatsächlich gibt es von den drei Werten Stimmigkeit, Ganzheit und Schlichtheit jeweils sowohl syntaktische als auch semantische Formen, die ich im folgenden schlagwortartig beschreiben möchte. Die wichtigsten sind in Abb. 9 enthalten.

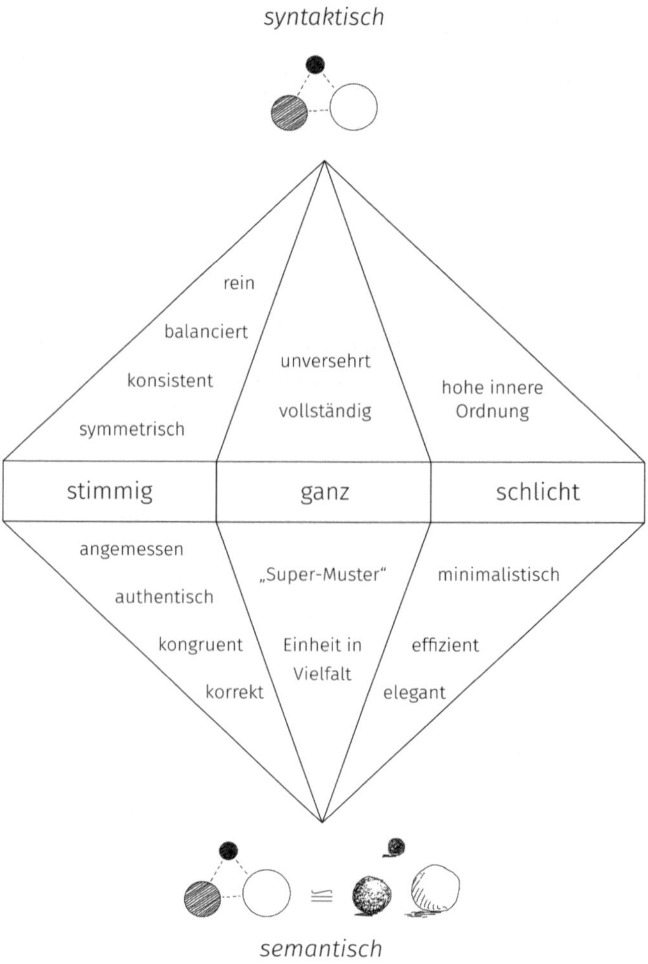

Abb. 9: Eine Übersicht über die wichtigsten O-Werte.

Stimmigkeit

Syntaktische Stimmigkeit bedeutet, dass Teile eines Musters zueinander passen. Sie tritt auf in Form von

- *Kohärenz* und *Konsistenz*: Stringente Argumentationen, schlüssige Aussagen, die einander nicht widersprechen; Kunstwerke, die stilkonsistent sind und keinen inneren Bruch aufweisen.
- *Reinheit*: In einem als rein empfundenen Muster gibt es keine Fremdkörper.
- *Symmetrie:* Der eine Teil des Musters entspricht dem anderen.
- *Komplementarität*: Unterschiedliche Teile ergänzen sich gegenseitig.
- *Balance* oder *Ausgeglichenheit*: Diese Wörter bezeichnen Symmetrien, die sich auf Quantitäten beziehen. In einer ausgeglichenen Bilanz besteht eine Symmetrie zwischen Einnahmen und Ausgaben. Auch Gerechtigkeit ist somit eine Form von Balance.

Semantische Stimmigkeit dagegen bedeutet so viel wie *Kongruenz*. Zwei Muster sind einander kongruent, wenn sie übereinstimmen oder aber die Beziehungen innerhalb des einen Musters den Beziehungen innerhalb des anderen Musters entspricht. Kongruenz kann folgende Formen annehmen:

- *Treffende Beschreibungen*, Sprachbilder und Metaphern: Wir empfinden sie dann als schön, wenn die Beziehungen, die sie beschreiben – etwa: „das Kaninchen, das auf die Schlange starrt" – übereinstimmen mit den Beziehungen, auf die wir das Sprachbild anwenden, in diesem Fall etwa die Beziehung zwischen Regierung und Opposition.
- *Verträglichkeit*: Wenn zwei Muster miteinander harmonieren oder zwei Systeme miteinander kompatibel sind.
- *Normalität*: Objekte, die einer Vorstellung dessen entsprechen, was als „normal" und „richtig" empfunden wird.
- *Angemessenheit*: Die Wortwahl oder die Länge einer Rede gelten dann als angemessen, wenn sie dem Anlass entsprechen. Eine ungleiche Verteilung von Löhnen kann als angemessen empfunden werden, wenn sie mit einer ungleichen Verteilung von Leistungen korrespondiert. An die Stelle eines symmetrischen *„Alle bekommen gleich viel"* tritt ein asymmetrisches, aber kongruentes *„Alle bekommen, was sie verdienen"*.
- *Korrektheit*: Ein korrekter Bericht gibt Daten und Fakten so wieder, wie sie erhoben wurden. Es besteht also eine Übereinstimmung zwischen einer Darstellung und dem, was sie darzustellen vorgibt. Die Reproduktion eines Kunstwerks ist „korrekt", wenn sie dem Original entspricht: Eine Komposition wird „richtig" gespielt, ein Gedicht „richtig" rezitiert, ein Gemälde farbgetreu gedruckt.
- *Evidenz:* Wenn die Daten genau das belegen, was behauptet wird.

- *Qualität und Perfektion:* Etwas entspricht hundertprozentig den Erwartungen. Ein System ist für alle Eventualitäten gewappnet.
- *Authentizität*: „Die Handlung des Films ist authentisch" heißt so viel wie: Er schildert eine wahre Begebenheit. „Authentisch" wird oft auch als Synonym für „natürlich", „wahrhaftig" oder „glaubwürdig" verwendet: Wenn wir etwa sagen, jemand wirke „authentisch", meinen wir damit, dass jemand sich so gibt, wie er *ist*. Das Gegenteil von authentisch wäre „gekünstelt", „verlogen", „unecht" oder „manieriert".
- *Große Ordnungen, die sich im Kleinen spiegeln:* Es gibt viele Situationen, in denen es als angemessen empfunden wird, eine höhere (natürliche, göttliche, hierarchische) Ordnung im Kleinen sichtbar zu machen. Das geschieht etwa durch die Sitzordnung in Konferenzen, traditionellen Großfamilien oder Gerichtssälen. Auch Uniformen und Amtstrachten spiegeln oft hierarchische Unterschiede. In vielen Bankhäusern und anderen Unternehmen sind für die Führungs-*Spitze* selbstverständlich die *obersten* Stockwerke reserviert. Und in den ersten Naturkundemuseen hatte die unbelebte Natur ihren Platz im untersten Stockwerk, eine Etage höher befanden sich die Exponate der Flora und Fauna, und die oberste Galerie war für den Menschen reserviert. Dieser Aufbau sollte die „natürliche Ordnung" widerspiegeln.[61]

Ganzheit

Syntaktische Ganzheit umfasst Eigenschaften wie *Integrität* oder *Vollständigkeit*. *Vollständigkeit* bedeutet: Ich habe eine Vorstellung von etwas „Ganzem". Wenn das wahrgenommene Muster dieser Vorstellung entspricht – also nichts fehlt –, ist es vollständig. Schön ist somit, wenn

- etwas in sich abgeschlossen und „rund" ist.
- etwas unversehrt ist.
- „zusammenwächst, was zusammengehört".
- das letzte Puzzleteil eingesetzt wird.
- eine Sammlung vollständig ist.
- ich Dinge, die ich sonst nur fragmentiert wahrnehme, im Ganzen betrachten kann, wie beim Blick von einem Aussichtspunkt auf eine Stadt.

Semantische Ganzheit entspricht vor allem der Idee der *Einheit*. Hier führt der Weg in die andere Richtung: Ich kenne einzelne Muster oder Objekte und gelange zur Idee, dass sie zusammengehören und ein übergeordnetes „Super-Muster" bilden. Schön ist zum Beispiel:

[61] Hein 1996, 274.

- wenn das, was ich unmittelbar wahrnehme, mit etwas anderem, woran ich gerade denke, eine größere Einheit bildet.
- der Moment, in dem Isaac Newton der Legende nach zur Einsicht gelangte, dass es die gleiche Kraft ist, die Äpfel zum Boden fallen und die Planeten um die Sonne kreisen lässt.
- eine Vielfalt von Elementen (Lebewesen im Korallenriff, Dialekte in einer Sprache, Ethnien auf der Welt) als Ausdruck einer größeren Einheit wahrzunehmen.
- die Vision, dass bislang unverbundene Dinge eine größere Einheit bilden könnten. So ist auch die EU entstanden. „In Vielfalt geeint" lautet ihr offizielles Motto, und der runde Sternenkranz auf der Flagge symbolisiert es.

Kurz vor Weihnachten 1968 nahm die Crew der Apollo 8 aus dem Weltraum „Earthrise" auf – das erste Foto, das die Erde in ihrer Gänze zeigt. Es ziert das Cover dieses Buches. Als dieses Bild um die Welt ging, verstärkte es wiederum die mit der Umwelt- und Friedensbewegung aufkeimende Idee von der globalen Zusammengehörigkeit. Das zeigt: Die Wahrnehmung von Vollständigkeit kann auch die Idee einer Einheit fördern. Das sind die oft beschworenen *Big Picture*- oder *Overview*-Momente.

Schlichtheit

Schlichtheit bedeutet nicht zwangsläufig „so wenig wie möglich". Schlichtheit drückt vielmehr ein Verhältnis aus, oft zwischen „Aufwand" und „Wirkung". Etwa zwischen einem Symbol und seiner Bedeutung; zwischen der Länge eines Textes und seinem Gehalt; zwischen der Menge an dekorativen Elementen in einem Gebäude und der so vermittelten Wohnatmosphäre. Das ist wichtig zu betonen, weil Untersuchungen gezeigt haben, dass das Verhältnis zwischen der Einfachheit eines Musters und seiner *Bedeutung* das ästhetische Urteil stärker beeinflussen als die Einfachheit als solche.[62]

Schlicht ist ein Muster somit dann, wenn es relativ wenige Elemente enthält und doch einen „großen Unterschied macht" im Sinne Batesons (vgl. S. 60). Je nachdem, worauf sich dieses „Einen-großen-Unterschied-Machen" bezieht, handelt es sich entweder um syntaktische oder semantische Schlichtheit.

Syntaktisch schlicht ist ein Objekt dann, wenn sich wenige Elemente zu einem komplex wirkenden Muster mit einer hohen inneren Ordnung zusammensetzen. Dazu gehören:

[62] Martindale u.a. 1990.

- Moiré-Phänomene, bei denen aus der Überlagerung einfacher Strukturen komplexe und zugleich hoch geordnete Muster entstehen.
- repetitive Muster, wie sie in orientalischen, aber auch keltischen Kunstwerken vorkommen. Sie wirken auf den ersten Blick sehr filigran und kompliziert, weisen aber zugleich eine hohe innere Ordnung mit zahlreichen Symmetrien auf – und füllen den Raum auf elegante Weise.
- die aus der Mathematik bekannten Fraktale (Abb. 10) – etwa die berühmte Mandelbrotmenge. Fraktale wirken komplex bei einem gleichzeitig hohen Maß an innerer Ordnung. Schließlich ist ihre wichtigste Eigenschaft die Selbstähnlichkeit: Große Strukturen und Formen wiederholen sich im Kleinen. Fraktale sind auch mathematisch schlicht, da sie durch vergleichsweise einfache mathematische Algorithmen erzeugt werden.

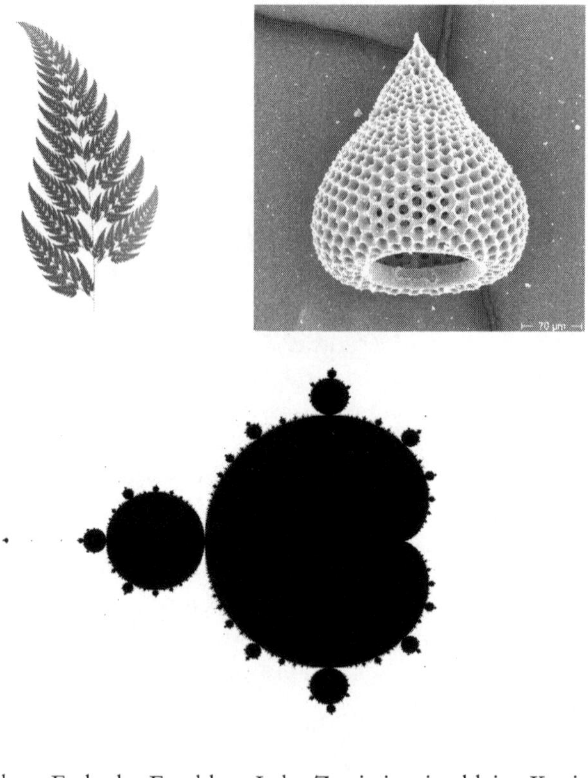

Abb. 10: Links oben: Fraktales Farnblatt. Jeder Zweig ist eine kleine Kopie des Gesamtmusters. Rechts oben: Radiolarie (Strahlentierchen, Bestandteil des Meeresplanktons). Unten: Mandelbrotmenge.

- Kristalle sowie biologische Formen mit hohem Ordnungsgrad. Außerdem natürliche fraktale Gebilde wie Flusslandschaften oder Blätter. Auch bei ihnen kann die Schönheit mit ihrer Schlichtheit zusammenhängen. Das vermutet jedenfalls der Philosoph Bernd-Olaf Küppers: Natürliche Komplexität sei schön, wenn wir in der Komplexität einfache Regeln sehen – *„implizites Wissen, das uns zur Wahrnehmung des Gesetzmäßigen im Komplexen [...] führt"*.[63]

Semantisch schlicht ist ein Muster dann, wenn es aus einer einfachen Form bzw. wenigen Elementen besteht und zugleich eine relativ hohe Wirkung oder Bedeutung hat. Also zum Beispiel:

- Texte, die mit nur wenigen Worten viel sagen. Auch Gedichte leben von ihrer Dichte.
- Kognitiv leicht erfassbare Muster oder Objekte, die starke Assoziationen auslösen – ein Regenbogen, ein Sonnenuntergang, ein positiv besetztes Symbol.
- Kognitiv leicht erfassbare, „selbstverständliche" Phänomene in dem Moment, in dem man sich der Bedeutung des scheinbar Selbstverständlichen bewusst wird: Man kann einen Grashalm oder Vogelgezwitscher banal finden, doch wenn man die Aufmerksamkeit darauf richtet, können sie als etwas Wunderbares erscheinen.
- Musikalische Sequenzen, die mit wenigen Mitteln eine große Wirkung entfalten.
- Minimalismus.
- „Formeln, die die Welt verändern". Einsteins Gleichung $E = mc^2$ war kurz, aber revolutionär. Ähnlich, wenn auch weniger bekannt: die Eulersche Identität: $e^{i\pi} = -1$, die alle Konstanten der Mathematik (die Eulersche Zahl e. die Kreiszahl π, die natürliche Zahleneinheit 1 und die imaginäre Einheit i) in eine sehr einfache Beziehung setzt. Und auch für den *Goldenen Schnitt* begeistern sich mathematisch interessierte Menschen, weil die ihm zugrundeliegende irrationale Zahl – sie wird meist als φ bezeichnet und hat den Zahlenwert 1,618... – einige kuriose Eigenschaften hat. Sie taucht außerdem in vielen eleganten mathematischen Gleichungen, in fraktalen Mustern und sogar in der Natur immer wieder auf. Nur daher rührt der Kult um diese Zahl – und nicht daher, dass Menschen eine geheimnisvolle Vorliebe für golden geschnittene Rechtecke hätten (s. S. 54).
- *Eleganz:* Elegante Bewegungen zeichnen sich dadurch aus, dass sie einfach und zugleich zielsicher und wirkungsvoll sind. Als elegant gilt ein mathematischer Beweis, wenn er mit wenigen einleuchtenden Schrit-

[63] Küppers 1993, 247 ff.

ten auskommt. Und wenn man Menschen befragt, was sie mit „Eleganz“ assoziieren, fallen Antworten wie „Gewandtheit“, „Leichtigkeit“ und „Einfachheit“.[64]

- *Effizienz*: Effiziente Techniken und Verfahren erlauben es, mit wenigen Mitteln und geringem Aufwand eine hohe Wirkung zu erzielen.
- *Ockhams Rasiermesser*: Das auf Wilhelm von Ockham zurückgehende wissenschaftliche Prinzip, wonach schlichte Theorien – solche, die mit wenigen Grundannahmen auskommen – komplizierten, voraussetzungsreichen vorzuziehen sind. Dies ist ein erstes Beispiel für die große Bedeutung ästhetischer Werte im wissenschaftlichen Denken: An sich gibt es keine „vernünftige“ Begründung dafür, warum einfache Theorien glaubwürdiger sein sollten als komplizierte. Und doch werden Schönheitsargumente oft herangezogen. Auf diese Diskussion werde ich später – im zweiten *Zwischenspiel* – ausführlicher eingehen.
- Die Idee, dass alle Grundkräfte und Teilchen der Natur in einer einheitlichen Theorie („Weltformel“, „*Theory of everything*“) zusammengeführt werden (könnten).

Das war jetzt eine Reihe von Auflistungen. Es fällt auf – und Abb. 9 veranschaulicht es – dass Stimmigkeit, Ganzheit und Schlichtheit in manchen Fällen nur verschiedene Facetten desselben Gedankens sind. Ein schönes Beispiel ist die Eidesformel in US-amerikanischen (und ähnlich auch in österreichischen) Gerichten. Dort schwören Zeugen, die Wahrheit zu sagen (Stimmigkeit), die volle Wahrheit (Ganzheit – „nichts auslassen“) und nichts als die Wahrheit (Schlichtheit – „nichts hinzufügen“). Das hat in dem Fall zwar nichts mit Ästhetik zu tun, aber es zeigt, wie die drei Eigenschaften einander ergänzen.

Ein anderes Beispiel steht am Ende der letzten Liste: die Idee einer Weltformel. Sie verkörpert Schlichtheit (eine Formel statt viele), Stimmigkeit (alles passt zusammen) und Ganzheit (eine Formel, die alles erklärt) gleichermaßen. Es ist also oft nur eine Frage der Perspektive, auf welchen dieser Aspekte sich die Aufmerksamkeit richtet.

O-Werte in Symbolen, Signalen und Ideologien

Ich habe geschrieben, dass O-Werte zwar Eigenschaften sind, die für Ordnung und Verlässlichkeit sorgen – dass sie aber nur dann eine ästhetische Funktion haben, wenn sie gerade nicht mit Blick auf diesen Zweck, sondern als eigenständige Werte geschätzt werden. Das klingt vielleicht ein wenig widersprüchlich. Eine Erklärung könnte sein, dass all diese

[64] Menninghaus u.a. 2019b.

Eigenschaften in der Evolution des Menschen zunächst eine funktionale Bedeutung hatten: Unsere Vorfahren taten gut daran, Muster zu mögen, die die Welt verlässlich, geordnet und kognitiv leicht erfassbar machen. Deshalb hat die Evolution dafür gesorgt, dass solche Muster ein positives Gefühl auslösen. Später haben sich diese Merkmale dann zu eigenständigen ästhetischen Werten entwickelt. Mir erscheint diese Vermutung plausibel – aber wie ich auf S. 50 ausgeführt habe, neige ich bei evolutionspsychologischen Hypothesen grundsätzlich zur Vorsicht.

Offensichtlich ist jedoch: O-Werte reduzieren Komplexität und erleichtern das Denken, gerade auch über das Vehikel der Symbole. Und sie sind darin sehr wirkungsvoll. Fast jedes Land hat Gesetze darüber, wie die Nationalflagge zu behandeln ist. Dass sie nicht den Boden berühren, falsch herum dargestellt und natürlich auf keinen Fall öffentlich verbrannt werden darf. Faktisch ändert das Schicksal einer Flagge natürlich nichts am Schicksal der Nation, aber das ist ja das Prinzip eines Symbols: Es wird gleichgesetzt mit dem, was es symbolisiert.

Symbole erlauben es, komplexe Sachverhalte, die wir oft kaum noch in ihrer Gesamtheit begreifen können, auf einfache Zeichen zu reduzieren. Sie verkörpern somit die Prinzipien Ganzheit und Schlichtheit, und sie tun dies umso wirkungsvoller, je stimmiger die Beziehung zwischen Symbol und Sachverhalt wahrgenommen wird; je mehr also das Symbol tatsächlich mit dem Sachverhalt identifiziert wird.

Das macht manche Symbole und Symbolhandlungen auch so verführerisch. Beschließt eine Regierung Maßnahmen, die man mit schönen Worten etikettieren kann, die sich aber in der Praxis kaum auswirken, lautet der Vorwurf: „Symbolpolitik". Aus Sicht einer Regierung ist Symbolpolitik vor allem ein Signal an das Wahlvolk: Denn je komplexer die Sachverhalte sind, desto mehr werden der Erfolg und die Tatkraft einer Regierung in der Öffentlichkeit daran gemessen, ob sie bestimmte symbolische Maßnahmen durchsetzt. Das ist kognitiv leichter. Viele Medien tragen allerdings zu dieser Art von Symbolpolitik bei – durch ihre Neigung, bei politischen Entscheidungen nicht primär zu fragen, ob sie sinnvoll sind oder nicht, sondern wer mit welchen Symbolen und Gesten welche „Signale" setzt.

Das sind noch vergleichsweise harmlose Beispiele. Denn Werte wie Vollständigkeit und Effizienz sind letztlich auch die Grundlage totalitärer Herrschaftsstrukturen. Der Wunsch des Diktators ist es, *vollständige* und effektive Kontrolle über die anderen – möglichst *alle* – Menschen in seinem Land zu erlangen. Die Betonung der „Einheit" und der „Geschlossenheit" eines Volkes oder Staates gehört zu den rhetorischen Grundfiguren totalitärer Herrschaftssysteme: Wer ausschert, gehört nicht dazu; wer Kritik äußert, ist ein Verräter; wer nicht mit uns ist, ist gegen uns.

Konsistenz und Vollständigkeit, bezogen auf moralische Prinzipien, sind auch das Fundament des *Radikalismus*. Radikale Ideen beanspruchen allgemeine Gültigkeit und dulden keine Ausnahmen, die die Konsistenz verletzen würden. Geht es um Ideologien, sprechen wir von *Fundamentalismus*. Fundamentalistische Ideologien sind meist äußerst schlicht, denn sie beantworten Fragen von Recht und Moral auf der Grundlage einiger weniger absoluter Prinzipien, denen alles untergeordnet wird. Auf manche Menschen üben solche Ideologien eine enorme Anziehungskraft aus – und das, obwohl sie ja in der Regel keine individuellen Vorteile versprechen. Dabei spielen sicherlich zwei Ebenen zusammen: einerseits ein (nichtästhetisches) *Bedürfnis* nach Ordnung, Sicherheit und einem als stabil erlebten sozialen Gefüge und andererseits die *ästhetische* Wirkung, die solche Ideologien (aufgrund der selben Eigenschaften) auf entsprechend empfängliche Menschen haben.

Die Gefahr von Fundamentalismen besteht weniger im Versprechen von Konsistenz als vielmehr in der Art und Weise, wie diese aufrechterhalten wird. Gerade weil die Welt nicht so geordnet ist, wie Fundamentalisten sie sich vorstellen, besteht umso mehr die Neigung, sie notfalls mit Gewalt in die „richtige", „natürliche" oder „gottgewollte" Ordnung zu bringen.

6. S-Werte

Genuss ist objektivierter Selbstgenuss.

Wilhelm Worringer, *Abstraktion und Einfühlung*

Was Beziehungen S-wertig macht

S-Werte beschreiben laut Definition (S. 67) ästhetische Eigenschaften von Beziehungen zwischen einem Subjekt und einem Objekt. Welche Eigenschaften aber müssen „Objekte" haben, damit die Beziehung zu ihnen S-wertig ist? Auf S. 63 fielen in dem Zusammenhang schon Begriffe wie *Verbundenheit, Zugehörigkeit* und *Relevanz.* An dieses letzte Stichwort möchte ich zunächst anknüpfen.

> *S (1)*
>
> Voraussetzung für eine S-wertige Beziehung zu einem Objekt ist, dass das Objekt für das Subjekt persönlich bedeutsam ist.

Persönlich bedeutsam oder relevant heißt dabei keineswegs so etwas wie „nützlich". Bedeutsam ist für eine Person vielmehr alles, was ihr persönlich von Belang erscheint und etwas mit „ihrer Welt" zu tun hat. Es sind eine ganze Reihe von Aspekten, die „meine Welt" ausmachen: Dazu gehören Menschen und Dinge, die mir etwas bedeuten, aber auch mein Weltbild, meine Einsichten, meine Erfahrungen, mein Selbstbild, meine „Selbst-Verständlichkeiten", meine Biographie, meine moralischen und sozialen Ideale, meine ästhetischen Vorlieben sowie natürlich Objekte, die diese Weltbilder, Erfahrungen, Werte und Vorlieben verkörpern. Das alles gehört zu „meiner Welt", die man sich auch als eine Art Sphäre vorstellen kann:

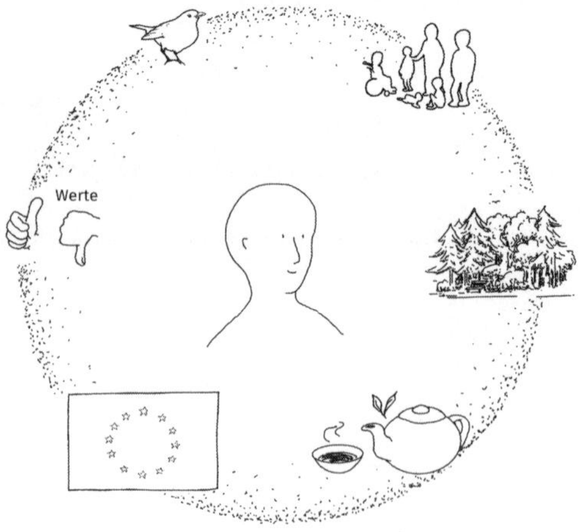

Abb. 11: „Meine Welt"

Doch nicht alles, was für mich relevant ist, ist S-wertig. Relevanz ist nur eine notwendige, keine hinreichende Bedingung. Ein Objekt kann mich und meine Sphäre auf verschiedene Weise berühren, positiv oder negativ. Im positiven Fall kann ich mich mit dem Objekt in irgendeiner Weise identifizieren, dann entsteht eine S-wertige Beziehung. Ein Objekt kann aber auch relevant sein, indem es meine Einsichten, mein Weltbild oder sogar mein Selbstbild *in Frage stellt*. Dann berührt das Objekt zwar meine Identität, aber in negativer Weise: Ich werde es nicht schön finden, sondern es wird mich zunächst irritieren, vielleicht sogar abstoßen, ich werde es dann nicht „meiner Welt" zurechnen.

Natürlich kann sich das im Lauf der Zeit ändern: Ich kann mich mit dem Objekt auseinandersetzen, dabei meine eigene Haltung revidieren und „meine Welt" auf diese Weise erweitern. Auf der zwischenmenschlichen Ebene würde dies bedeuten: Ich lerne jemanden, der mir zunächst höchst unsympathisch ist, besser verstehen, sodass er oder sie mir allmählich sympathisch wird. Es wäre jedoch falsch zu sagen, ein solches Objekt sei S-wertig, *weil* es mein Weltbild in Frage stellt. Es handelt sich vielmehr um eine zeitliche Entwicklung, bei der aus einem anfangs S-mäßig unschönen Objekt am Ende ein S-wertiges wird.

Die Ausgangsbasis: Verbundenheit

Objekten, die ich meiner Welt zurechne, fühle ich mich verbunden. An dieser Stelle möchte ich an eine Bemerkung Gregory Batesons anknüpfen. Es geht um die Liebe:

> Wenigstens ein Teil dessen, was wir mit dem Wort meinen, ließe sich dadurch abdecken, dass wir *„Ich liebe X"* folgendermaßen ausformulieren: „Ich betrachte mich als ein System und akzeptiere die Tatsache, dass ich eines bin, mit positiver Wertung, bin also lieber ein System, als dass ich auseinanderfalle und sterbe; und ich betrachte die Person, die ich liebe, als systemisch; und ich betrachte mein System und ihr System so, dass sie zusammen ein größeres System mit einem gewissen Grad innerer Übereinstimmung bilden."[65]

Vielleicht finden Sie Batesons Beschreibung der Liebe mechanistisch, doch sie eignet sich hervorragend als Ausgangspunkt für eine Antwort auf die Frage, um die es in diesem Kapitel geht: Wann ist eine Beziehung S-wertig? Liebe ist eine besonders starke Form einer S-wertigen Beziehung. Um eine Beschreibung zu finden, die auch andere Formen einschließt, können wir das Zitat umformulieren. Ersetzen wir *Ich liebe X* durch *Ich habe zu X eine S-wertige Beziehung* und das Wort *Person* allgemein durch *Objekt*, dann erhalten wir die grundlegenden Charakteristika einer S-wertigen Beziehung:

> Wenigstens ein Teil dessen, was wir mit dem Wort meinen, ließe sich dadurch abdecken, dass wir *„Ich habe zu X eine S-wertige Beziehung"* folgendermaßen ausformulieren: „Ich betrachte mich als ein System und akzeptiere die Tatsache, dass ich eines bin, mit positiver Wertung, bin also lieber ein System, als dass ich auseinanderfalle. Ich betrachte außerdem das Objekt, um das es geht, als systemisch. Und ich betrachte mich und das Objekt aufgrund gewisser Übereinstimmungen als ein größeres System."

Befriedigend ist diese Formulierung noch nicht, denn die Begriffe *System* und *systemisch* bleiben vage. Im Grunde können wir statt „System" einfach *Einheit* sagen und „systemisch" durch *einheitlich* oder *kohäsiv* ersetzen. Und schließlich können wir auch den Begriff des *Selbst* einführen.

Selbst und Selbstbild

Es gibt in der Psychologie etliche Definitionen des *Selbst*. Ich möchte mich hier auf drei beschränken, die aus meiner Sicht einander ergänzen.

Der Hirnforscher Antonio Damasio unterscheidet zwischen einem *autobiographischen Selbst* und einem *Kernselbst*. Das „autobiographische Selbst" ist demnach diejenige Identität, die wir aufgrund vergangener Erlebnisse als „Ich" konstruieren.[66] Dahinter steckt der Gedanke, dass das, was wir meinen, wenn wir „ich" sagen, eine Art Kunstfigur ist; der Protagonist verschiedener Geschichten, die sich unser Gehirn von uns – und das

[65] G. Bateson, zit. n. M. C. Bateson 1972, 279.
[66] Dieses und die folgenden Zitate aus Damasio 1994, 317-319.

heißt auch: von sich selbst – erzählt. Der Neurologe Oliver Sacks formulierte es ähnlich:

> Jeder von uns hat eine Lebensgeschichte, eine Art innerer Erzählung, deren Gehalt und Kontinuität unser Leben ist. [...]Der Mensch *braucht* eine solche fortlaufende innere Geschichte, um sich seine Identität, sein Selbst zu bewahren.[67]

Vom autobiographischen Selbst grenzt Damasio das *Kernselbst* ab, das wie das autobiographische Selbst auf einer Selbst-Repräsentation beruht.

> [Sie] besteht aus den Urrepräsentationen des Körpers [...]: nicht nur des Körpers, wie er im Allgemeinen war, sondern des Zustands, in dem sich der Körper gerade befunden hat, kurz vor dem Prozess, der zur Wahrnehmung von Objekt X geführt hat. Natürlich gehören dazu auch Hintergrundzustände des Körpers und Gefühlszustände. Die kollektive Repräsentation des Körpers bildet die Grundlage für einen „Begriff" des Selbst.

Das *Kernselbst* sei das Bezugssystem für alles, was dem jeweiligen Organismus widerfährt. Die neuen, aktuellen Körperzustände werden dabei fortlaufend in die Vorstellung des eigenen Selbst integriert.

> Was uns *jetzt* zustößt, stößt tatsächlich einem Selbstbegriff zu, der auf der Vergangenheit beruht, auch jener Vergangenheit, die noch einen Augenblick zuvor Aktualität war. Jeden Augenblick wird der Selbstzustand wieder von Grund auf neu konstruiert.

Beide „Selbste" dürften auch bei S-Werten eine Rolle spielen. Das autobiographische Selbst vor allem, wenn die Beziehung über Werte und biographische Anknüpfungspunkte hergestellt wird. Das Kernselbst dagegen mehr, wenn es um Stimmungen geht.

Und schließlich gibt es noch den *Selbst*-Begriff der Selbstpsychologie, die sich als Weiterentwicklung der Psychoanalyse versteht. Eines ihrer wesentlichen Merkmale ist, dass sie sich von Sigmund Freuds Triebtheorie weitgehend gelöst hat. An die Stelle seines „Strukturmodells" („Es/Ich/Über-Ich"), tritt das integrierte *Selbst*. Darunter versteht die Selbstpsychologie denjenigen Teil der Persönlichkeit, der einer Person ein Gefühl von „Selbstsein" verleiht – also das Bewusstsein der eigenen Identität, aber auch das eigene Selbstwertgefühl.[68] Von einem *kohäsiven Selbst* spricht sie, wenn wir die Teile unserer Persönlichkeit, die wir aktuell an uns wahrnehmen, als zusammengehörig erleben. Wird unser Selbst verletzt, durch Kränkungen, Desillusionierungen oder durch Schamgefühle, führt dies zu einem fragilen oder fragmentierten Selbst.

67 Sacks 1987.

68 Ein Überblick findet sich bei Wolf u.a. 1989 sowie Schöttler & Kutter 1992.

Nun ist die Selbstpsychologie in die Jahre gekommen, und die Zersplitterung der Tiefenpsychologie in etliche Schulen mit jeweils eigenen starren Theorien, Begrifflichkeiten und daraus abgeleiteten therapeutischen Dogmen hat sich mit den Jahrzehnten etwas überlebt. Nüchtern betrachtet, gibt es zwischen den verschiedenen Selbst-Begriffen Überlappungen, und alle drei bleiben letzten Endes doch unscharf – erst recht, wenn man sie aufs einzelne Individuum bezieht. Wie der Säuglingsforscher Daniel Stern – er sympathisierte stark mit der Selbstpsychologie – schrieb:

> Auch wenn niemand recht weiß, was das Selbst eigentlich ist, haben wir doch als Erwachsene ein sehr reales Selbstempfinden.“[69]

Wenn wir nun diesen *Selbst*-Begriff in die erste (aus Batesons „Liebes-Definition“ abgeleitete) Formulierung S-wertiger Beziehungen einsetzen, lässt sie sich verkürzen zu der Feststellung:

S (2)

In einer S-wertigen Beziehung zu einem Objekt betrachte ich das Objekt und mein Selbst jeweils als kohäsive Einheiten; und ich betrachte beide Einheiten zusammen als eine größere Einheit.

Dies geschieht, indem das „Selbst“ eine wie auch immer geartete Gemeinsamkeit, Übereinstimmung oder Verbundenheit mit dem Objekt empfindet.

Der zu Beginn des Kapitels zitierte Satz von Wilhelm Worringer – „*Genuss ist objektivierter Selbstgenuss*“ – sagt somit nur die halbe Wahrheit. Denn neben der Ähnlichkeit bzw. Übereinstimmung zwischen Selbst und Objekt ist die gleichzeitige *Verschiedenheit*, die prinzipielle Andersartigkeit des Objektes, ebenso wichtig für das Erleben von S-Werten. Als Musterbeispiel für eine solche Situation soll ein Satz von Mary Catherine Bateson dienen:

> Ich mag die Schnecke, weil sie mir ähnlich ist, aber auch, weil sie so anders ist.[70]

Bisher habe ich Situationen beschrieben, in der ein Selbst einem Objekt gegenübersteht: Hier das Selbst, dort das Objekt.

Man kann die Aussage jedoch auch auf Fälle ausweiten, in denen das Selbst *ein Teil* des von ihm betrachteten Objekts ist. So kann sich jemand als Individuum und zugleich als Teil einer Familie, eines Volkes, eines Betriebes oder der gesamten Erdbevölkerung begreifen; oder auch als Teil der

69 Stern 1992.
70 Bateson & Bateson 1987, 35.

Natur, des Universums, der „Schöpfung"; kurz: als Teil einer „größeren Einheit" im Sinne von *S (2)*.

Zugehörigkeit

Viele Aktivitäten sind deshalb schön, weil sie ein Gefühl der Zugehörigkeit oder Zusammengehörigkeit (= Zugehörigkeit zu einem größeren Zusammenhang) erzeugen. Beispiele hierfür sind auch das gemeinsame Spielen, das Tanzen oder das Musizieren. Leonard Bernstein soll einmal gesagt haben: Dirigieren sei wie Sex – nur mit 100 Leuten. Dies ist, in plakativen Worten ausgedrückt, der entscheidende Punkt: Auch solche Situationen, in denen man sich als individuelle Einheit in einer größeren, kollektiven Einheit erlebt, sind S-wertig.

Auf S. 85 habe ich im Zusammenhang mit O-Werten die Wirkung erwähnt, die 1968 das erste Foto der gesamten Erde aus dem Weltraum auslöste. Es zeigt den Erdaufgang – die Erde erscheint über dem Mondhorizont. Dieses Foto hat zum einen eine O-wertige Qualität. Die Erde erscheint mit einem Mal ganzheitlich, als kleine Murmel im dunklen Weltraum. Alle Länder hängen zusammen, die Kontinente verbunden durch Tiefdruckgebiete und Ozeane. Doch das Bild berührt auch auf S-wertige Weise: Es vermittelt eine Idee von unserem Planeten als einer gemeinsamen Heimat.

Seit dieses Foto entstand, ist oft vom *Overview*-Effekt die Rede, den Astronauten auch danach immer wieder beschrieben haben, wenn sie das erste Mal die Erde aus dem All sahen: Nationale Grenzen erscheinen in dieser Perspektive so unbedeutend wie viele andere Befindlichkeiten. Das Foto löste bei vielen ein Gefühl der Ehrfurcht aus und weckte ein Bewusstsein für die ökologische Einheit des Planeten. *„I had a feeling it's tiny, it's shiny, it's beautiful, it's home, and it's fragile"* – so beschrieb es Apollo-11-Astronaut Michael Collins.

> *S (3)*
>
> *S-Werte* können auf einem Gefühl der Zugehörigkeit beruhen.

Offenheit und Abgrenzung

Was von außen betrachtet eine Beziehung zwischen einem Subjekt und einem Objekt ist, ist aus der Perspektive des Subjekts dessen persönliche *Situation*. Sich in einer Situation zu befinden, bedeutet: Ich stehe einer

Umwelt gegenüber, die für mich zumindest eine Bedeutung hat. Damit lassen sich S-Werte aus einem weiteren Blickwinkel betrachten. Wir können fragen: Unter welchen Bedingungen sind subjektive Situationen S-wertig?

Fühlt sich eine Person einer größeren Gemeinschaft zugehörig, erlebt sie eine Situation, die im Wesentlichen dadurch gekennzeichnet ist, dass sie eine *offene* Perspektive – der Mensch in der Begegnung mit anderen Menschen – mit einer Perspektive der *Abgrenzung* vereint. *Abgrenzung* steht hier etwa für „sich als Individuum erlebend, auf sich selbst besinnend, das Selbst bestätigend", *Offenheit* für „nach außen gerichtet, sich als Teil eines größeren Ganzen fühlend, das Selbst erweiternd".

S (4)

S-wertig ist eine Situation, die sich aus der Perspektive des Subjekts durch ein bestimmtes Verhältnis aus Abgrenzung und Offenheit auszeichnet.

Das „bestimmte Verhältnis" ist allerdings für jedes Individuum und jede Situation verschieden. Extrovertierte Menschen haben ein geringeres Bedürfnis nach abgrenzenden Erfahrungsanteilen als introvertierte. Eine Situation, die ein Introvertierter als gerade ausgeglichen erlebt, würde die Extrovertierte möglicherweise als soziale Isolation empfinden. Dieser Unterschied ändert jedoch nichts daran, dass es für beide ein bestimmtes S-wertiges Verhältnis zwischen Offenheit und Abgrenzung gibt.

Bewegt sein

Auf S. 40ff. habe ich die noch relativ jungen Erkenntnisse zum Gefühl des Bewegtseins dargestellt, und wie es offenbar relativ stark ästhetische Urteile beeinflusst – so stark, dass es inzwischen als eine ästhetische Emotion bezeichnet wird. Wenn uns ein Objekt emotional bewegt, ist die Wahrscheinlichkeit hoch, dass wir es auch schön finden – immer vorausgesetzt, wir bewegen uns gerade in einem ästhetischen Kontext.

Dieser Befund passt sehr stark zu dem, was S-Werte ausmacht. Was uns emotional bewegt, hat für uns eine *Bedeutung* und stellt eine emotionale Verbindung her zwischen mir als Subjekt und dem Objekt, das die Bewegung auslöst.

Ich hatte in dem Zusammenhang auch über das *Default Mode Network* (DMN) geschrieben: ein Netz verschiedener Hirnareale, die unter anderem dann besonders aktiv sind, wenn uns etwas stark emotional bewegt. Doch diese Erkenntnis ist noch relativ jung. Zuvor ist das DMN der Wissenschaft auf andere Weise aufgefallen: Es ist aktiv, wenn wir die Gedanken treiben lassen oder „tagträumen“. Aber auch dann, wenn wir uns ganz auf einen Moment einlassen, ohne eine Aufgabe daran zu knüpfen oder unsere Aufmerksamkeit zu fokussieren. Deshalb wurde das DMN eine Zeit lang auch als *„task-negative Network“* beschrieben.

Diese Zuschreibung hat sich dann jedoch als etwas einseitig herausgestellt, denn bei *bestimmten* Aufgaben ist es eben doch aktiv: Nämlich dann, wenn wir über uns selbst, unsere Zukunft oder Vergangenheit nachdenken – Aufgaben also, in denen wir uns mit unserem autobiographischen Selbst befassen. Und schließlich spielt das DMN auch bei Empathie eine Rolle, wenn wir uns also in die Gefühle und die Perspektive *anderer* hineindenken.[71] Es scheint somit zentral zu sein für solche kognitiven Prozesse, die auf das eigene Selbst bezogen sind. Dass es in diesem Zusammenhang auch ins Spiel kommt, wenn uns etwas emotional bewegt, fügt sich somit gut ins Gesamtbild: Emotionales Bewegtsein und Aktivität im DMN haben offenbar einen starken Einfluss auf das Erleben von S-Werten.

Es gibt natürlich Situationen, in denen wir Verbundenheit, Zugehörigkeit oder emotionale Bewegtheit empfinden, ohne dabei „Schönheit zu erleben. S-wertig sind Beziehungen nur dann, wenn sie in einem ästhetischen Kontext beurteilt werden. Sie müssen um ihrer selbst willen gefallen.

S (5)

S-Werte gehen häufig einher mit emotionaler Bewegtheit.

Die Vielfalt S-wertiger Phänomene

S-wertige Beziehungen können sehr unterschiedliche Formen annehmen. Wenn ich im Folgenden auf so verschiedene Phänomene wie Sympathie, Gärten oder Religion zu sprechen komme, will ich damit keineswegs sagen, dass es keinen qualitativen Unterschied gäbe zwischen der Zuneigung zu einem netten Menschen, der Freude an einer schönen Blume und religiösen Bindungen. Doch letztlich sind all diese Beziehungen durch das gleiche Grundmuster geprägt: Die Verbundenheit mit etwas anderem bzw. die Zugehörigkeit zu etwas Größerem. Die Unterschiede zwischen diesen Phänomenen bestehen im Wesentlichen in der Art der Objekte sowie in der Kategorie, in der sich die Verbundenheit bzw. Andersartigkeit äußert.

[71] Bruckner u.a. 2008; Otti u.a. 2012.

Sympathie

Handelt es sich beim Objekt um eine andere Person und entsteht die Verbundenheit aus Verständnis und Einfühlung, haben wir es mit Sympathie zu tun. Über den S-Wert der *Sympathie* habe ich bereits auf S. 64 geschrieben. Jemand ist uns sympathisch, wenn wir den Eindruck haben, dass wir seine Gedanken, Gefühle und Verhaltensweisen nachvollziehen und verstehen können und auf diese Weise eine gewisse Übereinstimmung erleben. Und selbst, wenn die Person ein Verhalten zeigt, das uns nicht gefällt, können wir unter Umständen Sympathie für sie empfinden, wenn wir die Gründe dafür verstehen: Vielleicht hängen sie mit ihrer Biografie zusammen oder mit bestimmten Persönlichkeitsmerkmalen, die eben auch ihre Schattenseiten haben.

Stimmung und Resonanz

Wenn wir jemandem begegnen, gehen wir allerdings gewöhnlich nicht so vor, dass wir systematisch überprüfen, ob es in irgendwelchen Punkten Übereinstimmungen gibt. Vielmehr ist das Erleben einer anderen Person immer mit bestimmten *Stimmungen* verbunden, und die Entscheidung der Sympathie hängt davon ab, inwieweit ich mich auf die jeweilige Stimmung einlassen möchte. Viele dieser Ausdrücke, mit denen wir solche Situationen beschreiben, stammen interessanterweise aus dem Bereich der Akustik: Das beginnt beim Wort „Stimmung“ selbst, aber wir sprechen auch von „Resonanz“, „Schwingung“ oder „gleicher Wellenlänge“.

Diese Metaphern beschreiben ausgesprochen gut eine bestimmte Art von S-wertigen Beziehungen, und zwar nicht ausschließlich zu anderen Personen. Auch andere Objekte, die wir S-wertig finden, vermitteln eine Stimmung. Damit meine ich nicht nur einfache emotionale Konnotationen wie „traurig“ oder „heiter“, sondern auch hochdifferenzierte Assoziationskomplexe. Stuttgart verbinden die meisten Menschen mit einer anderen Stimmung als Köln, die Musik von Bob Dylan mit einer anderen als die von Paco de Lucia, Bilder von Marc Chagall mit einer anderen als die von Vincent van Gogh.

Auch bei Kunstwerken hängt das ästhetische Urteil also teilweise davon ab, ob das Kunstwerk es schafft, eine Stimmung zu vermitteln, auf die wir uns gerne einlassen. Es muss, damit wir es S-wertig finden, unsere eigene Stimmung nicht genau treffen. Aber die vom Objekt ausgehende Stimmung muss uns zumindest in irgendeiner Form berühren, an unsere eigene Stimmung anknüpfen und uns auf diese Weise einladen, in Resonanz mit ihm zu treten. Dann nämlich *bewegt* es etwas in uns.

S (6)

S-Werte können über *Stimmungen* übermittelt werden. S-wertig sind solche Objekte, die eine Stimmung vermitteln, auf die wir uns gerade gerne einlassen und die in uns Resonanz hervorrufen.

Selbstwirksamkeit, Selbstwert und Erfolg

Zu erleben, dass das eigene Selbst etwas in der Welt bewirken kann, führt ebenfalls zu S-wertigen Beziehungen. Albert Bandura hat in den 1970er Jahren das Konzept der Selbstwirksamkeit entwickelt. Es ist unabhängig von der Selbstpsychologie Heinz Kohuts entstanden.[72] Beide Modelle ergänzen sich aber sehr gut.

In Banduras Theorie geht es vor allem um die Erwartung bzw. den Glauben an die eigene Wirksamkeit im Zusammenhang mit bevorstehenden Situationen (*perceived self-efficacy* bzw. *self-efficacy beliefs*). Vorangegangene Erfolgserlebnisse tragen natürlich dazu bei, die Selbstwirksamkeitserwartung zu steigern, ebenso wie die Beobachtung entsprechender Erfahrungen bei anderen, die als Modell oder Vorbild dienen oder mit denen man sich auf andere Weise identifiziert. Das kann auch die Fußballmannschaft sein, der man sich verbunden fühlt. Spielt sie gut, wird uns das Spiel gefallen. Und erst recht, wenn es gut ausgeht und der Sieg möglichst auch noch verdient ist.

Wenn die Erfahrung von Selbstwirksamkeit also eine S-wertige Beziehung darstellen kann – *ich* beeinflusse *etwas* – stellt sich dennoch die Frage, was genau ist das Objekt, das ich dabei schön finde? Im Beispiel eben war es das *etwas* – nämlich das Spiel. Genauso gut kann es aber auch das eigene *Selbst* sein. Ich gefalle mir, weil ich (oder jemand, mit dem ich mich identifiziere) etwas zustande gebracht habe, wofür ich Anerkennung bekomme und/oder womit ich selbst zufrieden bin – sei es ein gutes Essen, ein erfolgreiches Projekt oder auch meine neue Frisur.

Eine solche S-wertige Beziehung zu sich selbst würden wir mit Begriffen wie Selbstliebe oder Selbstwert beschreiben. Auf den ersten Blick scheint das der Idee zu widersprechen, wonach S-Werte eine Beziehung zu einem Objekt beschreiben. Doch in diesem Fall ist das *bewertete* Selbst nicht identisch mit dem *bewertenden* „Ich“. Wenn „ich“ „mir“ gefalle, betrachte ich mich tatsächlich in diesem Moment als Objekt, nämlich als mein *autobiographisches Selbst* – „die Geschichte, die ich von mir selbst erzähle“.

[72] Bandura 1977.

Ob die Erfahrung von Selbstwirksamkeit eine S-wertige Beziehung zum jeweiligen Objekt herstellt oder zu mir selbst, hängt letztlich davon ab, worauf ich meine Aufmerksamkeit richte. In jedem Fall ist Selbstwirksamkeit ein weiteres Beispiel dafür, wie eng ästhetische Werte mit existentiellen psychischen Bedürfnissen zusammenhängen.

Woran der „Erfolg" und damit auch die Selbstwirksamkeit im Einzelfall gemessen wird, kann sehr unterschiedlich sein. Auch dies ist ein Beispiel, wie ein ästhetischer (hier: S-)Wert sehr unterschiedliche individuelle *Vorlieben* hervorbringen kann (s. S. 73): Ich kann Selbstwirksamkeit erleben, wenn ich eine Gefahr abwende, meine wie auch immer definierten Interessen durchsetze, bewundert werde oder aber jemandem etwas Gutes tue. Ebenso kann ich meinen Erfolg an Geld, Klickzahlen, Komplimenten oder der Maximierung anderer „Währungen" messen. Und ich werde unterschiedliche Objekte und Ereignisse schön finden, je nachdem, ob sie diese Währungen verkörpern oder nicht.

Neben Erfolgserlebnissen gibt es in Banduras Konzept zwei weitere Faktoren, die ebenfalls die Selbstwirksamkeitserwartung stärken. Da ist zum einen die Ermutigung durch das soziale Umfeld, zum anderen die positive Deutung von bestimmten körperlichen Reaktionen, wie Herzklopfen, feuchte Hände, ein leichtes Zittern oder ein flaues Gefühl im Magen. Diese beiden Faktoren nenne ich aber hier nur der Vollständigkeit halber. Sie sind im Zusammenhang mit S-Werten weniger relevant. Wir werden ihnen später noch im Zusammenhang mit den K-Werten begegnen.

Heimat

Neben der Sympathie gibt es andere Brücken, die eine Verbindung zu anderen Personen herstellen können. Etwa gemeinsame Erlebnisse, gemeinsame biografische Abschnitte und Erinnerungen oder auch die gemeinsame Zugehörigkeit zu einem Unternehmen, zu einer kulturellen Gemeinschaft oder einer Interessengruppe. Solche Kategorien definieren auch so etwas wie *Heimat*. Heimat ist mehr als nur ein geographischer Raum und kann vieles umfassen: Orte, Landschaften, musikalische Traditionen, eine vertraute Gruppe, Sprache, Speisen, ein bestimmtes Klima, Gewohnheiten und Rituale – im Grunde alles, was ein Gefühl von Vertrautheit, Geborgenheit und Zugehörigkeit vermittelt. Wie Paul Parin einmal schrieb:

> Wer heimatlos geworden ist, kann sehr wohl zeitlebens Heimat in sich tragen, und wer daheim geblieben ist, ohne Heimat sein.[73]

Die Beziehung zur Heimat beruht auf einem Gefühl der Zugehörigkeit. Zeremonien oder Gedenkfeiern etwa erlauben es, Gemeinsamkeiten mit

[73] Parin 1996.

anderen Menschen zu betonen – auch solchen Menschen, mit denen man sonst nicht viel zu tun hat. Rituale sind identitätsstiftend. Sie betonen Tradition und Kontinuität in Abgrenzung zu den permanenten Veränderungen um uns herum. Das gilt nicht nur für die großen gemeinschaftliche Feiern, sondern auch für die vielen oft individuellen Alltagsrituale: Die Zubereitung eines bestimmten Tees zum Frühstück, begleitet vom Hören eines bestimmten Radiosenders und dem Blick in eine bestimmte Nachrichten-App, deren Lektüre allmorgendlich bei den politischen Neuigkeiten beginnt und beim Sport endet.

Bill Watterson, der Erfinder der Comicreihe *Calvin and Hobbes* glaubt, dass der Erfolg von Comic Strips zu einem großen Teil auf ihre „heimatstiftende" Funktion zurückgeht:

> Ich glaube, die Beständigkeit vertrauter Comic Strips und das Fehlen von Veränderung innerhalb eines Strips sind der Grund für ihre Beliebtheit. In einer Zeitung voller neuer Horrormeldungen, ist es ein angenehmes kleines Ritual, unsere Lieblingsfiguren jeden Morgen beim Kaffee zu erleben. Sie werden praktisch Freunde. [...] Sie sind für uns sieben Tage die Woche da, Jahr für Jahr. [...] In den meisten Strips kommt es immer wieder zu ähnlichen vorhersagbaren Ereignissen mit nur geringen Variationen. [...] Die Welt eines Comic Strips ist [...] eine kleine Oase der Stabilität in einer aufgewühlten, sich ständig verändernden Welt.[74]

Die Schönheit natürlicher Formen

Greifen wir nochmal die oben zitierte Bemerkung von Mary Catherine Bateson auf:

> Ich mag die Schnecke, weil sie mir ähnlich ist, aber auch, weil sie so anders ist.

Dieser Satz beschreibt eine S-wertige Beziehung, stellt sie aber meines Erachtens noch nicht ganz richtig dar: Denn in ihm steht die Gemeinsamkeit („... weil sie mir ähnlich ist ...") neben dem Unterschied („... aber auch, weil sie so anders ist"). Das Entscheidende ist aber gerade die Verknüpfung. Als Beispiel für S-Werte wäre die folgende Formulierung angemessener:

> Ich mag die Schnecke, weil sie mir ähnlich ist, *obwohl* sie ja offenbar ganz anders ist.

Ähnlichkeit trotz Andersartigkeit: So lassen sich gerade ästhetische Beziehungen zu Tieren und Pflanzen in vielen Fällen charakterisieren. Die Verbundenheit beruht in diesem Fall auf der Gemeinsamkeit, ein lebendiges

[74] Watterson 1995, 7.

und, wie es intuitiv erscheint, empfindsames Wesen zu sein – betrachten Sie unter diesem Gesichtspunkt einmal das Fischlarven-Bild auf S. 5!

Diese Erklärung passt jedoch nicht auf alle Fälle, in denen wir natürliche Formen schön finden. Manchmal richtet sich die ästhetische Aufmerksamkeit gar nicht auf den gesamten Organismus, sondern nur auf einzelne Merkmale, etwa die Streifen des Zebras, den Panzer der Schildkröte, die Musterung von Schmetterlingen, den Blütenstand der Sonnenblume oder die Struktur eines aufgeschnittenen Rotkohls. Die Schönheiten dieser Formen damit zu erklären, dass wir uns mit ihnen „als lebendige Wesen" verbunden fühlen, klingt wenig plausibel. Und eine solche Deutung scheitert endgültig bei nur scheinbar „organischen" Formen, die gar keinen biologischen Ursprung haben: Dünenmuster der Sahara oder Luftbilder aus dem Amazonasdelta mit den zahlreichen Verästelungen des Flusses.

Für die Schönheit solcher Formen gibt es mehrere denkbare Erklärungen. Einer könnte der hohe Grad an erkennbarer Ordnung sein – also ein O-Wert. Allerdings scheint mir diese Erklärung nicht auszureichen. Denn hätte ein Künstler oder Planer diese Landschaften entworfen, würden wir sie völlig anders betrachten. Das Besondere an diesen Formen ist offenbar gerade, dass sie auf natürliche Weise entstanden sind. Ihr ästhetischer Reiz könnte also darin liegen, dass sie natürlich gewachsen sind, *aber dennoch* so aussehen, als wären sie von Menschenhand geschaffen. Für diese Erklärung spricht, dass wir Landschaften oft als „malerisch" bezeichnen. Wir begründen ihre Schönheit also, wenn man so will, mit der Ähnlichkeit zu von Menschen designten Mustern. Die Natur ist etwas *Anderes,* aber uns in dem Moment unerwartet ähnlich, indem sie etwas hervorbringt, was wir gestalterisch verstehen könnten.

Diese verschiedenen Erklärungsansätze schließen einander nicht aus. Manche Muster in der Natur finden wir vielleicht schön, weil wir in ihnen etwas uns Ähnliches sehen. Bei anderen dagegen mag das „malerische" Moment ausschlaggebend sein. In beiden Fällen würde es sich um S-wertige Phänomene handeln.

Space and Place

Es gibt schöne Landschaften und es gibt hässliche. Landschaften können mit ähnlich starken Emotionen belegt werden wie Musik oder Gerüche. In Kapitel 3 habe ich schon auf mögliche elementarästhetische Einflussfaktoren hingewiesen. Dazu gehören das Vorhandensein von Wasser und grüner Vegetation.

Aber in die ästhetische Beurteilung von Landschaften fließen auch kulturell angeeignete Vorstellungen ein. Wir haben gelernt, dass Stromtrassen oder große klobige Gebäude eine Landschaft „verschandeln". Bei Windrädern gehen die Meinungen schon auseinander. Das weist schon darauf hin, dass bei der Beurteilung von Landschaften Zeichenprozesse eine maßgebliche Rolle spielen: Stehen die einzelnen Landschaftselemente für etwas, was unseren „Idealen" *ent*spricht oder *wider*spricht? S-Werte kommen bei Landschaften aber noch in einem weiteren Aspekt zum Tragen, der weniger mit kulturellen Assoziationen zu tun hat.

Aus Sicht des US-amerikanischen Geographen Yi Fu Tuan spielen zur ästhetischen Beurteilung von Räumen vor allem zwei Komponenten eine Rolle: *Space* und *Place*. Die wörtlichen Übersetzungen „Raum" und „Platz" wären in diesem Zusammenhang irreführend: Ein „Raum" kann auch ein Zimmer sein, während „Platz" im Deutschen ein anderes Wort ist für „viel (offenen) Raum". Genauso falsch wäre es, *Place* mit „Ort" wiederzugeben, denn einen Ort verbindet man im Deutschen schnell mit einem „Standort", und das ist ebenso wenig gemeint.

Space bezeichnet in diesem Zusammenhang vielmehr einen „Ort mit offenen Perspektiven", *Place* einen „Ort mit geschlossenen Perspektiven". Landschafts-Situationen, die beides verbinden, sind nach *S (4)* schön. Offene Perspektiven gewähren eine großräumige Übersicht. Geschlossene Landschaftselemente sind dafür im Kleinen überschaubar und vermitteln zugleich Schutz und Geborgenheit.

Flächen dagegen, die nach allen Seiten offen sind, empfinden wir oft als wüst und leer; dichte Wälder wiederum, die keinen offenen Blick bieten, sind landschaftlich aber auch wenig reizvoll (aber ökologisch wichtig, und über diese Konnotation unter Umständen auch wieder schön – aber das ist ein anderer Aspekt).

Forschungen, die sich mit unserer Umweltwahrnehmung beschäftigen, bestätigen, dass wir solche Landschaften als besonders schön empfinden, die offene Perspektiven mit geschlossenen verbinden. Dazu gehören etwa: Situationen im Gebirge mit weitem Blick ins Tal, aber verschlossener Perspektive zum Hang; offene Flächen mit vereinzelten Baumgruppen; oder ein Küstensaum, an dem man einen Blick aufs offene Meer hat, und zugleich das Festland in Form von Dünen oder Klippen im Rücken. *„Place is security, space is freedom"*, schreibt Tuan.[75] Die geschlossenen Perspektiven stehen für Sicherheit und den „eigenen Raum", die offenen für Freiheit.

Parklandschaften sind nicht ohne Grund meist so angelegt, dass sie offene und geschlossene Perspektiven kombinieren: Sie bestehen meist aus einer mehr oder weniger lockeren Anordnung von Baumgruppen, Wäldchen, Hecken, in Verbindung mit offenen Wiesen und Wasserflächen. Ihre Attraktivität auf diese Weise zu erklären, erscheint mir persönlich jedenfalls wesentlich einleuchtender als die auf S. 50 erwähnte „Eden-Theorie", die den Grund in der der ostafrikanischen Ur-Heimat des Menschen sieht.

[75] Tuan 1977.

Place im Sinne Tuans kann vieles bedeuten, auch: Heimat, das Nahe, Vertraute und Verfügbare. Ein geborgenheitsstiftender Ruhepunkt. Je nach Perspektive kann *Place* der eigene Wohnzimmersessel sein oder auch – wie aus dem Blickwinkel eines Astronauten – die ganze Erde. *Space* dagegen ist jeweils der Raum drumherum, entfernt und mit manchen Geheimnissen behaftet, aber noch erkennbar. Ein Alpental in der späten Abenddämmerung – das ist *Space*. Eine gemütliche Berghütte am gegenüberliegenden Hang, durch deren Fenster das Licht dringt – das ist *Place*. Beides zusammen ist schön. Deshalb werden Kirchen und andere historische Bauten nachts beleuchtet. Das Licht betont den *Place* im *Space*.

Space/Place-Situationen kann man nicht nur in Naturlandschaften erleben, sondern in Räumen jeglicher Art. Vor Jahren war ich unterwegs in einer fremden Stadt. Es war ein sonniger Morgen, ich saß in einem Frühstückscafé, trank Tee und las dabei die Zeitung. Das fand ich ausgesprochen schön. Mir ist dann aufgefallen, dass diese Situation gleich mehrere *Place-in-Space*-Momente enthält: Frühstücken, Tee-Trinken und Zeitunglesen ist – als vertrautes Morgenritual – *Place*. Doch ich saß nicht in den eigenen vier Wänden, sondern in einem öffentlichen Café (*Space 1*) in einer fremden Stadt (*Space 2*). Und die Zeitung stellte eine weitere Verbindung zum Rest der Welt jenseits des Cafés und der Stadt dar, kurz: zu *Space 3*. Die Situation war somit:

[[Place in Space] in Space] in Space

Und das machte sie besonders S-wertig.

Gedeihliches

Der Philosoph Heinrich Rombach hat eine Philosophie des Gartens entworfen.[76] Gärten sind für ihn das Paradebeispiel für Systeme, die sich an der Grenze zwischen einer intentionslosen „wilden" Natur (*Physis*) und der Welt des zweckorientierten, absichtlichen Handelns (*Thesis*) befinden. Es handele sich dabei nicht einfach um Mischformen aus *Thesis* und *Physis*. Vielmehr wirken verschiedene Ebenen zusammen: Der Gärtner schafft eine äußere Ordnung, in der die Pflanzen ihrer Natur folgen. Im Deutschen haben wir dafür das Wort *gedeihen*. In ihm steckt sowohl der Gedanke an eine eigenständige Entwicklung als auch die Vorstellung, dass diese Entwicklung irgendwie kontrolliert wird. Die Blumen in einem Garten wachsen nicht einfach, sondern sie werden vom Gärtner „wachsen gelassen".

Zweifellos gibt es weitere Faktoren, die die Schönheit von Gärten ausmachen können; etwa die elementarästhetischen Reize, die von

[76] Rombach 1990.

duftenden Pflanzen oder farbenprächtigen Blüten ausgehen. Auch kann die Anlage des Gartens unseren O-mäßigen Sinn für Ordnung oder Symmetrie ansprechen. Doch interessant an den S-wertigen Eigenschaften von Gärten ist, dass sie sich auch auf Objekte ganz anderer Art übertragen lassen. Denn nicht nur Pflanzen gedeihen: Führungskräfte bringen oft eine ähnliche Haltung ihrem Team oder ihren Projekten entgegen. Viele Eltern wenden das Wort auch auf ihre Kinder an, sofern sie ausdrücken wollen, dass diese sich in der ihnen zukommenden Erziehung gut entwickeln. Es ist bemerkenswert, dass die Kleinen auch in den *Kindergarten* gehen – und ausgerechnet dieses Wort in anderen Sprachen übernommen wurde.

Für Rombach ist der Garten das Paradigma für das, was er *hortensische Zustände* nennt. Alles könne *Garten* sein, hortensische Zustände gebe es in der Erziehung, in der Politik, in der Wissenschaft sowie in der Kunst: Ein gelungenes Kunstwerk zeichne sich dadurch aus, dass es, obwohl es etwas Artifizielles ist, auf eine gewisse Weise „natürlich" wirkt und nicht „konstruiert".

„Gedeihliche" Zustände sind somit eine weitere Spielart des allgemeinen Musters S-wertiger Beziehungen: Ich betrachte meine „Gärten" (die wörtlichen wie die metaphorischen) als eigenständige Einheiten, die dennoch mit *mir*, ihrem „Gärtner" eine übergeordnete Einheit bilden – nicht zuletzt deshalb, weil ich Zeit und „Herzblut" in sie investiert habe. Gleichzeitig verbinden sie – wenn auch auf eher abstrakte Weise – Offenheit (in Form der Eigenständigkeit und unvorhersagbaren Entwicklung der Objekte) und Geschlossenheit (in Form der kontrollierten Rahmenbedingungen).

Bilder und Geschichten

Gregory Bateson war dafür bekannt, dass er das, was er sagen wollte, oft in Geschichten kleidete. Eine davon ging so:

> Es gibt eine Geschichte, die ich früher schon verwendet habe und die ich erneut vortragen möchte: Ein Mann wollte wissen, wie es sich mit dem Geist verhält – nicht in der Natur, sondern in seinem eigenen großen Computer. Er fragte ihn [...]: „Rechnest Du damit, dass du jemals denken wirst wie ein menschliches Wesen?" Die Maschine machte sich daran, ihre eigenen Rechengewohnheiten zu analysieren. Schließlich druckte sie ihre Antwort auf einem Stück Papier aus [...]. Der Mann eilte hin, um die Antwort zu erfahren, und fand die sauber getippten Worte vor:
>
> „Das erinnert mich an eine Geschichte."[77]

[77] Bateson 1982, 22.

Menschen denken in Geschichten – das war die zentrale Botschaft dieser Geschichte.

Geschichten stecken in Redensarten und Metaphern. Sie rufen innere Bilder hervor und machen Sachverhalte *anschaulich.* So wie umgekehrt (echte) Bilder Geschichten im Kopf erzeugen und auf diese Wiese mehr vermitteln „als tausend Worte". Hilfs- und Umweltorganisationen wissen: Ein emotionales Foto in einem Spendenaufruf erhöht die Spendenbereitschaft um ein Vielfaches. Unternehmen oder Prominente versuchen, die eigene Marke aufzuladen, indem sie Geschichten über sich selbst erzählen (lassen). Das kann man dann *Storytelling* nennen oder *Narrativ.*

Mit Ästhetik hat das an sich noch gar nichts zu tun, sondern eher mit kognitiver Leichtigkeit: Geschichten zu verstehen fällt uns leichter als abstrakte oder statistische Zusammenhänge. [78] Was man erzählen kann, prägt sich besser ein. Deshalb gehört im Journalismus das Verpacken von Fakten in eine erzählerische Form zu den Grundwerkzeugen. Berichte beginnen oft mit „Betroffenen": *„Klaus Schneider wollte nur zu einer Routine-Untersuchung…"* oder *„Anna B. aus C. versteht die Welt nicht mehr …"*. Die Erlebnisse von Klaus und Anna sollen uns dann Probleme wie Gesundheitsreform oder Globalisierung nahebringen. Diese narrativen Elemente haben dabei nicht nur die Funktion, einen komplexen Sachverhalt zu veranschaulichen. Sie dienen auch dazu, uns überhaupt erst auf ein Thema einzustimmen. Wir sind nicht ernstlich an dem Schicksal von Anna oder Klaus interessiert, aber diese Du-und-Ichs sollen dafür sorgen, dass wir uns in ihre Situation hineindenken, die abstrakten Informationen des Berichts mit einer empathischen Komponente versehen und sie auf diese Weise besser aufnehmen. Auch Tierfilmer bedienen sich dieses Mittels, wenn sie ihre aufwändig gewonnenen Aufnahmen so zusammenschneiden, dass sich daraus ein Handlungsablauf ergibt.

In der Wissenschaft gibt es ebenfalls zahlreiche Bilder und Geschichten, die dazu dienen, abstrakte Ideen in vertraute Vorstellungen zu übersetzen. So entstehen die bekannten „Animismen" und „Anthropomorphismen", wie sie gelegentlich in Schulbüchern zu finden sind. Die Atome in einem Molekül werden dann als kleine Männchen dargestellt, die sich bei den Händen fassen; Kerzen „fressen" Sauerstoff, und von Flüssigkeiten, die durch eine poröse Wand getrennt sind, wird gesagt, sie seien „bestrebt", einen Konzentrationsausgleich herzustellen. Bis heute wird darüber diskutiert, wie sinnvoll und legitim solche Animismen sind. Manche halten sie für verwerflich, weil sie ein falsches Bild der natürlichen Zusammenhänge vermitteln. Ich halte sie in gewissen Grenzen durchaus für sinnvoll. Ich kenne keine Studie, die belegen würde, dass solche didaktischen Tricks magisches oder esoterisches Denken fördern würden. Abgesehen davon

[78] Kahneman 2012, 208ff.

finden sich in der Sprache der Naturwissenschaften viele Animismen. Niemand stört sich an „gesättigten" Fettsäuren, „angeregten" Zuständen, „hydrophilen" und „hydrophoben" (also „wasserliebenden" und „wasserfeindlichen") Stoffen[79]. Und auch Astronomen mögen Sonnen-„Untergänge", ohne dass ihre Wissenschaftlichkeit darunter leidet.

Selbst das autobiographische Selbst (siehe S. 94) beruht auf Geschichten – eben denen, die wir von uns selbst erzählen. Und je öfter wir sie erzählen, desto mehr verfestigen sie sich – und entfernen sich dabei auch von den Tatsachen.

So hat die Liebe zu Geschichten auch Schattenseiten. Wir konstruieren manchmal Geschichten, um unverbundene Ereignisse in einen stimmigen Zusammenhang zu bringen. Kahneman spricht von *Kausalitätsillusion*: Menschen wähnen oft kausale Verbindungen dort, wo keine sind.[80] Aus der Geschichte, dass bei ihnen nach der Einnahme eines bestimmten Mittels der Schnupfen verschwand, neigen sie zur Folgerung, dass das Mittel *Ursache* für das Verschwinden war – obwohl jeder Schnupfen irgendwann verschwindet. Und wir alle sind anfällig für *anekdotische Evidenz*: Wir leiten gerne mal unsere Auffassungen aus einzelnen Begebenheiten ab, von denen wir gehört haben oder die uns gerade präsent sind. Sich klarzumachen, dass Einzelfälle nicht repräsentativ sind, kostet oft eine gewisse kognitive Anstrengung.

Wann sind nun Geschichten schön? Uns überzeugen Geschichten dann, wenn sie stimmig sind, und das kann in einem ästhetischen Kontext auch dazu führen, dass sie uns gefallen. Dann hätten wir es mit O-Werten zu tun. Das Lesen oder Hören einer Geschichte ist zudem eine *Handlung* und somit potenziell K-wertig.

Doch die schönsten Geschichten – ob real oder fiktiv – sind zum einen diejenigen, die es uns ermöglichen, an den Erlebnissen und Empfindungen anderer teilzuhaben, und auf diese Weise ein Gefühl von Zugehörigkeit vermitteln. Indem wir gedanklich zu den Akteuren eine Verbindung herstellen und uns mit ihnen identifizieren, wird das, was ihnen zustößt, auch für uns relevant. Dann sind Geschichten auch in dem Sinn „schön".

Geschichten können außerdem dann S-wertig sein, wenn sie einen Sinn- oder Erklärungszusammenhang zu unserer eigenen Welt herstellen. Dann bewegen wir uns im Bereich der Mythen.

Mythen

Mythen stellen eine ganz besondere Art von Geschichten dar. Ihre Wirkung beruht darauf, dass ihnen zum einen zumindest ein wahrer Kern

[79] Lück 2000, 124 ff.
[80] Kahneman 2012, 102.

zugesprochen wird, und sie zum anderen zum persönlichen oder kollektiven Weltbild gehören. Es sind Geschichten, die wir für erzählenswert halten, weil sie etwas für uns Relevantes vermitteln. So gibt es Schöpfungsmythen wie das erste Kapitel der Genesis oder den „Urknall"; nationale Mythen wie Jeanne d'Arc in Frankreich oder die westwärts ziehenden Pioniere in Nordamerika, und schließlich wissenschaftliche Mythen wie Newtons Apfel oder Kekulés Schlange.[81] Darüber hinaus pflegt jeder Mensch auch individuelle Mythen über Erfahrungen und Schlüsselereignisse in seiner eigenen Biographie.

Bis heute wird der Begriff Mythos oft abschätzig verwendet, im Sinne von: Mythos *versus* Wahrheit. Dieser Gegensatz ist teilweise irreführend. Natürlich können Mythen (so wie die meisten Verschwörungsmythen) faktisch falsch sein. Aber das ist weder eine notwendige noch ihre zentrale Eigenschaft. Schließlich verzerrt jeder noch so gewissenhafte historische Bericht die Wirklichkeit insofern, als er sich in verdichteter Form auf eine als relevant erachtete Auswahl von Informationen konzentriert. Doch Relevanz ist immer eine subjektive Entscheidung. Wie der Kulturwissenschaftler Jan Assmann schreibt:

> Als individuelles und kollektives Vermögen betrachtet, ist Gedächtnis nicht einfach die Speicherung vergangener Fakten, sondern die fortlaufende Arbeit rekonstruktiver Imagination. [...] Wenn „wir sind, was wir erinnern" [*Anm.: Assmann bezieht sich hier auf den Titel eines Aufsatzes von Michael S. Roth.*[82]], dann liegt die Wahrheit einer Erinnerung in der Identität, die sie formt. Diese Wahrheit ist der Zeit unterworfen, sodass sie sich mit jeder neuen Identität und jeder neuen Gegenwart wandelt. Sie liegt in der Geschichte, nicht, wie sie sich ereignete, sondern wie sie im kollektiven Gedächtnis fortlebt und sich entfaltet. Wir sind die Geschichten, die wir über uns zu erzählen vermögen.[83]

Mythen, so Assmann, seien gekennzeichnet durch eine narrative Organisation des Gedächtnisses und der Selbstkonstruktion. Nach dieser Auffassung kann man den Begriff *Mythos* sowohl auf die kollektive als auch auf die individuelle Ebene beziehen. Die persönlichen *Lebensgeschichten* (vgl. S. 94) lassen sich demnach ebenfalls als Mythen ansehen. Die kollektiven und individuellen Mythen, die jeder von uns mit sich herumträgt, formen denjenigen Teil unserer Erinnerungen, die unser Identitätsgefühl prägen.

Auch im Zusammenhang mit Mythen gilt das ästhetische Prinzip der Subjektivität: Ob eine Geschichte die Funktion eines Mythos hat, hängt davon ab, ob ich sie als solchen behandele. Wem die biblische Schöpfungsgeschichte nichts „sagt", wer mit ihr nichts anfangen kann – nicht einmal

81 Einen Überblick über wissenschaftliche Mythen geben Ortoli & Witkowski 1997.

82 Roth 1994.

83 Assmann 1998, 34.

in einem übertragenen oder abstrakten Sinne – für den ist sie S-mäßig bedeutungslos. Mythen leben von ihrer Überzeugungskraft. Dabei ist es nicht notwendig, dass wir sie als „faktisch" wahr anerkennen. Sie können auch metaphorisch wahr sein. In Deutschland gibt es kaum noch Menschen, die an die historische Authentizität von Adam, Eva und der bösen Schlange glauben. Trotzdem ist diese Geschichte um das Kosten von der verbotenen Frucht der Erkenntnis und die anschließende Vertreibung aus dem Paradies dank ihrer metaphorischen Kraft ein Teil des kollektiven Gedächtnisses geblieben – und somit ein Mythos.

Die Psychoanalyse deutete bekanntlich viele klassischen Mythen (aber auch Märchen) als Sinnbild für bestimmte frühkindliche Erfahrungen (z.B. Ödipus, Narziss). Der Psychologie Norbert Bischof sah in etlichen traditionellen Mythen aus aller Welt ein Spiegelbild perinataler und frühkindlicher Erfahrungen.[84]

Wie dem auch sei: In den meisten Fällen resultiert die Überzeugungskraft von Mythen daher, dass sie Geschichten und „Wahrheiten" erzählen, die zu unserer persönlichen Erfahrung und dem daraus abgeleiteten Weltbild passen. Insofern bilden sie einen Teil unserer Identität und schaffen zugleich ein Gefühl der Zugehörigkeit in einen größeren Zusammenhang. Genau das macht sie S-wertig.

Das Heilige und Erhabene

Lassen sich auch religiöse Gefühle als eine besonders starke Form S-wertiger Beziehungen verstehen? Es ist unbestritten eine der wichtigsten Leistungen der Religion, Menschen so etwas wie Transzendenz zu vermitteln, eine Zugehörigkeit in einen größeren kosmischen Zusammenhang – unabhängig davon, ob diese größere Ordnung auch die Vorstellung göttlicher Wesen enthält. Dieses Muster entspricht somit dem von S-Werten.

Auch die Sprache gibt interessante Hinweise. Ein verräterisches Wort in diesem Zusammenhang ist *Kult*. Es entstammt der religiösen Sphäre und wird heute oft inflationär auf Filme, Musiker oder Romane übertragen. Noch aufschlussreicher ist ein anderer Ausdruck: Wenn wir davon sprechen, dass uns etwas (selbst Profanes) „heilig" ist, meinen wir damit Dinge, mit denen wir uns sehr stark identifizieren bzw. umgekehrt: Wir identifizieren *sie* sehr stark mit *uns*. Das, was uns heilig ist, bedeutet uns viel und weckt in uns ein starkes Verbundenheits- oder Zugehörigkeitsgefühl.

Das gilt auch für das, was im Deutschen traditionell *das Erhabene* genannt wird. Es bezeichnet ebenfalls ein Gefühl der Verbundenheit mit etwas Großem, was über uns – und unser lokales und endliches Dasein –

[84] Bischof 1996.

hinausweist. Für Immanuel Kant bildete *das Erhabene* eine eigene Dimension neben der Schönheit. Das Erhabene gefalle zwar auch – aber nicht einfach so, sondern nachdem zunächst das Gefühl der Ohnmacht und Unterlegenheit überwunden werde. Es gehe also mit einem Gefühl der Ehrfurcht einher. So sei der Anblick des weiten Ozeans erst einmal nicht erhaben (geschweige denn schön), sondern erschreckend.

> Sein Anblick ist gräßlich; und man muss das Gemüt schon mit mancherlei Ideen angefüllt haben, wenn es durch eine solche Anschauung zu einem Gefühl gestimmt werden soll, welches selbst erhaben ist.[85]

Kant lehnte sich hier an den britischen Philosophen Edmund Burke an, der das Erhabene mit Gefühlen von Ehrfurcht und Achtung, aber auch Schrecken in Verbindung bringt. Doch wenn es am Ende gefällt, warum sollte man es dann nicht schön nennen? Das Gefühl des Erhabenen, sagt Kant, gehe mit einer „*Bewegung des Gemüts*" einher, während Schönheit in „*ruhiger Kontemplation*" erlebt wird. Nun ist „Bewegung des Gemüts" nichts anderes als *Bewegtsein* – das sich ja auch gerade dadurch auszeichnet, dass negative Gefühl dabei immer mitschwingen (siehe S. 40). Und wenn das Gemüt mit „mancherlei Ideen angefüllt" ist, würden wir heute sagen, wir betrachten den Ozean auch als *Zeichen* für etwas (Großes, Gewaltiges, Übermenschliches).

Das Erhabene vom Schönen abzugrenzen, ergäbe nur Sinn bei einem sehr reduzierten Schönheitsbegriff, der alle Zeichenfunktionen und alles emotional Bewegende ausschließt. Schon Fechner konnte dem nicht folgen und fragte, ob nicht der Sternenhimmel oder eine gotische Kathedrale gerade *wegen* ihrer Erhabenheit schön seien? Oder – so könnten wir heute ergänzen – der Blick auf die Erde aus dem Weltall?

Zwar spielt die Idee des Erhabenen in der philosophischen Ästhetik bis heute eine Rolle. Implizit oder explizit wird es dabei aber immer als ein Aspekt des Schönen verstanden, nicht als etwas Eigenes.

Fazit und Übersicht

Zwischen all den genannten Phänomenen gibt es trotz des gemeinsamen S-wertigen Grundmusters große Unterschiede, sowohl in der Art der Objekte, der Art, wie die S-wertige Verbundenheit zum Ausdruck kommt und schließlich in der Intensität. Die folgende Übersicht fasst sie noch einmal zusammen:

[85] Kant 1790

Phänomen	**Art des Objekts**	**Art der Verbundenheit**
Sympathie	Menschen oder Tiere	Einfühlung
Identifizierung	Objekte, die Werte verkörpern	Gemeinsame Ideale
Resonanz	Objekte jeder Art	Stimmung
Selbstwirksamkeit	Gestaltbares	Einfluss
Erfolgserlebnis	Das eigene Selbst	Anerkennung
Heimat	Region / Kultur / Gruppe	Zugehörigkeit
Naturschönheit	Natürliche Formen	„wie gemalt/gestaltet“
Space and Place	Situationen	Offen/geschlossen
„Hortensische Zustände“	Gärten/“kontrollierte Objekte“	Einfluss/“gedeihen lassen“
Geschichten	Erzählungen	Einfühlung
Mythen	Erzählungen	“meine Welt“
Heiliges	„Große“ Objekte bzw. Dinge, die sie repräsentieren	Starke Zugehörigkeit

S = O ?

Bei O-Werten, so habe ich in *Def (OSK)* definiert, handelt es sich um Eigenschaften von Mustern; S-Werte dagegen sind Eigenschaften von persönlichen Beziehungen zu einem Objekt. Man könnte jetzt spitzfindig fragen: Ist diese Unterscheidung überhaupt nötig? Ein Muster besteht schließlich aus Beziehungen zwischen Elementen, insofern bilden auch S-wertige Beziehungen zwischen einem Selbst und einem Objekt ein Muster. Sind O- und S-Werte möglicherweise also zwei Facetten desselben ästhetischen Werts? Ähnlichkeiten lassen sich durchaus feststellen:

O (1)	*S (2)*
O-Werte lassen sich drei allgemeinen Begriffen zuordnen: *Stimmigkeit, Ganzheit und Schlichtheit.*	In einer S-wertigen Beziehung betrachte ich ein Objekt und mein Selbst zusammen als eine größere *kohäsive Einheit.*

Eine gewisse Verwandtschaft ist nicht zu übersehen zwischen O-Werten wie *Stimmigkeit*, *Ganzheit* und *Schlichtheit* einerseits und S-wertigen Beziehungen, die durch Begriffe wie *Kohäsivität* und *größere Einheit* beschrieben werden, andererseits.

Kohäsivität ist letztlich eine Form von Stimmigkeit, ebenso wie „Einheit" eine Form von Ganzheit ist. Und wenn im Zusammenhang mit O-Werten von *Stimmigkeit* und im Zusammenhang mit S-Werten von *Stimmung* die Rede ist, so ist auch dies mehr als eine zufällige sprachliche Parallele. S-wertig sind Objekte, die eine Stimmung vermitteln, auf die wir uns gerne einlassen und die auf diese Weise Resonanz erzeugt – so hieß es in *S (6)*. Resonanz wiederum beinhaltet ja eine gewisse (bzw. sich verstärkende) „Überein-Stimmung". Simpel gesagt: Die *Stimmung* muss *stimmen* – und Stimmigkeit gehört nun mal in den Bereich der O-Werte. Möglicherweise beurteilen wir also Objekte einerseits und unsere persönlichen Beziehungen zu Objekten andererseits nach den gleichen erkenntnisästhetischen Prinzipien.

Der einzige Unterschied bliebe, dass bei S-Werten das *Selbst* bzw. die „eigene Welt" ein Teil der ästhetischen Beziehung ist, während O-Werte ohne ein solches subjektives Selbst-Bild auskommen. Die formalen Kriterien würden sich ansonsten decken. S-Werte wären dann nur eine spezielle Form von O-Werten. Falls die Hypothese „S = O" stimmt, wäre es für die „ästhetische Bewertungsinstanz" in unserem Gehirn unerheblich, ob es Stimmigkeit, Ganzheit und Schlichtheit in einem „normalen" Muster „prüft" oder in einem Muster aus Selbst und Objekt. Diese Instanz würde das eigene Selbst kognitiv-ästhetisch genauso behandeln wie ein beliebiges Element in einem „neutralen" Muster.

Die Hinweise aus den Neurowissenschaften sind hierzu aber nicht klar. Einerseits gibt es aus der Bewusstseinsforschung tatsächlich Hinweise, die die Hypothese unterstützen würden: Das, was wir als „Ich" empfinden, wird mental offenbar nicht grundlegend anders repräsentiert als ein fremdes „neutrales" Objekt.[86] Mit anderen Worten: Das „Selbst" ist für unser Gehirn praktisch ein Objekt wie andere auch. Wenn das der Fall ist, dann ist es plausibel anzunehmen, dass O- und S-Werte nur verschiedene Manifestationen des gleichen ästhetischen Prinzips sind.

Doch das ist nur die Ebene der kognitiven Repräsentation. Auf der anderen Seite steht das, was ich über das *Bewegt-Sein* und das *Default mode network* geschrieben habe. Das Gefühl des Bewegt-Seins scheint stark mit S-Werten, aber wenig mit O-Werten einherzugehen. Und dass das mit dem Bewegt-Sein assoziierte *Default Mode Network* gerade bei selbst-referentiellen Funktionen aktiv ist, spricht ebenfalls dafür, dass das Gehirn mit Selbst-Objekt-Beziehungen ästhetisch anders umgeht als mit Mustern, in denen das Selbst keine Rolle spielt. Das entspräche auch eher der (zumindest meiner) Intuition, dass es sich doch um verschiedene Dinge handelt, schon deshalb, weil wir diese Werte so unterschiedlich erleben.

[86] Roth 1997, 330.

7. K-Werte

Weise ist, wer seine Existenz eintönig gestaltet, denn dann besitzt jeder kleine Zwischenfall das Privileg eines Wunders. Der Löwenjäger erlebt kein Abenteuer über den dritten Löwen hinaus. Für meinen eintönigen Koch hat eine Ohrfeigen-Szene auf der Straße immer noch etwas von einer bescheidenen Apokalypse an sich. Wer nie aus Lissabon herausgekommen ist, fährt im Auto in den Vorort Benfica in die schiere Unendlichkeit und, wenn er eines Tages nach Sintra fährt, meint er, er sei bis zum Mars gereist. Der Reisende, der die ganze Erde durcheilt hat, findet ab 5000 Meilen nichts Neues mehr, denn er kann höchstens neue Dinge finden. Neues und wieder Neues, Altes im ewigen Neuen, denn der abstrakte Begriff der Neuheit ist schon bei der zweiten Neuheit auf dem Meer zurückgeblieben.

Fernando Pessoa, *Das Buch der Unruhe*

Was Handlungen K-wertig macht

Anregende Objekte

K-Werte beschreiben Eigenschaften von Handlungen. Wann aber sind Handlungen K-wertig? Gehen wir zunächst analog vor wie bei den S-Werten und konzentrieren uns auf das jeweilige Objekt. Wie muss ein Objekt beschaffen sein, damit die Beschäftigung mit ihm K-wertig ist?

Auf S. 63 habe ich eine erste allgemeine Antwort gegeben: Eine Handlung ist K-wertig, wenn das Objekt der Handlung *anregend* ist. *Anregend* wäre demnach ein Synonym für *K-wertig*. Das provoziert unmittelbar die Anschlussfrage: Was ist anregend? Das ist etwas einfacher zu beantworten, denn wir tun uns leichter damit, dingliche Objekte zu beschreiben als Beziehungen und Prozesse (vgl. S. 72).

(Ein gewisses Maß an) Komplexität

Eine häufige Antwort auf die Frage „*Was ist anregend?*" lautet: ein Muster mit einem optimalen Maß an Komplexität. Wir schätzen beispielsweise die Vielfalt von Tieren und Pflanzen innerhalb einer Landschaft, die Vielfalt von Landschaften innerhalb eines geographischen Raums oder auch die Vielfalt von Stilrichtungen innerhalb eines künstlerischen Genres. Wir schätzen es aber auch bei einzelnen Kunstwerken oder Musikstücken, wenn sie uns herausfordern und interessant sind. Welches Maß an Komplexität für das ästhetische Empfinden jeweils optimal ist, verändert sich natürlich mit der Intensität der Auseinandersetzung und der „Kennerschaft".

Die grundlegenden Zusammenhänge zwischen Komplexität und ästhetischem Gefallen haben schon Daniel Berlyne und andere Vertreter der Informationsästhetik in den 1960er und 1970er Jahren untersucht.[87] Mit Berlynes Namen ist die sogenannte umgekehrte U-Kurve verbunden. Sie setzt das ästhetische Gefallen ins Verhältnis zur Komplexität eines Musters. Allzu simple Muster gefallen nicht. Mit wachsender Komplexität wird das Muster interessanter und gefällt immer besser – bis zu einem bestimmten Punkt, an dem es anfängt, uns zu überfordern. Von da an nimmt das Wohlgefallen wieder ab. Wirre und undurchschaubare Objekte werden schließlich genauso als unschön empfunden wie allzu einfache.

Ästhetisches Gefallen beruht nach dieser Lesart auf dem Gelingen „perzeptiver Organisation", also darauf, dass ich in einer komplexen Struktur eine Gestalt erkenne.[88] Muster, deren Struktur sofort zu erkennen ist, sind K-mäßig ebenso wenig schön wie ein chaotisches Muster, in dem eine erkennbare Struktur völlig fehlt. Ein Muster ist dann anregend, wenn man in ihm eine Struktur erahnen kann, ohne sie unmittelbar zu erkennen; und wenn man den Eindruck hat, durch eine weitere Beschäftigung mit dem Muster seine Struktur erfassen zu können.

In diesem Zusammenhang wird verständlich, dass K-Werte und O-Werte teilweise einander entgegenstehen: Der O-Wert eines Musters ist umso größer, je schlichter und geordneter das Muster ist. Doch Schlichtheit und Ordnung sind das Gegenteil von Komplexität. Ein schlichtes Muster mag O-wertig sein, ist aber zugleich trivial und somit K-mäßig uninteressant. In unserem Lebensalltag entspricht dieser Konflikt zwischen O- und K-Werten dem Dilemma zwischen dem Bedürfnis nach Sicherheit und Ordnung einerseits und Anregung, Abwechslung und Spannung andererseits.

87 Vgl. Berlyne 1971a.

88 Leeuwenberg 1974; Raab 1981.

(Ein gewisses Maß an) Neuartigkeit

Analog zum „optimalen Maß“ an Komplexität gibt es auch ein, jeweils individuell verschiedenes, „optimales Maß“ an Neuartigkeit. Ein Objekt ist dann anregend, wenn es weder schon allzu bekannt noch allzu exotisch ist. Diese Abhängigkeit lässt sich ebenfalls durch eine umgekehrte U-Kurve beschreiben. Das überrascht auch nicht, denn in beiden Fällen geht es ja darum, wie leicht ein Objekt zu erfassen und zu verstehen ist. Der Unterschied zwischen Komplexität und Neuartigkeit entspricht wieder dem Unterschied zwischen Syntax und Semantik (vgl. S. 81): Komplexität ist eine Eigenschaft, die die Beziehungen *innerhalb* eines Musters charakterisiert; Neuartigkeit dagegen ist ein Maß für die Beziehung zwischen dem gerade wahrgenommenen Muster und anderen, bereits bekannten Mustern.

Eine Handlung kann somit K-wertig sein, wenn ich durch sie etwas Neues oder Originelles kennenlerne, seien es mir bisher unbekannte Landschaften, Kulturen, Menschen, Unternehmen oder Literaturgattungen. Allerdings muss das Neue an etwas Bekanntes anknüpfen, ich muss es in Beziehung setzen können zu etwas, was mir bereits vertraut ist. Dadurch kann ich das neue Muster in mein bisheriges Denken einordnen, oder umgekehrt mein Weltbild – die Kategorien und Modelle, in denen ich zu denken gewohnt bin – dem neuen Muster anpassen. Kann ich dagegen mit einem Muster gar nichts anfangen, fehlt die Komponente des „Bekannten“ – das Muster ist zu fremdartig, um anregend zu sein. Weder kann es an etwas, was ich kenne, anknüpfen, noch finde ich einen alternativen Zugang, der mir eine Orientierung ermöglichen würde.

Der Wert Neuartigkeit bedeutet nicht, dass wir uns ständig neuen Reizen aussetzen müssten, um K-Werte zu erleben. Denn für die *subjektive* Neuartigkeit eines Objekts ist nicht erforderlich, dass wir ihm zum ersten Mal begegnen. Man steigt bekanntlich nicht zweimal in denselben Fluss – denn beim zweiten Mal führt der Fluss schon neues Wasser, und man selbst hat sich in der Zwischenzeit auch verändert. Deshalb kann auch ein Muster, das man zum wiederholten Mal erlebt, anregend bleiben: Möglicherweise ist die Erinnerung an die erste Begegnung verblasst. Oder man entdeckt bei der Wiederholung Aspekte, die einem beim ersten Mal entgangen sind. Manche Kunstwerke etwa werden erst beim zweiten Hören bzw. Sehen richtig interessant, weil man bestimmte Dinge beim ersten Mal übersehen hat. Oder sie sind dank ihrer Komplexität auch gar nicht auf Anhieb in Gänze zu verstehen. Auch in solchen Fällen birgt eine Wiederholung Potenzial für neue Erfahrungen.

Und schließlich kann sich der Erfahrungshintergrund und somit die Perspektive im Lauf der Zeit verändern. „Als ich 14 war, dachte ich, mein

Vater sei total dumm. Aber mit 22 war ich erstaunt, wie clever der Alte geworden ist", bemerkte Mark Twain selbstironisch. Dinge können ihre Wirkung völlig verändern, wenn wir ein bisschen Abstand zu ihnen gewonnen haben und uns nach einer Pause wieder neu mit ihnen auseinandersetzen. Oder, in den Worten von T. S. Eliot.[89]

> Am Ende allen Erkundens
> kommen wir da an, wo wir losliefen
> und erkennen den Ort zum ersten Mal.

Perspektivenwechsel

Man kann das gleiche Objekt auch aus wechselnden Perspektiven erkunden: Sie kennen eine Landschaft bisher nur von Spaziergängen und betrachten sie nun aus der Luft. Sie fahren eine Ihnen bekannte Strecke mal nicht mit dem Auto, sondern mit dem Fahrrad. Sie sind nachts allein an einem Ort, den Sie bisher nur tagsüber mit großen Menschenmengen erlebt haben. Sie sind von einer Situation betroffen, die Sie bisher nur als unbeteiligter Beobachter kennen. Jemand hat Sie in einer Ihnen vertrauten Situation gefilmt, und Sie sehen sich daraufhin erstmals „von außen".

Im Grunde handelt es sich beim Perspektivenwechsel um eine Kombination aus Neuartigkeit und Komplexität. Der Wechsel von einer Perspektive zur anderen bietet immer etwas Neuartiges. Zugleich verleiht er einem Muster ein gewisses Maß an Komplexität in Form von *Vielschichtigkeit*. Ein Muster ist vielschichtig, wenn es sich aus verschiedenen, voneinander unabhängigen Einzelmustern zusammensetzt, die sich zu einem Ganzen ergänzen. So wie polyphone oder polyrhythmische Kompositionen einen permanenten Perspektivenwechsel provozieren, bei dem sich die Aufmerksamkeit ständig von einem Teilmuster auf ein anderes verlagert.

K (1)

Eine Handlung ist K-wertig, wenn das Objekt der Handlung *anregend* ist. Dazu muss das Objekt bis zu einem gewissen Grad neuartig oder komplex sein oder einen Perspektivenwechsel ermöglichen.

[89] 2015.

Spannung

Nicht alles, was neu oder komplex ist, weckt unser Interesse. Es muss eine gewisse Erwartung hinzukommen, dass sich die Beschäftigung mit dem jeweiligen Objekt lohnt. Doch was heißt „lohnen"? Was für ein Ergebnis erwarten wir? Die Antwort liegt auf der Hand: Wir erwarten, dass am Ende der Handlung ein „schönes" Ergebnis steht. Wenn die bisherigen Ausführungen richtig sind, würde dies also bedeuten: Wir erwarten, dass sich die Objekte, mit denen wir uns beschäftigen, am Ende als E-, O- oder S-wertig erweisen.

Diese Erwartung kann man auch als *Spannung* bezeichnen. Von Spannungen ist bei ästhetischen Urteilen häufig die Rede, ob wir über ein Musikstück sprechen, über einen Krimi, ein Gemälde oder eine „spannende" wissenschaftliche Theorie. Im Detail ist mit „Spannung" dabei zwar jedes Mal etwas anderes gemeint. Doch eins haben diese „Spannungen" gemein: Man kann sie definieren als den Unterschied zwischen der Schönheit eines *Ist-Zustands* und der erwarteten Schönheit des *Endzustands*.

In einem klassischen Krimi ist am Anfang alles rätselhaft, am Ende dagegen ist der Fall stimmig geklärt. Der Anfang besitzt also ein großes O-mäßiges Potenzial: Er *ist* wenig O-wertig, aber die Erwartung wird geweckt, dass die Geschichte zu einem O-wertigen Ergebnis führt. Das macht den Krimi spannend. Voraussetzung für eine ästhetische Spannung ist deshalb immer, dass diese Erwartung tatsächlich besteht. Habe ich Chaos vor mir und keine Idee, wie daraus eine Ordnung entstehen könnte, bleibt die Spannung aus. Spannend ist es nur, wenn ich in einem Chaos ein Potenzial zur Ordnung wahrnehme – oder sie mir versprochen wird. Das geschieht beim Krimi allein schon durch die begrenzte Länge. Deshalb kann es passieren, dass die Spannung bei einem Krimi noch kurz vor Schluss einen Höhepunkt erreicht: Denn hier ist die Erwartung, dass gleich die Auflösung kommt, am größten.

Das wäre ein Fall einer O-mäßigen Spannung oder kurz: *O-Spannung*. Sie tritt auf, wenn wir erwarten, dass sich Ungereimtheiten aufklären, Widersprüche und Fehler beseitigt werden, dass sich ein unvollständiges Muster zu einem Gesamtbild vervollständigt. Bei einer O-Spannung stehen Fragen im Raum wie: *„Wie kann das sein?"*, *„Wie funktioniert das?"* oder *„Wie passt das zusammen?"*

Bei *S-Spannungen* lautet die Leitfrage dagegen eher: *„Wie fühlt sich das an?"* Sie treten auf, wenn Objekte den Eindruck erwecken, als könnten wir sie zu einem zukünftigen Zeitpunkt S-wertig finden. Das zwischenmenschliche „Knistern" bei einem Flirt ist ein Paradebeispiel hierfür: Zwei Menschen sind dabei, sich kennenzulernen und ahnen, dass sie sich gut verstehen würden. Das macht sie füreinander interessant. Ein Buchcover macht neugierig, wenn es eine Stimmung oder eine Thematik vermittelt, die mich in irgendeiner Form berührt.

Allgemein formuliert, beruhen S-Spannungen auf Entwicklungen vom „Fremden" zum „Vertrauten", vom „hat wenig mit mir zu tun" zum „hat viel mit mir zu tun", vom „lässt mich kalt" zum „berührt mich". Auch eine Geschichte kann S-spannend sein, wenn sie uns zunächst mit einer fremden Welt konfrontiert, uns dann nach und nach in diese Welt eintauchen lässt und sie uns auf diese Weise vertraut macht.

Die Frage drängt sich auf: Gibt es auch elementarästhetische Spannung? Aus der Musik kennen wir die Erwartung, dass sich eine Dissonanz in eine Konsonanz und ein D7-Akkord in die Tonika auflöst. Wir kennen den erwartungsvollen Moment, an einem heißen Tag endlich ins kalte Wasser zu tauchen. Oder die Situation, wenn wir ein lecker duftendes Essen serviert bekommen und uns auf den ersten Bissen freuen. Und es gibt natürlich die Spannung kurz vor einem Orgasmus.

All diese Situationen könnte man als *elementarästhetische Spannungen* bezeichnen, aber sie sind nicht unbedingt K-wertig: So beglückend all diese Momente sein können, der Reiz liegt hier weder in der Neuartigkeit noch in der Komplexität. Diese elementarästhetischen Spannungen sind eher kathartischer Natur. Sie lassen sich regelmäßig auf- und abbauen und entfalten dabei aufs Neue ihre Wirkung. Sie sind somit allenfalls selbst Teil elementarästhetischer Prozesse, haben aber keine Relevanz im Zusammenhang mit K-Werten.

K (2)

K-wertig sind Handlungen, die von einer O- oder S-Spannung begleitet sind; die also die Erwartung wecken, dass sich das Handlungsobjekt als O- oder S-wertig erweist.

An dieser Stelle lässt sich auch der scheinbare Widerspruch auflösen, auf den Reber, Schwarz und Winkielman gestoßen sind. Sie hatten einerseits einen Zusammenhang zwischen ästhetischem Gefallen und kognitiver Leichtigkeit festgestellt, aber im gleichen Aufsatz auch bemerkt, dass ein gewisser Grad an Komplexität und Neuheit das Schönheitsempfinden dann doch eher fördert (S. 39). Das Rätsel löst sich auf, wenn man O-Werte von K-Werten unterscheidet. Im Fall der O-Werte machen die Merkmale, die kognitive Leichtigkeit gewährleisten, *per se* ein Objekt schön. Eine K-wertige Handlung wird dagegen lediglich von der *Erwartung* begleitet, dass das zunächst Neuartige und Komplexe zu etwas O-wertigem – also Vertrautem und kognitiv leicht Zugänglichen wird. Oder zu etwas S-wertigem – zu etwas Einfühlbarem, das Verbundenheit oder Zugehörigkeit vermittelt.

Die Fähigkeit, Spannungen zu ertragen, bezeichnen Psychologen auch als *Ambiguitätstoleranz*. Diese Fähigkeit ist bei verschiedenen Personen unterschiedlich stark ausgeprägt. Die individuelle Ambiguitätstoleranz gegenüber S-Spannungen muss auch nicht mit derjenigen gegenüber O-Spannungen übereinstimmen: Jemand kann eine große Geduld gegenüber zunächst unübersichtlichen Mustern zeigen und Tage damit verbringen, ein Rätsel zu lösen. Dies sagt aber nur wenig aus über die Bereitschaft, sich auf fremdartige Lebenswelten einzulassen und sich in die Gefühle anderer Menschen hineinzudenken.

Ein gewisses Maß an Ambiguitätstoleranz gilt als eine der wichtigsten Voraussetzungen für Kreativität: Man muss Unsicherheiten und ergebnisoffene Situationen ertragen können, um ein kreatives Potenzial zu entfalten. Wer bei ersten Irritationen aufgibt oder „Abkürzungen" sucht in Form von unnötig schnellen Entscheidungen oder suboptimalen Lösungen, verspielt einen Teil des kreativen Potenzials. Insofern haben K-Werte viel mit Kreativität zu tun.

Erleben von Kreativität

Die Frage „*Wann ist eine Handlung K-wertig?*" habe ich bisher an Eigenschaften der jeweiligen Objekte festgemacht. Und ich habe mich in meinen Beispielen auf solche Handlungen konzentriert, in denen wir uns mit etwas Neuem und Komplexen auseinandersetzen, es kennenlernen und ergründen. Doch K-Werte treten mindestens genauso in solchen Handlungen auf, in denen wir selbst etwas gestalten.

Die folgende These geht deshalb einen Schritt weiter:

K (3)

Eine Handlung ist K-wertig, wenn sie kreativ ist.

Auch diese These wirft gleich die nächste Frage auf: Was ist kreativ? Obwohl es darüber eine Unmenge an Literatur gibt, will ich hier eine Antwort anbieten, die sich in das Konzept der Erkenntnisästhetik einfügt.

Als „Kreative" werden gemeinhin Menschen bezeichnet, die bestimmte Tätigkeiten ausüben: eine Künstlerin, ein Autor, eine Designerin oder ein Grafiker beispielsweise. Dieses Verständnis prägt auch manche Diskussion ums Urheberrecht.[90] In Wahrheit ist Kreativität nicht an spezielle Tätigkeiten geknüpft. Ich bin in meinem Beruf sowohl Autor als auch

90 Paál 2012.

Redakteur und kann sagen: Einen Text zu redigieren verlangt oft genauso viel Kreativität, wie einen Text zu schreiben. Es gibt eigentlich kaum eine Handlung, die nicht auch Raum für Kreativität lässt, und das hat auch nur wenig damit zu tun, ob die Produkte nach außen hin innovativ sind und von anderen als neuartig anerkannt werden. Eine Ärztin beispielsweise hat an sich keine innovative Aufgabe. Sie soll Krankheiten bekämpfen und keine erfinden. Trotzdem kann sie, etwa in der Diagnose von Krankheiten, kreativ sein. Jeder Patient ist schließlich anders und stellt für die Ärztin eine neue Aufgabe dar, ohne dass irgendjemand außer ihr das „Neuartige" am speziellen Fall erkennt. Selbst Verwaltungsarbeit, der Inbegriff des Unkreativen, lässt kreative Spielräume – sei es beim Entwickeln effizienter Workflows, bei der Auswahl und Anwendung der zur Verfügung stehenden Verfahrenswege, um ein konkretes Problem zu lösen oder beim Umgang mit den Kunden.

Malen, dichten, basteln oder komponieren bezeichnen wir oft als „kreative", weil aktive Handlungen. Doch nicht jeder, der äußerliche „Aktivität" zeigt, ist auch kreativ. Umgekehrt können auch scheinbar „passive" Handlungen wie lesen, Musik hören oder fernsehen kreative Anteile enthalten: Man kann sich berieseln lassen, man kann aber auch über das, was man im Fernsehen sieht, kreativ nachdenken.

Und all das trifft auf viele weitere Handlungen zu: auf die Erziehung von Kindern, die Pflege alter Menschen oder die Pflege von Freundschaften und sozialen Netzen. Kreativität kann man sogar schon in kleinsten Handlungsabläufen entwickeln: Man kann routinemäßig Geschirr spülen, ohne dem Geschirr dabei große Aufmerksamkeit zu widmen. Man kann sich aber auch konzentrieren und zum Beispiel versuchen, mit möglichst wenig Wasser und Spülmittel ein „optimales Spülergebnis" hinzubekommen, und dabei noch austesten, welche Körperhaltung am entspanntesten ist und sich am besten dazu eignet, Rückenproblemen vorzubeugen. Kreativität hängt also nicht von der spezifischen Handlung ab, sondern von ihrer Kontextualisierung.

Richtig ist aber: Kreativität zeichnet sich dadurch aus, dass die *Aufgabe* für das handelnde Subjekt in einem gewissen Maße neuartig oder komplex ist. Für sie gilt somit das Gleiche, was ich am Anfang dieses Kapitels über die dazugehörigen Objekte geschrieben habe. Es ist nur eine andere Betrachtungsweise.

Ästhetische Handlungskontexte

Gregory Bateson hat darauf aufmerksam gemacht, dass *Erkundung* im Grunde keine Handlung ist, sondern ein *Handlungskontext*, der dadurch gekennzeichnet ist, dass er einzelne Handlungen auf eine bestimmte Weise organisiert. Bateson erläuterte dies am Beispiel der Pawlowschen Konditionierung. Sie beruht auf dem Prinzip von Belohnung und Strafe. Eine Belohnung führt zu einer Verstärkung bestimmter Handlungen, eine Strafe zu ihrer Unterdrückung. Auf diese Weise kann man Tieren manche Verhaltensweisen antrainieren oder austreiben. Aber bei weitem nicht alle. Im Fall der *Erkundung* funktioniert es nicht. Den Grund beschreibt Bateson so:

> Es scheint die Psychologen zu verwirren, dass sich die Erkundungstendenzen einer Ratte nicht einfach aus der Welt schaffen lassen, indem man die Ratte vor Kästchen setzt, die kleine Elektroschocks enthalten. Aus solchen Erfahrungen wird die Ratte nicht lernen, ihre Nase nicht in Kästchen zu stecken; sie wird nur lernen, ihre Nase nicht in die speziellen Kästchen zu stecken, die Elektroschocks enthielten, als sie sie untersuchte. [...] Mit ein wenig Einfühlung sehen wir, dass es aus dem Blickwinkel der Ratte nicht wünschenswert ist, die *allgemeine* Lektion zu lernen. [...] In der Tat besteht der „Zweck" der Erkundung nicht darin, herauszufinden, ob *Erkundung* etwas Gutes ist, sondern darin, Informationen über das Erkundete zu finden. [...] Die Entdeckung, dass ein bestimmtes Objekt gefährlich ist, ist daher ein *Erfolg* bei der Aufgabe, Informationen zu sammeln. Der Erfolg wird die Ratte nicht davon abhalten, auch in Zukunft andere fremde Objekte zu erkunden. [*Hervorhebungen von mir*][91]

Ein Handlungskontext wie „Erkundung" definiert also *nicht* die darin enthaltenen Handlungen, und er unterliegt *nicht* den gewöhnlichen Regeln der Verstärkung und Unterdrückung.[92] Andere Handlungskontexte, für die das in gleicher Weise gilt, sind z.B. „Spiel", „Pflege persönlicher Beziehungen", „Wettkampf" oder „Basteln".

Die meisten konkreten Tätigkeiten und Handlungen können in unterschiedlichen Kontexten auftreten. Man kann jemanden ärgern, weil man ihn nicht mag. Man kann jemanden aber auch in einem spielerischen Zusammenhang provozieren. Man kann einen Kuchen backen, weil man Bäckerin ist und Geld damit verdient, oder aber, weil man Spaß am Backen hat und Besuch erwartet.

Ich habe schon festgestellt, dass eine kreative Handlung nicht unbedingt etwas Sichtbares oder gar Innovatives hervorbringen muss. „Aktiv" ist nicht mit „kreativ" gleichzusetzen, und „passiv" nicht mit „unkreativ". Richtig ist: Es gibt Handlungen, bei denen wir fremde Objekte *ergründen*, und solche, bei denen wir selbst Objekte *gestalten*. Doch beide Arten von Handlungen bieten Raum für Kreativität, und beide können von O- oder S-Spannungen begleitet sein.

[91] Bateson 1982, 156 ff.
[92] Ebenda, 173.

Erkunden, sich einlassen, tüfteln, sich äußern

Eine Erfinderin arbeitet daran, ein zuverlässiges und effizientes Gerät zu entwickeln – das ist das erhoffte O-wertige Ergebnis ihrer Bemühungen. Das O-wertige Ergebnis einer Forschungsarbeit könnte sein, dass ich in den untersuchten Phänomenen eine stimmige Ordnung erkenne, dass sich scheinbare Widersprüche durch eine erhellende Erklärung auflösen oder dass sich in einem Puzzle alle Teile zu einem vollständigen Bild zusammenfügen.

Das S-wertige Ergebnis einer Reise kann darin bestehen, dass ich eine Gegend entdecke, in der ich mich in irgendeiner Form „daheim" fühle. Das S-wertige Ergebnis einer Unterhaltung kann eine neue Beziehung zu einem sympathischen Menschen sein. Es kann eine Meinung sein, die ich mir zu eigen mache, oder die zumindest ein für mich relevantes Thema anspricht. Es kann eine Idee sein, die mir einleuchtet und mit der ich mich identifiziere; es kann sogar eine neue Seite an mir selbst sein, die ich entdecke. Ein Künstler ist im Idealfall darauf aus, S-mäßig schöne Objekte zu erschaffen; Objekte, die seine eigenen Ideen in einer für sein Empfinden angemessenen Weise zum Ausdruck bringen.

Aus diesen beiden Unterscheidungen – zwischen ergründen und gestalten sowie zwischen O- und S-Spannung ergeben sich somit vier Arten von Handlungskontexten, die ich als *erkunden*, *sich einlassen*, *tüfteln* und *sich äußern* bezeichne.

- *Erkunden* ist der Kontext von Handlungen, die darauf abzielen, etwas kennenzulernen und zu verstehen, wie etwas strukturiert ist oder funktioniert. Dies kann zum Beispiel durch Reisen geschehen, durch Lesen oder auch durch empirische Forschung.
- *Sich einlassen* kann bedeuten, sich in die Ideen anderer Menschen hineinzudenken, ihre Gedanken nachzuvollziehen und sich in sie einzufühlen. Es kann aber auch heißen, sich selbst neuen Situationen auszusetzen und zu erfahren, welche Gedanken, Gefühle und Erlebnisse sie auslösen. Oder beides – wie es beim Lesen eines Romans oder Anschauen eines Spielfilms häufig der Fall ist.
- *Tüfteln* ist die Suche nach geeigneten oder besonders effizienten Methoden – egal wofür. Die Entwicklung eines neuen Verfahrens zum Plastikrecycling fällt ebenso darunter wie das Bemühen, den optimalen Bewegungsablauf für einen treffsicheren Wurf beim Basketball zu finden oder die richtige Gartemperatur und -dauer, damit ein Kochrezept zum perfekten Ergebnis führt. Auch der Versuch, einen mathematischen Satz zu beweisen, sowie die Suche nach einer möglichst verständlichen Darstellungsform für komplizierte Sachverhalte können als Formen des Tüftelns angesehen werden.

- *Sich äußern* bedeutet, eine eigene Idee, einen Gedanken oder ein Gefühl angemessen zum Ausdruck zu bringen – sei es sprachlich, musikalisch, körperlich, graphisch, tänzerisch oder multimedial. Dazu braucht es im Grunde noch nicht mal ein Publikum – wie viele Menschen malen Bilder oder schreiben Gedichte, nur für sich! Man kann sich aber auch mit dem Ziel äußern, seine Ideen so zu vermitteln, dass andere sich darauf einlassen können (und wollen).

Bei den *gestaltenden* Handlungen ist noch zu beachten, dass das Objekt, das im Mittelpunkt der Handlung steht, noch im Werden begriffen ist. Es wird ja erst geschaffen. Das K-wertige Objekt ist in diesem Fall ein *Projekt.*

K (4)

K-wertige Handlungen stehen in mindestens einem der folgenden Kontexte:

	Ergründen Kreativität richtet sich auf etwas Äußeres	*Gestalten* Kreativität richtet sich auf etwas Eigenes
O-Spannung	**Erkunden**	**Tüfteln**
S-Spannung	**Sich einlassen**	**Sich äußern**

Bei kreativen Tätigkeiten können nun mehrere dieser Kontexte zusammenkommen. Ein Kartenspiel enthält erkundende (*Wer hat welches Blatt?*) wie auch tüftelnde Anteile (*Was ist ein geeigneter Spielzug?*). Eine kreative Diskussion entsteht aus dem Wechselspiel von Sich-Einlassen und Sich-Äußern. Sogar ein Einkaufsbummel kann kreative Elemente enthalten: Man kann *erkunden*, was es wo zu welchen Preisen zu kaufen gibt, man kann aber auch die „optimale Einkaufsstrategie" austüfteln: In welcher Reihenfolge erledige ich Besorgungen am sinnvollsten? Wann sind die Schlangen an den Kassen am kürzesten?

Selbstwirksamkeit als Ziel

Bei allen kreativen Prozessen kann es noch ein weiteres Ziel geben, nämlich das Erfolgserlebnis an sich. Es steht nicht nur die Frage im Raum: Wird sich das Objekt am Ende als O- oder S-wertig erweisen? Sondern auch: Werde ich die Aufgabe meistern? Das Erleben von *Selbstwirksamkeit* ist ja auf eine ganz eigene Art S-wertig (vgl. S. 100), und das erzeugt in der kreativen

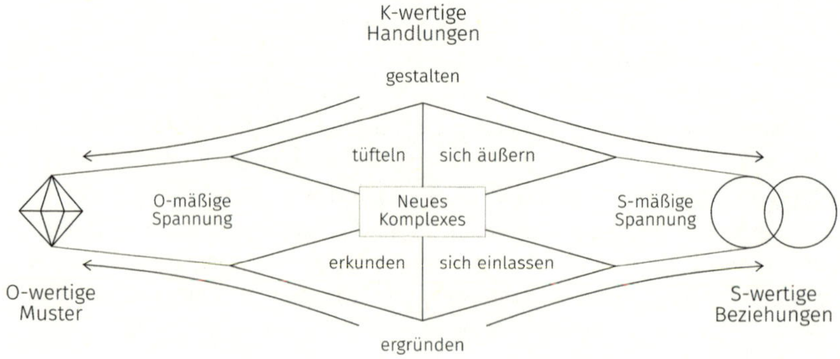

Abb. 12: Die ästhetische Spannung entspricht dem Unterschied zwischen einem (ästhetisch geringwertigen) Anfangs- und einem (höherwertigen) Endzustand. Die Spannung hängt dabei von der Erwartung ab, dass ein O- oder S-wertiges Ergebnis erreichbar ist.

Handlung wiederum eine eigene S-Spannung: Eine Handlung ist K-wertig, wenn ich genau diese Erwartung habe – dass sich meine Selbstwirksamkeit am Ende bestätigt.

Für diese Erwartung spielen neben vorangegangenen Erfolgserlebnissen auch die Ermutigung durch Dritte eine Rolle, sowie die positive Deutung von körperlichen Symptomen der Anspannung und Aufregung. Wer sich von solchen Symptomen der Aufregung einschüchtern und von mutigen Aktivitäten abhalten lässt, erlebt sich als weniger selbstwirksam als jemand, der gelernt hat, solche Symptome als Motivation zu empfinden – als gesunde Anspannung und natürliches Lampenfieber.

Diese Art der Spannung ist ebenfalls mit Ambiguität verbunden: Selbst wenn ich *erwarte*, dass ich etwas bewirken kann, bedeutet das noch nicht, dass mein Projekt am Ende Erfolg hat – es kann an Faktoren scheitern, die ich nicht beeinflussen kann, oder ich kann mich tatsächlich falsch eingeschätzt haben. Eine hohe Ambiguitätstoleranz zu haben bedeutet somit, auch *diese* Spannung auszuhalten.

Intuition

Bisher habe ich kreative Handlungen über ihr gemeinsames Ziel beschrieben: Zu O- oder S-wertigen Ergebnissen zu gelangen. Was die Kreativität aber vor allem ausmacht, ist der Weg dorthin.

Kreative Prozesse lassen sich nach einem alten, aber bewährten Modell des britischen Psychologen Graham Wallas in vier Phasen gliedern.[93]

- In einer *Vorbereitungsphase* werden Eindrücke aufgenommen und Informationen gesammelt.
- In der sogenannten *Inkubationsphase* wird die Information verarbeitet und mit früheren Erfahrungen verglichen.
- Den Höhepunkt bildet die *Illuminationsphase*, sozusagen der „Heureka-Moment", in dem die entscheidende „zündende Idee" geboren wird.
- In der *Verifikationsphase* schließlich wird die Idee noch einmal systematisch überprüft und ausgearbeitet.

Das Modell wurde vor allem für solche kreativen Prozesse entwickelt, die mit Nachdenken verbunden sind oder zumindest eine gewisse Zeit in Anspruch nehmen. Es gibt daneben auch Situationen, in denen der kreative Prozess extrem schnell abläuft. Denken Sie an die Fußballspielerin, die sich in einer passenden Situation blitzschnell zu einem Fallrückzieher entschließt, oder einen Politiker, dem in einem Interview eine unerwartet unbequeme Frage gestellt wird. Hier dauern Vorbereitungs- und Inkubationsphase – wenn man davon überhaupt sinnvoll sprechen kann – nur Sekundenbruchteile und fallen vermutlich zusammen. Es gibt auch keine Verifikationsphase.

Was es aber immer gibt – und was wir gewöhnlich als den „eigentlich" kreativen Schritt empfinden – ist die dritte Phase. Der Grund dafür ist offenbar, dass es die einzige ist, in der es kein *systematisches* Vorgehen gibt. Die Illuminationsphase erfordert ein intuitives Moment. Genau dies ist ein wichtiges Merkmal kreativer Handlungen: Sie folgen keinem vorgefertigten Schema oder Algorithmus, sondern enthalten immer eine Art intuitive „Eingebung", eine spontane, *nicht-systematisch* herleitbare Idee. Um näher zu erläutern, was ich damit meine, möchte ich mich wieder auf den Fall der Erkundung konzentrieren. Berlyne unterschied hierbei zwei Arten, die er *spezifische* und *diversive* Erkundung nannte.[94]

Eine *spezifische* Erkundung erfolgt vor dem Hintergrund einer konkreten Frage. Ein Beispiel ist die gezielte Recherche nach Daten zu einem bestimmten Problem. Bei einer *diversiven* Erkundung handelt es sich dagegen eher um das, was man umgangssprachlich mit Ausdrücken wie „reinschnuppern" oder „auf sich zukommen lassen" bezeichnet. Man sucht nicht die Antwort auf eine konkrete Frage, sondern „schaut, was kommt" und rechnet auch mit überraschenden Erfahrungen.

Der Unterschied zwischen spezifischer und diversiver Erkundung entspricht übrigens dem zwischen Werten und Kategorien (siehe S. 20):

93 Wallas 1926.

94 Berlyne 1971b, 190.

Eine Frage wie „*Wann fahren zwischen 14 und 15 Uhr Züge von Rastatt nach Konstanz?*“ entspricht einer *spezifischen* Erkundung, denn das „*Wann?*“ gibt eine Kategorie der denkbaren Antworten vor, in diesem Fall die Kategorie „Zeitpunkt“. Bei einer solchen Erkundung weiß ich, mit welcher Art von Antwort ich rechnen muss. Sie wird entweder lauten: „gar nicht“ oder aber sie besteht aus einer oder mehreren Uhrzeiten zwischen 14 und 15 Uhr.

Eine *diversive* Erkundung dagegen ist hinsichtlich der Kategorien unbestimmt. Wenn Sie beispielsweise den neuen Roman eines Ihnen noch unbekannten Autors lesen, dann lesen Sie gewöhnlich einfach drauf los. Dabei stellen Sie vielleicht fest, dass sich das Buch durch eine ungewöhnliche Darstellung von Dialogen auszeichnet – ohne dass Sie sich jedoch vor der Lektüre vorgenommen hätten, gezielt auf die Dialoge zu achten. Sie entdecken die Kategorie „Dialogdarstellung“ also erst durch die Erkundung.

Diese Abgrenzung zwischen *spezifisch* und *diversiv* ist nicht immer eindeutig. Nutze ich eine Nachrichten-App, erkunde ich einerseits diversiv: Ich setze mich dem Zufall aus, da ich im Vorhinein nicht weiß, zu welchen Themen sie mich informieren wird. So habe ich auch keine Erwartungen, welche Fragen sie mir beantwortet. Ich erfahre etwa, dass es in Indonesien ein Erdbeben gab, obwohl ich vorher keinen Anlass hatte, die Frage „*Hat heute in Indonesien die Erde gebebt?*“ überhaupt zu stellen. Insofern ist das Nutzen der Nachrichten-App eine diversive Form der Erkundung. Gleichzeitig ist der Blick in die App unter Umständen tatsächlich von konkreten Fragen motiviert wie „*Wie ist die Wahl ausgegangen?*“, „*Hat Y inzwischen auf das Ereignis X reagiert?*“ oder „*Wie wird das Wetter?*“. Die meisten Erkundungen – wie hier das Nutzen der Nachrichten-App setzen sich also aus spezifischen und diversiven *Anteilen* zusammen.

Zwischen den Unterscheidungen *spezifisch/diversiv* (im Zusammenhang mit Erkundung) und *systematisch/nicht-systematisch* (im Zusammenhang mit kreativen Phasen) gibt es einen Zusammenhang: Die *spezifischen* Anteile einer Erkundung erlauben ein *systematisches* Vorgehen. Die *diversiven* Komponenten dagegen entsprechen den *nicht-systematischen* Anteilen der Erkundung. Man kann nicht „systematisch in etwas hineinschnuppern“. Versucht man es, gerät man in eine Situation, wie sie in einem Lied des Kabarettisten Jos Rinck dargestellt ist. Es beschreibt die Situation eines Touristen, der meint, er könne ein Land nach einem standardisierten Schema kennenlernen:

> Ich check die Berge,
> ich check die Gegend,
> ich check das Meer,
> ich check die Leute,
> ich check den Strand –
> dann lass ich's gut sein.

Eine solche Erkundung per Checkliste wäre rein systematisch und spezifisch. Sie lässt keinen Raum für K-wertige Erfahrungen, da die Kategorien der Erkundung (die Berge, die Gegend usw.) vollständig vorgegeben sind. Sie ist völlig unkreativ – zumindest dann, wenn man unterstellt, dass das „Checken" der Berge (Höhe? Aussicht? Gondelpreis?) und des Strands (Sand? Wassertemperatur? Publikum?) dem gleichen schematischen Geist folgt.

Eine kreative Erkundung dagegen zeichnet sich dadurch aus, dass die Auswahl der Kategorien selbst geprüft wird. Vielleicht fällt uns bei einer Reise in ein fremdes Land auf, dass die Menschen dort mit Kindern ganz anders umgehen als in unserer Heimat. Die eigentliche Erkenntnis dabei ist dann zunächst, dass der „Umgang mit Kindern" eine Kategorie ist, die ein für uns interessantes Merkmal eines Landes hervorhebt. Dies ist dann in der Tat eine kreative Leistung, jedenfalls dann, wenn wir nicht mit dem Vorsatz hingereist sind, das Land unter diesem Gesichtspunkt zu beurteilen.

Eine kreative Handlung enthält also in der Regel sowohl systematisch-spezifische als auch intuitiv-diversive Komponenten. Aber es sind die intuitiven Anteile, die die Kreativität und somit den K-Wert ausmachen. In einer journalistischen Recherche etwa bestehen die diversiven Komponenten darin, Themen zu entdecken bzw. innerhalb eines Themas neue Aspekte aufzuspüren. Das gezielte Recherchieren von Namen und Daten dagegen bildet den spezifischen Anteil. Beides ist notwendig, doch der eigentlich kreative (und für viele interessantere) Teil der Arbeit ist zweifellos der diversive. Das gilt vor allem dann, wenn man im Zuge einer routinemäßigen Datenerhebung auf unerwartete Zusammenhänge stößt, die der Recherche eine völlig neue Richtung geben. In solchen Momenten verwandelt sich eine spezifische Erkundung, die Antworten auf eine vorgegebene Frage sucht, in eine diversive, in der sich völlig neue Fragen ergeben. Solche Momente können ausgesprochen spannungsreich sein.

Das alles lässt sich auch auf solche Handlungen anwenden, bei denen wir etwas *gestalten*. Auch hierfür ist journalistische Arbeit ein gutes Beispiel, denn eine Journalistin recherchiert ja nicht nur, sondern sie will die gewonnenen Erkenntnisse auch vermitteln – vielleicht sogar eine neue Perspektive, die sich daraus ergibt. Hierbei gibt es ebenfalls systematische und intuitive Anteile: Um ein Thema angemessen darzustellen, muss sie sich zunächst darüber klar werden, welches die wirklich interessanten Aspekte sind. Wenn diese nicht bereits durch den Auftrag vorgegeben sind, ist das praktisch immer eine intuitive Entscheidung, die sich nicht aus einem vorgegebenen Schema ableiten lässt. Kreativität im Journalismus besteht nicht darin, Ereignisse und Zitate korrekt wiederzugeben, sondern gute Fragen zu stellen: an „die Welt", oder, ganz konkret, einem Gesprächspartner im Interview.

Auch das Schreiben eines Berichts enthält sowohl systematische als auch intuitive Momente. Einerseits gibt es handwerkliche Regeln für journalistisches Schreiben und für den Aufbau eines Artikels. Aber man muss auch die richtigen Worte und Sprachbilder finden und benötigt ein gutes Sprachgefühl. Das geht in der Regel nicht nach Schema F. Auch hier sind es die *intuitiven* Anteile, die die Berichterstattung zu einer K-wertigen Handlung machen.

Ob Sie eine Ausstellung kuratieren, ein Unternehmen managen, kochen oder gärtnern – all diese Tätigkeiten sind geprägt von einem Nebeneinander von systematisch erledigbaren und kreativen Anteilen.

> *K (5)*
>
> K-wertige Handlungen enthalten nicht-systematische, d.h. intuitive bzw. diversive Elemente.

Flow

Mit seinem heute so populären Konzept des *Flow* hat Mihaly Csikszentmihalyi bereits in den 1970er-Jahren eine gute psychologische Beschreibung dafür geliefert, was Menschen bei bestimmten *autotelischen* Aktivitäten erleben. Gemeint sind damit solche Handlungen, die wir *um ihrer selbst willen* ausführen, weil sie uns Freude bereiten – im Gegensatz zu solchen, zu denen wir genötigt oder beauftragt wurden oder die lediglich einem externen Zweck dienen. Autotelische Handlungen sollten somit ein Paradebeispiel für K-wertige Handlungen sein. Es geht im Flow-Konzept aber nicht nur um typische intrinsisch motivierte Hobby-Aktivitäten wie Spielen, Sport, Kochen oder Musizieren. Denn es gibt es ja durchaus Handlungen, zu denen wir uns zwar (etwa durch unseren Arbeitsvertrag) verpflichtet haben, die aber dennoch intrinsisch motivierte Anteile haben und uns deshalb Spaß machen. Daher hat Csikszentmihalyi auch berufliche Aktivitäten in seine Studien einbezogen.

Flow-Erlebnisse kommen zustande, wenn man voll in einer Handlung aufgeht, wenn Handlung und Bewusstsein miteinander verschmelzen.[95]

> Ein Tennisspieler widmet seine ganze ungeteilte Aufmerksamkeit dem Ball und seinem Gegner, ein Schachmeister konzentriert sich völlig auf die Strategie des Spiels [...]. Sobald sich die Aufmerksamkeit teilt, indem man die eigene Aktivität „von außen" sieht, wird der *Flow* unterbrochen. [...] Üblicherweise dauert die Verschmelzung mit der eigenen Aktivität nur kurze Zeitspannen, welche durch

[95] Dieses und die folgenden Zitate: Csikszentmihalyi 1985, 59 ff.

> Zwischenphasen unterbrochen werden, in denen die äußere Perspektive zum Durchbruch kommt. Solche Unterbrechungen treten auf, wenn der handelnden Person Fragen der folgenden Art durch den Kopf gehen: „Mache ich meine Sache gut?“, „Was tue ich hier?“, „Sollte ich das wirklich tun?“ Während einer *Flow*-Periode kommen einem solche Fragen schlicht nicht in den Sinn. [...] Nimmt eine Aktivität jemanden gefangen, werden „selbstische“ Betrachtungen irrelevant.

Zu seiner Theorie gelangte Csikszentmihalyi nach einer Reihe von Interviews mit Chirurgen, Sportlerinnen, Schachspielerinnen und Komponisten. Sie alle sind seinen Untersuchungen zufolge in der Lage, *Flow* zu erleben. Obwohl die Handlungen völlig unterschiedlich sind, weisen sie doch formale Ähnlichkeiten auf, die Csikszentmihalyi als die Voraussetzungen für *Flow* identifiziert:

- Die Aufmerksamkeit muss sich auf ein beschränktes Stimulusfeld konzentrieren.
- Die Aufgabe muss zu bewältigen sein.

> Flow scheint nur dann aufzutreten, wenn eine Aufgabe im Bereich der Leistungsfähigkeit des Ausführenden liegt. Das ist der Grund, warum man Flow am häufigsten bei Aktivitäten mit klar festgelegten Handlungsregeln erlebt, wie z.B. in Ritualen, Spielen oder beim Tanz. [...] Flow wird dann erlebt, wenn wir ein Gleichgewicht zwischen Handlungsmöglichkeiten einerseits und unseren Fähigkeiten andererseits wahrnehmen. Übersteigen dagegen unsere Fähigkeiten die vorhandenen Anwendungsmöglichkeiten, ergibt sich Langeweile.

- Eine Person, die *Flow* erlebt, hat ihre Handlungen und ihre Umwelt unter Kontrolle.

> Diese Kontrolle [ist] nicht speziell bewusst; die betreffende Person [ist] einfach unbesorgt bezüglich eines eventuellen Entgleitens dieser Kontrolle.

- Dieses Gefühl der Kontrolle kommt auch dadurch zustande, dass die Person ständig Rückmeldungen auf ihr Handeln bekommt und es sich um Tätigkeiten handelt, bei denen man genau weiß, was „gut“ und was „schlecht“ ist.

> Ziele und Mittel sind logisch geordnet. Es wird von der Person nicht erwartet, Dinge zu tun, welche miteinander unvereinbar sind, wie das im täglichen Leben oft geschieht.

Was Csikszentmihalyi *Flow* nennt, weist viele Ähnlichkeiten mit K-wertigen Handlungen auf: Zum einen geht er davon aus, dass *Flow*-Erlebnisse in jeder Tätigkeit möglich sind:

> [...] sogar in solchen, die kaum Vergnügen implizieren – an der Front, an einem Fließband oder auch in einem Konzentrationslager. [!]

Auch ist es in der Regel nicht so, dass der *Flow*-Zustand bei den von Csikszentmihalyi untersuchten Aktivitäten – Klettern, Schachspielen, Operieren usw. – die ganze Zeit über erlebt wird. Vielmehr wechselt das Erleben während dieser Tätigkeiten zwischen mehr und weniger *Flow*. Auch lassen sich in fast allen anderen, weitaus weniger spezialisierten Alltags-Aktivitäten *Microflow*-Muster beobachten.[96]

Dies alles deckt sich mit der Feststellung, dass sich K-Werte nicht auf spezielle Handlungen beziehen, sondern auf bestimmte Handlungskontexte wie erkunden, tüfteln usw. Und wenn davon die Rede ist, dass die Aufgabe zu bewältigen sein muss – nicht zu schwer und nicht zu leicht – entspricht das der These, dass K-wertige Handlungen die Auflösung einer Spannung erwarten lassen.

Csikszentmihalyi stellte auch fest, dass *Flow* vor allem in *kreativen* Tätigkeiten auftritt.[97] Und er vertritt den subjektivistischen Standpunkt

> [...], dass der *Flow*-Zustand nicht vollständig von der objektiven Natur der Herausforderungen und vom objektiven Fähigkeitsniveau abhängt. Vielmehr hängt er völlig von der subjektiven *Wahrnehmung* dieser beiden Gegebenheiten ab, sodass jemand bei ein und demselben Niveau von Handlungsmöglichkeiten abwechselnd Angst, Langeweile und *Flow* erleben kann.

Zu guter Letzt spricht Csikszentmihalyi auch vom

> [...] paradoxen Gefühl, gleichzeitig die Umwelt zu kontrollieren und mit ihr verschmolzen zu sein.

Es fallen also viele Parallelen auf zwischen K-wertigen Handlungen und solchen, die von *Flow* begleitet sind. Wie Csikszentmihalyi aber auch schreibt, sind weder die gesamten Handlungen von Flow begleitet, noch gibt es eine Garantie dafür, dass Flow bei jeder einzelnen dieser Tätigkeiten auftritt. Übertragen auf K-Werte bedeutet das: Tritt in Handlungen Flow auf, ist das ein Hinweis darauf, dass sie K-wertig sind. Aber Flow ist keine zwingende Voraussetzung.

K (6)

K-wertig sind insbesondere auch solche Handlungen, die von *Flow*-Erleben begleitet sind.

In ihrem Aufsatz über die Ästhetik von Museen (siehe S. 26) liefert Hilde Hein ein anschauliches Beispiel für eine *Flow*-Erfahrung. Sie schildert, wie

96 1985, 198 f.

97 Ebenda, 60 ff.; 1997.

es im Idealfall Museen gelingt, Menschen wieder für naturwissenschaftliches Wissen zu begeistern, nachdem sie diese Begeisterung in der Schule und in ihrer Ausbildung verloren hatten. Hein bringt die *Flow*-Forschung explizit mit ästhetischen Erfahrungen in Verbindung:

> Museumsleute haben versucht, mit Hilfe dieser Forschung die Erfahrungen der Besucher in den Museen zu verstehen und Ausstellungen zu konzipieren, die eine optimale Befriedigung gewährleisten. [...] Die ästhetische Erfahrung oder *Flow Experience* bringt das Selbst wieder mit sich selbst und mit anderen in Berührung. Wie Csikszentmihalyi schreibt: Erst richtet der Akteur seine volle Aufmerksamkeit auf ein begrenztes Gebiet und blendet dabei alles andere aus. Anschließend kehrt er ins normale Leben zurück und „erlebt dabei ein stärkeres Gefühl der Ganzheit und Integration, ein stärkeres Selbst-Gefühl". Gut gemachte Museumsausstellungen können ein solches Ganzheitsgefühl hervorrufen.[98]

Dies beschreibt sehr genau die Auflösung einer S-mäßigen Spannung.

[98] Hein 1996, 284 f.

8. Wie Werte wechselwirken

Japanisch:	*Busakawa*
Deutsch:	Hässlich, aber süß

Vermutlich haben Sie schon versuchsweise die vier ästhetischen Werte auf Dinge angewandt, die Sie selbst schön finden (oder eben nicht). Sie haben dabei vielleicht festgestellt, dass Situationen oder Objekte selten nur aus einem Grund schön sind. Oft kommen mehrere ästhetische Werte zusammen. Einige solcher Momente habe ich schon angesprochen:

Spielen verbindet K-Werte (Kreativität, Erleben von Überraschungen, Spannung) mit S-Werten (Selbstwirksamkeit, Gemeinschaftserleben) und O-Werten (in sich geschlossene, überschaubare Welt; einfache Regeln, die eine Vielfalt von Konstellationen hervorbringen; elegante und effiziente Spielzüge).

Landschaften können schön sein, weil sie grüne Vegetation und Wasserflächen enthalten (E), eine erkennbare Ordnung aufweisen (O), offene und geschlossene Perspektiven kombinieren (S), ein Gefühl der Erhabenheit vermitteln (S) und wir sie vielleicht noch von einem Aussichtspunkt betrachten, der uns eine neue Perspektive (K) auf die Landschaft in ihrer Gesamtheit ermöglicht (O).

Tiere können schön sein, weil wir uns ihnen verbunden fühlen oder wir etwas von uns in ihnen zu erkennen glauben (S). Vielleicht aber auch, weil sie sich elegant bewegen (O), ihr Körperbau eine hohe innere Ordnung aufweist (O) oder weil es spannend ist, ihr Verhalten zu beobachten (K).

Earthrise – das erste Foto der Erde aus dem Weltall – zeigte den Globus erstmals als schlichte, überschaubare, kugelrunde Einheit (O), die jeden von uns mit allen anderen Menschen und Lebewesen verbindet (S). Das

Bild vermittelte wiederum ein Gefühl der Erhabenheit (S) und bot vor allem damals, 1968, eine völlig neue Perspektive auf unseren Planeten (K).

Neben diesen Beispielen, in denen mehrere ästhetische Werte gleichzeitig zum Tragen kommen können, gibt es auch Fälle, in denen sich die Wirkungen gegenseitig verstärken.

Doppelt und dreifach: Kaskaden der Schönheit

Sie sitzen auf einer lauschigen Terrasse am Meer. Sie atmen frische Luft, hören die Brandung, betrachten den glutroten Sonnenuntergang und naschen leckeres Eis. Das finden Sie schön. Stopp!

Bis hierher ließe sich das, was Sie empfinden, der elementaren Ästhetik zuordnen. Doch häufig passiert dabei noch etwas anderes. Sie denken nicht mehr nur: „*Wie schön!*", sondern Sie reflektieren ihre Situation und denken sinngemäß: „*Wie schön, dass ich jetzt hier sitze und das genießen darf!*" oder auch: „*Das entspricht genau meiner Vorstellung von einem schönen Urlaub.*"

In Kurzform heißt das: „Wie schön, dass es hier so schön ist!".

Die meisten von Ihnen werden dieses Phänomen kennen: Nicht mehr nur die unmittelbaren Sinneseindrücke werden als schön erlebt, sondern die gesamte Situation des Genießens! Das ist etwas völlig anderes, denn hierbei handelt es sich nicht um eine elementarästhetische, sondern um eine S-wertige Erfahrung, in der die Beziehung zwischen mir „Genießer" und meinem „Setting" im Mittelpunkt steht. Ich erlebe nicht mehr *etwas*, sondern ich erlebe *mich, wie ich etwas genieße*. Und ich erlebe eine Situation, die einem bestimmten persönlichen Ideal von mir entspricht. Auch das ist S-wertig.

Dies ist ein Beispiel für „Kaskaden der Schönheit": Ästhetische Erfahrungen, bei denen eine Art von Schönheit eine weitere hervorbringt. Sie treten in unterschiedlichen Formen auf. Beim eben dargestellten Fall handelt es sich um eine S-Wertigkeit, die sich aus dem Erleben von E-Werten ergibt – was wir kurz als *S (E)* bezeichnen können. Auf ähnliche Weise lassen sich weitere „Kaskaden" beschreiben:

E (S): Die Tatsache, dass ich jemanden persönlich sehr mag, beeinflusst die („elementarästhetische") Attraktivität.

S (O): Sie finden ein Objekt O-wertig – denn es ist zum Beispiel so schön schlicht. Dann ist es möglich, dass gerade dadurch auch die *Beziehung* zu diesem Objekt S-wertig ist: das Objekt verkörpert Ihr *Ideal* von Schlichtheit. Ebenso kann mir eine Person sympathisch sein, weil sie in ihrem schlichten Auftreten zum Ausdruck bringt, dass sie Schlichtheit ebenso schätzt wie ich; oder weil mir ihre authentische (O-wertige) Art vermittelt, dass sie meine Wertschätzung für Authentizität teilt. Auch „Normalität" ist ein O-Wert, der schnell auch S-wertig werden kann, weil das, was ich als „Normalität“ empfinde, ja oft den vertrauten Standards „meiner Welt“ entspricht.

S (S): „Schreibe 50 Personen auf, denen Du etwas verdankst – und sei es nur eine Kleinigkeit!“ Eine Freundin hat mir kürzlich diese Aufgabe weitergeleitet, die sie selbst zugeschickt bekam. Es ist ein interessante Übung, die einem vor Augen führt, wie stark die eigene Biografie verflochten ist mit zahllosen kleinen Verbindungen zu anderen Personen oder Objekten. Das kann die eigene Familie sein oder eine andere Art von Gemeinschaft. Eine solche Bewusstheit für den eigenen *Reichtum* an S-wertigen Beziehungen kann dazu führen, dass man auch das gesamte *Netz* aus persönlichen Beziehungen unterschiedlichster Art als *ein* S-wertiges Objekt empfindet. Und das lässt sich ausweiten. Man kann sich zum Beispiel bewusst machen, mit wie vielen Orten oder Musikstücken sich persönliche Erinnerungen verbinden oder zu wie vielen Gegenständen in der eigenen Wohnung es Geschichten zu erzählen gibt. Heimatverbundenheit hängt ebenfalls oft damit zusammen, dass man in der eigenen Region sehr viele solcher Anknüpfungspunkte hat, ähnlich wie einem auch ein Mensch immer vertrauter werden kann, je mehr Facetten man von ihm kennt.

Diese Netze an S-Beziehungen sind zudem mit einer gewissen *Komplexität* und *Vielfalt* verbunden. Dies kann ein solches Netz zugleich K-wertig machen, denn es entwickelt sich ja fortwährend weiter und bietet vielfältige Perspektiven, auf die man sich einlassen kann. Sich dieses Netzes bewusst zu sein, erzeugt in gewisser Weise auch einen – ganz persönlichen – *Overview*-Effekt. Auf diese Weise kann auch eine Situation entstehen, die die Form *S (K)* hat.

S (K) bedeutet allgemein: K-wertige Handlungen können zu einer S-wertigen Vertrautheit des jeweiligen Objekts führen. Durch die wiederkehrende Beschäftigung mit ihm fühlen wir ihm uns immer verbundener – vor allem, wenn wir dadurch seine Vielschichtigkeit kennenlernen. Durch *S (K)* können wir eine Stadt oder eine Region lieben lernen, die wir uns durch einen längeren Aufenthalt immer mehr erschlossen haben. Oder auch ein Forschungsthema, das uns mit immer neuen Aspekten überrascht hat. Ebenso wächst die Nähe zu Menschen, mit denen uns viele unterschiedlich geartete Erlebnisse verbinden, die wir also aus sehr verschiedenen Kontexten kennen.

Ein spannender (K!) Roman, kann – weil er durch die aufgebaute Spannung gleichzeitig so bewegend ist – am Ende als S-wertig empfunden werden. Man stellt ihn sich dann gerne ins Regal, weil er eine persönliche Bedeutung hat – egal ob man ihn jemals wieder lesen wird. Ein K-wertiges Projekt, in das wir viel Kraft und Energie gesteckt haben, kann genau *dadurch* auch S-wertig werden und uns ans Herz wachsen: „mein Baby“.

Eine ganz andere Variante von *S (K)* entsteht in Situationen, in denen wir uns mit der *Kreativität anderer Menschen* identifizieren. Wir schätzen nicht nur die (K-wertige) Originalität eines Kunstwerks, sondern auch die (S-wertige) Originalität der Künstlerin. Das Wort *originell* hat hier eine doppelte Bedeutung: Im Fall des Kunstwerks ist *Originalität* ein Aspekt der empfundenen Neuartigkeit. Sobald wir das Werk besser kennen lernen, nimmt aber seine Neuartigkeit für uns ab. An der Originalität der *Urheberin* ändert das aber nichts. Hier meinen wir mit „originell" allerdings nicht „neuartig", sondern vielmehr die *Fähigkeit*, neuartige Dinge hervorzubringen. Ein heute lebender Musikkenner wird Gershwins *Rhapsody in Blue* kaum noch als originell im Sinne von *„So etwas habe ich ja noch nie gehört!"* empfinden. Dennoch kann man Gershwin rückblickend als einen originellen Komponisten bezeichnen, weil er es geschafft hat, die Rhythmik und Harmonik des Jazz mit der Instrumentierung und kompositorischen Struktur sinfonischer Musik zu verbinden und aus dieser Verbindung einen eigenständigen Stil zu entwickeln. Wenn wir einen Künstler wegen seiner Originalität schätzen, dann beziehen wir uns weniger auf die Neuartigkeit seiner Werke als auf einen Teil seiner Persönlichkeit. Diese Art der Wertschätzung fällt in den Bereich der S-Werte.

So wie sich Originalität zu Neuartigkeit verhält, so verhält sich *Virtuosität* zu Komplexität. Die Situation ist analog: Wir können die virtuose (weil komplexe) Komposition bewundern, aber auch den virtuosen (im Umgang mit Komplexität versierten) Komponisten.

Oder schauen wir in die Werbung: Dort werden uns jede Menge „kreative Lösungen" und „intelligente" Geräte angeboten, die „einfach clever" sind. Ähnlich wie das Wort *originell* erfahren auch diese Begriffe dabei eine Bedeutungsverschiebung, denn eigentlich ist ja nicht das Produkt kreativ und intelligent, sondern, so soll suggeriert werden: der Hersteller. Die Botschaft lautet: Indem man das Produkt kauft, kann man an dieser Kreativität teilhaben und sie somit zu einem Teil der „eigenen Welt" machen. Dadurch können solche Produkte S-wertig werden. Gleichzeitig birgt ein Wort wie „intelligent" zusätzlich einige O-wertige Eigenschaften. Es impliziert hohe *Effizienz* und *einfache* Bedienung.

K (O) bzw. *K (S)* wären K-wertige Handlungen auf der Grundlage von S- oder O-Werten: Sie mögen eine Musikerin und sind nun gespannt, die neue CD von ihr zu hören. Das bedeutet: Es kann K-wertig sein, sich mit einem Stil, den man bereits als O- oder S-wertig empfindet, weiter zu beschäftigen und ihn noch besser kennen zu lernen.

K (K) könnte man Situationen zuordnen, in denen Sie kreative bzw. spannende Handlungen *vorbereiten*. Sie planen etwa eine Reise, einen interessanten Workshop oder ein Konzert. Sie richten Ihr Arbeits- oder Musikzimmer so ein, dass es die notwendige Ruhe und Atmosphäre ermöglicht, um sich auf Neues einzulassen und kreativ tätig zu sein. Das sind solche Momente.

Planung ist insofern ein besonderer (Meta-)Handlungskontext: eine Art Tüfteln mit dem Ziel, K-wertige Handlungen vorzubereiten. Pläne schmieden ist schön – wenn es mit (Meta-)Spannung verbunden ist: der freudigen Erwartung, die Erfolgschancen für die *geplante* Handlung zu erhöhen, und damit auch die Chancen auf erlebte Selbstwirksamkeit. Dann ist Planen meta-spannend!

Die Auflösung der Paradoxie der Hässlichkeit

So wie sich bei den *Kaskaden der Schönheit* E-, O-, S- und K-Werte gegenseitig verstärken, gibt es umgekehrt Fälle, in denen sich die Werte der verschiedenen Kategorien entgegenstehen. Bereits in der Einleitung bin ich auf die *Paradoxie der Hässlichkeit* zu sprechen gekommen: Das Phänomen, dass wir gelegentlich auch solche Objekte als schön bezeichnen, die weder harmonisch, noch symmetrisch, noch nach sonstigen klassischen Schönheitskriterien besonders ansprechend sind. Man könnte nun diese Paradoxien beseitigen, indem man den Begriff „Schönheit" einengt und sagt: Solche Muster mögen zwar interessant oder reizvoll sein, aber sie sind nicht wirklich „schön". Dies würde allerdings bedeuten, sich von *Schönheit* als Leitbegriff der Ästhetik zu verabschieden. Nelson Goodman meinte dazu:

> Wenn das Schöne das Hässliche ausschließt, dann ist Schönheit kein Maßstab für den ästhetischen Wert; wenn aber das Schöne hässlich sein kann, dann wird Schönheit lediglich zu einem anderen und irreführenden Wort für ästhetischen Wert.[99]

Das Problem ist nur, dass es keine Alternative gibt: „Schön" ist nun mal das wichtigste Wort, um die ästhetische Wertschätzung für ein Objekt auszudrücken. Dies spricht dafür, *Schönheit* als Leitbegriff für ästhetische Werte beizubehalten und zu versuchen, die Paradoxie der Hässlichkeit auf andere Weise aufzulösen.

Die Unterscheidung zwischen E-, O-, S- und K-Werten macht dies möglich. So kann es sich ergeben, dass ein *Objekt* zwar nicht *O-wertig*, die *Beziehung* zu diesem Objekt aber S-wertig ist. Und es kann vorkommen, dass die Beschäftigung mit einem E-, O- oder S-mäßig unschönen Objekts K-wertig ist.

Formal gesprochen: Schönheit ist nicht nur eine Meta-Emotion, manchmal kann auch eine Art von Schönheit die andere „meta-isieren" – und das Hässliche wird auf einer Meta-Ebene schön. So kommt es zu den bereits angesprochenen „hässlich-schönen" Konstellationen. Auch sie können verschiedene Formen annehmen:

99 Goodman 1995, 235.

Was *elementarästhetisch* als hässlich gilt, kann *erkenntnisästhetisch* als schön empfunden werden. Die meisten Menschen werden vermutlich die auf S. 5 abgebildeten Wesen auf den ersten Blick nicht besonders hübsch finden; sie entsprechen kaum unseren klassischen Schönheitsidealen. Doch dieses erste Urteil bezieht sich vor allem auf die elementarästhetische Ebene. Wenn man aber erfährt, dass es sich um die elektronenmikroskopische Aufnahme von Fischlarven handelt, dann können diese Larven – insbesondere das *Bild* der Larven – durchaus S-wertig sein: Obwohl es sich um winzig kleine Tiere handelt, zeigen sie vertraute Züge – wir erkennen in ihnen Gesichter; man neigt sogar dazu, die linke und die rechte Larve mit unterschiedlichen Charakteren zu assoziieren. Vielleicht erzeugen sie sogar ein Gefühl der Verbundenheit zur Evolution und zur Welt des Lebendigen insgesamt.

Es kommt häufig vor, dass ein elementarästhetisch unschöner *Reiz* zugleich als erkenntnisästhetisch schönes *Zeichen* empfunden wird. Beispielsweise können Menschen bestimmte Gerüche, die sie eigentlich nicht sonderlich mögen, mit schönen Erinnerungen und den damit assoziierten Stimmungen verbinden. Viele Menschen joggen oder besuchen Fitness-Studios und empfinden die körperliche Anstrengung – also elementarästhetisch ein an sich unattraktiver Körperzustand – bis zu einem gewissen Grad als reizvoll, weil sie sie mit dem erkenntnisästhetisch positiven Etikett wie „Training", „Auspowern" oder „etwas für die Gesundheit tun" versehen. Manche Menschen können einem Muskelkater etwas Schönes abgewinnen, weil er ihnen signalisiert, dass sie etwas „geleistet" haben. Auch Extremsportler berauschen sich nicht an den enormen Belastungen als solchen, sondern an dem Gefühl, ihre Grenzen zu spüren. Der Muskelkater und die körperlichen Belastungen fungieren somit als (S-wertiges) Zeichen für Selbstwirksamkeit – und dafür, den eigenen sportlichen Zielen und Idealen gerecht zu werden.

Die Punks in den 1980er Jahren haben durch ihr Äußeres gezielt klassische Schönheitskriterien verletzt. Oft wird gesagt, sie wollten damit „nur" provozieren. Das wollten sie sicherlich auch, doch man kann davon ausgehen, dass ihre Kleidung, ihr Schmuck und ihre Frisuren ihnen selbst tatsächlich gefallen haben, gerade *weil* sie so „schrill" und (aus elementarästhetischer Sicht) „hässlich" waren und sie sich mit dieser Art der Selbstdarstellung identifizierten.

Scheinbar paradox sind manchmal die Qualitätskriterien für bestimmte Materialien. Textilien etwa gelten meist als hochwertig, wenn sie homogen und frei von Ungleichmäßigkeiten sind. Inhomogenität empfinden wir als ein Zeichen für „schlechte Verarbeitung". Es gibt jedoch Ausnahmen. Handelt es sich um Stoffe aus Leinen, dann gilt eine gewisse Inhomogenität geradezu als ein Gütemerkmal: Sie zeigt angeblich, dass die Fasern „naturbelassen" sind. Wir stellen also eine Assoziation her zwischen der beobachteten Inhomogenität des Musters (des Stoffes) und einer abstrakten Vorstellung von „natürlichen Ungleichmäßigkeiten". In ähnlicher Weise haben wir uns daran gewöhnt, gewisse Abnutzungserscheinungen auf Oberflächen nicht als Unreinheiten zu verachten, sondern als „natürliche Patina" zu schätzen. Auch hier ist das wahrgenommene Muster nicht O-wertig, wohl aber die Beziehung aus wahrgenommenem und assoziiertem Muster. Und dadurch ist es zugleich ein S-wertiges Zeichen für bestimmte Ideale wie eben „Natürlichkeit" im Besonderen oder „hohe Qualität" im Allgemeinen.

Der Inhalt der *New York Times* am Tag nach den Terroranschlägen war schmerzhaft – und doch war die Ausgabe nach Ansicht ihres Chefredakteurs in ihrer Düsternis angemessen und „schön" (vgl. S. 23). In der Kunst sind ähnliche Konstellationen denkbar. Ein Werk, das ein Gefühl von „innerer Zerrissenheit" vermitteln will, ob sprachlich, akustisch oder bildhaft, wird diese Zerrissenheit auch äußerlich zum Ausdruck bringen, etwa durch stilistische Brüche und durch das bewusste Verletzen von Harmonie, Balance und Symmetrie. Das bedeutet: *Innerhalb* dieses Objekts sind die Brüche erstmal nicht schön. Doch indem sie auf die Brüche und Ungleichgewichte in einem assoziierten Muster verweisen (nämlich auf die dargestellte „Zerrissenheit"), bilden die *inneren* Unstimmigkeiten zusammen mit den *assoziierten* Unstimmigkeiten ein in sich stimmiges Gesamtmuster. Die Verletzung *syntaktischer* O-Werte kann also *semantische* O-Werte hervorbringen. Und wenn die Darstellung der „inneren Zerrissenheit" so gelungen ist, dass sie uns als Person berührt und wir sie mit „unserer Welt" identifizieren, dann kann das Muster zugleich S-wertig sein.

Und schließlich kommen Paradoxien der Hässlichkeit im Zusammenhang mit K-Werten vor. Es ist denkbar, dass eine Handlung „interessant" ist, selbst wenn wir dem Objekt, mit dem wir uns dabei beschäftigen, nichts O- oder S-Wertiges abgewinnen können. Ein politischer Skandal, ein sozialer Missstand sind an sich O- bzw. S-mäßig hässliche Dinge: Sie können sowohl unser Gefühl für Gerechtigkeit und Angemessenheit verletzen als auch unser Gefühl für moralische und soziale Werte. Doch eine investigative Journalistin findet Gefallen daran, solche Missstände *aufzudecken* – also zu recherchieren und darüber zu berichten. Das eigentliche Objekt wird dadurch zwar nicht schöner – die Beschäftigung mit ihm kann es aber sein.

Kitsch

Paradoxien der Hässlichkeit gibt es auch mit umgekehrten Vorzeichen: wenn nicht das „an sich" Hässliche schön, sondern das „an sich" Schöne hässlich ist.

In solchen Fällen sind Erklärungen „zu einfach", die Dramaturgie eines Stückes „zu glatt", ein Auftritt „zu perfekt" und ein Treffen „zu harmonisch". Wir empfinden zwar syntaktisch eine O-Wertigkeit, die jedoch auf der semantischen Ebene unangemessen, unrealistisch oder unnatürlich wirkt. Und wenn wir uns mit Dingen, die wir als unnatürlich empfinden, wenig identifizieren können, erscheinen solche Muster dann auch S-mäßig hässlich.

Eine andere Spielart von Kitsch ergibt sich, wenn „an sich S-wertiges" zu dick aufgetragen wird. Eine allzu pathetische Rede kann unauthentisch wirken. Die Liebesszene im Film: theatralisch. Das exquisite 4-Gänge-Menu: dem Anlass unangemessen. Die vielen symbolischen Bezüge im Roman: überladen. Auch elementarästhetische Reize können auf diese Weise hässlich werden. Die Arie: zu harmonisch, um wirklich bewegend zu sein. Der Duft: zu süßlich. Das Foto vom Sonnenuntergang zu kitschig.

Kitsch ist der in der Tat der Inbegriff einer solchen Situation. Kitsch ist im wahrsten Sinne des Wortes „zu schön, um schön zu sein."

Mode

Weil ästhetische Prozesse auf verschiedenen Ebenen miteinander interagieren, passiert es auch, dass Dinge, die eine Zeit lang sehr beliebt waren, wieder aus der Mode geraten. Das können Kleidungsstile sein, künstlerische Stilrichtungen, Inneneinrichtungen oder auch bestimmte Wörter und Floskeln. Der aus ästhetischer Sicht sicherlich wichtigste Grund für die Vergänglichkeit solcher Dinge ist: Sie sind nicht mehr interessant. Ihnen fehlt die gewisse Neuartigkeit, die sie mal besessen haben.

Aber das erklärt nicht alles, denn viele Strömungen, ob in der Kunst, im Design oder im Management, halten sich länger als es sich durch reine Neuartigkeitseffekte begründen ließe. Deshalb ist zu vermuten, dass weitere Aspekte hinzukommen. Einer könnte sein, dass die jeweiligen Moden mit bestimmten Episoden assoziiert und so mental mit Ereignissen, Lebensphasen oder auch Moden auf anderem Gebiet verknüpft sind, die inzwischen vergangen sind. Sie passen gefühlt nicht mehr in die Zeit und nicht mehr in unser gegenwärtiges Leben.

Und es kommt natürlich ein sozialer Faktor hinzu: Was denken die anderen? Mode ist auch ein Statussignal, und dabei gibt es unterschiedliche Rollen. Es gibt Innovatoren („Trendsetter") und *Early Adopters*, die den vorderen Teil der Welle bilden, also Moden einführen und verstärken. Für sie hat die Mode zunächst eine K-wertige Funktion: Sie haben ein gutes Gespür für aufkommende Trends. Diese sind für sie interessant und neuartig. Einen Riecher dafür zu entwickeln und sie mitzugestalten hat etwas Kreatives. Unter Umständen ist das auch mit einem Prestigegewinn verbunden. Schließlich sind sie innovativ und wecken Aufmerksamkeit.

Auf der anderen Seite gibt es die große Menge derer, die nachziehen und sich durch die neue *Normalität* einer Mode leiten lassen. Ihnen gefällt die Mode, weil sie gerade präsent, dadurch vertraut und kognitiv leicht zugänglich ist (und vielleicht auch, weil es schwer ist, etwas anderes zu finden). Gleichzeitig gewährleistet sie, dass man nicht auffällt, sondern „dazugehört". Hier spielen also eher O- und S-mäßige Motive eine Rolle.

Sobald die Mode in der Masse angekommen ist, hat sie für die Trendsetter schon wieder ihren Charme verloren und wird uninteressant. Sie steht in ihren Augen dann nicht mehr als Zeichen für „Innovation", sondern für „Masse". So suchen sie nach neuen Trends, und der Zyklus beginnt von vorne. Ob jemand zu den „Innovatoren" oder der „späten Mehrheit" gehört, kann auch davon abhängen, worum es geht. Wer bei Kleidung und Design immer vorne dabei ist, gehört vielleicht in Bezug auf technische Geräte, Sprache oder Kochtrends eher zu denen, die sich von der Mehrheit mitziehen lassen, und umgekehrt.

Manche Zyklen dauern länger, andere kürzer. Das hängt teilweise von den Lebensdauern der Produkte ab. Textil-Moden sind meist kurzlebiger als Bau-Moden. Business-Buzzwords (auch Unternehmensberatung ist ein Produkt) wechseln sich häufiger ab als wissenschaftliche Forschungstrends oder künstlerische Stilrichtungen, die sich oft nur im Rhythmus der Generationen wandeln.

Natürlich spielen dabei auch weitere Faktoren eine Rolle. Oft werden Moden durch technische Innovationen eingeleitet. Der Entdeckung des Elements Neon Ende des 19. Jahrhunderts haben wir die Leuchtreklame mit ihren farbigen Schriftzügen zu verdanken. Das Neonlicht wurde letztlich erst durch die Erfindung der LED-Leuchten abgelöst, die die Möglichkeit boten, relativ günstig lange Ketten aus bunten Lichtern herzustellen, die nicht viel Strom benötigen. Und auch gesellschaftliche Trends spielen eine Rolle. Die Umweltbewegung und die Nachhaltigkeitsdebatte etwa hatten einen großen Einfluss auf die Gestaltung von Produkten und ganzen Lebensstilen – ob sie nun am Ende wirklich nachhaltig sind, ist eine andere Frage.

Ästhetische Werte können also auf verschiedenste Weise miteinander wechselwirken, und im Zusammenhang mit Mode sogar über lange Zeiträume. Der Faktor Zeit spielte zwar schon bei K-Werten eine Rolle, doch dort beschränkte sich die zeitliche Perspektive auf die Dauer einer konkreten Handlungen. Beim Wandel der Mode verändern sich dagegen ästhetische Vorlieben und Bewertungen über mehr oder weniger lange Zeiträume – teilweise deshalb, weil wie sie mit bestimmten biographischen Phasen verbinden. Das folgende Kapitel knüpft daran an und bringt einen weiteren Faktor ins Spiel: unser Gedächtnis.

9. Erinnerungen

Unser Gedächtnis täuscht uns – auch über Schönes

Bisher habe ich Schönheit fast ausschließlich aus dem Blickwinkel einer jeweils aktuellen Erfahrung dargestellt: Ich nehme ein Objekt wahr und finde es schön – oder auch nicht. Darüber hinaus tragen wir alle Erinnerungen an schöne Erfahrungen (mit Gegenständen, Menschen, Urlauben, ...) mit uns herum, und diese Erinnerungen können ihrerseits schön sein. Wir können in Erinnerungen schwelgen. Das wäre nicht weiter der Rede wert, wenn sich die Erinnerung mit dem Erlebten decken würde. Das tut sie aber oft überhaupt nicht. Erinnerungen sind ästhetisch schon deshalb ein besonderer Fall.

Auf S. 93 habe ich schon drei psychologische „Selbst"-Konzepte erwähnt, und an dieser Stelle kommen zwei weitere hinzu, die von Daniel Kahneman stammen. Er unterscheidet zwischen dem *erlebenden Selbst* und dem *erinnernden Selbst*.[100] Wie wir noch sehen werden, empfinden und bewerten diese beiden Selbste die Qualität von Erlebnissen sehr verschieden.

Zunächst ist wichtig, sich klar zu machen, dass sie bei ästhetischen Erinnerungen miteinander interagieren. Ästhetische Erinnerungen sind vor allem Erinnerungen an Situationen und Erfahrungen: Mein *erinnerndes Selbst* erinnert sich an mein *erlebendes Selbst*. Und wenn diese Erinnerung schön ist, geht es offensichtlich um S-Werte, nämlich um die persönliche Verbundenheit mit einem Teil meiner eigenen Vergangenheit.

100 Kahneman 2012, 470ff.

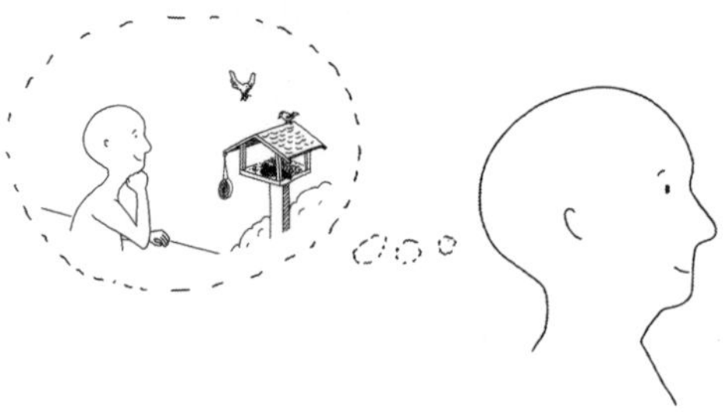

Abb. 13: Erinnerungen an ein erlebendes Selbst.

Die Perspektiven des erlebenden und des erinnernden Selbst unterscheiden sich im Zeitempfinden. Wir *erleben* Situationen in Echtzeit, aber wenn wir uns erinnern, blicken wir auf sie in ihrer Gesamtheit, wie auf ein Objekt, das vor uns liegt. Noch genauer müssten wir sagen: Was wir beurteilen, sind nicht die Erlebnisse selbst, sondern die Erinnerung an sie. Und das zieht einige Folgen nach sich.

Dass Erinnerungen trügen können, ist hinlänglich bekannt. Die Neurowissenschaftlerin Daniela Schiller bringt es auf den Punkt: Woran wir uns erinnern, ist nicht das jeweilige Ereignis in der Vergangenheit. Vielmehr erinnern wir uns an die letzte Version, in der wir den dazugehörigen Gedächtnisinhalt abgerufen, gegebenenfalls bearbeitet und wieder abgespeichert haben.[101] Und so kann es natürlich vorkommen, dass uns in der Erinnerung Dinge schöner oder weniger schön erscheinen, als wir sie seinerzeit tatsächlich erlebt haben.

Wir denken an ein fantastisches Konzert. Doch in Wahrheit fanden wir die Musik vielleicht gar nicht so besonders, sondern projizieren unsere Begeisterung lediglich rückwirkend in die Situation hinein. Vielleicht, weil es insgesamt ein schöner Abend mit Freunden war. Oder weil wir uns mit dem Musiker hinterher noch intensiver beschäftigt haben und deshalb *heute* seine Musik lieben – und der Illusion erliegen, der Funke sei schon beim ersten Mal übergesprungen. Vielleicht haben wir nach dem Konzert auch mehreren Leuten erzählt, wie toll es war – nicht, weil wir es toll fanden, sondern weil es sich besser anfühlt, von einem tollen als von einem mittelmäßigen Erlebnis zu berichten. Weil aber jedes begeisterte Erzählen auch die eigene Erinnerung an das Ereignis verändert, sind wir am Ende wirklich überzeugt, wir hätten das Konzert in vollen Zügen genossen.

Eine Diskrepanz zwischen Erinnern und Erleben bekommen wir auch dann zu spüren, wenn wir uns den jeweiligen Reizen oder Objekten erneut aussetzen. Dann wundern wir uns vielleicht, dass die in unserer Erinnerung so wohlriechende Duftnote uns jetzt aufdringlich erscheint. Und ist dieses

[101] Rojahn 2013.

kitschige Gemälde wirklich das, was uns vor vielen Jahren so beeindruckt hat?

Vielleicht liegt es gar nicht am Gedächtnis, vielleicht hat sich unser Geschmack verändert – so wie bei den angesprochenen Mode-Effekten. Oder wir achten beim zweiten Mal auf andere Dinge. Vielleicht war auch das erste Erleben von Begleitumständen geprägt, die sich einfach nicht wiederholen lassen – so wie der mitgebrachte Wein zu Hause oft ganz anders schmeckt als am sonnigen Urlaubsort, wo wir ihn in entspannter Atmosphäre zu den Spezialitäten der dortigen Küche genossen haben. So etwas kann mit ästhetischen Erfahrungen aller Art passieren, egal ob sie auf E-, O-, S- oder K-Werten beruhen.

Rückwirkende Ästhetisierung

Menschen neigen nicht nur dazu, Dinge zu verklären und Stimmungen in die Vergangenheit zu projizieren. Manchmal setzt der Rückblick ein Objekt überhaupt erst in einen ästhetischen Kontext.

Stellen Sie sich vor, Sie sind im Ausland mit einem Bus unterwegs. Sie gucken aus dem Fenster in die Landschaft, lassen die Gedanken treiben. Die landestypische Musik, die der Busfahrer stundenlang im Hintergrund dudeln lässt, nehmen Sie allenfalls als Begleitgeräusch wahr. Monate später sind sie zu Hause und hören eines dieser Musikstücke zufällig erneut – dies weckt bei Ihnen Erinnerungen an die Stimmung dieser Reise. Und plötzlich bekommt die Musik in der Erinnerung einen ästhetischen Wert, den sie bis dahin nicht hatte. Hier geht es also nicht darum, dass wir uns an Objekte als „schöner" oder „weniger schön" erinnern, als wir sie tatsächlich erlebt haben. Vielmehr erfolgt die Ästhetisierung als solche erst in der Rückschau.

Auch Fotos können eine solche Wirkung haben und Situationen in der Erinnerung ästhetisieren, die wir zum Zeitpunkt, als sie entstanden sind, ganz anders erlebt haben. Das Foto zeigt eine schöne Strandstimmung. Es zeigt nicht das Jucken des Mückenstiches, die laute Geräuschkulisse oder den üblen Geruch, der von der Frittenbude herüberzog. Das Foto vermittelt eine meditative Stimmung – dabei haben wir in Wirklichkeit gerade angestrengt versucht, den kurzen Moment abzupassen, in dem niemand im Bild ist oder die Welle am Strand sich überschlägt.

So kann die Erinnerung Dinge und Ereignisse rückwirkend ästhetisieren, die wir seinerzeit weder als schön noch als nicht schön empfunden haben, weil wir mit den Gedanken ganz woanders waren, oder weil wir sie unter rein funktionalen Gesichtspunkten (nützlich oder unnütz?) bewertet haben.

Die Konvergenz von Glück und Schönheit

Ein zweiter Effekt tritt vor allem im Zusammenhang mit Erfahrungen und Erlebnissen auf, die sich über einen gewissen Zeitraum erstrecken. Auch hier gilt: Wie wir sie erleben und wie wir uns an sie erinnern, sind zwei verschiedene Dinge.

Daniel Kahneman berichtet von einem Mann, der erzählte, wie er „hingebungsvoll einer langen Symphonie auf einer CD gelauscht" habe. Leider hatte diese CD am Ende ein paar schwere Kratzer. Die Folge waren Sprünge und furchtbare Geräusche. Der Musikgenuss war mit einem Mal beendet. Der Mann erzählte, das habe „ihm das ganze Erlebnis verdorben". Was aber ja nicht stimmte: Denn tatsächlich hatte er bis kurz vor Schluss die Symphonie in vollen Zügen genossen – „verdorben" war lediglich die Erinnerung daran.[102]

Kahneman ging es an dieser Stelle gar nicht um Schönheitserleben, als vielmehr um das, was wir „Glück" bzw. eben Wohlbefinden nennen würden. Doch das Beispiel zeigt, dass es beim Rückblick auf „schöne" Erlebnisse durchaus Parallelen gibt. Deshalb gehe ich an dieser Stelle auf einige Aspekte der Glücksforschung ein.

Sie unterscheidet ganz grob zwei Arten von Glück: Bei der einen handelt es sich um das momentan erlebte, *subjektive Wohlbefinden* – also die Stimmung, die sich von Stunde zu Stunde ändern kann. Dem gegenüber steht die *Lebenszufriedenheit* als die Art von Glück, die man empfindet, wenn man die eigene Lebenssituation (auch retrospektiv) bewusst bewertet. Das eine ist die Perspektive des erlebenden, das andere die des erinnernden Selbst. Daniel Kahneman unterscheidet diese beiden Arten von Glück mit der Formel: „Being happy *in* your life" im Unterschied zu „Being happy *about* your life".

Was subjektives Wohlbefinden bedeutet, veranschaulicht er anhand eines „Hedonimeters" – eines fiktiven Messinstruments, das sich der britische Ökonom Francis Edgeworth ausgedacht hat. Würde man Sie daran anschließen, würde es in jedem Moment Ihre aktuelle Laune messen. Die Summe des kontinuierlich gemessenen Wohlbefindens – gewissermaßen die Fläche unter der vom Hedonimeter aufgezeichneten Kurve – ergäbe dann die Menge an „Glück", die Sie (Ihr *erlebendes* Selbst) in einem bestimmten Zeitraum erfahren haben.

Die rückblickende Bewertung des *erinnernden* Selbst kann von diesem subjektiv erlebten Wohlbefinden enorm abweichen. Das haben etliche Experimente gezeigt. Das Paradebeispiel sind Kinder: Die meisten älteren Menschen blicken auf die Zeit, als ihre Kinder klein waren, mit Freude zurück, weil sie sich an die schönen Momente erinnern – die, die auch auf

[102] Kahneman 2012, 470ff.

Fotos festgehalten sind. Kinder, so die Überzeugung vieler Menschen, schenken einem so viel Glück! Wenn man aber Menschen täglich nach ihrer Laune befragt, sind kleine Kinder im Haushalt eher ein Faktor, der mit wenig Schlaf, überdurchschnittlich viel Stress und allenfalls kurzen Entspannungsphasen korreliert – und das aktuelle Stimmungsbarometer noch tiefer sinken lässt als Hausarbeit.[103]

Es geht hierbei wohlgemerkt nicht darum, dass die erlebende Perspektive „wahrer“ oder „echter“ wäre als die rückblickende. Die Erinnerung und die vielen Stunden, in denen man später gerne an die Zeit zurückdenkt, besitzen vielmehr eine eigene Wirklichkeit. Würden Sie Ihr Leben unter dem Gesichtspunkt der Glücksoptimierung planen können, müssten Sie diese erwartbar schönen Erinnerungen genauso berücksichtigen wie die belastenden Momente, die Sie tatsächlich erleben – auch wenn Sie sich später daran weniger erinnern werden.

Bei der rückblickenden Bewertung von Ereignissen gibt es nun zwei Gesetzmäßigkeiten.[104] Erstens: Die Dauer spielt keine Rolle – das gilt für positive wie negative Erlebnisse gleichermaßen. Wenn wir mit Schmerzen im Wartezimmer einer Zahnärztin sitzen, sind wir um jede Minute froh, die uns dort erspart bleibt. In der Rückschau spielt die Dauer jedoch keine Rolle mehr. Ob wir eine halbe Stunde oder drei Stunden gewartet haben, macht in der Bewertung der Situation keinen Unterschied. Umgekehrt, wenn Sie Ihren Urlaub gerne am Strand verbringen, spielt es in der Erinnerung keine Rolle, ob sie dort drei Tage oder zwei Wochen verbracht haben. Es stellt in ihrem „mentalen Fotoalbum“ gewissermaßen *ein* Bild dar.

Die zweite Gesetzmäßigkeit nennt Kahneman die „Höchststand-Ende-Regel“ (*Peak-End Rule*): Wie wir eine Situation oder Erfahrung rückblickend bewerten, wird im Wesentlichen von der Antwort auf zwei Fragen geprägt: Wie angenehm oder unangenehm war der emotional stärkste Moment? Und wie war das Ende?

Eine Wanderung durch eine mäßig attraktive Landschaft, die aber mit ein oder zwei großen Highlights verbunden war – etwa einem fantastischen Ausblick oder einem Bad im Fluss, bleibt schöner in Erinnerung als eine, die durch eine zwar insgesamt schönere, aber auch nicht atemberaubende Landschaft führte. Und ein Urlaub, bei dem die Stimmung anfangs mies war und dann immer besser wurde, wird rückblickend besser bewertet als einer, bei dem es genau andersherum war. Würde man den Stimmungsverlauf bei diesen Ereignissen mit dem „Hedonimeter“ messen, wäre die Fläche unter der Kurve und somit das subjektive Wohlbefinden bei jeweils beiden Alternativen ungefähr gleich groß. In der Erinnerung gewinnt aber deutlich jeweils die erste gegenüber der zweiten.

103 Kahneman u.a. 2004.
104 Kahneman 2012, 472ff.

1993 haben Daniel Kahneman und Barbara Frederickson diese zwei Gesetzmäßigkeiten – die Vernachlässigung der Dauer und die Höchststand-Ende-Regel – erstmals beschrieben.[105] Seitdem wurden die Erkenntnisse in vielen Experimenten bestätigt und auch noch etwas stärker differenziert. So erweist sich in manchen Fällen das Ende einer Erfahrung für die langfristige Bewertung doch als wichtiger als der „Peak". Auch hält die Wirkung der positiven Höhepunkte oft länger an als die der negativen. Das hängt wiederum mit den angesprochenen Erinnerungsmechanismen zusammen: Wenn Ihnen im Urlaub das Portemonnaie gestohlen wurde – ein aufwühlender negativer Höhepunkt – Sie daneben aber auch unvergessliche Glücks-Momente erleben, wird auf Dauer der Schmerz über den Diebstahl verblassen (davon haben Sie vermutlich auch keine Fotos, und die Erinnerung werden Sie weniger oft abrufen), während die schönen Augenblicke dauerhaft die rückblickende Bewertung prägen werden.[106]

Nun wurden die genannten Effekte im Zusammenhang mit subjektivem Wohlbefinden erforscht, nicht mit ästhetischem Erleben. Doch die Parallelen sind offenkundig: Denn in der Rückschau löst sich der Unterschied zwischen Glück und Schönheit (den ich in Kapitel 1 so betont habe) praktisch auf. Der vorangehende Absatz macht das deutlich: „Glücksmomente" (selbst solche, die gar nicht mit einem ästhetischen Erlebnis verbunden waren), werden im Rückblick zu „schönen Augenblicken". Es handelt sich ja um eine *bewusste* Bewertung eines emotionalen Erlebnisses – und somit um ein meta-emotionales Schönheitsurteil.

In der Rückschau können also Ereignisse und Erfahrungen zu ästhetischen Objekten werden – etwas, worüber man bewusst nachdenkt, wie man es beurteilt. „Das Konzert war schön", kann bedeuten: In meiner Erinnerung hat es mir gefallen. „Der Urlaub war schön": Die Erinnerung daran, wie ich ihn erlebt habe, ist schön. In einem solchen Rückblick wird somit Glück – nicht als subjektives Wohlbefinden, sondern als Lebenszufriedenheit – zu einer Form von Schönheit, ganz im Einklang mit der Umgangssprache: „Ich habe ein schönes Leben".

[105] Kahneman & Frederickson 1993; Kahneman u.a. 1993.
[106] Kemp, Simon u.a. 2008.

Zwischenspiel: Das Schöne und das Gute

Im Ganzen gesehen hat jede neue ästhetische Erfahrung das ethische Bewusstsein der Menschen geschärft. Denn die Ästhetik ist die Mutter der Ethik; unsere Kategorien von „gut" und „schlecht" sind zuallererst ästhetischer Natur und etymologisch älter als unsere Begriffe von „gut" und „böse". […] Der zarte Säugling, der durch sein Weinen den Fremden abweist oder aber die Hand nach ihm ausstreckt, tut dies instinktiv und bringt so eine ästhetische, nicht eine moralische Entscheidung zum Ausdruck.

Joseph Brodsky, *Der sterbliche Dichter.*

Ästhetik und Moral: Die Schnittmengen

Wenn ein Vater zu seinem Kind sagt: „Zieh Dir was Anständiges an!“ – Ist das dann ein moralischer oder ein ästhetischer Appell? Offensichtlich gibt es gewisse Überschneidungen. Tatsächlich zeigen sich viele weitere Parallelen zwischen moralischen und ästhetischen Urteilen:

- In beiden Fällen bewerten wir etwas positiv oder negativ.
- Für beide Arten von Urteilen scheinen die gleichen Hirnregionen im präfrontalen Cortex zuständig zu sein (siehe S. 35).
- Ähnlich wie ästhetische Urteile setzen auch moralische eine entsprechende Kontextualisierung voraus: Man *kann* Sachverhalte moralisch bewerten – muss man aber nicht.
- Beide lassen sich somit als „Meta-Emotionen“ begreifen, die andere Emotionen positiv oder negativ markieren. So wie Schönheitsurteile von Lust, Wohlfühlen und Attraktivität beeinflusst werden, so resultieren moralische Urteile nicht selten aus Schmerz oder Wut. Und bestimmte Gefühle wie Freude oder emotionales Bewegtsein können – je nach Kontext – sogar auf beide Arten von Urteilen Einfluss nehmen.
- Wir verwenden für beide Sphären ähnliche Metaphern. Ein Bild kann ästhetisch *schmerzen*, eine Handlung moralisch. Über ästhetische Fehlleistungen können wir uns ebenso empören wie über moralische, beide können uns *anekeln*. Und immer wieder verschwimmen die Grenzen auch: Eine (moralisch) gerechte Lösung eines Konflikts ist irgendwie auch „schön“. Ein schönes Konzert nennen wir nicht selten „gut“. Das hat schon seinen Grund.
- Beide Arten von Urteilen können sich aber auch über die unmittelbaren Gefühle hinwegsetzen. So wie das „an sich“ Lustvolle nicht schön sein muss, kann ich etwas, was mich persönlich schmerzt, dennoch unter moralischen Gesichtspunkten gutheißen – etwa, weil es gerecht ist. Entsprechend gibt es auch „Paradoxien des Unmoralischen“: Moralische Tugenden wie Hilfsbereitschaft oder Loyalität können von einem höheren Standpunkt aus gesehen in bestimmten Fällen unmoralisch sein – wenn sie zu Vetternwirtschaft führen oder Verbrechen unterstützen.
- Zwischen moralischen und ästhetischen Werten gibt es zum Teil große Ähnlichkeiten: In moralischen Prinzipien wie Fairness, Gerechtigkeit und der „Goldenen Regel“ spiegeln sich O-Werte wie Symmetrie und Ausgeglichenheit. Das moralische Prinzip der Solidarität und des Mitgefühls wiederum entspricht S-Werten wie Verbundenheit und Zusammengehörigkeit.

Nichtsdestotrotz gibt es unübersehbar auch mindestens zwei fundamentale Unterschiede:

- Ästhetische Urteile akzeptieren wir als subjektiv und individuell. Ich billige jedem die Freiheit zu, einen komplett anderen Geschmack zu haben als ich. Bei moralischen Urteilen ist das nicht so. Moral ist nicht ins individuelle Belieben gestellt. Sie beansprucht schon eine gewisse Allgemeingültigkeit, auch wenn wir in Grenzen auch von unseren eigenen abweichende moralische Wertvorstellungen akzeptieren können.
- Der zweite Unterschied ist, dass sich Schönheitsurteile auf Objekte beziehen (auch wenn der tiefere *Grund* für das Urteil in der *Beziehung* zum Objekt oder der *Beschäftigung* mit ihm liegt). Moralische Urteile dagegen beziehen sich primär auf Handlungen. Zwar finden wir manchmal auch Objekte „unmoralisch" – ein Gesetz, ein volksverhetzendes Pamphlet, in seltenen Fällen sogar ein Kunstwerk (!). Aber letztlich bezieht sich das Urteil auch in diesen Fällen auf die Handlungen (und diejenigen Menschen), die diese Werke hervorgebracht haben.

Es bleiben also Unterschiede zwischen Moral und Ästhetik. Dennoch sind die Ähnlichkeiten so auffallend, dass es sich lohnt, die Spur noch etwas weiter zu verfolgen.

Wie Moral ästhetische Vorlieben prägt und umgekehrt

Die nächste Frage wäre: Beeinflusst das, was Menschen ästhetisch gefällt auch ihre moralischen Urteile – oder umgekehrt?

Dazu gibt es insgesamt wenige Untersuchungen. Bricht man allerdings das große Wort „moralisch" etwas herunter auf politische Wertvorstellungen, lassen sich schon Zusammenhänge erkennen. Ein gutes Beispiel ist die Gestaltung von Bundesparteitagen. Das fängt mit der Farbgebung an. Bei CDU-Parteitagen sitzt das Präsidium vor blauem Hintergrund oder, alternativ, vor den Farben der deutschen Flagge. Bei SPD-Parteitagen unterstreicht ein kräftiges Rot die progressive Grundhaltung, und bei den Grünen steht das Grün mit der Sonnenblume für die ökologischen Werte. Hier bewegen wir uns in der Regel noch auf der symbolischen Ebene: Es geht darum, wofür Rot, Grün oder die Nationalfarben *stehen*, und was Menschen damit verbinden. Bei Parteitagen von Union und FDP tragen die Männer Krawatten, bei SPD und Grünen nicht. Auch Parteien pflegen ihre jeweilige Marke – und Marken sind per se etwas Ästhetisches.

Auch jenseits von organisierten Strukturen gibt es Wechselwirkungen zwischen Moral und ästhetischem Empfinden. Verändern sich im Lauf der Zeit gesellschaftliche Werte, kann sich das in der Mode und im Design von

Produkten niederschlagen. In dem Maße, in dem Ideen des Tierschutzes zunehmend in der Gesellschaft Fuß fassten, wurden Pelzmäntel „hässlich". Und auch die Verankerung von Werten des Umweltschutzes und der Nachhaltigkeit hatte Auswirkungen darauf, welche Produkte Menschen gefallen. Es entwickelte sich mit der Umweltbewegung eine Öko-Ästhetik, die Wert legte auf „natürliche" Materialien („Jute statt Plastik") und Farben. Allerdings war sie bis in die 1990er Jahre ein Nischenphänomen. Nicht alle, die mit ökologischen Vorstellungen sympathisierten, hatten auch eine ästhetische Präferenz für „Öko-Mode". Nachhaltige Textilien hatten auf dem Markt erst eine Chance, als sie „gut" aussahen und eben nicht wie „Öko-Klamotten".

„Guter Geschmack kann ökologisch eine Katastrophe sein", so formulierte es 2010 Mateo Kries, Leiter des Vitra Design Museums.[107] Bei Möbeln, Gebrauchsgegenständen und in der Architektur kümmerten sich lange Zeit ohnehin nur die wenigsten um ökologische Aspekte. Und doch haben sich manche nachhaltigen Prinzipien mit der Zeit eben doch auch ästhetisch verankert. Recycling etwa ist heute nicht nur ein technisches Prinzip, sondern der „Kreislaufgedanke" hat auch eine ästhetische Bedeutung. Heute darf – oder soll man sogar – Produkten ansehen, dass sie modular aus wiederverwendbaren Materialien gebaut sind. Und es gibt weitere Prinzipien, die aus einem Nachhaltigkeitsgedanken heraus zu ästhetischen Werten geworden: Dazu gehört das Prinzip des *Downsizing,* also die möglichst ressourcensparende Konstruktion von Produkten, sowie ihre Alterbarkeit und Langlebigkeit.

Doch auch wenn die Mehrheit der Menschen mit Umweltschutz und Nachhaltigkeit sympathisiert, bedeutet das noch lange nicht, dass unsere heutige Produktwelt wirklich nachhaltig wäre. Und natürlich gibt es nach wie vor viele Menschen, die beim Kauf von Produkten auf ganz andere Dinge achten. Dennoch zeigt das Beispiel, wie sich moralische Werte ästhetisch spiegeln können. Umgekehrt stecken in der Idee der Nachhaltigkeit ihrerseits auch ästhetische Motive. Allein die Ideen von Kreislaufwirtschaft und Ressourcenminimierung sind ja als solche sehr O-wertig.

Individuelle moralische und ästhetische Präferenzen

Ich habe schon auf Parallelen zwischen wichtigen ästhetischen und moralischen Werten hingewiesen: Dass der Gedanke der *Fairness* O-Werten wie Symmetrie und Ausgeglichenheit entspricht, während sich Solidarität und Fürsorge in S-Werten wie Verbundenheit wiederfinden. Dieser Punkt ist insofern interessant, als diese beiden moralischen Prinzipien – Fairness und

[107] Kries 2010.

Fürsorge – nach Forschungen des US-Psychologen Jonathan Haidt wirklich universell sind. Sie lassen sich in allen Kulturen finden. Und sie sind sowohl Anhängern einer sozialliberalen wie auch einer konservativen Politik wichtig.

In seinem Buch „*The righteous mind*" beschreibt Haidt allerdings auch vier weitere moralische Grundpfeiler (*moral foundations*), die sowohl zwischen als auch innerhalb von Kulturen unterschiedlich stark ausgeprägt sind.[108] Dabei handelt es sich um *Loyalität* und *Respekt vor Autoritäten*, um bestimmte Vorstellungen von *Reinheit* und um *Freiheit*. In diesen moralischen Grundpfeilern finden sich ebenfalls vor allem O-wertige Motive: in Loyalität und dem Respekt vor Autoritäten etwa das Aufrechterhalten und Abbilden einer höheren Ordnung. Mit Reinheit meint Haidt vor allem Reinheits- und Keuschheitsgebote, also diejenigen moralischen Vorstellungen, die bestimmen, was man mit seinem Körper zu tun und zu lassen hat. Die Idee der Freiheit wiederum korrespondiert teilweise mit dem O-Wert der Schlichtheit (sofern mit Freiheit gemeint ist, die Gesellschaft mit möglichst wenigen Regeln zu organisieren.).

Bei diesen vier Werten zeigen sich nach Haidts Untersuchungen sowohl kulturelle als auch politische Unterschiede. Loyalität, Respekt vor Autoritäten und Reinheit werden von konservativen Wählergruppen für wichtiger erachtet als von sozial-liberalen. Das Gleiche gelte für den Wert der Freiheit – wobei hier zu betonen ist, dass sich Haidt auf den stark markt- und waffenliberalen Konservatismus US-amerikanischer Prägung bezieht.

Bis auf *Fürsorge/Mitgefühl* finden sich also für alle anderen moralischen Grundpfeiler Entsprechungen bei den O-Werten. Von diesen wiederum entspricht lediglich der universelle Wert der Fairness einem syntaktischen O-Wert, während die anderen vier – weniger universellen – Grundpfeiler ihre Entsprechungen in semantischen O-Werten finden.

Es wäre interessant zu untersuchen, ob Menschen, für die Loyalität, Respekt vor Autoritäten und Reinheit moralisch wichtig sind, auch bei ästhetischen Urteilen die entsprechenden O-Werte stärker berücksichtigen. Das würde zum Beispiel bedeuten, dass Konservative im Vergleich zu Linksliberalen auch ästhetisch stärker solche Muster bevorzugen, die sich durch semantische O-Werte wie *Reinheit*, *Perfektion*, *Normalität*, *Qualität*, *Abbildung einer großen Ordnung im Kleinen* und *Eleganz* auszeichnen. Solange es keine Untersuchungen dazu gibt, bleibt das allerdings eine spekulative Hypothese. Denkbar wäre ja umgekehrt auch, dass diese Menschen in einem ästhetischen Kontext gerade die Art von Werten

[108] Haidt 2012. Wie in den USA üblich, unterscheidet Haidt bei den politischen Anschauungen „conservative" und „liberal", was den Wählergruppen der Republikaner bzw. Demokraten entspricht. Liberal deckt somit ungefähr das ab, was im Deutschen mit „sozialliberal" gemeint ist.

„ausleben", die sie sich in einem moralischen Kontext verbieten. Oder dass beides miteinander gar nichts zu tun hat.

Was sich in einem ersten Fazit festhalten lässt: Zwischen Ästhetik und Moral gibt es sowohl formale Ähnlichkeiten als auch Schnittmengen in Bezug auf konkrete Werte. Und schließlich gibt es eine dritte Spur, die sich verfolgen lässt: der Blick in die Menschheitsgeschichte. Der Sinn für das Schöne und der Sinn für das Gute gingen in der Evolution anscheinend Hand in Hand.

Evolution: Wie das Schöne in die Welt kam

Irgendwann haben Menschen zum ersten Mal Instrumente gebaut, um Melodien zu erzeugen. Und irgendwo haben sie erstmals Skulpturen nach Kriterien hergestellt, die etwas mit Schönheit zu tun hatten. Wir wissen nicht, wann und wo das geschah, aber kurioserweise finden sich die ältesten Zeugnisse für künstlerische Aktivitäten des Homo sapiens fast an den entgegengesetzten Seiten der Erde: in Indonesien und Australien einerseits, in den Höhlen der Schwäbischen Alb bei Ulm andererseits.

Zu letzteren gehören die Skulpturen aus dem Aach- und dem Lonetal, insbesondere die kleinen Elfenbein-Pferdchen aus der Vogelherdhöhle, sowie der Wasservogel und die „Venus vom Hohle Fels" – die älteste bekannte Frauenskulptur. Diese Figuren sind heute im Museum der Universität Tübingen bzw. im Urgeschichtlichen Museum in Blaubeuren zu bewundern. Sie sind alle recht klein, keine sechs Zentimeter groß. Aber es sind künstlerisch bemerkenswerte Leistungen. Nicht nur, weil sie äußerst elegant geschnitzt sind, sondern auch, weil sie den Tieren einen dynamischen Ausdruck verleihen.[109] Das Pferdchen ist leicht angespannt, der Vogel im Moment des Eintauchens ins Wasser dargestellt. Diese und viele andere Werke der Eiszeitkunst werfen unweigerlich die Frage auf, wie es sein kann, dass diese frühesten Skulpturen von Anfang an so perfekt waren, warum bislang nichts gefunden wurde, was nach einem Rohentwurf, nach ersten Versuchen aussieht.

Aus dem Geißenklösterle wiederum, einem Felsüberhang am Aachtal, stammen Flöten, die aus Schwanenknochen hergestellt wurden. Es sind die derzeit ältesten bekannten Musikinstrumente. Zweifellos hatten Menschen schon vor ihrer Erfindung Stöcke rhythmisch gegeneinander geschlagen oder Töne auf Grashalmen hervorgebracht. Aber bei diesen Flöten handelt es sich um Artefakte, die eigens zur Erzeugung von Melodien hergestellt wurden.[110]

[109] Wenn Sie sich beeindrucken lassen wollen: Auf http://was-ist-schön.de finden Sie zu den wichtigsten Figuren kurze kommentierte Videos.

[110] Conard 2009.

Ungefähr gleich alt sind Fels- und Höhlenmalereien in Australien und Indonesien – diese sind sogar älter als die hierzulande bekannteren Höhlenmalereien in Frankreich und Spanien. Was sagen nun diese frühen Kunstwerke über die Entstehung des Schönheitssinns?

Alle diese frühen Funde – die Pferdeskulpturen, die Flöten und die ältesten bildhaften Malereien – werden auf ein Alter von 35.000 bis 43.000 Jahren datiert. Was die Figuren von der Schwäbischen Alb betrifft, entstanden sie in der Zeit, in der nach heutigem Stand der moderne Mensch Mitteleuropa gerade erst erreicht und damit begonnen hatte, den Neandertaler allmählich zu verdrängen.[111] Beide bewohnten teilweise dieselben Höhlen, zumindest im Nahen Osten haben sie auch gemeinsame Nachkommen gezeugt, aber nach jetzigem Stand sind sie sich auf der Schwäbischen Alb nicht begegnet.

Die Frage nach der Entstehung der Schönheit ist eine doppelte: Zum einen geht es um die Entstehung konkreter *Vorlieben*. Im Abschnitt über die Evolutionspsychologie (S. 50ff.) habe ich schon die verschiedenen Hypothesen diskutiert, die Erklärungen anbieten, warum wir bestimmte Gesichtszüge, Landschaften, Klänge oder Geruchsmoleküle mögen. Ich habe deutlich gemacht, dass diese Hypothesen zwar interessant, aber so gut wie nie beweisbar sind. Der Frage nach dem Ursprung konkreter Vorlieben ist aber noch eine andere vorgeschaltet: Wann haben unsere Vorfahren überhaupt angefangen, zwischen schön und hässlich zu unterscheiden? Wann kam das Ästhetische als *Kategorie* in die Welt?

Es ist nicht schwierig, sich eine Welt vorzustellen, in der menschliche Wesen ihr Überleben genauso sichern wie wir – dass sie arbeiten, essen, sich fortpflanzen – ohne dabei auch nur die Spur einer ästhetischen Erfahrung zu machen. Sie würden sich rein pragmatisch von den Notwendigkeiten der Lebenserhaltung leiten lassen. Wir können auch davon ausgehen, dass die meisten Tiere ohne Schönheit leben. Natürlich kennen wir den Gesang und das Gefieder von Vögeln, das Fell der Leoparden und das Geweih der Hirsche. Solche Attraktivitätsmerkmale spielen im Tierreich eine wichtige Rolle bei der Partnerwahl. Doch die Signale, die ein Männchen über diese Attribute seinen artverwandten Weibchen sendet, haben wenig mit dem zu tun, was wir Schönheit nennen. Schönheit ist eben nicht gleichbedeutend mit Attraktivität.

111 Die korrekte Terminologie wäre *Homo sapiens sapiens* vs. *Homo sapiens neanderthalensis* – denn auch der Neandertaler gehört biologisch zur Spezies Homo sapiens. Die Gegenüberstellung *Homo sapiens* vs. *Neandertaler* ist jedoch auch in Fachkreisen weit verbreitet.

Kunst und Entstehung des Schönheitssinns

In den archäologischen Spuren unserer Vorfahren lassen sich drei Phasen der „ästhetischen Evolution" erkennen:

- Verzierungen und andere ästhetische Bearbeitungen
- Schmuck
- Kunst

Verzierungen sind im weitesten Sinn alle ästhetischen Bearbeitungen von Gegenständen. Das können ockerfarbene Linien oder geritzte Kerben sein, mit denen Menschen vor mehr als 70.000 Jahren in der südafrikanischen Blombos-Höhle Steine dekorierten. Doch die Entwicklung begann schon sehr viel früher. Vor 2,6 Millionen Jahren haben die frühen Vertreter der Gattung Homo begonnen, scharfkantige Steinwerkzeuge herzustellen. Diese Geröllsteine waren noch unförmig und offenbar reine Zweckgegenstände zum Bearbeiten von Stöcken und Fellen oder zum Graben. Rund 800.000 Jahre später tauchte dann eine neue Art von Werkzeugen auf: Faustkeile.

Entgegen der landläufigen Auffassung ist ein Faustkeil nichts Primitives. Um ihn herzustellen, ist ein genauer Plan erforderlich, wie man das Werkstück bearbeiten muss, damit es nicht zerbricht. Vor allem aber fällt auf, dass die Faustkeile „schöner" bearbeitet waren, als es vom Zweck her gesehen notwendig gewesen wäre. Viele sind erstaunlich symmetrisch, manche auch unhandlich groß. Spätestens vor 1,8 Millionen Jahren scheinen die frühen Menschen mit irgendeinem ästhetischen Sinn – zumindest für Symmetrie – ausgestattet gewesen zu sein.

Schmuck wäre die nächste Stufe. Hierbei werden Gegenstände nicht nur verziert, sondern eigens zu dekorativen Zwecken *hergestellt*. Dazu gehören die durchlöcherten und mit Ocker eingefärbten Muschelschalen ebenfalls aus der Blombos-Höhle sowie aus Marokko (77.000 bzw. 82.000 Jahre alt). Ähnlich alte Funde – wenn auch weniger sicher datiert – stammen aus Israel und Algerien. Auch hier wurden die Gehäuse von Meeresschnecken offenbar zu Ketten aufgefädelt. In Algerien wurden diese aus Meerestieren hergestellten Schmuckstücke 200 Kilometer von der Küste entfernt gefunden. Dies wird als Beleg dafür gewertet, dass sie einen ideellen Wert gehabt haben (damit zwar noch nicht zwangsläufig auch einen ästhetischen, aber immerhin).[112] Durchlöcherte Perlen aus wurden auch in den Höhlen der Schwäbischen Alb gefunden, wenn sie auch mit einem Alter von 36.000 bis 40.000 Jahren wesentlich jünger sind und nicht aus Muscheln, sondern Mammutelfenbein geschnitzt wurden.

[112] Vanhaeren, M. u.a. 2006.

Den dritten großen Schritt markiert die *Kunst,* mit Werken wie den genannten Skulpturen von der Schwäbischen Alb sowie den Höhlen- und Felsmalereien in Frankreich, Spanien, aber eben auch Australien. Kunstwerke unterscheiden sich von Schmuck darin, dass sie über die (mögliche, aber nicht notwendige) dekorative Funktion hinaus einen *symbolischen* Gehalt haben. Sie stellen etwas dar. Schmuck kann zwar auch eine symbolische Bedeutung haben, aber sie beschränkt sich meist auf die eines Statussymbols, während die Bedeutung eines Kunstwerks deutlich weiter reicht. Es überrascht deshalb nicht, dass der Schmuck in der kulturellen Evolution um mehrere zehntausend Jahre der Kunst vorausging.

Wie kam es zu dieser Entwicklung? In Bezug auf die 1,8 Millionen Jahre alten, symmetrischen Faustkeile gibt es die Vermutung, dass dies wesentlich mit dem genannten stärkeren Einfluss der sexuellen Selektion zusammenhängt, der auch in diese Zeit zu fallen scheint. Wer „schöne" wohlgeformte Faustkeile herstellte, punktete in der Partnerwahl.[113] Gleichzeitig fällt auf, dass in dieser Phase der Menschheitsgeschichte das Gehirn immer größer wurde. Insbesondere wuchs die Großhirnrinde und übernahm neue Aufgaben. Man spricht hier auch von Kortikalisierung.

In Bezug auf die zwei späteren Schritte – Schmuck und Kunst – gibt es verschiedene Theorien. Ihr gemeinsamer Nenner ist, dass die Entstehung symbolischen Denkens eine wichtige Voraussetzung war. Dabei könnte auch die Entstehung der Sprache eine wichtige Rolle gespielt haben. Frühe Formen von Sprache entwickelten sich mutmaßlich vor rund 250.000 Jahren, möglicherweise aber auch schon deutlich früher.[114] Ihr primärer Zweck war wohl nicht die Übermitteln von „Information", sondern eher ein sozialer Austausch, der dazu diente, Nähe und Gemeinschaft zu betonen. Sprache setzt ein gewisses symbolisches Denken voraus. Denn zur Sprache gehört, dass Wörtern eine Bedeutung zugeschrieben wird, die nicht in den Lauten selbst steckt: Das Wort *grün* klingt nicht grün, und das Wort *Sofa* hat nichts sofa-artiges an sich.

Wie die Sprache, so wurde vermutlich auch die Musikalität des Menschen durch das Leben in größeren Gruppen begünstigt. Musik – wie immer sie in ihren Anfängen geklungen haben mag – diente vermutlich vor allem dazu, soziale Bindungen zu festigen, sowohl innerhalb der größeren Gemeinschaft, aber auch zum Beispiel in der Kommunikation zwischen Müttern und Babys.[115] Frühere Annahmen, wonach Musikalität sich primär über sexuelle Selektion entwickelt habe, gelten dagegen heute als überholt. Ob es in unserem heutigen Sinn auch eine ästhetische Angelegenheit war, ist spekulativ. Dafür spricht allerdings, dass ästhetisches Denken, wie die Faustkeile belegen, grundsätzlich bereits vorhanden war. Allerdings hat die

[113] Junker 2013, 153.
[114] Dediu & Levinson 2013.
[115] Mithen 2005; Conard 2009; Savage u.a. 2020.

„Ur-Musik" wohl wenig zu tun gehabt mit der heutigen Idee von Musikern als solistischen „Künstlern" mit „Publikum". Dieses Konzept hat sich vermutlich erst sehr viel später entwickelt.

Religion und die Idee vom „Heiligen"

Das symbolische Denken war nicht nur Voraussetzung für Sprache und Kunst, sondern ebenso für religiöse Vorstellungen. Die Wurzeln der Religion haben Anthropologen früher im magischen Denken gesehen. Aus Regentänzen und Ähnlichem, so die veraltete Annahme, hätten sich komplexe Glaubenssysteme entwickelt. Schon Gregory Bateson – auch er war Anthropologe – schlug eine entgegengesetzte Sichtweise vor:

> Ich glaube, es war andersherum – dass Magie eine Art degenerierte Religion ist. [...] Zum Beispiel glaube ich nicht, dass der ursprüngliche Zweck des Regentanzes darin bestand, „es" regnen zu lassen. Ich vermute, dass dies ein degeneriertes Missverständnis eines sehr viel tieferen religiösen Bedürfnisses ist: die Zugehörigkeit zu dem zu bestätigen, was wir die *ökologische Tautologie* nennen könnten, die ewigen Wahrheiten des Lebens und der Umgebung.[116]

Die Ursprünge der Religion sind zwar bis heute nicht gut geklärt. Doch die Auffassungen dazu haben sich von der „Magie-Theorie" entfernt. Sie entsprechen eher der auch von Bateson formulierten Ansicht, wonach in der Religion vor allem ein Bedürfnis nach Zugehörigkeit zu einem großen kosmischen Ganzen zum Ausdruck kommt – so wie ich es auf S. 110 im Zusammenhang mit der S-Wertigkeit des „Heiligen" dargestellt habe. Die archäologischen Belege sprechen jedenfalls dafür.

Tatsächlich werden manche frühen Kunstwerke oft als „Kultgegenstände" gedeutet: als Darstellung von Göttern oder anderen übernatürlichen Wesen – oder als Mittel, mit ihnen in Kontakt zu treten. Diese Interpretation ist keineswegs zwingend. Theoretisch könnten die Skulpturen auch einfach Spielzeug gewesen sein oder eine Währung. Der große Aufwand, der für sie betrieben wurde, spricht allerdings für einen sakralen Kontext. In jedem Fall standen diese Objekte *für etwas* – und dies setzt nicht nur symbolisches Denken voraus, sondern auch *Fantasie* – die Vorstellung von etwas, was gerade nicht real präsent ist.[117]

Fantasie ist auch die Voraussetzung dafür, sich so etwas wie Götter vorzustellen, und sie hängt offenbar mit symbolischem Denken zusammen: Ein Symbol kann auf etwas verweisen, was gerade nicht im Raum ist.

[116] Bateson 1982, 257.
[117] Junker 2013.

Die kognitiven Voraussetzungen für Kunst und Religion sind also schon recht ähnlich. Und es gibt noch weitere Hinweise darauf, wie sich beides parallel entwickelt hat. So fallen die frühesten bekannten Gräber und Bestattungen ungefähr in die Zeit der ältesten Schmuckstücke. Die ältesten bekannten gestalteten Gräber befinden sich in der israelischen Qafzeh-Höhle und werden auf ein Alter von rund 90.000 Jahren geschätzt. Gestaltet bedeutet: Die Leichen wurden mit Beigaben versehen. Auch hier stellt sich die Frage: Kommt darin ein religiöses oder ein ästhetisches Bedürfnis zum Ausdruck? Oder beides in einem?

Das Paradebeispiel ist 30.000 Jahre alt und stammt aus dem russischen Sungir. Ein Mann, etwa 60 Jahre alt geworden, ist neben einem Jungen und einem Mädchen bestattet worden. Jede der Leichen ist geschmückt mit tausenden Perlen aus Mammut-Elfenbein, außerdem fanden sich 25 verzierte Elfenbein-Armbänder. Der Junge hatte um seinen Bauch einen Gürtel mit 250 Polarfuchszähnen, an seiner Schulter eine kleine elfenbeinerne Mammutskulptur. Dieser Fund belegt, dass die Bestattung offenkundig nicht nur der hygienischen Entsorgung einer Leiche diente, sondern dass ihr eine Bedeutung zukam, die über das rein Praktische hinausging. Ob diese aufwändige Bestattung tatsächlich auf „Religion“ schließen lässt, ist nicht gesichert – beim Schmuck könnte es sich ja auch um ein reines Statussymbol der Verwandten gehandelt haben. Aber die Tatsache der Bestattung als solche deutet schon auf gewisse Vorstellungen von Transzendenz hin.

Archäologen wiederum sehen auch in der Steinzeitkunst einen deutlichen Hinweis auf eine Verbindung zwischen Kunst und religiösem Denken: Viele frühen Bilder oder Skulpturen stellen Mischwesen aus Mensch und Tier dar. Der berühmte 40.000 Jahre alte „Löwenmensch“ aus dem Lonetal ist eine Gestalt mit Löwenkopf und löwenartigen Proportionen, trägt aber zugleich eindeutig menschliche Züge. *Therianthropen* werden solche Figuren auch genannt. Das Wort setzt sich aus den griechischen Wörtern für Tier und Mensch zusammen. Unter den Malereien in der französischen Chauvet-Höhle findet sich eine Figur mit dem Kopf und Rumpf eines Bisons und den Beinen eines Menschen; in der berühmten Höhle von Lascaux wiederum ein Mann mit einem Vogelkopf. Auch eine 2017 entdeckte Höhlenmalerei auf Sulawesi scheint solche Mischwesen darzustellen.[118] Sie gilt derzeit als die älteste bekannte Bildgeschichte. Zumindest ihre Entdecker, Maxime Aubert und seine Kollegen, sehen in ihr die früheste Darstellung einer fiktiven, narrativen Jagdszene. Dies würde erneut die Bedeutung der Fantasie bei der Entstehung dieser Werke unterstreichen.

Die Höhlenmalereien in Frankreich, Spanien, Indonesien und Australien werden oft mit Religion in Verbindung gebracht. Allerdings gibt es bisher keine Einigkeit in der Forschung darüber, wozu die Steinzeitmenschen

[118] Aubert u.a. 2019; Wong 2020.

ihre Höhlen bemalten. Da die Bilder Jagdtiere zeigten, wurde lange vermutet, die Malereien hätten einer Art Jagdmagie gedient. Aber gemalt wurden auch Menschen, geometrische Strukturen oder Mischwesen aus Tier und Mensch.[119] Solche Bilder lassen sich mit „Jagdmagie" nur schlecht erklären. Sie als Ausdruck einer Verbundenheit zu den großen natürlichen Zusammenhängen zu sehen, erscheint plausibler.

Kognitive Revolution?

Der Archäologe Steven Mithen hat eine noch weitergehende Deutung dieser Mischwesen vorgeschlagen. Aber um diesen Gedanken zu verstehen, ist es nötig, etwas auszuholen.

Mithen vermutet, dass der Entstehung von Schmuck, Kunst und Religion eine Umorganisation des Gehirns voranging. Die Gehirne bzw. das Denken der frühen Menschen sei anders strukturiert gewesen. Sie waren zwar handwerklich sehr begabt – was sich an den Faustkeilen zeigte – sind jedoch offenbar nie auf die Idee gekommen, diese Technik für so etwas wie Schmuck oder Kunst einzusetzen. Mithen sieht den Grund darin, dass für sie „Technik" und „Soziales" zwei völlig getrennte Sphären waren. Er stützt sich dabei auf Erkenntnisse der Kognitionspsychologie, dass technische Fähigkeiten und soziale Kompetenzen (sich in andere hineindenken) im Gehirn in verschiedenen kognitiven Modulen organisiert sind. Vor rund 100.000 Jahren habe dann eine Art kognitiver Umbau begonnen – möglicherweise katalysiert durch die Entstehung der Sprache: Das technische und das soziale Denken wuchsen zusammen. In der Folge begannen Menschen, auch Techniken im sozialen Kontext einzusetzen.

Bei der Entstehung von Kunst könnte noch ein weiteres kognitives Modul eine Rolle gespielt haben – nämlich eines für biologisch-naturkundliches Wissen. Auch das ist ein eigener „Denk-Bereich", der schon in den Gehirnen von Kindern angelegt ist. Sie unterscheiden intuitiv sehr schnell zwischen Gegenständen und Lebewesen. Sie wissen zwar nichts über den „wissenschaftlichen" Unterschied, also über Stoffwechsel und Fortpflanzung. Aber sie wissen: Ein Hund, der nicht bellen kann und nur drei Beine hat, ist immer noch ein Hund. Aber eine Uhr ohne Ziffernblatt und Zeiger ist keine Uhr mehr. Dieser fundamentale Unterschied ist jedem Kind sehr früh klar. Und sie lernen äußerst schnell und sicher die Namen und Geräusche von Tieren (selbst wenn sie nie ein lebendes Exemplar gesehen haben).

Das biologisch-naturkundliche Wissen, so argumentiert Mithen, war in der frühen Menschheit ebenfalls ein isolierter Denkbereich. Unsere Vorfahren jagten Tiere – haben aber nach allem, was man heute weiß, nie

[119] Bahn & Vertut 1988; Lorblanchet 1989.

Werkzeuge aus tierischem Material wie etwa Knochen hergestellt. Auch das begann erst in den letzten 100.000 Jahren.

Die Module existieren nach wie vor. Der Unterschied ist: Heute gibt es in unserem Gehirn Verbindungen zwischen ihnen – wie in einem Gebäude mit getrennten Zimmern, aber offenen Türen. Erst die Verbindung aus biologischem, technischem und sozialem Denken ermöglichte die Herstellung von künstlerisch gestalteten Tierfiguren aus Mammutelfenbein. Oder Tiermalereien in den Höhlen.

Was nun die Darstellung der erwähnten Mischwesen in den frühen Skulpturen und Malereien betrifft, verweisen sie in Mithens Deutung auf eine Verbindung zweier Module: Das biologische Denken – das Wissen über Tiere – wird mit psychologischem Wissen verknüpft. So entstehen Tiere in Menschengestalt. Und wenn man an frühe Göttervorstellungen denkt, so zeigen auch sie Merkmale aus den unterschiedlichen Denkwelten. Die Götter zeichnen sich einerseits durch menschliche Eigenschaften aus: sie sind eifersüchtig, zornig, gütig oder rachsüchtig. Andererseits verfügen sie über Eigenschaften von Objekten aus der physikalisch-technischen Welt; sie können Blitze schleudern, sind unsichtbar oder allgegenwärtig wie Luft.

Folgt man Steven Mithen, ist die Kunst somit das Resultat einer kognitiven Revolution, die vor rund 100.000 Jahren begann. Sie kam zunächst in frühen Schmuckstücken zum Ausdruck und führte schließlich in einem weiteren Schritt vor rund 40.000 Jahren – als auch das symbolische Denken verankert war – zur Kunst.

Mir gefällt diese Theorie, allerdings provoziert sie manche Einwände. Einer ist die zeitliche Abfolge: Das Herstellen von Schmuck hat ja unzweifelhaft bereits zum Repertoire des Homo sapiens gehört, *bevor* er aus Afrika auszog. Von dort hat er diese „Kulturtechnik" nach Europa mitgenommen, wo sie sich dann weiter zur echten „Kunst" entwickelt hat. Bis hierhin passt noch alles. Doch wie lässt sich das *fast gleichzeitige* Auftauchen früher Malereien in Mitteleuropa und Indonesien erklären? Schließlich ist kaum vorstellbar, dass es vor 40.000 Jahren einen kulturellen Austausch zwischen der Schwäbischen Alb und Südostasien gegeben hätte. Der letzte Schritt in der behaupteten kognitiven Revolution – der zur Entstehung der Kunst führte – müsste sich also fast zeitgleich in diesen so weit voneinander entfernten Weltgegenden ereignet haben. Und das, so Mithens Kritiker, wäre doch ein allzu großer, unglaublicher Zufall.

Mithen selbst hält das für nicht ganz so unglaublich: Der Umbau des Gehirns könnte bereits vor der Trennung der Menschengruppen eingeleitet worden sein, habe sich danach aber geradezu zwangsläufig weiterentwickelte. So wie aus zwei voneinander getrennten Setzlingen Pflanzen hervorgehen, die später an verschiedenen Orten gleichzeitig aufgehen und blühen.

Das mag konstruiert klingen. Allerdings haben Mithens Kritiker ebenfalls ein Erklärungsproblem: Denn wenn die Kunst in Mitteleuropa und

Südostasien *nicht* das Ergebnis einer späten kognitiven Revolution war, bedeutet dies im Umkehrschluss, dass die Fähigkeit zu figürlicher Kunst und Malerei schon viel früher angelegt war – als nämlich die Homo-sapiens-Gruppen noch in Afrika vereint waren. Die entsprechenden archäologischen Belege – also vergleichbare, ähnlich alte Kunstwerke aus Afrika – fehlen allerdings. Sie wären entweder nicht erhalten oder harren noch ihrer Entdeckung.

Es gibt inzwischen allerdings einen weiteren ernstzunehmenden Einwand gegen Mithens Theorie. Sein Modell erklärt etwas, was inzwischen teilweise überholt ist. Mithen ging noch davon aus, dass Kunst, Sprache und Religion ein Alleinstellungsmerkmal des Homo sapiens sind. Doch Entdeckungen aus den letzten Jahren belegen, dass auch der Neandertaler in Europa Schmuck und Kunst herstellte, und zwar noch *bevor* sich der Homo sapiens ansiedelte. Im heutigen Spanien haben Neandertaler schon vor 64.000 Jahren Höhlen bemalt.[120] Und vor 115.000 Jahren haben sie mit Ocker eingefärbte Muschel-Ketten hergestellt[121] – genau wie später Homo sapiens in anderen Teilen der Welt. Möglicherweise besaßen die Neandertaler sogar eine Form von Sprache. In jedem Fall waren sie technisch versiert, haben Speere hergestellt sowie Pech aus Birkenrinde.[122] Und schließlich hat sich in den letzten Jahren die Erkenntnis erhärtet, dass auch die Neandertaler schon ihre Toten bestatteten.[123] Wie all diese Entdeckungen einzuordnen sind, ist noch nicht geklärt.

Ich persönlich halte angesichts dieser Befunde eine Art Kompromiss für denkbar: Mithens Theorie ist vermutlich in Bezug auf die absoluten Zeitangaben überholt. Viele der Schritte – wie die Entstehung der Sprache und des symbolischen Denkens – könnten sich nach heutigem Stand auch deutlich früher als angenommen vollzogen haben, möglicherweise auch beim Neandertaler. Doch die kognitionswissenschaftlichen Zusammenhänge, die Mithen herstellt, müssen deshalb nicht falsch sein.

Wann auch immer die geistigen Voraussetzungen für zunächst Schmuck und schließlich Kunst gelegt wurden, so bestätigen die archäologischen Funde insgesamt einen Zusammenhang zur Entstehung von Religion und Spiritualität. Doch die Kunst war nur der letzte Schritt. Das ästhetische Denken an sich, wie es schon in den frühen Faustkeilen zum Ausdruck kommt, scheint wesentlich älter zu sein. Ein Sinn für das „Heilige“ wiederum lässt sich in vielen Punkten als eines von vielen S-wertigen Phänomenen deuten (S. 110). Aus diesem Befund lassen sich mehrere Hypothesen ableiten:

120 Hoffmann u.a. 2018a.
121 Hoffmann u.a. 2018b.
122 Schmidt 2020.
123 Rendu u.a. 2014.

Die Faustkeile zeichnen sich vor allem durch Symmetrie aus – einem O-Wert. Im Schmuck, in der figürlichen Kunst und den Höhlenmalereien kommen, ebenso wie in Bestattungen und Grabbeigaben S-Werte zum Ausdruck. Daraus könne man den Schluss ziehen, dass O-Werte älter sind als S-Werte. Aber das wäre vermutlich falsch. Denn die Steinzeitmenschen können auch zu ihren Faustkeilen (und vielen anderen Dingen) S-wertige Beziehungen gehabt haben. Sie machten schließlich auch Musik, deren Wirkung neben elementarästhetischen Stimuli primär auf S-Werten beruht – Verbundenheit, Stimmung, Resonanz.

Ob E-, O-, S- und K-Werte in der Evolution nacheinander entstanden sind, wird sich kaum beantworten lassen. Die alternative und nach meinem Eindruck vielversprechendere Hypothese wäre: Der entscheidende Schritt war das ästhetische Denken an sich, der Umstand, dass uns Dinge um ihrer selbst willen gefallen und wir sie in ästhetischen Kontexten und unter Schönheitsgesichtspunkten erleben können. War dies erst einmal gegeben, könnten sich E-, O-, S- und K-Werte daraus unweigerlich ergeben haben. Als dann noch Fantasie und symbolisches Denken hinzukamen, ebnete dies schließlich den Weg zu Kunst und Religion.

Ästhetisches Denken wäre demnach die Grundlage für beides gewesen – kann das sein?

Ästhetik: sät Ethik?

Nun bin ich scheinbar etwas vom Weg abgekommen. Die Ausgangsfrage war ja die nach der Beziehung der Ästhetik zur Moral – nicht zur Religion. Über deren Wurzeln habe ich nur deshalb geschrieben, weil sich moralisches Denken in den archäologischen Hinterlassenschaften kaum nachweisen lässt – religiöses aber schon. Und die Vermutung ist zumindest nicht abwegig, dass es zwischen Moral und Religion eine Verbindung gibt. Doch ist das wirklich so? Kann man sich über die Ursprünge der Religion auch den Anfängen moralischen Denkens nähern?

Das ist bis heute leider nicht geklärt. Befürworter dieser These wie der Psychologe Ara Norenzayan argumentieren: Nur die Vorstellung alles kontrollierender Götter kann eine Gesellschaft dazu bringen, soziale Regeln durchzusetzen, nach denen sich Menschen richten. Religion ist für Norenzayan, ähnlich wie für Mithen, ein Nebenprodukt der kognitiven Evolution, und sie habe ihrerseits die Moral hervorgebracht.[124]

Dagegen spricht, dass es durchaus möglich ist, eine säkulare Ethik zu begründen, die sich nicht auf eine göttliche Ordnung beruft. Auch in der Antike gab es durchregulierte Gesellschaften, die ohne moralisch wachende

[124] Norenzayan 2013.

Götter auskamen. So argumentiert etwa der Evolutionsbiologe Francisco Ayala. Er führt die Moral nicht auf Religion zurück, sondern deutet sie als eigenständiges Nebenprodukt der Evolution. Er sagt auch: Moral einerseits und das Etablieren sozialer Normen sind zwei Paar Schuhe. Sich an Regeln zu halten, setzt noch keine moralische Überzeugung voraus. So kann es in der Evolution soziale Regeln gegeben haben, lange bevor moralisches Denken in Erscheinung trat.

Ayala betrachtet die Moral als eine Exaptation – also ein Nebenprodukt (im Gegensatz zur Adaptation) – der allgemeinen Intelligenzentwicklung beim Menschen.[125] Drei Bedingungen müssten dafür erfüllt sein: zum einen die Fähigkeit, die Konsequenzen des eigenen Handelns zu antizipieren (was einhergeht mit der Fantasie, sich etwas vorzustellen, was gerade nicht Teil der erlebten Realität ist). Die anderen beiden Voraussetzungen sind die Fähigkeiten, Werturteile zu treffen und zwischen Handlungsalternativen zu wählen. Wenn Ayala damit Recht hat, dann würden Moral und Kunst auf ähnlichen kognitiven Prämissen beruhen. Die Konsequenz wäre, dass die Moral zumindest nicht viel älter ist als die Kunst. Und die Religion wäre lediglich ein ergänzender Überbau, aber nicht die eigentliche Wurzel der Moral.

Ist die Ästhetik also tatsächlich die Mutter der Ethik - wie das Eingangszitat von Joseph Brodsky ebenso behauptet wie das Anagramm in der Überschrift dieses Abschnitts? Unabhängig davon, ob sich Moral aus religiösem Denken oder parallel dazu entwickelt hat – ins Leben unserer Vorfahren trat sie offenbar erst lange *nachdem* die Menschen begannen, ästhetisch zu denken. Gleichzeitig gibt es – wie zu Beginn dieses Zwischenspiels dargelegt – zwischen Moral und Schönheit eine Vielzahl an Ähnlichkeiten und Parallelen. Der Zusammenhang zwischen beiden Errungenschaften der Menschheit ist unübersehbar.

[125] Ayala 2010.

Teil II

Schönes Lernen

10. Lernen: Kognitive Sensibilisierung

Es ist schon so: Die Fragen sind es,
aus denen das, was bleibt, entsteht.

Denkt an die Frage jenes Kindes:
„Was tut der Wind, wenn er nicht weht?“

Erich Kästner, *Sokrates zugeeignet*

Die feinen Unterschiede

Eine Lehrerin denkt darüber nach, wie sie ihrer Klasse bestimmte Lerninhalte nahebringt: Wie kann sie den Stoff veranschaulichen und überhaupt Interesse fürs Thema wecken? Eignet es sich für eine Gruppenarbeit, für Referate, oder bietet sich sogar eine Exkursion an?

Ein Reporter überlegt, welche Aspekte er in seinem Bericht anspricht und in welcher Reihenfolge; welche Sprachbilder er verwendet, wie er in den ersten Zeilen Neugier weckt und wie ein starker Schluss lauten könnte.

Eine Forscherin will einen Fachartikel publizieren: Wie kann sie den Herausgebern der Fachzeitschrift ihr Thema schmackhaft machen – ihre Forschung so darstellen, dass die Relevanz, Evidenz und Neuheit für alle sofort ersichtlich ist?

Eine Politikerin, die an ihrer Bundestagsrede feilt; ein Musiker, der mit dem neuen Stück endlich den Durchbruch schaffen will; ich, wenn ich dieses Buch schreibe: Wir alle stehen vor den gleichen grundlegenden Fragen: Wie vermitteln wir unsere Ideen so, dass andere sie nicht nur verstehen, sondern auch verstehen wollen und überzeugend finden? Das ist zu einem erheblichen Teil angewandte Ästhetik. Man könnte es auch als *Didaktik* bezeichnen.

Im zweiten Teil dieses Buchs will ich den Vorgang des Lernens aus einer ästhetischen Perspektive betrachten, in der Überzeugung, dass sich daraus auch neue Impulse für die Vermittlung von Wissen und Ideen ergeben.

Lernen ist die Aneignung von Wissen und geht mit einer dauerhaften Änderung des eigenen Verhaltens einher. Darauf laufen fast alle psychologischen und pädagogischen Definitionen hinaus. Lernen kann sich darin äußern, dass wir bestimmte praktische Fähigkeiten entwickeln oder dass wir Sachverhalte besser beurteilen können.

Dies ist jedoch eine Beschreibung „von außen". Übersetzt man sie in die subjektive Perspektive der Lernenden, so könnte man sagen: Beim Lernen handelt es sich um Erkenntnisprozesse, die mit einer *Sensibilisierung* einhergehen; einer Sensibilisierung unserer Wahrnehmung, unseres Verständnisses und unseres Verhaltens.

Skaleninvarianz

Wenn wir häufig mit einer bestimmten Art von Reizen zu tun haben, lernen wir mit der Zeit, immer feinere Unterschiede wahrzunehmen. Ein Ranger in einem Naturschutzgebiet ist geübt darin, die Anzahl der Vögel in einem Schwarm zu schätzen, eine versierte Meteorologin kann relativ genau den Flächenanteil einer Wolkendecke am Himmel beziffern, und als Marktverkäufer bekomme ich mit der Zeit ein Gespür für Gewichte. Diese Sensibilisierung der Wahrnehmung folgt einem bestimmten Muster.

Bereits im 19. Jahrhundert entdeckte der Mediziner Ernst Heinrich Weber eine Gesetzmäßigkeit, die später von seinem Schüler Gustav Theodor Fechner präzisiert wurde und heute als Weber-Fechnersches Gesetz bekannt ist. Es besagt: Je schwächer die Reize sind, desto kleiner sind die absoluten Unterschiede, die wir gerade noch wahrnehmen. Wenn ich Gewichte von 1,9 kg und 2,0 kg durch einfaches Abwägen mit der Hand unterscheiden kann, dann spüre ich auch einen Unterschied zwischen 190 g und 200 g. Unsere Sensibilität bezüglich solcher Reize ist demnach *skaleninvariant*: Unabhängig von der Größenordnung ist *das Verhältnis* der gerade noch unterscheidbaren Werte (hier 19:20) konstant. Ähnliches gilt für die Wahrnehmung von Lautstärken oder Helligkeiten.

Es ist jedoch offensichtlich, dass dieses Gesetz nur in bestimmten Intensitätsbereichen gilt: Gewichte von 190 kg und 200 kg werden die meisten von uns nicht auseinanderhalten können, da sie sie gar nicht vom Boden heben können. Ebenso wenig sind wir in der Lage, ohne Hilfsmittel zwischen Gewichten von 1,9 g und 2,0 g zu unterscheiden. Das Prinzip der Skaleninvarianz gilt somit lediglich als eine Näherung innerhalb eines bestimmten Wertespektrums.

Diese Beispiele beschreiben auch nur die Sensibilität gegenüber den *Werten* (hier: Kilogramm) innerhalb einer vorgegebenen Kategorie (Gewicht). Sensibilisierung bedeutet hierbei, dass wir *immer kleinere Reiz-*

unterschiede wahrnehmen. Es gibt noch eine zweite Form der Sensibilisierung. Sie besteht darin, dass wir bei der Wahrnehmung eines Objekts oder eines Sachverhalts immer mehr *Kategorien* einbeziehen. Wer in jungen Jahren zum ersten Mal Wein trinkt, spricht auf relativ wenige Kategorien an: Der Wein darf gern süß sein, alles andere ist ziemlich unerheblich. Weinkenner dagegen kultivieren geradezu ihre Sensibilisierung in Bezug auf möglichst viele Kategorien, vom Bukett bis zum Abgang.

In der Praxis gehen beide Arten der Sensibilisierung miteinander einher: Je mehr Erfahrung ich auf einem bestimmten Gebiet sammle, desto mehr Kategorien werde ich in meine Wahrnehmung eines Objekts einbeziehen *und* desto feinere Unterschiede werde ich wahrnehmen. Mit der Vertrautheit wächst also die Sensibilität insgesamt. Je besser ich eine Sprache beherrsche, desto mehr Nuancen verstehe ich, wenn ich sie höre.

Dies führt zu einem weiteren Phänomen: Wer Berlin mit München vergleicht, wird einige kulturelle Unterschiede zwischen diesen beiden Städten wahrnehmen. Wer Berlin mit Athen vergleicht, wird ebenfalls Unterschiede nennen können. *Objektiv* unterscheidet sich Berlin stärker von Athen als von München, da Athen eine griechische und München eine deutsche Großstadt ist. *Subjektiv* kann es aber sein, dass die „Andersartigkeit" aus Sicht eines Berliner Bürgers in beiden Fällen etwa gleich groß erscheint: Wird er aufgefordert, Berlin und Athen zu vergleichen, fallen ihm möglicherweise nicht mehr Unterschiede ein, als wenn er nach München gefragt wird. Der Grund ist, dass er die Städte jeweils auf ganz anderen Ebenen vergleicht. Die selbstverständlichen Ähnlichkeiten beim Vergleich München/Berlin (gleiche Sprache, ähnliches Klima, gleiche Gesetze, deutsche Traditionen) bewirken, dass uns die dennoch vorhandenen subtilen Eigenarten in Mentalität, Dialekt oder lokalen Traditionen viel stärker auffallen. Als West- und Ostdeutsche nach dem Fall der Mauer den jeweils anderen Teil des Landes bereist haben, erzählten viele, dass sie diese Reisen als weitaus exotischer empfanden als etwa einen Urlaub in Kuba.

Es geht also nicht nur um das *Registrieren* bestimmter quantitativer Unterschiede, sondern um das Erleben insgesamt: Wie stark „spüre" ich, dass ich in einer „ganz anderen Stadt" bin? Und auch hier scheint es so etwas wie Skaleninvarianz zu geben, in dem Sinn, dass ich auch in Bezug auf Neuartigkeit und Komplexität ähnlich starke Unterschiede in verschiedenen Größenordnungen wahrnehmen kann. Deshalb zeigen *Vergleiche* im Kleinen so viele erkennbare Unterschiede auf wie Vergleiche im Großen – weil ich auf feinere Unterschiede achte. Und deshalb kann, wer in Deutschland aufgewachsen ist, bei einer Reise von München nach Berlin ein ähnliches Gefühl von „Neuartigkeit" erleben wie bei einer Reise nach Athen.

L (1)

Lernen gleicht einer kognitiven Sensibilisierung: einer Sensibilisierung von Erkenntnisprozessen.

Es ist dabei skaleninvariant: Je vertrauter ich mit einer Sache bin, desto sensibler werde ich für Unterschiede, und desto bedeutsamer erscheinen sie mir.

Wann ist Lernen nun schön? Da es aus *Handlungen* besteht, lautet die Antwort: Wenn es K-wertig ist. Die Chancen dafür sind günstig, denn Lernen findet oft innerhalb ästhetischer Handlungskontexte statt: Wenn wir Dinge *erkunden* oder uns auf etwas *einlassen,* können wir unsere Wahrnehmung sensibilisieren. Wir kennen uns dann etwa in einem Stadtviertel immer besser aus. Auch beim *Tüfteln* und *Sich-Äußern* findet Sensibilisierung statt: Eine Handwerkerin eignet sich ein wachsendes Repertoire an Techniken an, die sie passend auf die jeweilige Anforderung einsetzen kann. Ein Pianist lernt, den Ausdruck seines Spiels um immer feinere Nuancen zu variieren. Enthält das Lernen dann noch kreative – nicht-systematische, intuitiv-diversive (s. S. 127) – Anteile oder ermöglicht *Flow*-Momente, dann ist es wirklich schön.

Lernen bewegt sich aber keineswegs immer in ästhetischen Handlungskontexten. Es gibt „Pawlowsches“ oder „behaviouristisches“Lernen, das in Redewendungen wie *„Aus Schaden wird man klug“* oder *„Gebrannte Kinder scheuen das Feuer“* zum Ausdruck kommt. Gemeint sind Lernvorgänge, die uns durch lustvolle oder schmerzhafte Erfahrungen daran gewöhnen, auf bestimmte Reize zu reagieren oder sie zu vermeiden. Sie sind in keiner Weise kreativ und deshalb meist ebenso unschön wie diejenigen, die ausschließlich einem äußeren Zweck dienen –wie das lustlose Pauken von Vokabeln, um nicht wegen einer schlechten Note sitzenzubleiben.

L (2)

Lernen kann K-wertig – und somit schön – sein, wenn es sich im Rahmen ästhetischer Handlungskontexte (erkunden, tüfteln, sich-einlassen oder sich -äußern) bewegt. Es bedeutet dann:

Dinge so zu ergründen, dass wir sie feiner und differenzierter wahrnehmen und verstehen. Oder aber Dinge so zu gestalten, dass damit ein Übungseffekt verbunden ist, wir also unser Geschick und Gespür verbessern sowie unsere Techniken und unser Ausdrucksrepertoire verfeinern.

Von einem Thema Ahnung haben

Wenn schönes Lernen aus K-wertigen Handlungen besteht, sollte es nach allem, was ich auf S. 119f. geschrieben habe, mit einer Erwartung verbunden sein – nämlich, dass sich das, was wir lernen, als O- bzw. S-wertig erweist. Wann ist das nun der Fall? Und was ist „das, was wir lernen" überhaupt? *Was* lernen wir, wenn wir lernen?

Die gängige Auffassung lautet: Durch Lernen eignen wir uns *Wissen* an. In meinen Ohren klingt der Begriff oft zu absolut. Etwa, wenn davon die Rede ist, dass sich das Wissen auf der Welt alle fünf Jahre verdoppele. *Wissen* wird dabei gleichgesetzt mit der Menge an wissenschaftlicher Literatur – unabhängig davon, ob jemand sie zur Kenntnis nimmt – und unabhängig von den Redundanzen und Widersprüchen zwischen den Veröffentlichungen. Die Vorstellung, dass sich Menschen „Wissen" aneignen, erweckt auch den Eindruck, es gehe um unverrückbare Wahrheiten, die man entweder „weiß" oder nicht. Deshalb ziehe ich einen anderen Begriff vor: Was wir uns aneignen, ist weniger *Wissen* als vielmehr *Ahnung*!

Dieses Wort passt besser zum Verständnis von Lernen als kognitiver Sensibilisierung. Wir lernen schließlich viele Dinge, die mehr sind als „Wissen" im engeren Sinn. Regelmäßiges Musizieren etwa verbessert die „Musikalität" – das musikalische Gespür wird feiner. Dieses Gespür beruht auf weitaus mehr als nur auf musikalischem Wissen. Gespür meint vielmehr die Aufmerksamkeit für Unterschiede – und genau diese Sensibilisierung steckt auch im Begriff *Ahnung*.

Woran erkennen wir, dass jemand von etwas Ahnung hat? Vor allem an der Fähigkeit, differenzierte und weiterführende Fragen zu stellen. Wenn Sie ein Sachbuch lesen, auf einen Kongress gehen oder eine Diskussion verfolgen, bekommen Sie viele anregende Informationen. Doch ebenso anregend sind oft schon die Fragen, die im Raum stehen und auf die diese Informationen und Erkenntnisse eine Antwort geben. Und das Gleiche gilt für die weiteren Fragen, die sich aus diesen Erkenntnissen ergeben.

Ahnung setzt sich somit aus zweierlei zusammen: Die eine Komponente sind die Kenntnisse und Fähigkeiten, die man hat und anwenden kann. Die andere ist die Kompetenz, Fragen zu erkennen, die sich aus diesen Kenntnissen ergeben. Einen solchen Komplex aus Kenntnissen und den sich daraus ergebenden Fragen bezeichnen wir als ein *Thema*.

Es sind somit Themen, von denen wir Ahnung haben. Bei Themen wiederum handelt es sich nicht nur um „Wissensgebiete" wie „organische Chemie", „Handelspolitik" oder „Yoga". Der Begriff umfasst hier vielmehr etliches andere, was wir lernen: soziale Verhaltensweisen, Ereignisse im persönlichen Umfeld oder persönliche Fähigkeiten.

Auch beim Lernen eignen wir uns Ahnung von einem Thema an – und damit auch das Thema selbst. Versteht man also Lernen als eine (potenziell ästhetische) Handlung, sind *Themen* die dazugehörigen Objekte.

Kenntnisse und Erkenntnisse

Es ist Ihnen vermutlich aufgefallen: Ich habe im letzten Abschnitt zum ersten Mal von *Kenntnissen* statt nur von *Erkenntnissen* gesprochen. Das möchte ich kurz erklären. Eine *Kenntnis* ist – gemäß dem allgemeinen Sprachgebrauch – etwas, was man weiß, ahnt oder kann, egal ob es sich um Chemie, Kochrezepte, Gerüchte, um diplomatisches Auftreten oder um Klarinettespielen handelt.

Erkenntnis wiederum bezeichnet im Deutschen sowohl den *Prozess* des „Erkennens" (Erfahrens, Verstehens ...) als auch das *Ergebnis* – das, was man erkannt hat. In der Regel entstehen durch diese Doppeldeutigkeit keine Missverständnisse, weshalb ich das Wort auch in beiderlei Bedeutung verwende. Dennoch schwingt im Wort „Erkenntnis" immer der Gedanke mit, dass es einen Zeitpunkt gab, in der eine bestimmte „Kenntnis" in unser Leben trat und etwas verändert hat: *„Es war eine wichtige Erkenntnis, dass ..."* Deshalb auch *Erkenntnisästhetik* – denn es geht auch um die Ästhetik von Erkenntnisprozessen.

Von Kenntnissen sprechen wir dagegen, wenn der Moment der Aneignung irrelevant ist. *„Ich verfüge über Kenntnisse ..."* bedeutet eben: *„Ich habe Ahnung von ..."* Doch in der Substanz sind Kenntnisse und Erkenntnisse sehr ähnlich und manchmal austauschbar. Ich werde sie deshalb jeweils so verwenden, wie es im jeweiligen Zusammenhang passt. Ist der Prozess der Vermittlung oder Aneignung relevant, werde ich eher von Erkenntnissen sprechen, ansonsten von Kenntnissen.

L (3)

Die Objekte des Lernens sind (Er-)Kenntnisse bzw. Themen.

Ein *Thema* ist ein Komplex aus (Er-)Kenntnissen sowie den Fragen und Problemen, die sich aus ihnen ergeben.

Die persönlichen Kenntnisse zu einem Thema mitsamt der offenen Fragen und Probleme bilden eine *Ahnung*.

11. Themenwelten und Denklandschaften

Wie oft habe ich ihm schon gesagt, dass – abgesehen von jeglicher Berufsblindheit – das Charakteristische des Geographen meiner Meinung nach darin besteht, sich vorzugsweise auf fremdem Terrain zu verirren [...], weil der Geograph eine verirrte Persönlichkeit ist. Weil er sich nicht scheut zuzugeben, dass er vom Weg abgekommen ist, seine Veranlagung einzugestehen, die Ferne zu erkunden, ohne sich von der Stelle zu rühren.

Brigitte Paulino-Neto, *Die Melancholie des Geographen.*

Die Themenwelt

„Das ist ein schönes Thema" ist im Journalismus ein gängiger Satz. Nehmen wir ihn mal wörtlich: Können Themen *schön* sein? Ja. Wenn man Lernen als eine potenziell schöne Handlung versteht, dann müssen auch die Objekte des Lernens schön sein können. Wann aber sind sie es?

In einem ersten Schritt können wir alle erkenntnisästhetischen Kriterien aus dem ersten Teil anwenden: Schön sind Themen dann, wenn die Erkenntnisse O-wertig (schlüssig, schlicht, ...), S-wertig (persönlich bedeutsam und Verbundenheit schaffend) oder K-wertig sind. K-wertig bedeutet hier vor allem: dass sie eine gewisse (aber nicht zu große) Neuartigkeit bzw. Komplexität aufweisen und eine O- bzw. S-Spannung aufbauen (S. 119). Sie werfen also Fragen auf, von denen wir uns vorstellen können, dass es auf sie eine O- bzw. S-wertige Antwort gibt.

Entscheidend ist nun: Auf welche Themen das zutrifft – welche wir also K-wertig finden –, verändert sich beim Lernen selbst. Denn das Neuartige und Komplexe erscheint, wenn wir uns länger mit ihm beschäftigen, irgendwann nicht mehr so neuartig und komplex. Dadurch verlieren wir aber nicht zwangsläufig das Interesse, denn es passiert dabei ja noch etwas anderes: Je mehr Ahnung ich mir zu einem Thema aneigne, desto mehr wird es zu einem Teil „meiner Welt". Die Folge ist, dass für mich Details und

Spezialaspekte zunehmend an Bedeutung gewinnen. Oder dass ich Anknüpfungspunkte zu anderen verwandten Themen finde, die dann ihrerseits wieder in einem gewissen Maße neu oder komplex sind.

> *L (4)*
>
> Schön ist ein Thema, wenn es hinsichtlich der Erkenntnisse O- oder S-wertig sowie hinsichtlich der offenen Fragen O- oder S-mäßig spannend und somit K-wertig ist. Auf welche Themen das jeweils zutrifft, verändert sich durch das Lernen selbst.

Ich kenne sprachsensible Menschen, die es als eine modische Unart empfinden, wenn von „spannenden Themen" die Rede ist. Ein Krimi könne spannend sein, aber doch nicht ein Thema! Ich gestehe, ich war früher auch dieser Ansicht – doch das Nachdenken über die Ästhetik des Lernens hat mich eines Besseren belehrt. An diesen Gedanken möchte ich nun anknüpfen und ein Modell für K-wertige Lernprozesse entwickeln.

Das Modell

Lernen gleicht in diesem Modell einer Reise durch die „Welt der Themen". Sie ist vergleichbar mit echten Reisen – wie in unserem Beispiel von Berlin nach München oder Athen. Wie bei jeder Reise verändert sich nicht nur unser Standort in dieser Welt, sondern auch unser Horizont und unsere Perspektive, kurz: unser Blick auf die Welt – die Landschaft im Kopf.

Um diese Reise-Analogie fortzuführen und daraus ein ästhetisches Lern-Modell zu entwickeln, werde ich nun auf theoretische Konzepte zurückgreifen die ausgerechnet aus der Geographie stammen. Sie sind dort unter den Bezeichnungen „Theorie der zentralen Orte", „kognitive Karten" sowie „Theorie der Diffusion von Innovationen" bekannt.

In der *Theorie der zentralen Orte* wird die Welt als ein Netz aus Orten unterschiedlicher Zentralität betrachtet (vgl. Abb. 14).[126] Mit *Zentralität* ist gemeint, dass ein Ort gegenüber seiner Umgebung einen „Bedeutungsüberschuss" hat. Das Wort *zentral* lässt sich in diesem Fall steigern: Ein Ort ist umso zentraler, über je mehr überörtlich relevante Institutionen und infrastrukturelle Einrichtungen er verfügt; je mehr Funktionen er für seine Umgebung übernimmt (z.B. Verwaltung, Warenversorgung, medizinische Versorgung, Bildung, Verkehrsanbindung). Dagegen werden niederzentrale Orte von Orten höherer Zentralität mit solchen Funktionen versorgt.

[126] Christaller 1933.

Die gesetzlich geregelte Raumordnung in Deutschland hat dieses Modell übernommen. Sie unterscheidet mehrere Zentralitätsstufen. So werden Städte in Deutschland in „Oberzentren“, „Mittelzentren“ und „Unterzentren” unterteilt. Davon hängen dann weitere Entscheidungen ab wie die Verteilung von Schwimmbädern oder weiterführenden Schulen.

Auf jeden zentralen Ort kommen somit mehrere weniger zentrale. Es gibt also mehr Unterzentren als Mittelzentren und mehr Mittelzentren als Oberzentren. In den idealtypischen Modellen wächst die Zahl der Orte mit jeder Stufe exponentiell; in Abb. 14 beispielsweise um den Faktor 7.

Nun ein Gedankenspiel: Nehmen wir an, „Wissen“ lasse sich in der gleichen Weise kartieren. Stellen wir uns dazu vor, dass die Punkte in diesem Muster keine geographischen *Orte* sind, sondern *Kenntnisse*. Dann wird daraus ein Modell der zentralen Kenntnisse.

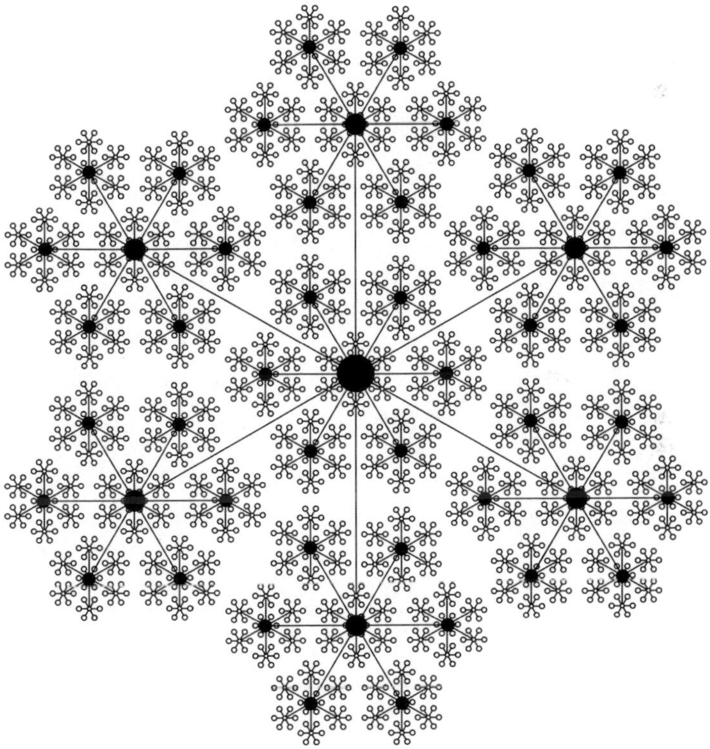

Abb. 14: Ein hexagonales Muster aus zentralen und weniger zentralen Orten. Auf jedes Oberzentrum (große Punkte) kommen hier 7 Mittelzentren, 49 Unterzentren und 343 Kleinzentren. Der Faktor 7 resultiert daraus, dass z.B. ein Oberzentrum für seine unmittelbare Umgebung *zugleich* Funktionen eines Mittelzentrums übernimmt (also mitgezählt wird).

Punkte, die nah beieinander liegen, stellen dabei themenverwandte Kenntnisse dar. Mit *Zentralität* ist auch hier ein „Bedeutungsüberschuss" gemeint. Darunter ist zweierlei zu verstehen. Kenntnisse können von hoher Bedeutung sein, wenn wir sie für besonders *wichtig* halten: Dass Rauchen Lungenkrebs begünstigt oder dass man bei Rot anhält, sind wichtige Kenntnisse in unserer Gesellschaft. Sie gehören zu den ersten Dingen, die wir über Gesundheitsvorsorge oder Verkehrserziehung lernen. Würde man solche wichtigen Kenntnisse in Abb. 14 verorten, würden sie zu den zentraleren Punkten gehören. Periphere Punkte dagegen entsprechen weniger wichtigen Kenntnissen wie der gesundheitlichen Wirkung von Salbei oder der genauen Bedeutung des eingeschränkten Halteverbots.

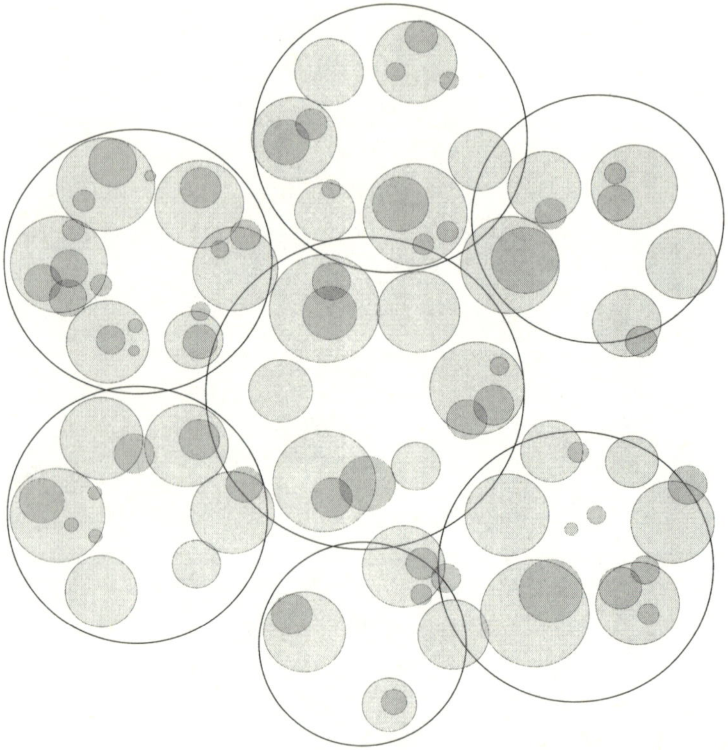

Abb. 15: Die Struktur einer Themenwelt, wenn „zentral" mit „allgemein" gleichgesetzt wird. Die Größe eines Kreises entspricht dem Allgemeinheitsgrad eines Themas oder einer Kenntnis. Die Überlappungen deuten die Überschneidungen an, die es zwischen verschiedenen Themenkomplexen geben kann.

Zentral wären in diesem Sinne auch solche Kenntnisse, die zum Verständnis anderer Kenntnisse relevant sind, sowie Fähigkeiten, die man in einer Vielzahl von Situationen anwenden kann. Peripher dagegen wären spezielle Kompetenzen sowie Detailwissen, das man nur in besonderen Fällen benötigt. Interpretiert man Abb. 14 in diesem Sinne, stellen die Verbindungslinien strukturelle Zusammenhänge zwischen einzelnen Kenntnissen innerhalb eines Themas dar. Das Verhältnis zwischen zentralen und weniger zentralen Kenntnissen entspricht somit etwa dem zwischen einer Haupt- und einer Kreisstadt.

Von diesem Gedanken ist es nicht weit zu einer weiteren Möglichkeit, die Zentralität von Kenntnissen zu interpretieren, nämlich als Grad der *Allgemeinheit*: Meine allgemeinen Kenntnisse über Vögel treffen auch speziell auf Raben, Hühner und Spatzen zu. In diesem Sinn entsprechen die Orte eher *Themen*: Je spezieller ein Thema ist, desto niedriger die Zentralität. Hierbei ist es jedoch angebracht, die Darstellung etwas abzuwandeln, denn eine allgemeines Thema ist nicht „größer" als eine spezielle Kenntnisse, sondern es *enthält* sie. Das Thema „Verkehrsregeln" enthält die Spezialthemen „Ampeln" und „Halteverbote". Die zentralen Themen entsprechen dann in der Analogie nicht einer Hauptstadt, sondern eher dem zu ihr gehörigen Territorium, eben: dem gesamten „Wissens-*Gebiet*". Die Struktur einer solchen *Themenwelt* sieht demnach eher so aus wie in Abb. 15.

Nun müssen wir beide Strukturen zusammendenken. Denn einerseits gibt es innerhalb jedes Themas wichtige und weniger wichtigere Kenntnisse entsprechend dem „Hauptstadt-Modell" in Abb. 14, zum anderen gibt es allgemeinere und speziellere Themen, wie es das „Territorial"-Modell in Abb. 15 beschreibt. Kombiniert man beide Strukturen, erhält man eine angemessenere Darstellung einer Themenwelt (Abb. 16, nächste Seite).

Die Abbildung deutet es an: Die beiden Bedeutungen von „Zentralität" (Grad der Wichtigkeit und Grad der Allgemeinheit) können sich decken, müssen es aber nicht zwingend. Deshalb liegen die „Kreise" keineswegs perfekt über den kleinen „Flocken" – also den sternförmigen Verästelungen.

In Abb. 16 sind Kenntnisse außerdem annähernd skaleninvariant dargestellt. In der Mitte sehen Sie das gestrichelte Quadrat. Der von ihm umgrenzte Ausschnitt weist die gleiche Struktur und innere Differenziertheit auf wie das gesamte Bild. Dies entspricht der Vorstellung, dass die Komplexität von Kenntnissen und Themen ähnlich groß bleibt, egal, ob man große Zusammenhänge betrachtet oder sich auf speziellere Aspekte konzentriert. Anders ausgedrückt: Die Welt wird nicht einfacher, wenn man genau hinguckt. Man kann noch so tief in ein Thema eindringen, es eröffnet sich immer wieder ein hochdifferenzierter Teilausschnitt, da wir beim Lernen für immer feinere Differenzierungen sensibilisiert werden. Dies entspricht der Alltagserfahrung: Als Laie sehe ich von einem Thema nur die „großen

Punkte" und die groben Zusammenhänge. Spezialisiere ich mich, so wird das Thema nicht unbedingt übersichtlicher. Denn mit jeder Spezialisierung tauchen neue Aspekte auf, die den Grad der Komplexität aufrecht erhalten. Diese Skaleninvarianz gleicht somit derjenigen der kognitiven Sensibilisierung: Bin ich für bestimmte Themen sensibilisiert, nehme ich feine Unterschiede und Spezialaspekte verhältnismäßig differenziert wahr. Dadurch wiederum kann der Vergleich zweier benachbarter „kleiner" Themen (z.B. München/Berlin) subjektiv ähnlich komplex ausfallen wie der zweier „großer" (Griechenland/Deutschland).

Aus der Skaleninvarianz der Themenwelt folgt wiederum ein Phänomen, das wir aus der Alltagserfahrung ebenfalls kennen. Man könnte es als Gesetz des wachsenden Aufwands bezeichnen. Oberflächliche Kenntnisse zu einem Thema lesen Sie sich in einer Stunde an. Um sich etwas besser auszukennen, recherchieren Sie ein paar Tage oder machen eine Fortbildung. Und um eine ausgewiesene Expertin zu werden, die auch neue

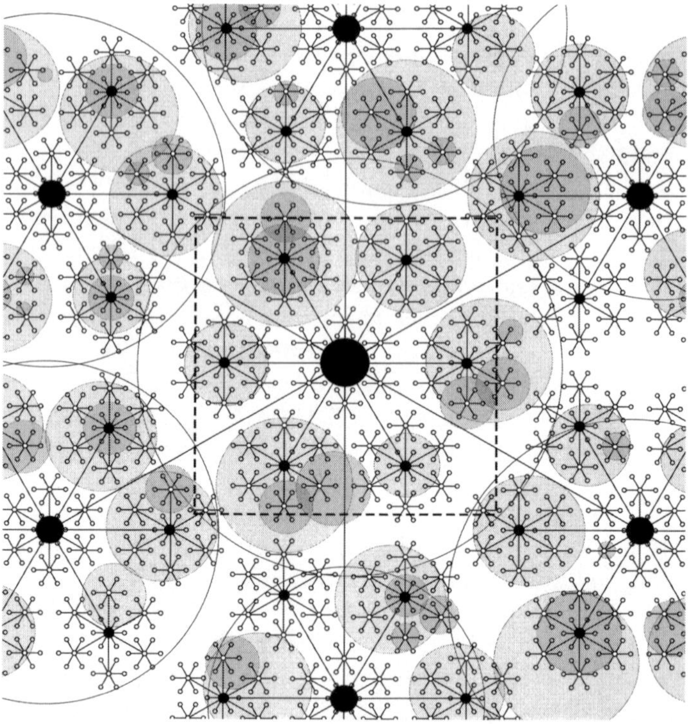

Abb. 16: Die abstrakte Struktur einer Themenwelt. Man kann sie sich als Kombination der Strukturen aus Abb. 14 und Abb. 15 vorstellen. Die hexagonale Anordnung des Musters ist lediglich aus Darstellungsgründen gewählt. Es bedeutet nicht, dass jedes Thema genau sechs Spezialthemen enthält.

Informationen zu dem Thema wirklich angemessen beurteilen und die richtigen weiterführenden Fragen stellen kann, bedarf es unter Umständen eines ganzen Studiums sowie vieler praktischer Erfahrungen. In Abb. 16 kommt dies dadurch zum Ausdruck, dass die Menge der Erkenntnisse, symbolisiert durch die Zahl der Knotenpunkte, exponentiell wächst, je weiter man sich in der Zentralität abwärts bewegt – also in die Details geht.

Von realen Reisen kennen wir das ebenfalls: Für den ersten oberflächlichen Eindruck einer Stadt genügt ein einstündiger Rundgang durch das Zentrum. Um die Stadt etwas besser kennenzulernen, braucht man schon ein paar Tage und geht dabei auch in den ein oder anderen Randbezirk. Doch erst wenn man sich über Monate oder gar Jahre in der Stadt aufhält, sie zu verschiedenen Jahreszeiten erlebt und ihre Bewohner besser kennenlernt, wird man ein tiefergehendes Gefühl für sie entwickeln und verstehen, wie sie „tickt".

Dieses Prinzip des wachsenden Aufwands trifft auf alle Lernvorgänge zu, vom Handwerken über das Erlernen von Instrumenten bis hin zum Sport: Der Lernaufwand wächst mit jeder Niveaustufe exponentiell. Je mehr Sie können und je weiter Sie fortgeschritten sind, desto mehr müssen Sie investieren, um sich noch etwas zu verbessern.

L (5)

Ästhetisches Lernen ist verbunden mit einer Sensibilisierung gegenüber Themen.

Unsere Ahnung, d.h. unsere Sensibilität gegenüber Kenntnissen und Themen ist annähernd skaleninvariant.

Je vertrauter uns ein Thema ist, desto sensibler sind wir für inhärente Differenzierungen und Nuancen sowie für die Abgrenzungen zu anderen Stilen und Themen.

Je stärker wir gegenüber einem Thema bereits sensibilisiert sind, desto mehr neue Erfahrungen sind nötig, um das Niveau der Sensibilisierung anzuheben.

Die Multidimensionalität der Themenwelt

Das Modell einer Themenwelt, so wie ich es bisher dargestellt habe, ist noch immer eine starke Vereinfachung. Denn es ist zweidimensional. Würden wir Abb. 16 mit Inhalt füllen, kämen wir vermutlich schnell an Grenzen. Wir könnten etwa in einem ersten Schritt (Abb. 17) die großen Kreise nach den akademischen Fächern beschriften. Manche Fächer wären dann näher beieinander als andere: Physik, Chemie, Biologie und Geowissenschaften stünden – als Naturwissenschaften – einander näher als den Geschichts-, Literatur- oder Wirtschaftswissenschaften.

Abb. 17: Mögliche Anordnung der traditionellen akademischen Fächer in einer nach Natur-, Geistes- und Sozialwissenschaften sortierten Themenwelt.

Doch das ist nur eine Perspektive. Man kann viele Themen auch räumlich sortieren. So gibt es Lateinamerikawissenschaften, Südostasienkunde oder Afrikaforschung – und dann erscheinen Geschichte, Geologie und Wirtschaftswissenschaften, als Teilaspekte dieser Fachgebiete, plötzlich sehr viel näher beieinander. Und es gibt noch einige andere Themen, die sich regionalisieren lassen, wie Literatur, Klima oder Politik. Auf dieser Grundlage könnte man eine dreidimensionale Themenwelt konstruieren, in der die akademischen Fächer zwar getrennt sind, die regionale Verortung aber wieder eine Nähe herstellt (Abb. 18).

Dieses Spiel ließe sich beliebig weitertreiben. Da es etliche Arten gibt, wissenschaftliches Wissen zu kategorisieren, könnte man viele zusätzliche Dimensionen hinzufügen. Und wollte man wirklich eine „Landkarte des Wissens" erstellen, dürfte man sich auch nicht auf wissenschaftliches Wissen beschränken. Schwimmen, Kochen, Meditationstechniken, soziale Kompetenzen, im Grunde auch das Wissen über sämtliche Ereignisse in der Welt – dies und vieles andere müsste eine solche Wissenskarte enthalten.

Letztlich zeigt dieses Gedankenexperiment vor allem eines: Eine solche *Themenwelt* ist lediglich eine hypothetisches Konstrukt. Es ist unmöglich, eine echte und objektive „Landkarte des Wissens" zu erstellen. Nicht nur, weil sie aufgrund der vielen Dimensionen nicht darstellbar wäre, sondern auch, weil es kaum objektive Kriterien gibt, um zu entscheiden, wie zentral einzelne Kenntnisse, Themen oder Ahnungen sind; wie

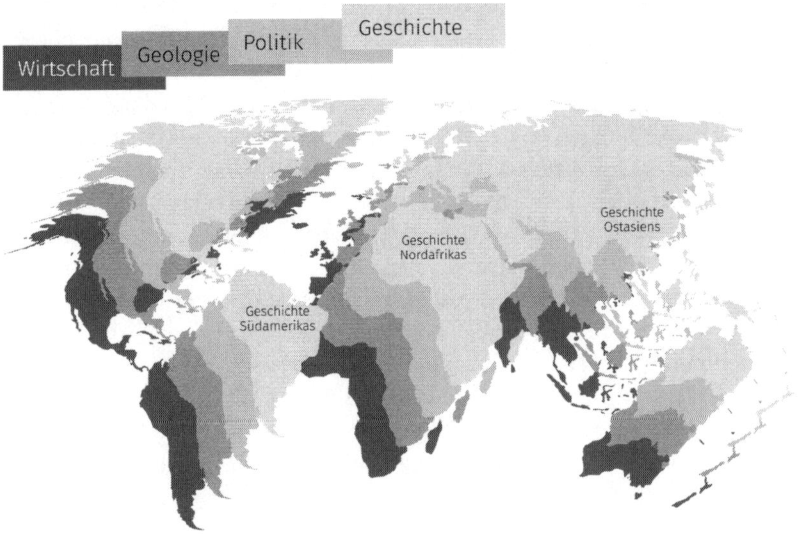

Abb. 18: Ein dreidimensionaler Erkenntnisraum für regionales Wissen.

„groß" also die „Kreise" jeweils zu zeichnen wären. Dies hängt immer von unserer jeweiligen subjektiven Perspektive ab
. Es wäre deshalb falsch, sich Lernen als eine Reise durch eine objektive Wissens- oder Themenwelt vorzustellen. Vielmehr reisen wir, wenn wir lernen, durch unsere *individuelle Denklandschaft*. Das Modell einer Themenwelt diente lediglich als Ausgangspunkt, um im nächsten Schritt zu verstehen, wie wir uns eine solche Denklandschaft vorstellen können.

Denklandschaften

Die Struktur einer Denklandschaft kann man sich im Grunde wie die der hypothetischen Themenwelt vorstellen: eine multidimensionale Landschaft aus zentralen und weniger zentralen Themen und Kenntnissen. Der Unterschied ist, dass Denklandschaften individuell und subjektiv sind. Welche Themen oder Kenntnisse als zentral und welche als weniger zentral erachtet werden, hängt von der individuellen Prägung und Vorerfahrung ab sowie vom jeweiligen Kontext. Wir alle haben somit unterschiedliche Perspektiven auf die Themen dieser Welt.

Um das Prinzip von Denklandschaften zu veranschaulichen, kommt nun ein zweites geographisches Konzept hinzu, nämlich das der *kognitiven*

Karten.[127] Es beschreibt, wie geographische Räume von Menschen wahrgenommen werden. Kognitive Karten sind der Versuch, eine Landschaft so wiederzugeben, wie sie in unseren Köpfen repräsentiert ist. Sie unterscheiden sich von gewöhnlichen Landkarten in mehrfacher Hinsicht.

Eine Landkarte hat in der Regel einen einheitlichen Maßstab: Gleiche Abstände auf der Karte entsprechen gleichen realen Entfernungen. Bei überregionalen oder gar Weltkarten ist diese Maßstabstreue zwar aufgrund der Erdkrümmung nicht möglich. Dennoch gibt es ein einheitliches Verfahren, um die Erdoberfläche auf die Karte zu projizieren, sodass man sich zumindest auf bestimmte geometrische Beziehungen verlassen kann.

In kognitiven Karten dagegen erscheint die reale Landschaft völlig verzerrt. Vertraute Gebiete nehmen deutlich mehr Raum ein als fremde. In der kognitiven Karte eines Frankfurters erscheint Frankfurt sehr viel größer als in der kognitiven Karte eines Neapolitaners, einfach deshalb, weil der Frankfurter viele Plätze, Straßen und Viertel seiner Stadt kennt. Diese Details beanspruchen entsprechend viel Platz in seiner kognitiven Karte.

Besonders deutlich zeigt sich dies in der wohl berühmtesten Darstellung einer kognitiven Karte, die Saul Steinberg in seiner Zeichnung „*View of the World from 9th Avenue*" verewigt hat (Abb. 19). Diese Karikatur repräsentiert die Welt im Kopf eines Bewohners von New York. Im Vordergrund sieht man die Straßen von Manhattan, dahinter den Hudson River, hinter dem sich wiederum der Rest der USA erstreckt: Eingegrenzt von kanadischer und mexikanischer Grenze ragen ein paar Berge in die Höhe. Dieser Rest der USA ist etwa so groß dargestellt wie die Häuserblocks zwischen 9. Avenue und Hudson River. Hinter der Westküste schließlich beginnt, kaum breiter als der Hudson River, der Pazifik. Und am Horizont, gerade noch erkennbar, China, Japan und Russland.

Genau dies zeichnet Denklandschaften aus: Eine realistische, unverzerrte Landkarte entspräche einer objektiven Themenwelt – die es aber eben nicht gibt. Eine Denklandschaft dagegen entspricht mehr der „New Yorker" Perspektive, also einer kognitiven Karte von Kenntnissen und Themen. Auch in ihr nehmen vertraute Themen einen größeren Raum ein als fremde. Dies führt zu einem interessanten Effekt. Denken wir nochmal an die Skaleninvarianz der Themenwelt in Abb. 16: Die Komplexität von Kenntnissen ist unabhängig von ihrer Zentralität. Wer mit einem speziellen Aspekt eines Themas sehr vertraut ist, kann einen benachbarten Aspekt *subjektiv* als ebenso neuartig und komplex empfinden, wie ein neues großes Thema, das man erstmal in groben Umrissen erkennt.

Ich schreibe diese Zeilen während der Corona-Krise im April 2020, als sich vor allem in den Medien zahlreiche „Corona-Experten" tummelten. Viele von ihnen hatten einen medizinischen oder biologischen Hintergrund,

[127] Downs & Stea 1973.

was in der breiten Öffentlichkeit oft schon gereicht hat, um sie als „kompetent“ wahrzunehmen. Ob diese Fachleute aus der Virologie, Immunologie, Bakteriologie stammten, ob es Lungenärzte waren oder Epidemiologinnen – das machte für Laien keinen großen Unterschied. Aus ihrer Sicht handelte es sich um *ein* Thema mit allenfalls ein paar Spezialaspekten.

Aus der Perspektive der Fachleute selbst sind die Unterschiede gewaltig. Eine fachkundige Virologin kann die Bakteriologie als völliges „Neuland“ empfinden. Und der viel interviewte, renommierte Virologe Christian Drosten erklärte damals, er gebe all die Interviews nur deshalb, weil speziell die Sars-Corona-Viren sein Fachgebiet sind. Ginge es um eine

Abb. 19: Saul Steinberg: *View of the World from 9th Avenue*. Cover der Zeitschrift *The New Yorker* aus dem Jahr 1976.

Influenza-Epidemie, würde er sich gar nicht trauen, darüber in der Öffentlichkeit zu reden. Für ihn sind Influenza-Viren somit ein komplett anderes Thema.

Kognitive Karten werden diesem Umstand gerecht: Sie bilden nicht den objektiven, sondern den subjektiven Abstand zwischen Orten ab. Deshalb ist für den New Yorker der Pazifik nur unwesentlich breiter als der Hudson River, und China, Japan und Russland liegen etwa so weit auseinander wie Chicago, Nebraska und Los Angeles.

In diesem Fall handelt es sich um eine überzogene Karikatur, doch gibt es reale Beispiele, die ein ähnliches Muster aufweisen. Etwa das Korrespondentennetz einer deutschen Nachrichtenagentur: Innerhalb Deutschlands ist es engmaschig. In fast jeder größeren Stadt gibt es einen oder mehrere Korrespondenten, die eine relativ kleine Region abdecken. In den europäischen Nachbarländern hat die Agentur ebenfalls Büros, allerdings in der Regel nur in den Hauptstädten bzw. den Finanzzentren. Außerhalb Europas wird das Netz noch weitmaschiger. Dort kann eine Korrespondentin für eine ganze Großregion zuständig sein, etwa für Südostasien, Mittelamerika oder das südliche Afrika. Sie betreut dann geographisch Gebiete mit Radien von manchmal mehreren tausend Kilometern.

Man könnte sagen: Dieses Netz spiegelt die *kognitive* Karte der Deutschen. In ihr liegen diese Großregionen ähnlich weit auseinander wie die großen deutsche Städte. Damit keine Missverständnisse entstehen: Natürlich *wissen* wir, dass Afrika größer ist als Deutschland. Aber das ist nicht der Punkt. Es geht vielmehr darum, wie differenziert wir eine bestimmte Region wahrnehmen, wie viel Ahnung wir von ihr haben, wie sensibilisiert wir also für die Unterschiede und die Themen hier wie dort sind und als wie bedeutsam wir sie empfinden. Ein Ereignis in China muss ungleich sensationeller sein als ein Ereignis in Bremen, um von der deutschen Öffentlichkeit registriert zu werden.

Steinbergs Illustration spiegelt neben der *Verzerrung* ein zweites Merkmal kognitiver Karten: die Tendenz zur *Begradigung*. In seinem Bild werden die USA jenseits von New York durch drei gerade Linien begrenzt. Die eine stellt die kanadische Grenze dar, die zweite die Grenze zu Mexiko, die dritte die Pazifik-Küste. Zwar enthalten die Grenzen der USA zu Kanada und Mexiko tatsächlich einige schnurgerade Abschnitte – aber *so* geradlinig sind sie dann auch wieder nicht! Tatsächlich aber *denken* wir uns Straßen, Flüsse und Küstenlinien oft geradliniger als sie in Wirklichkeit sind. Zeichnen Sie einmal die wichtigsten Straßen, Täler und Flüsse Ihrer Umgebung aus dem Kopf und vergleichen Sie Ihr Bild mit einer Karte! Oder zeichnen Sie die Umrisse von Europa – Sie werden feststellen, dass Sie viele Linien „begradigt" haben. Vermutlich haben Sie außerdem etliche dieser geradlinigen Abschnitte „eingenordet", sie also als waagerechte oder senkrechte

Linien in Nord-Süd bzw. Ost-West-Richtung ausgerichtet, obwohl sie vielleicht in Wirklichkeit in Nordwest oder Südsüdost-Richtung verlaufen.

Ein anderer Test: Stellen Sie sich den Panama-Kanal vor: Er verbindet den Atlantik mit dem Pazifik. Welcher Eingang des Kanals liegt weiter westlich, der atlantische oder der pazifische? – Für die meisten Menschen ist die Antwort überraschend: Wer den Panamakanal vom Atlantik zum Pazifik durchfährt, bewegt sich von Westen nach Osten. Das erwarten wir nicht, denn wenn wir uns den amerikanischen Kontinent vorstellen, sehen wir vor unserem geistigen Auge „oben" Nordamerika, „unten" Südamerika und Zentralamerika als eine schlichte Landbrücke, die beide verbindet – aber scheinbar nichts daran ändert, dass der Atlantik „rechts" im Osten liegt und der Pazifik „links" im Westen. Doch dies entspricht nicht der Wirklichkeit – Zentralamerika macht in der Höhe von Panama einen Bogen, der genau dort die Verhältnisse umgekehrt.

Der Grund für diese Verzerrungen liegt auf der Hand: Gerade und rechtwinklige Muster sind eine kognitive Vereinfachung und dadurch einprägsamer. Das gilt auch für eine dritte Eigenschaft kognitiver Karten: Gewisse markante Merkmale einer Gegend sind *übergroß repräsentiert*. Kognitive Karten ähneln in dieser Hinsicht den Darstellungen in einem Kinderatlas, wo Frankreich mit einem Eiffelturm markiert wird, Schottland mit einem Dudelsackspieler und Ägypten mit den Pyramiden. Ähnlich, wenn auch nicht ganz so extrem, nehmen auch wir Erwachsene fremde Landschaften und Regionen oft durch die folkloristische Brille wahr. Ausgewählte Merkmale, die wir für wesentlich oder „typisch" halten, sind in unseren kognitiven Karten stark hervorgehoben. Und haben wir eine Großstadt bereist, nehmen in unserer kognitiven Karte die Innenstadt und die zentralen Plätze einen übergroßen Raum im Verhältnis zu den Randbezirken ein.

All diese Eigenschaften kognitiver Karten prägen auch Denklandschaften. So wie wir Straßen in unserer Vorstellung begradigen, neigen wir dazu, Zusammenhänge zu vereinfachen und somit die „Verbindungslinien" zwischen einzelnen Erkenntnissen oder Themen zu „begradigen". Diese Neigung ist umso stärker, je weniger Ahnung wir von einem Thema haben.

Auch in Denklandschaften sind markante Elemente übergroß repräsentiert. Denken Sie an die Kanzler der Bundesrepublik in den fünfzig Jahren von 1970-2020. Was assoziieren Sie mit Ihnen? Zur Ära Willi Brandt fällt Ihnen vielleicht die Ostpolitik ein, symbolisch verdichtet im Kniefall am Warschauer Getto. Zur Ära Helmut Schmidt der Kampf gegen den Terrorismus der RAF. Zur Ära Helmut Kohl die Wiedervereinigung. Zur Kanzlerschaft Gerhard Schröders die Agenda 2020 sowie die Kriege in Kosovo und Afghanistan. Zu Angela Merkel „*Wir schaffen das!*" und die Corona-Krise. Im Verhältnis zur gesamten Dauer dieser Regierungen bilden die genannten Ereignisse zwar jeweils nur kurze Zeiträume ab. Doch ragen sie – wie der Eiffelturm im Kinderatlas – als überdimensionierte Marken aus den entsprechenden Ausschnitten unserer Denklandschaft heraus.

Natürlich unterscheiden sich die Perspektiven von Person zu Person Ähnlich, wie es vom „New Yorker" längst etliche Nachahmer-Cartoons gibt – den „Londoner", den „Frankfurter" usw. – so lebt jeder Mensch aufgrund seiner Biographie und seiner Persönlichkeit in seiner eigenen Denklandschaft.

Vergleichen wir etwa die Perspektive einer Gewerkschafterin mit der eines Umweltschützers (Abb. 20). Die Gewerkschafterin wird vielleicht die Themen Arbeitsplätze, Renten, Gesundheitspolitik und Umweltschutz auf eine Zentralitätsstufe stellen – und der Umweltschutz liegt dabei außerhalb ihres Zuständigkeitsbereichs. Der Umweltschützer wird die Themen anders gewichten und Klima, Artenvielfalt, Gewässerschutz und wiederum die Sozialpolitik *in ihrer Gesamtheit* auf einer Stufe ansiedeln.

Denklandschaften unterscheiden sich also voneinander zum einen darin, wie „groß" – also mit welcher Zentralität – einzelne Themen und Erkenntnisse abgebildet sind, zum anderen im Grad der Differenzierung einzelner Themen, also ob und inwieweit ein „Kreis" kleinere „Kreise" enthält.

Je mehr Ahnung wir von einem Thema haben, desto zentraler und damit bedeutsamer erscheint es uns oft auch. Bei einer Wahl wird der Umweltschützer mehr als andere sein Kreuz vom umweltpolitischen Profil der Parteien abhängig machen, während die Gewerkschafterin von der künftigen Regierung eher eine gute Sozialpolitik erwartet. Und bei der Analyse eines politischen Konflikts wird ein Historiker die geschichtlichen

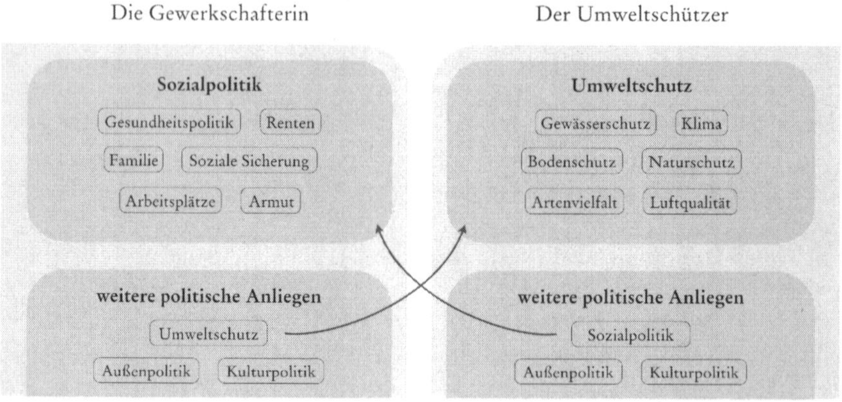

Abb. 20: Individuelle Denklandschaften einer Umweltschützerin und eines Sozialpolitikers.

Hintergründe vermutlich tendenziell höher bewerten als eine Volkswirtin, die die Probleme vor allem in den ökonomischen Interessen der beteiligten Kontrahenten sieht. Die persönliche Ahnung von einem Thema beeinflusst also die Relevanz, die wir ihm beimessen.

Von einer Landschaft in die andere

Die beiden Denklandschaften in Abb. 20 bilden den gleichen Ausschnitt einer Themenwelt unterschiedlich ab. Jede kann durch eine Transformation in die andere überführt werden. Wie geht das? Tun wir für einen Moment so, als gäbe es tatsächlich eine „objektive" Landkarte des Wissens, und stellen wir sie uns der Einfachheit halber zweidimensional vor. Abb. 21 könnte dann einen Ausschnitt darstellen. A, B, C usw. stehen dabei für „große" Themen (z.B. Wissensgebiete); A1, A2, B1 usw. für bestimmte Aspekte innerhalb dieser Themen. Denken wir uns ferner eine Person X, die in dieser Themenwelt einen bestimmten Standort einnimmt:

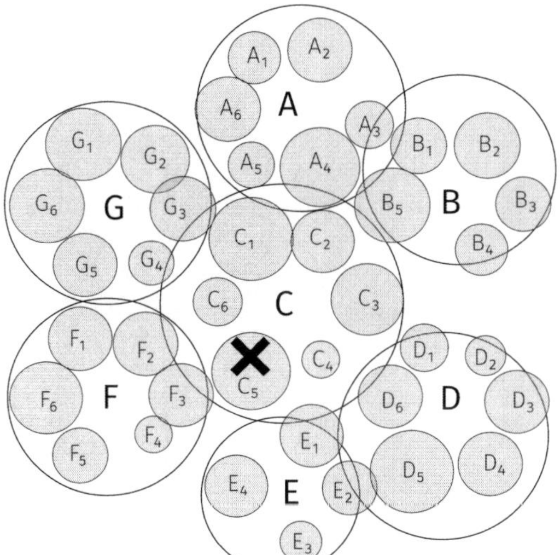

Abb. 21: Eine Position X im Ausschnitt einer hypothetischen Themenwelt.

X hat in diesem Modell also viel Ahnung von C5. Das wird zum einen dazu führen, dass X innerhalb von C5 weitere Spezialaspekte unterscheidet. Vor allem aber sieht X die Welt aus ihrer eigenen Perspektive. Diese können wir uns besser vorstellen, wenn wir eine „New-Yorker-isierung" für X wie in Abb. 22 vornehmen. Die Aspekte C1-C4 im nahen Umfeld erscheinen X

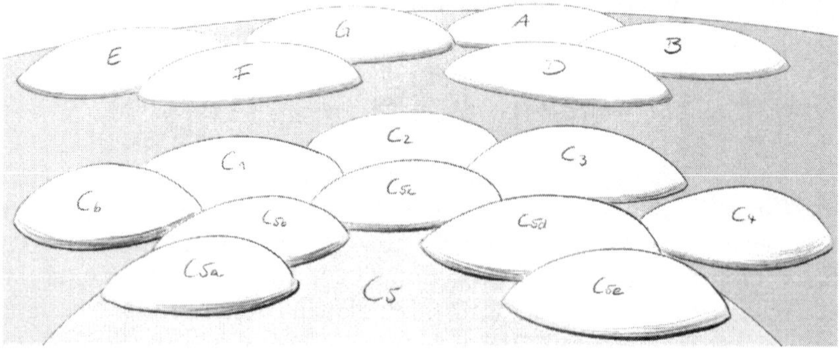

Abb. 22: Die Themenwelt aus der Perspektive von X.

besonders wichtig und nehmen in ihrer Wahrnehmung einen ähnlich großen Raum ein wie die Themen A-B und D-G in der Entfernung. Aus X' Wahrnehmung stehen sie alle auf der gleichen Zentralitätsstufe

Würde X nun ihre eigene Denklandschaft aus der Vogelperspektive zeichnen, würde diese strukturell der ursprünglichen hypothetische Themenwelt (Abb. 21) ähneln, nur mit einer gänzlich anderen Zuordnung der Zentralitäten (Abb. 23) Dies würde konkreten Denklandschaften wie in Abb. 20 entsprechen – denen der Gewerkschafterin und des Umweltschützers.

Nun haben wir diese Denklandschaften aus einer hypothetischen objektiven Themenwelt hergeleitet. Zuvor hatte ich allerdings schon geschrie-

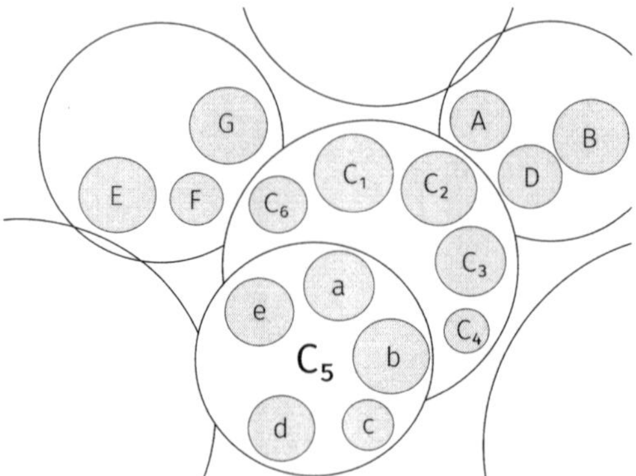

Abb. 23: Ausschnitt aus der Denklandschaft von X.

ben, dass es keine objektiven Themenwelten gibt, da es keine verallgemeinerbaren Maßstäbe dafür gibt, welche Themen der gleichen Zentralitätsstufe zuzuordnen wären. Relevanz ist immer subjektiv. Deshalb war es nur eine Hilfskonstruktion. Eine objektive, „absolute" Themenwelt benötigen wir gar nicht. So, wie wir eine Denklandschaft für X konstruiert haben, könnten wir in dieser wiederum einen Standort „Y" suchen – möglicherweise weit außerhalb des gezeigten Ausschnitts. Daraus könnten wir dann auf die gleiche Weise eine Denklandschaft für „Y" herleiten, so wie man aus der Denklandschaft der Umweltschützerin die des Sozialpolitikers konstruieren kann und umgekehrt. Jede individuelle Denklandschaft kann somit theoretisch als Bezugssystem dienen, um sie in eine andere individuelle Denklandschaft zu transformieren. Mit anderen Worten: Denklandschaften sind relativ.

Eines ist dabei noch zu berücksichtigen. Die oben beschriebene Transformation beruhte auf der Annahme, dass sich zwar die Größenordnung der Themen verändert, nicht jedoch die Themen selbst. Der Inhalt der Kreise blieb ja trotz der Verzerrung der gleiche. Auch das muss nicht immer so sein. Aspekte, die für eine Person wenig miteinander zu tun haben, stehen aus Sicht einer anderen in einem engen Zusammenhang oder bilden gar eine Einheit. Eine Geologin denkt die Alpen als eine zusammengehörige Einheit. Aus der Sicht eines Juristen dagegen zerfällt das gleiche Territorium in ein halbes Dutzend Staaten und Rechtssysteme. In abstrakter Form entspricht eine solche Neugruppierung einer Verschiebung der Kreise (Abb. 24).

Das alles sind Modellvorstellungen. Denklandschaften sind, wie dargestellt, multidimensional. Sie enthalten neben Sachthemen vieles andere:

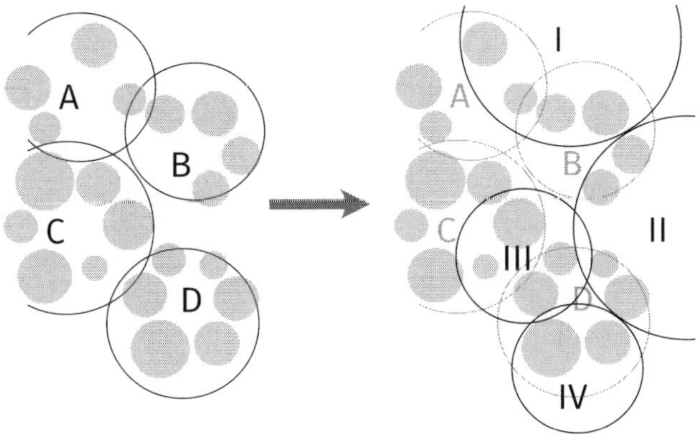

Abb. 24: Gleiche Aspekte lassen sich unterschiedlichen Themenkreisen zuordnen.

Persönliche Erinnerungen; motorische Fähigkeiten; die Kenntnis zahlreicher Musikstücke sowie viele weitere Themen und Kenntnisse, die eine Denklandschaft prägen können.

Und kein Mensch hat nur *einen* Standort in einer Themenwelt. Dies würde ja bedeuten, dass wir jeweils nur von einem einzigen Thema Ahnung hätten. Wir kennen uns aber mit vielen Dingen mehr oder weniger gut aus, ohne dass es zwischen ihnen einen Bezug geben müsste. Nehmen wir an, X ist Schreiner, zugleich aber auch ein guter Hip-Hop-Tänzer, ein Dartspieler und er kennt alle Filme der Coen Brüder. Seine Heimat ist Salzburg, er lebt aber jetzt mit seiner Frau und zwei Kindern in Hamburg. Y dagegen ist eine Diplomatin aus Berlin; sie liest gerne populärwissenschaftliche Bücher, kocht bevorzugt thailändisch, hat eine große Spielesammlung zu Hause und reist oft zu ihrer Freundin in Genf. X bzw. Y haben also von jeweils vielen Dingen eine gewisse Ahnung, ohne dass es zwischen diesen Aspekten eine logische oder strukturelle Nähe gäbe. Die Themen von X – Salzburg, Hip-Hop oder Kinder erziehen – haben miteinander nichts zu tun. Und keines von ihnen ist „typischer“ für Schreiner als für Diplomatinnen. Was sie in X‘ Denklandschaft verbindet, ist lediglich seine Biographie.

Im Ergebnis erscheint in der Denklandschaft von X manches zentraler als in der von Y und umgekehrt. Würden wir also X‘ Denklandschaft in die von Y transformieren, müssten die damit verbundenen Verzerrungen nicht an einem, sondern an vielen verschiedenen Punkten ansetzen, und das in vielen Dimensionen – ein weiterer Grund dafür, gar nicht erst zu versuchen, eine echte Denklandschaft grafisch abzubilden. Es war mir nur wichtig, das Prinzip zu veranschaulichen. Denn durch diese Landschaften werden wir jetzt reisen.

12. Der Weg der reinen Neugier

Erfahrung und Überblick

In der bisherigen Darstellung von Denklandschaften fehlt noch ein entscheidender Aspekt: Wenn wir an Saul Steinbergs „New Yorker“ denken oder an die Denklandschaften der Gewerkschafterin und des Umweltschützers, dann handelte es sich zwar immer um subjektive Perspektiven – aber auf eine nach objektiven Kriterien strukturierte Welt. Die USA, wie der New Yorker sie im Kopf hat, sind zwar sehr reduziert und verzerrt, doch die Anordnung der Orte ist im Groben richtig. So wie die Themen, die die Gewerkschafterin und der Umweltschützer im Kopf haben, „logisch“ angeordnet sind – nur jeweils in unterschiedlichen Größenverhältnissen. Was in diesen Denklandschaften noch nicht zum Tragen kommt, sind die persönlichen Erfahrungen. Auch hierzu greife ich wieder auf die geographische Analogie und somit auf Theorie der kognitiven Karten zurück.

Kinder kennen die Räume, durch die sie sich bewegen, fast nur aus persönlicher Erfahrung. Sie haben eine Vorstellung von den Strecken, die sie gehen müssen, um von A nach B zu kommen, aber sie haben noch kein Überblickswissen. Der Raum zwischen ihrem Elternhaus und der Schule sieht in ihrer kognitiven Karte vielleicht folgendermaßen aus:

> „Erstmal unsere Straße hinunter, an der Garage mit dem bunten Oldtimer-Bild vorbei, dann an der Ecke (wo der Hund immer am Zaun bellt) rechts ab, an der Bäckerei (duftet lecker) vorbei bis zur Baustelle (wo das Schild steht, dass Eltern für ihre Kinder haften), dann schräg über die Wiese (Achtung, Hundehaufen!), und schließlich noch über den Zebrastreifen (sechs Streifen, auf dem zweiten ist eine schwarze Bremsspur).“

Erwachsene konstruieren ihre kognitiven Karten ebenfalls aus den eigenen Bewegungen im Raum und den Erlebnissen, die sie damit verbinden. Doch werden diese persönlichen Erfahrungen ergänzt und überlagert von abstraktem geographischen Wissen, das wir uns vor allem anhand von Landkarten aneignen: Wir haben eine Vorstellung, wie Europa aussieht, nicht weil wir die Küste vermessen hätten, sondern weil wir Europa schon oft auf einer Karte gesehen haben. Und wenn wir in einem Zug von Freiburg nach Berlin unterwegs sind, dann besteht diese Reise in unserem Kopf nur zu einem Teil aus dem, was wir entlang der Strecke tatsächlich sehen, den Bahnhöfen, Wäldern, Mülldeponien und Fabrikparkplätzen. Zu einem mindestens ebenso großen Teil fließen unsere geographischen Vorkenntnisse in die kognitive Karte unserer Reise ein: Wir *wissen*, dass unsere Reise erst durch die Rheinebene führt, an diversen deutschen Mittelgebirgen vorbei ins Norddeutsche Tiefland bis an die Spree. Wir wissen, dass wir von Südwesten nach Nordosten reisen, und zumindest den Älteren von uns kommt in den Sinn, dass wir unterwegs die ehemalige deutsch-deutsche Grenze passieren. Unsere kognitive Karte besteht somit aus einer Überlagerung von primären Erfahrungen und sekundär angeeignetem Überblickswissen.

Bei Denklandschaften verhält es sich genauso. Auch sie entstehen aus dem Zusammenspiel von persönlichen Lernerfahrungen und systematischem Überblickswissen. Eine persönliche Lernerfahrung könnte zum Beispiel so aussehen:

> „Mit der Idee des Foucaultschen Pendels wurde ich vertraut, als ich im Segelurlaub das gleichnamige Buch von Umberto Eco gelesen habe. Als ich mich näher damit beschäftigt habe, habe ich auch das Prinzip der Coriolis-Kraft kapiert und warum die Luft in Tiefdruckgebieten auf den Wetterkarten immer gegen den Uhrzeigersinn strömt – das ist beim Segeln ja auch wichtig. Überhaupt: Wetterkunde, ein Gebiet, das mich von diesem Moment an zu fesseln begann. Ich habe mir nach dem Urlaub ein Buch besorgt und mich systematisch in dieses Fach eingearbeitet. Und in meinem nächsten Urlaub werde ich wieder einen Eco-Roman lesen."

In dieser persönlichen Erfahrung liegen also Wissen um italienische Literatur, physikalische Pendel und Schlechtwetter-Fronten recht nah beieinander.

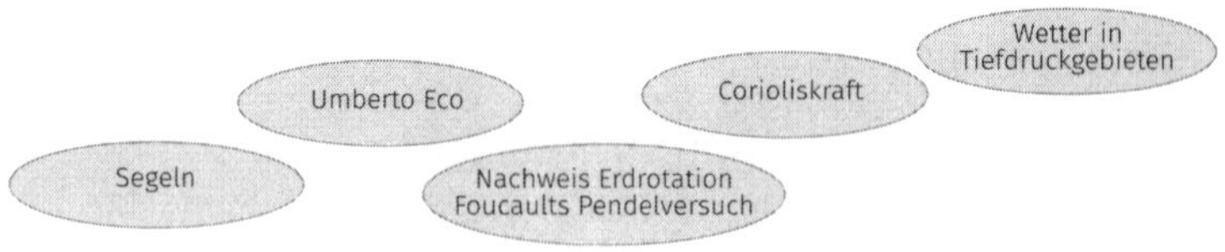

Abb. 25: Eine Denklandschaft, skizziert nach der persönlichen Erfahrung.

Diese persönliche Erfahrung wird später durch systematisches Überblickswissen ergänzt („Buch besorgt, systematisch eingearbeitet."). Bei diesem Schritt wird die in Abb. 25 dargestellte Denklandschaft überlagert von einer anderen Kartierung, die sich eher an die Systematik der wissenschaftlichen Disziplinen anlehnt.

Sie entspricht, ähnlich wie eine Landkarte, dem Blick von oben: Segeln wäre dem Themengebiet Sport zugeordnet, Umberto Eco dem Gebiet Literatur, Wetterkunde den Geowissenschaften und das Foucaultsche Pendel der Physik. Die gleichen Kenntnisse also, die in Abb. 25 aufgrund der persönlichen Erfahrung nah beieinander liegen, wären in einer solchen systematischen Themenwelt voneinander isoliert. Was sie im Erleben des Seglers zusammenhält, ist sein individueller Lernprozess durch den Urlaub. An dessen Ende gleicht die Denklandschaft des Seglers somit einer Überlagerung aus persönlicher Erfahrung und systematischem Überblickswissen (Abb. 26).

Das bedeutet auch: durch persönliche Erlebnisse entstehen Verbindungen und selbstmotivierte Lernvorgänge, die auf andere Weise nie zustande kämen.

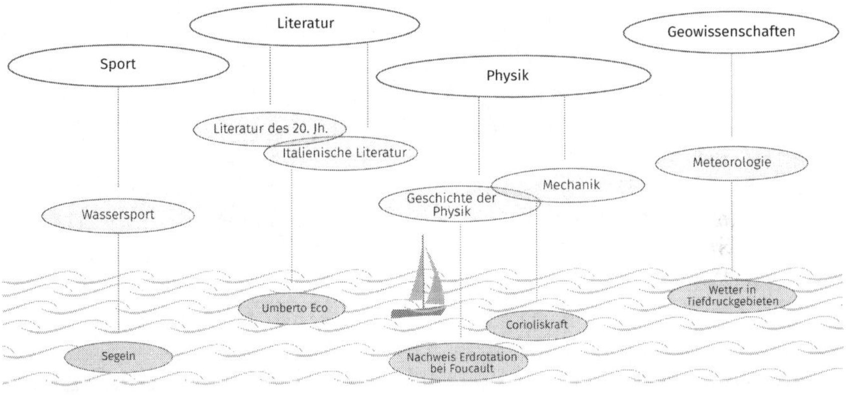

Abb. 26: In einer systematischen Themenwelt wären die Kenntnisse aus Abb. 25 Aspekte sehr unterschiedlichen Fachgebiete. Der Segelurlaub bildet den Kitt, der sie zusammenhält.

Was Hobbyforscher antreibt

Mit schönen Dingen beschäftigen wir uns in der Regel freiwillig und gerne. Begreift man Lernen als eine Reise durch eine Denklandschaft, dann zeichnet sich schönes Lernen dadurch aus, dass wir dabei die Route frei wählen oder ihr zumindest gerne folgen. Wie sieht ein solches Lernen aus? Wohin treibt uns unsere Neugier? Welchen Themen werden wir nachgehen? Eine Personengruppe, die hier interessante Aufschlüsse gibt, sind Menschen, die Wissenschaft in ihrer Freizeit betreiben. Hobbyforscher liefern anschauliche Beispiele dafür, wohin uns unsere Neugier führen kann, wenn sie primär intrinsisch motiviert ist, wenn keine Karriere auf dem Spiel steht und wenn keine Institution, kein Lehrplan und kein Forschungsauftrag festlegt, wofür man sich gefälligst zu interessieren hat. Anlässlich der Recherchen für eine Hörfunkdokumentation hatte ich Gelegenheit, einige Hobbyforscher kennenzulernen, die die Wissenschaft wirklich bereichert, neue Anstöße gegeben und ihre Ergebnisse in international beachteten Fachzeitschriften veröffentlicht haben.[128] Einer von ihnen war Hermann Süß.

Süß arbeitete bis zu seiner Pensionierung 1994 als Zugbegleiter bei der Bahn. Er kontrollierte Fahrkarten in süddeutschen Regionalzügen. In seiner Freizeit wurde Süß ein international hoch angesehener Experte für alte hebräische und jiddische Drucke. Er fand in deutschen Bibliotheken Schriften, von deren Existenz nicht einmal die Bibliothekare wussten. In Erlangen entdeckte er die in Fachkreisen berühmte Wagenseil-Bibliothek, eine Schriftensammlung aus dem 18. Jahrhundert, die als verschollen galt. Süß gab Gastseminare in New York und hielt über seine Forschungen Vorträge auf Kongressen in Oxford und Jerusalem.

Sein Hobby ließ sich sehr gut mit seinem Beruf vereinbaren: Er hatte durch den Schichtdienst oft unter der Woche frei und konnte die Bibliotheken aufsuchen. Die Bayerische Staatsbibliothek, wo er seine Arbeiten begann, lag ohnehin sehr nahe am Münchner Hauptbahnhof, und als ihn später seine Forschungen in die Bibliotheken von Lindau oder Erlangen führten, ließ er sich einfach für Züge einteilen, die in diese Richtung fuhren.

Wie kommt ein Zugbegleiter zu einem solchen Hobby? Süß' Forscherpersönlichkeit hatte sich schon in seiner Schulzeit gezeigt. In seinem Abitur stand über ihn: *„Eine eigenwillige Schülerpersönlichkeit, die infolge einseitiger Interessen in manchen Fächern nicht die Leistungen erzielte, die seiner allgemeinen Begabung entsprechen.“* Doch warum konzentrierten sich die „einseitigen Interessen“ von einem bestimmten Moment an ausgerechnet auf Hebraika und jiddische Drucke? Süß ist weder jüdischer Abstammung (auch wenn, wie er erzählte, viele aufgrund seines Namens spontan diese Assoziation gehabt hätten), noch hatte er sonst einen besonderen Bezug zum Judentum. Der Ursprung seines Interesses lag ganz woanders: Zum einen stammte Süß aus Nürnberg (sein breites Fränkisch klang im Radio besonders reizvoll!). Zum anderen, sagte er, hätten Bibliotheken schon immer eine Faszination auf ihn ausgeübt:

[128] Paál 2000.

> Meine Liebe zu den Büchern ist sehr alt. Ich habe 1948 ein Praktikum in der Volksbücherei in Nürnberg gemacht. Ich wollte zwar kein Bibliothekar werden, das hätte mich schon wieder gelangweilt. Aber ich wollte einmal wissen, was steckt hinter einer Bibliothek? In den fünfziger Jahren las ich dann einen Zeitungsartikel über das Jiddische, mit einigen Beispielen, die zeigten, dass das Altjiddische eine Verwandtschaft zum Fränkischen hat. Das hat mich neugierig auf diese Sprache gemacht. In der Stadtbibliothek habe ich eines Tages ein jiddisches Buch bekommen und war dann sehr glücklich, als ich den Text langsam lesen konnte, nachdem ich mir aus einer Enzyklopädie das Alphabet herausgeschrieben hatte. Und so hat sich im Lauf der Zeit mein Interesse für diese Sprache entwickelt.

Sein Interesse für Hebraika verdankte Süß also indirekt seiner Eigenschaft als Sprecher des fränkischen Dialekts!

Aber die Wege der Neugier können um noch mehr Ecken führen, wie die Geschichte des Chemikers und Patentanwalts Günter Wächtershäuser zeigt. Ich besuchte ihn 1999 in seiner geräumigen Anwaltskanzlei in der Münchener Innenstadt, unweit des Europäischen Patentamts. Ich war aber nicht gekommen, um mich über Erfindungen zu unterhalten, sondern über sein Hobby: Wächtershäuser forschte über die Entstehung des Lebens auf der Erde. Konkret hat er eine Art chemisches Drehbuch dafür entworfen, wie die ersten Stoffwechselprozesse ausgesehen haben könnten. Die frühesten Lebensformen hätten sich demnach auf heißen Mineraloberflächen aus Eisensulfid in der Nähe von Vulkanen am Meeresboden gebildet. In einem Labor der Universität München hat er diese Prozesse später simuliert und mit Hilfe der Experimente seine Theorie weiterentwickelt. Manche Wissenschaftler halten sie für plausibel, manche favorisieren andere Modelle. Wächtershäusers „Eisen-Schwefel-Welt" ist bis heute eine Theorie von mehreren, die es über den Ursprung des Lebens gibt, aber sie wird in der Fachwelt durchaus ernst genommen und immer wieder aufgegriffen.

Doch auch hier wieder die Frage: Wie kommt ein erfolgreicher Patentanwalt dazu, sich mit dem Ursprung des Lebens zu beschäftigen? Wächtershäusers überraschende Antwort:

> Durch das Patentrecht! Wenn man Erfindungen verteidigt, dann muss man Erfindungen mit dem Stand der Technik vergleichen. Nun gibt es bei uns ein altes Prinzip, dass man eine Erfindung als die Lösung einer Aufgabe, eines Problems ansehen muss; dass eigentlich alle technischen Neuerungen die Lösungen von Problemen sind. Wenn man die Evolution, auch die kulturelle, einschließlich aller Erfindungen, auch der Wissenschaft, als eine Kette von Lösungen von Problemen und Lösungsversuchen auffasst und die Kette dann zurückverfolgt, gelangt man zum Ursprung des Lebens als dem Beginn aller Probleme.

Wächtershäuser übertrug also einen Grundgedanken des Patentrechts, das Prinzip des „objektiven Problems", auf die Biochemie. Er fuhr fort:

> Was mich interessiert, ist, die heutige Lebenswelt zu erklären. Warum die Biochemie so eigenartig abläuft; so anders als die normale organische Chemie. Warum 20 Aminosäuren? Warum bestimmte Stoffwechselwege? Warum ein Zitronensäurezyklus? Es gab eine ganze Reihe von Bestandteilen, die unerklärt waren. Dann habe ich ein Prinzip entwickelt, mit dem man solche Erklärungen aufbauen kann, nämlich für mehrere Nachfolgerfunktionen eine gemeinsame Vorläuferfunktion zu finden, und auf diese Weise bin ich darauf gekommen, dass die heutige dreidimensionale Organisation in Form von Zellen als Vorläufer eine zweidimensionale Ordnung auf Mineraloberflächen gehabt haben muss. Und wenn man diese Erklärungen findet, findet man die Entstehung des Lebens quasi als ein Nebenprodukt.

Dieser Sprung vom Patentrecht zum Beginn des Lebens erhielt noch einen zusätzlichen intellektuellen Impuls durch einen der bekanntesten Philosophen des 20. Jahrhunderts: Karl Popper. Wächtershäuser und Popper trafen sich mehrere Male.

> Der einzige Philosoph, der das Problem selbst zu einem Problem gemacht hat, der von einem objektiven Problem gesprochen hat, genau wie wir im Patentrecht, das ist Karl Popper. Das hat dazu geführt, dass wir in eine engere Beziehung getreten sind. Bei einem meiner Besuche bei ihm in England habe ich ihm von meinen Vorstellungen erzählt, ohne damals die Idee zu haben, sie zu veröffentlichen. Das war 1987. Da habe ich ihm gesagt, dass wir das auch machen, dass wir mit objektiven Problemen arbeiten, das hat ihn sofort fasziniert. Und daraufhin erst habe ich das alles im Detail ausgearbeitet und publiziert.

So geht das also: Aus einem Chemiker wird ein Patentanwalt. Über das Patentrecht gelangt er zur Philosophie, und von der Philosophie gelangt er unter Einbeziehung seiner Chemie-Kenntnisse zum Ursprung des Lebens.

Die Wege von Hermann Süß und Günter Wächtershäuser zeigen vor allem eines: Die „reine Neugier" folgt nicht den Strukturen der wissenschaftlichen Disziplinen. Es scheint eher, als drifte sie vor sich hin, wie ein orientierungsloser Seefahrer, der übers Meer schippert, bis er zufällig an einer Insel landet, die ihm aus irgendeinem Grund so attraktiv erscheint, dass er sie näher erkunden möchte.

Innovation und Diffusion

Die Ausgangsfrage war ja: Wie geht „schönes Lernen"? Die Wege der Hobbyforscher zeigen, wie sich Interessen entwickeln können. Es sind Beispiele für selbstbestimmte Reisen durch Denklandschaften. Was zeichnet eine solche Reise aus? Es gibt offenbar keine vorhersagbare Richtung und erst recht keinen Zielpunkt. Wohl aber scheint es ein bestimmtes Reiseprinzip zu geben. Um es darzustellen, möchte ich ein weiteres geographisches Modell heranziehen, nämlich die *Theorie der Diffusion von Innovationen*. Sie lehnt sich eng an die Theorie der zentralen Orte an.

Stellen wir uns wieder eine idealtypische Welt aus zentralen und weniger zentralen Orten vor, mit einer Struktur wie in Abb. 14 (S. 177). Nehmen wir nun an, irgendwo auf der Welt kommt es zu einer Neuheit, einer „Innovation" gleich welcher Art. Es kann sich dabei um ein Gerücht handeln, um eine Epidemie, eine technische Entwicklung oder auch um neue Trends und Moden. Wie die Innovation in die Welt kommt, ist hier unerheblich; entscheidend ist, wie sie sich ausbreitet, also „diffundiert". Der Theorie zufolge gibt es drei Wege:

- Der erste Weg ist die horizontale Ausbreitung: Die Innovation gelangt von einem Ort zu einem anderen Ort gleicher Zentralität, also etwa von einer Großstadt zu einer anderen.
- Der zweite Weg verläuft in vertikaler Richtung. Die Innovation gelangt von einem Ort zu einem über- oder untergeordneten Ort. Sie bewegt sich somit in der Hierarchie auf- oder abwärts – also etwa vom Oberzentrum zum Mittelzentrum oder umgekehrt.
- Schließlich gibt es bei vielen Innovationen noch einen dritten Weg, der häufig übersehen wird, nämlich eine lokale, strukturunabhängige Ausbreitung. In diesem Fall geht die Innovation gewissermaßen „in die unmittelbare Nachbarschaft", ohne Rücksicht auf die hierarchische Struktur des Netzes. Ein Beispiel wäre die Ausbreitung von Luftschadstoffen: Sie werden an einer meist lokalen Quelle freigesetzt und breiten sich daraufhin als „Giftwolke" in der Umgebung aus – unabhängig von der Zentralität einzelner Siedlungen.

In der realen Welt gilt die geographische Theorie der Diffusion von Innovationen und Diffusion allenfalls eingeschränkt und ist teilweise überholt. Durch die Allgegenwart der Medien etwa gehen viele Informationen nicht mehr den langen hierarchischen Weg über die jeweiligen Zentren, sondern gelangen direkt vom Ort eines Ereignisses bis in die abgelegensten Dörfer dieser Welt. Und auch die Ausbreitung von Infektionskrankheiten folgt manchmal anderen Wegen, wie die Corona-Pandemie gezeigt hat. Doch hier soll die Theorie der Diffusion von Innovationen auch nur der Anschauung dienen, und dafür eignet sie sich ganz gut.

Denken wir jetzt noch einmal um und verwandeln die Karte der zentralen Orte wieder in eine Denklandschaft. Statt mit Orten haben wir es also wieder mit Kenntnissen und Themen zu tun. Das, was sich in dieser Denklandschaft ausbreitet, sind dann keine Innovationen, sondern es sind *wir* selbst, genauer: unsere Neugier, unser Wissen, unsere Ahnung. Wir reisen durch die Denklandschaft. Niemand drängt uns in eine bestimmte Richtung, wir finden vielmehr in der Landschaft ein Angebot von Themen vor und bestimmen die Reiseroute selbst. Wie wird eine solche Reise verlaufen?

Sie wird vermutlich an Punkten beginnen, die in der persönlichen Denklandschaft eine Rolle spielen. Denken Sie an unseren Segler von vorhin: Er entdeckt sein Interesse für Meteorologie nicht „aus heiterem Himmel“, sondern er stößt durch das Segeln und das Foucaultsche Pendel darauf. Für Hermann Süß und Günter Wächtershäuser, die beiden Hobbyforscher, waren die Ausgangspunkte der fränkische Dialekt bzw. das Patentrecht. Schönes Lernen knüpft also in der Regel an eine bestehende *Ahnung* an. Aus diesem Grund bemühen sich Journalisten, Pädagogen oder Werbestrategen, ihre Adressaten „dort abzuholen, wo sie sind“. Der Ausdruck wirkt heute etwas abgenutzt, vermittelt aber ein richtiges Bild: Die Bereitschaft, sich auf neue Ideen, Erkenntnisse, Anregungen, auf neue Themen einzulassen, ist am größten, wenn die neuen Ideen an Bekanntes anknüpfen.

Doch wie geht es von dort weiter, wenn sich von diesen Ausgangspunkten unser Interesse durch die Denklandschaft bewegt? Hier gleichen die Pfade jenen, auf denen sich Innovationen ausbreiten (Abb. 27).

- Ein Pfad führt *vertikal-abwärts*. Das bedeutet in einer Denklandschaft: vom Wichtigen zu weniger wichtigen, vom Allgemeinen zum Speziellen. Beispiele: Die Forstwirtin, die schon einiges über die Wälder im Schwarzwald gelernt hat, vertieft sich in die Situation im Nationalpark Nordschwarzwald. Eine Verwaltungsjuristin wendet bestehende Gesetze auf einen speziellen Fall an. Ein Gitarrist, der sein Handwerk im Großen und Ganzen beherrscht, nimmt sich vor, nun eine spezielle Spieltechnik intensiver zu üben.
- Der Pfad kann auch in die entgegengesetzte Richtung verlaufen, also *vertikal-aufwärts*, vom Speziellen zum Allgemeinen, vom Ausschnitt zum *Big Picture*: Die Forstwirtin aus dem Schwarzwald interessiert sich für die Trends in der globalen Waldwirtschaft. Die Juristin interessiert sich für die verfassungsrechtlichen und rechtsphilosophischen Hintergründe des Verwaltungsrechts. Der Gitarrist, der sich bisher hauptsächlich um sein Spiel gekümmert hat, beschäftigt sich mit Fragen des Gitarrenbaus, der Akustik oder der Musiktheorie.
- Verläuft der Pfad *horizontal*, richtet sich das Interesse auf verwandte, „benachbarte“ Themen und Fähigkeiten: Die Forstwirtin aus dem

Schwarzwald interessiert sich für die Wälder im Pfälzerwald. Die Verwaltungsjuristin wendet sich dem Strafrecht zu. Der Gitarrist übt zur Abwechslung Banjo.

- Und schließlich kann sich das Interesse *strukturunabhängig* ausbreiten und vom Hölzchen aufs Stöckchen kommen: Der Segler stößt über Corioliskraft und Foucaultsches Pendel auf Umberto Eco. Das Interesse folgt also Dingen, die „irgendwie“ mit einem vertrauten Thema zusammenhängen – Geschichten am Rande, Anekdoten, „*Apropos*“-Aspekten. Die Forstwirtin aus dem Schwarzwald interessiert sich für die Waldgaststätte am Rande ihres Reviers. Der Gitarrist für Klatsch und Tratsch in der Gitarristenszene, und beide interessieren sich vielleicht füreinander, wenn sie sich bei einer Jam-Session in der Waldgaststätte begegnen.

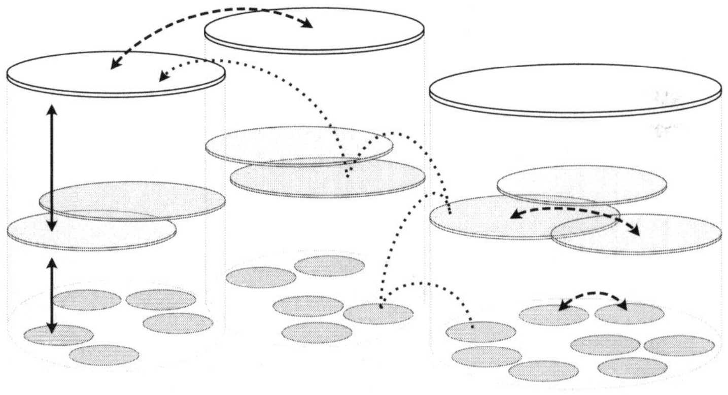

Abb. 27: Die drei Wege der Neugier in einer Denklandschaft: vertikal (durchgezogene Pfeile), horizontal (gestrichelt), strukturunabhängig (gepunktet) – in Anlehnung an Abb. 26

Ästhetische Werte als Wegweiser

Für welche dieser Pfade wir uns beim selbstbestimmten, also intrinsisch motivierten Lernen dann entscheiden, wird nach *L (4)* (S. 176) davon abhängen, welche Routen uns O- bzw. S-mäßig spannend erscheinen. Beide Erwartungen spiegeln eine Form von *Relevanz*. Bei den O-mäßigen Erwartungen geht es vor allem um *Ordnungs- und Verständnisrelevanz*: Haben wir verschiedene Themen, Erkenntnisse und Fähigkeiten zur Auswahl, mit denen wir uns beschäftigen können, entscheiden wir uns tendenziell für solche, die uns helfen könnten, Kenntnisse und Themen einzuordnen und Ahnungen verlässlicher zu machen.

Wir wählen die Route unserer Lernreisen in diesen Fällen nach Kriterien wie „Was fehlt mir zum besseren Verständnis von X?", „Wie hängt X mit Y zusammen?", „Was muss ich zusätzlich zu X noch können, um Z zustande zu bringen?", „Wie lassen sich Widersprüche und Irritationen im Zusammenhang mit X auflösen?", „Was ist die Quintessenz des Ganzen?", „Wie lässt sich X vereinfachen?", „Welche Konsequenzen ergeben sich aus X?", und so fort.

Bei den S-mäßigen Erwartungen spielt dagegen die *persönliche* Relevanz in Form von *Resonanz* eine Rolle. Hierbei interessiere ich mich für diejenigen Themen, die an „meine Welt anknüpfen" oder von denen ich erwarte, dass ich sie dort integrieren kann – und sei es, weil sie Freunde von mir betreffen oder eine begeisterungsfähige Lehrerin mir die Themen mit ihrer Persönlichkeit nahebringt. Es handelt sich also um Themen, die mich bewegen und berühren, mit denen ich „etwas anfangen kann" und die, wenn ich mich auf sie einlasse, mein Selbst erweitern. Welche Themen das sind, wird stark von meiner Lernbiographie (im allgemeinsten Sinne des Wortes) abhängen.

Intrinsisches Lernen folgt in der Regel nicht nur einem Pfad, sondern mehreren und orientiert sich dabei sowohl an O- wie auch an S-Spannungen. O-Spannungen dürften dabei eher auf die *vertikalen* Pfade führen. Diejenigen Pfade nämlich, die vom Speziellen zum Allgemeinen und von den Details zur Übersicht führen, versprechen Erkenntnisse, die eine gewisse *Einordnung* bieten. Der Pfad vom Allgemeinen zum Speziellen verspricht dagegen, dass wir unsere Ahnungen vertiefen und sie dadurch verlässlicher werden.

Vereinfacht könnte man also sagen: Vertikal-aufwärtige Wege versprechen Ordnung, vertikal-abwärtige versprechen Verlässlichkeit. Beides ist O-wertig.

S-Spannungen dürften dagegen eher bei der Wahl der *horizontalen* Pfade eine Rolle spielen. Bewege ich mich horizontal in der Denklandschaft, so lasse ich mich auf Themen ein, denen ich eine ähnliche Zentralität beimesse wie denen, von denen ich bereits Ahnung habe. Gerade die Schritte zu horizontal benachbarten Erkenntnissen und Themen dienen dazu, den persönlichen Horizont, die „eigene Welt" auf einer gewissen Ebene zu erweitern – wie es der Gitarrist tut, der sich dem Banjo widmet.

Die strukturunabhängigen Wege wiederum sind weitestgehend durch Zufälle bestimmt. Man begegnet Themen *en passant*. Klatsch und Tratsch in der Musikszene können für den Gitarristen interessant sein, weil damit bewegende Geschichten verbunden sind – aber auch, weil er dadurch manche Entwicklungen in der Branche besser nachvollziehen kann. Doch diese S- bzw. O-Spannungen sind nicht im Pfad selbst angelegt, sondern entstehen gewissermaßen unterwegs durch die zufällige Begegnung mit neuen Themen, die sein Interesse wecken.

Dabei können auch E-wertige Faktoren eine Rolle spielen, bestimmte elementarästhetisch vielversprechende Reize, die unsere Aufmerksamkeit und unser Interesse in eine bestimmte Richtung lenken und uns veranlassen, uns den entsprechenden Themen zuzuwenden. Unser Interesse, mehr über diese Themen zu lernen, wird jedoch selten von Dauer sein, wenn nicht weiterführende O- oder S-mäßige Erwartungen geweckt werden.

L (6)

Schönes Lernen folgt in einer Denklandschaft drei möglichen Pfaden: *vertikal* (von wichtigen und allgemeinen zu speziellen Themen und umgekehrt); *horizontal* (von einem Thema zu einem naheliegenden, ebenso bedeutsamen anderen); oder *strukturunabhängig* (von einem Thema zu einem irgendwie damit assoziierten anderen).

Ausschlaggebend für die Auswahl der jeweiligen Wege sind O- oder S-Spannungen, aber auch E-wertige Reize.

O-Spannungen führen tendenziell auf vertikale Pfade, S-Spannungen auf horizontale. Strukturunabhängige Pfade sind stark von diversivem Lernen und Zufällen geprägt.

Dies stimmt mit den Wegen überein, den unsere Hobbyforscher zurückgelegt haben. Dass Hermann Süß sein Interesse für hebräische Drucke einem Artikel über die Verwandtschaft des Fränkischen mit dem Jiddischen verdankt, entspricht einem horizontalen, S-mäßig motivierten Weg. Die systematische Aneignung und Vertiefung seiner Ahnung über Hebraika lässt sich als ein vertikales (abwärts) gerichtetes Vorgehen interpretieren. Und schließlich hat sich Süß im Laufe seiner jahrzehntelangen Forschungsarbeit regelmäßig neuen Schwerpunkten zugewandt; hier handelte es sich wieder um horizontale Schritte.

Bei allen Lernvorgängen halten wir auch mal inne – auch bei denen, die wir gar nicht als anstrengendes „Lernen“ begreifen, wie im Fall von Reisen oder Hobbys. Man könnte sich dieses Innehalten als das Verweilen in einer Denklandschaft vorstellen. Wir halten uns in einer teilweise vertrauten Umgebung auf, mit geschützten Ecken, in denen wir uns auskennen. Doch zugleich erstreckt sich vor uns eine Landschaft mit Elementen, die wir in groben Umrissen erahnen, hinter denen aber noch die ein oder andere Überraschung lauern könnte. Mir gefällt der Gedanke, dass dieses Verweilen einer Space/Place-Situation aus offenen und geschlossenen Perspektiven entspricht (vgl. S. 97).

Ich möchte nun einen weiteren Begriff in das Modell der Denklandschaften integrieren. Denn alles, was ich in diesem Zusammenhang über Themen geschrieben habe, lässt sich sinngemäß auch auf *Stile* übertragen. Das folgende Kapitel wird zeigen, dass ein Stil in der Sphäre von Kunst und Kultur die gleiche ästhetische Funktion hat wie ein *Thema* in der Welt des Wissens.

13. Stil

Die Dichtkunst für ein besonderes Talent zu halten [...] ist bürgerliche Metaphysik. [...] Wir brauchen mehr klassenbewusste proletarische Poesie, wir müssen höhere poetische Produktionszahlen an der literarischen Front erreichen. Anfänger müssen mit fünf bis zehn Zeilen am Tag beginnen, sich dann ein Ziel von zwanzig bis dreißig Zeilen setzen und langsam die Quantität und Qualität ihrer Produktion immer weiter erhöhen.

Aus dem Vortrag eines sowjetischen Parteiinstruktors vor einem literarischen Kreis von Fabrikarbeitern.
(Zit. n. Arthur Koestler 1983.)

Was ist Stil?

Vor allem im Bereich der Kunst spielt der Begriff *Stil* eine zentrale Rolle. Er bezeichnet gewöhnlich die typischen Charakteristika einer kulturellen Gruppe, einer Epoche oder auch einer einzelnen Persönlichkeit. Die Kunst bildet aber nur einen speziellen Ausschnitt in der Welt der Ästhetik. Um den Begriff *Stil* in die Erkenntnisästhetik integrieren, ist es notwendig, ihn zu verallgemeinern und so zu definieren, dass er sich nicht nur auf Kunst bezieht. Diese Definition lautet:

Def (Stil)

Ein *Stil* ist die Art eines Musters, sofern diese Art als Alternative zu anderen Arten gedacht wird.

Was bedeutet das?

„Ein Stil ist die Art eines Musters …"

Ein Muster besteht aus Elementen sowie aus Beziehungen zwischen den Elementen. Ein Stil wiederum zeichnet sich dadurch aus, dass die ihm entsprechenden Muster nur *bestimmte* Elemente und *bestimmte* Verknüpfungen zwischen den Elementen enthalten. Andere Elemente und Verknüpfungen gelten als stilfremd.

In musikalischen Stilen etwa stellen Töne die grundlegenden Elemente dar. Der Musikstil „abendländische Klassik" schränkt die möglichen Töne ein: Sie stammen von bestimmten Instrumenten (und Kombinationen von Instrumenten), ihre Auswahl ist durch Dur- bzw. Molltonleitern vorgegeben, kleinere Intervalle als Halbtöne kommen nicht vor. Auch die möglichen Harmonien, Melodien und Rhythmen sowie der formale Aufbau der Stücke unterliegen gewissen Regeln.

Übertragen wir diesen Gedanken auf Objekte außerhalb der Kunst: Bücher, Spiele, Berufe, Sportarten, Landschaften, Sprachen, Rechtssysteme, wie jemand öffentlich auftritt, spricht oder mit anderen Menschen umgeht – all diese Dinge lassen sich ebenfalls als Muster auffassen, von denen es unterschiedliche Arten und somit Stile gibt.

Der Kommunikationsstil eines Gerichtsprozesses unterscheidet sich von dem einer Podiumsdiskussion oder eines Vereinstreffens. Auch dies lässt sich an bestimmten Elementen und deren Verknüpfungen festmachen: der Sitzordnung, der Kleiderordnung, der Art der Gesprächsführung, der Rollen der beteiligten Akteure, der Art der Fragen, die gestellt werden und der Art, mit den jeweiligen Antworten umzugehen. Auch das stillschweigend angenommene *Ziel* der Veranstaltung – ein juristisches Urteil, ein Beitrag zur individuellen Meinungsbildung oder das gemütliche Beisammensein – kann als Element des jeweiligen Stils verstanden werden.

„… sofern diese Art als Alternative zu anderen Arten gedacht wird."

Das war der zweite Teil der Definition. Das bedeutet: Wenn ich zur jeweiligen Art eines Musters keine Alternative kenne oder diese für mich keine Relevanz hat, werde ich im Muster keinen Stil wahrnehmen.

Von *Alternativen* zu sprechen, setzt einen gemeinsamen Bezugspunkt voraus. Das ist bei Stilen in der Regel ein übergeordnetes Genre oder allgemein, eine bestimmte gemeinsame übergeordnete *Funktion*. Jazz ist als Stil *keine* Alternative zum Bauhaus, denn im einen Fall geht es um Musik, im anderen um Architektur und Design. Der Krimi ist aber eine Alternative zum Fantasyroman – nämlich innerhalb der gemeinsamen Gattung der Belletristik. Das wäre zumindest die professionelle Sicht, wenn ich mich etwa als Schriftsteller zwischen diesen beiden Stilen entscheide.

Doch in der Ästhetik sprechen wir ja über subjektive Perspektiven, nicht über z.B. literaturwissenschaftliche Klassifikationen. Deshalb könnte man auch sagen: Krimi und Fantasyroman sind Alternativen in Bezug auf die gemeinsame Funktion, mir als Leser als mögliche Urlaubslektüre zu dienen. Ebenso kann Hochdeutsch eine Alternative zum Dialekt sein, wenn es darum geht, auf der Hochzeitsfeier dem Brautpaar alles Gute zu wünschen.

Dieses Verständnis lässt sich wieder auf Fälle außerhalb der Kultur im engeren Sinn übertragen: Auch Tee aus Darjeeling lässt sich als Stil begreifen – er zeichnet sich durch bestimmte Anbaubedingungen, aber auch Geschmacksnoten aus. Und er ist eine Alternative zu einem Assam oder Sencha. Selbst Naturobjekte wie Birken, Rotkehlchen oder Steilküsten verkörpern jeweils eigene Stile, schließlich kennen wir jede Menge andere Bäume, Vögel oder Landschaftselemente.

Form, Sinn, Raum: Die Struktur von Stilen

Bei Stilen lassen sich drei Ebenen auseinanderhalten. Das, worüber ich bisher hauptsächlich geschrieben habe, sind die formalen Merkmale, kurz: die Form eines Stils.

Form

Die Form besteht aus den wahrnehmbaren, formalen Eigenschaften der dem Stil zugeordneten Muster – also den Elementen und Verknüpfungen, die in einem Stil „erlaubt" sind bzw. eben vorkommen. Diese *Elemente* wiederum können sich ihrerseits durch einen eigenen Stil auszeichnen.

Zum Stil einer klassischen Sonate etwa gehört eine bestimmte Anordnung einzelner Sätze. Jeder Satz ist seinerseits durch einen eigenen Stil geprägt. Der erste Satz folgt der üblichen Sonatenhauptsatzform, der zweite ist meist langsam und getragen, der dritte lebhaft und tänzerisch. Zum Stil einer traditionellen Hochzeit gehört die Trauungszeremonie, das Essen, die Ansprachen, sowie einige weitere Elemente. Diese untergeordneten Elemente, die selbst eigene Stile verkörpern, bilden somit *Stilelemente*.

In der Sonate und bei der Hochzeitfeier folgen die Elemente jeweils einer zeitlichen Anordnung. Das muss aber nicht so sein. Die Elemente von Stilen der bildenden Kunst – wie der Malerei oder der Architektur – bilden keinen zeitlichen Ablauf. Das gleiche gilt für die Elemente, die den „persönlichen Stil" eines Menschen ausmachen – seinen Sprachstil, seinen Kleidungsstil, seine „typischen" Bewegungen oder sein „typisches" Sozialverhalten. Wir haben es also mit einer Hierarchie aus Stilen und Stilelementen (und möglicherweise auch Elementen der Stilelemente) zu tun.

Oft bilden Stilelemente auch unterschiedliche *Ausdrucksstufen*. Jede Sprache etwa enthält auf der untersten Ausdrucksstufe eine begrenzte Anzahl von Lauten sowie phonetische Regeln, die bestimmen, welche Lautverbindungen in dieser Sprache zulässig sind. Auf der lexikalischen beispielsweise kennt die Sprache eine große Zahl von Wörtern sowie Flexionsregeln, die vorschreiben, wie die Wörter gebeugt werden. Die Syntax einer Sprache schließlich regelt, wie die Wörter zu Sätzen zusammengefügt werden. Der Stil „Deutsch" besteht demnach, vereinfacht dargestellt, aus einem Stil „Art der Laute", einem Stil „Art der Wörter" und einem Stil „Art der Sätze".

Innerhalb eines Stils kann es außerdem *Spezialstile* geben. Das entspricht in der Kunst der Hierarchie aus Gattungen (Musik, Literatur, Malerei, ...), Genres (in der Musik etwa Jazz) und gegebenenfalls weiteren Subgenres (wie Bebop innerhalb des Jazz). Genres sind somit *Spezialstile* von Gattungen, die ihrerseits Spezialstile innerhalb der Kunst sind.

In ähnlicher Weise kennen wir im Bereich der Sprache die Hierarchie von Dialekten, Sprachen, Sprachgruppen und Sprachfamilien. Auf anderen Gebieten wiederum gibt es solche Klassifizierungssysteme nicht – vergleichbare Hierarchien existieren dennoch: Die deutschen Mittelgebirge und die Alpen verkörpern zwei Stile von Gebirgslandschaften. Innerhalb der Mittelgebirge unterscheiden sich wiederum die Landschaften des Schwarzwalds von denen des Pfälzerwalds, und die Gipfel des Nordschwarzwalds sehen nochmal anders aus als die des Hochschwarzwalds. Grundsätzlich zeichnet sich ein Spezialstil dadurch aus, dass das Spektrum seiner Elemente und deren Verknüpfungen stärker eingeschränkt ist, als es im jeweils übergeordneten „Generalstil" der Fall ist.

Stilzuordnungen sind bis zu einem gewissen Grad subjektiv. Was die eine noch als Jazz empfindet, gehört für einen anderen schon zu Soul oder Funk. Was macht einen „konservativen Lebensstil" aus? Wo genau verläuft die Grenze zwischen „schicken" und „sportlichen" Schuhen? Es gibt keine letztgültigen Kriterien, um solche Fragen zu entscheiden.

Sinn

Denken wir an einen bestimmten Stil, fällt uns als erstes nicht die Summe der formalen Eigenschaften ein, sondern eher seine Wirkung auf uns – das, was er *vermittelt*. Genau das ist der *Sinn* eines Stils.

Der Sinn geht auf ein bestimmtes *Bedürfnis* ein: Der Sinn des Stils „Nachrichtensendung" ist die sachliche Information über das aktuelle

Weltgeschehen, im Vergleich zum Stil „Fernsehkrimi“, der ein anderes Bedürfnis bedient. In diesem Fall lässt der Sinn des Stils also über die *Funktion* beschreiben, die er erfüllt.

Vielen Stilen lässt sich allerdings eine klar benennbare „Funktion“ gar nicht zuordnen. Welche Funktion etwa sollen der Kubismus haben, der Hamburger Dialekt, die italienische Küche oder der Tango? Ihr Sinn entspricht in diesen Fällen vor allem der *Stimmung*, die der jeweilige Stil auslöst. Die Stimmung eines Stils lässt sich oft gar nicht in Worten charakterisieren, sondern ist nur empathisch zugänglich. Soul drückt etwas anderes aus als Rap, und die deutsche Übersetzung eines englischen Romans gibt, auch wenn sie noch so gut ist, nie hundertprozentig den Sinn, insbesondere die Stimmung des Originals wieder. Für diese Unterschiede fehlt uns aber meist das Vokabular.

Ich hatte in jungen Jahren eine Phase, in der ich in italienischen Film-Klassikern versunken bin, etwa von Bernardo Bertolucci. Rückblickend war es wohl weniger die Handlung, die mich vereinnahmt hat (und die ich vermutlich schon kurz darauf nicht mehr hätte wiedergeben können), sondern die Atmosphäre dieser Filme – eben die Stimmung, die sie ausstrahlten, und die mir viel länger im Gedächtnis geblieben ist. Heute spricht man auch von *Auratisierung*. Bücher können diese Wirkung ebenfalls haben. Wenn Sie das zehnte Buch ihrer Lieblingsautorin lesen – sind Sie sicher, dass es die Handlung ist, die sie interessiert? Oder nutzen Sie es vielleicht eher, um beim Lesen in eine bestimmte Gefühlswelt einzutauchen?

Die beiden Begriffe *Funktion* und *Stimmung* klingen nach etwas sehr Verschiedenem, gehen aber ineinander über. Denn beide erfüllen eine Erwartung oder ein Bedürfnis. Die Tänzerin Isadora Duncan soll gesagt haben: „*Wenn ich sagen könnte, was der Tanz bedeutet, müsste ich ihn nicht tanzen*“. In dieser Äußerung wird die Sprache als Stil dem Tanz gegenübergestellt. Die Entscheidung fällt für den Tanz aus, weil er ihr für das, was sie ausdrücken will, als der geeignetere Stil erscheint.

Auch der Stil „Nachrichtensendungen“ ist ein Beispiel, wie die Abgrenzung zwischen Funktion und Stimmung verschwimmt. Denn man könnte auch hier sagen: Nachrichten zu schauen vermittelt eine andere *Stimmung* als etwa ein Fernsehkrimi. Noch deutlicher wird es, wenn wir uns in der Hierarchie weiter abwärts bewegen. Innerhalb des Stils „Nachrichtensendung“ gibt es etwa die „Tagesschau“ oder „RTL aktuell“. In welchem *Sinn* unterscheiden sich wiederum diese Spezialstile?

Bei genauerer Betrachtung ist die „Tagesschau“ in ihrem Stil sehr viel stärker definiert, als es die übergeordnete Funktion („über das Weltgeschehen informieren“) alleine verlangen würde: Eine Tagesschau-Sendung dauert 15 Minuten, die einzelnen Berichte sind selten länger als 2 Minuten. Die Tagesschau beginnt immer zur selben Uhrzeit, mit der gleichen Melodie, wird immer von einem einzelnen Sprecher oder einer Sprecherin vorgelesen, die auf eine bestimmte Weise gekleidet sind. Das Studiodesign ist ebenso festgelegt wie der Schriftzug, die Farbe Blau, das Logo, die Begrüßungsformel am Anfang und das Wetter am Schluss. All diese formalen Stilelemente wären nicht notwendig, wenn es nur darum ginge, ein Informationsbedürfnis zu bedienen. Tatsächlich vermitteln diese Elemente aber zusätzliche Attribute wie „seriös", „wichtig" und „förmlich", und sie sorgen für eine gewisse Vertrautheit: Ich kann mich auf den Rhythmus der Sendung einstellen und darauf, dass am Ende das Wetter kommt.

„RTL aktuell" hat eine andere Form. Die Musik ist etwas bombastischer, die Sprache flapsiger, die Nachrichten werden nicht vorgelesen, sondern eher umgangssprachlich moderiert, und das Thema Sport wird stärker betont. Diese Art spricht ein anderes Publikum mit anderen Erwartungen an eine Nachrichtensendung an. In beiden Fällen dienen die speziellen Elemente zugleich der Markenbildung, Wiedererkennung und Orientierung. Sie helfen dem Publikum, sich auf die Informationen zu konzentrieren, ohne sich bei jeder Sendung neu orientieren zu müssen.

In Kurzform heißt das: Der von „Tagesschau" bzw. „RTL aktuell" hat vor allem den Charakter einer *Stimmung*. Beide Stile unterscheiden sich darin, wie es sich anfühlt, diese Sendungen zu gucken.

Gehen wir nun in der Hierarchie aufwärts: Der Stil „Nachrichtensendung" kann als Alternative zum „Fernsehkrimi" betrachtet werden. Beide

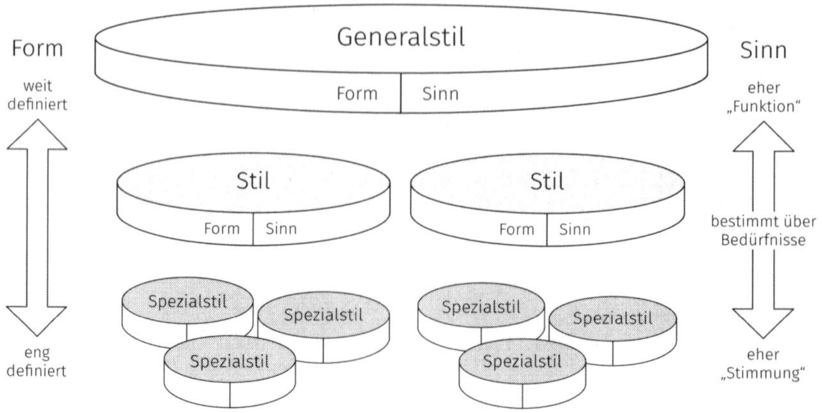

Abb. 28: Hierarchie von Stilen: Form und Sinn eines Stils bilden die gemeinsame Grundlage für die ihm untergeordneten alternativen Spezialstile. Die Form eines Spezialstils ist in der Regel eine Teilmenge der Form des übergeordneten Stils. Beim Sinn ist es komplizierter: Alternative Stile teilen zwar den Sinn des jeweils übergeordneten Stils, besitzen aber jeweils nochmal einen ganz eigenen Sinn, der ganz eigene Bedürfnisse bedient und auch den Charakter einer Stimmung haben kann.

haben die gemeinsame Funktion, den Abend vor dem Bildschirm zu gestalten. Der dazugehörige übergeordnete Stil wäre „Fernsehprogramm". An der Betrachtung dieser drei Ebenen – Fernsehprogramm, Nachrichtensendung, Tagesschau – wird zweierlei deutlich:

Der *Sinn* eines Stils ist es, der den gemeinsamen Bezugspunkt für alternative Spezialstile definiert. So wie der Sinn der Nachrichtensendung der Bezugspunkt für die Alternativen „Tagesschau" und „RTL Aktuell" ist. Und: Je weiter abwärts wir uns in der Stilhierarchie bewegen – von allgemeinen Genres und Gattungen hin zu Spezialstilen –, desto mehr entspricht der Sinn einer *Stimmung* als einer *Funktion*. Der formalen Hierarchie aus Generalstil – Stil – Spezialstil entspricht somit auch eine Sinn-Hierarchie (Abb. 28).

Dass sich Stimmung und Funktion oft schwer voneinander trennen lassen, zeigt sich besonders gut in der Medienästhetik – etwa in den Sozialen Netzen: Ob Facebook, Twitter, Instagram oder TikTok – jede dieser neuen Plattformen, die nach und nach die Welt erobert haben, bietet, oberflächlich betrachtet, ähnliche Möglichkeiten: Man kann Inhalte, Links oder Bilder posten und bekommt dafür Likes und Kommentare. Und doch bringt jede dieser Plattformen einen eigenen Stil mit, indem sie die Funktionen unterschiedlich betont und mit zusätzlichen Regeln versieht. In Instagram stehen die Bilder im Vordergrund – ohne geht es nicht. Twitter begrenzt die Länge der Texte auf 280 Zeichen. Jede dieser Plattformen prägt damit einen eigenen Kommunikationsstil. Es gibt typische Instagram-Memes und typische Twitterformulierungen und viele Menschen fühlen sich auf einer Plattform mehr „zu Hause" als auf der anderen. Marshall McLuhan hat diese Wirkung in seinem berühmten Satz „*The medium is the message*" schon vor Jahrzehnten vorweggenommen.

Welche Stimmung ein Stil vermittelt, wird teilweise von elementarästhetischen Faktoren beeinflusst. Ein Design in grellem Rot wirkt anders als eins in tiefem Blau. Schnelle Marschmusik vermittelt andere Gefühle als meditative Glockenklänge. Hinzu kommen soziale Konventionen und Zeichenprozesse. Die Werbung versucht oft, Produkte mit bestimmten Stimmungen zu verknüpfen („*Ein Bier, wie von der Natur gebraut*").

Und natürlich sind Stimmungs-Assoziationen subjektiv. Klassische Musik zum Beispiel gilt in Mitteleuropa als etwas eher Ernstes, Vornehmes, Erhabenes. In einer Oper kleiden sich die meisten Besucher elegant, während sie zu Pop- und Rockkonzerten deutlich legerer gehen. Mit der Musik selbst hat diese Zuordnung nur wenig zu tun. Als ich einmal für einige Monate im zentralamerikanischen Belize arbeitete, lief im staatlichen Hörfunkprogramm *Radio Belize* jeden Nachmittag eine halbe Stunde Klassik. Die Sendung wurde beworben durch einen Trailer: „*Do you want to become part of life's lighter side? Then the classics are it!*" Ganz anders als etwa in Deutschland verbindet man dort mit abendländischer Klassik (bei uns lange „E-Musik" genannt – „E" wie „ernst") eine ausgesprochen leichte Stimmung und ein unbeschwertes Lebensgefühl. Welche Stimmung man mit einem Stil verbindet, ist also ebenso eine subjektive Entscheidung wie die formale Abgrenzung. Und sie kann sehr individuell sein: Die einen denken bei Tango-Musik an ihren Argentinien-Urlaub, die anderen an das örtliche Tanzstudio.

Raum

Neben der Form- und der Stimmungs-Ebene gibt es schließlich den *Raum* eines Stils. Der Raum eines Musikstücks kann ein Konzert sein, der Raum eines Gemäldes eine Ausstellung. In diesen Fällen kann man sich den Raum eines Stils tatsächlich als einen Ort vorstellen. Mit *Raum* kann aber auch jede andere Situation gemeint sein, in der ein Stil in Erscheinung tritt. Manche dieser Räume dienen regelrecht dazu, bestimmte Stile und die mit ihnen verknüpften Bedürfnisse zu kanalisieren. Feiern beispielsweise, von der Karnevalsparty bis zur Trauermesse, erlauben Verhaltensstile, die außerhalb dieser Feiern unüblich sind. Sie können als *Raum* dienen, um sich mit anderen Menschen in eine bestimmte Stimmung zu versetzen oder um Dinge zu sagen, die an anderer Stelle als unangemessen empfunden würden. Es sind Anlässe, um sich schick anzuziehen oder um eine Rede zu halten.

Anders als die Form und der Sinn ist der Raum allerdings nicht dem jeweiligen Stil selbst zuzurechnen. Der Stil von Schuberts Streichquintett ist unabhängig davon, ob es in der Kneipe oder in der Kirche aufgeführt wird. Der Raum schafft aber den Kontext des Erlebens. Manche Räume sind für bestimmte Stile besser geeignet als andere: In einer Kneipe führt man in der Regel keine Choräle auf, in einer Kirche veranstaltet man keine Heavy-Metal-Konzerte. Wir können, wie im Fall der Party, Räume schaffen,

Stil (1)

Bei der Beschreibung eines Stils sind drei Ebenen auseinanderzuhalten:

Die *Form* eines Stils besteht aus seinen konkreten Elementen und Verknüpfungen. Ein Stilelement kann einen eigenen Stil verkörpern.

Der *Sinn* eines Stils entspricht dem Bedürfnis, das er erfüllt – durch eine Funktion oder eine Stimmung, die er vermittelt.

Der *Raum* eines Stils beschreibt den äußeren Rahmen oder den Anlass, in dem ein Stil zum Ausdruck kommt. Er schafft den Kontext, in dem ein Stil erlebt und gelebt wird.

um bestimmte Stile zu kanalisieren. Umgekehrt passen wir Stile den vorhandenen Räumen an – so wie sich der Choral als ein Stil entwickelt hat, der gut zu den akustischen Bedingungen von Kirchen passt.

Ein Raum wiederum kann sich durch einen eigenständigen Stil auszeichnen: Man kann die Karnevalsfeier als Raum für bestimmte Darbietungs- und Verhaltensstile betrachten. Doch genauso verkörpert sie selbst einen eigenen Stil (gegenüber anderen Arten von Feiern). Aus dieser Perspektive sind Büttenreden und Schunkelrunden *Stilelemente* der Karnevalsfeier. Raum und Stil verhalten sich somit zueinander wie Stil und Stilelement. Auf diese Weise entstehen Hierarchien von Räumen.

Um es anschaulich zu machen, stellen Sie sich folgende Situation vor: Sie kochen rote Grütze. Sie haben ein kleines Kind, das Ihnen dabei zuschaut und anfängt, sie mit *Warum*-Fragen zu löchern:

„Warum machst Du rote Grütze?“ Sie antworten vielleicht sinngemäß:

„Das wird der Nachtisch unseres Abendessens.“ Das bedeutet: Die Rote Grütze ist ein Spezialstil des Stils „Nachtisch“ innerhalb des Raums „Abendessen“. Ihr Kind fragt weiter:

„Und warum gibt es heute zum Abendessen Nachtisch?“

„Weil wir Max und Simone eingeladen haben, deshalb gibt es heute ein besonderes Abendessen mit Vorspeise und Nachtisch.“ Das wiederum heißt: Das Abendessen ist vom Stil „Drei-Gänge-Menü“ und wird dem Raum „Besuch von Freunden“ zugeordnet.

„Und warum kommen die uns besuchen?“

„Weil ich heute Geburtstag habe.“ Der Besuch mit gemeinsamem Abendessen erscheint also seinerseits als Stil im Raum „Geburtstagfeiern”. Diese „Warum-Reihe” entspricht einer Hierarchie von Räumen. Jeder Raum erscheint in der jeweils anschließenden Frage-Antwort-Runde als eigenständiger Stil.

Stil (2)

Es gibt im Zusammenhang mit Stilen zwei Arten von Hierarchien. Die eine führt von allgemeinen zu besonderen Stilen, die andere beschreibt eine Hierarchie von Kontexten.

Generalstil	Raum
↓	↓
Stil	Stil
↓	↓
Spezialstil	Stilelement

Ästhetik und Stil

Im Zusammenhang mit ästhetischen Urteilen haben Stile eine zweifache Bedeutung. Zum einen kann ein Stil selbst ein ästhetisches Objekt sein. Er kann uns gefallen oder nicht. Zum anderen können Stile als Maßstab dienen, anhand dessen wir *konkrete* Objekte – etwa Äußerungen oder künstlerische Werke – bewerten.

Schöne Stile

Wenn Sie „Salsa" mögen oder gerne in die Oper gehen, Krimis lieben oder die japanische Küche, dann handelt es sich jeweils nicht um eine Vorliebe für bestimmte „Werke", sondern für einen Stil. Gibt es alternative Stile, entscheidet deren jeweiliger *Sinn* darüber, welchen Sie bevorzugen werden. Ein Stil ist uns schließlich nicht wegen seiner formalen Eigenschaften sympathisch, sondern vor allem wegen seiner Funktion oder der Stimmung, die er vermittelt und die dazu führt, dass wir mit ihm „etwas anfangen können".

Die Schönheit von Stilen beruht somit primär auf S-Werten, und sie wird wesentlich von der persönlichen ästhetischen Disposition beeinflusst, die auch die aktuelle Situation einschließt (vgl. S. 73). Ich entscheide mich heute Abend dafür, Kammermusik statt Soul zu hören, weil ich mit der von der Kammermusik vermittelten Stimmung gerade stärker in Resonanz treten kann. Oder, um auf das Beispiel der Hochzeitsfeier zurückzukommen: Die Rednerin entscheidet sich für einen Prosatext im Dialekt statt für ein hochdeutsches Gedicht, weil sie das Gefühl hat, sie könne dadurch das, was sie ausdrücken will, besser vermitteln.

Zwar können auch elementarästhetische Prozesse die Stimmung beeinflussen, die ein Stil vermittelt. Doch diese Wirkung geht streng genommen nicht vom Stil aus, sondern immer nur vom einzelnen Objekt. Um es konkret zu machen: Vielleicht mögen Sie Salsa, weil die Rhythmen und die typischen melodischen Abfolgen eine unmittelbare vegetative Wirkung auf Sie haben und Ihrem Temperament entsprechen. Sie fühlen sich motorisch stimuliert und das macht Spaß. Das wäre eine elementarästhetische Wirkung, die aber jeweils vom einzelnen Musikstück in der jeweiligen Situation ausgeht. *Stile* dagegen sind Abstraktionen, die wir aus dem Erleben unterschiedlicher Objekte konstruieren. Hier spielen Informations- und Zeichenprozesse eine Rolle. In dem Moment, in dem Sie sagen: „Ich mag Salsa [= als Stil], weil ich darauf immer so abgehe", geht es um S-Werte, nämlich um Ihre persönliche Beziehung zu einem (abstrakten) Muster.

Der Stil eines Werks oder einer Künstlerin kann uns auch deshalb besonders gut gefallen, weil er *stilprägend* ist. Er bewegt sich gerade nicht innerhalb der Regeln bestehender Stile, sondern entwickelt einen Stil weiter oder konstituiert einen neuen. Hier kommen nun K-Werte zum Tragen. Der neue Stil ist interessant, wenn er ein gewisses Maß an Neuartigkeit oder Komplexität aufweist. Vor allem aber, wenn er auch *Sinn* ergibt, also auf seine Art eine eigene Stimmung oder auch eine neue „Funktion" vermittelt.

Stil als ästhetischer Maßstab

Anders verhält es sich, wenn wir ein konkretes Werk bewerten, und lediglich stilistische Kriterien in das Urteil einfließen. Das ist im Kunst- und Kulturbetrieb häufig der Fall. Zu diesen Kriterien gehören zum Beispiel Stiltreue und Stilechtheit. *Stiltreue* bedeutet, dass ein Werk stilistisch stringent ist und keinen *Stilbruch* aufweist. Es handelt sich also um eine Form syntaktischer Stimmigkeit: Ein Roman sollte nicht ohne erkennbaren Anlass seinen Sprachstil ändern und eine Nachrichtensendung nicht plötzlich ironisch werden.

Stilechtheit heißt, dass ein Objekt dem Stil entspricht, den wir von ihm erwarten. Dies ist eine Form von semantischer Stimmigkeit. Wir mögen die Guacamole, weil sie exakt so „typisch" schmeckt, wie es sich (unserer Meinung nach) gehört oder wie wir sie aus Mexiko kennen.

Natürlich können Stilbrüche auch gewollt sein und ein eigenes Gestaltungsmittel darstellen. Dies bedeutet, dass sich der Stil eines Werks aus verschiedenen stilistisch eigenständigen Elementen zusammensetzt. In diesem Fall wiederum erwarten wir in der Regel ein sinnvolles bzw. ausgewogenes Verhältnis. Ein Beispiel hier ist die „Musikfarbe" populärer Radioprogramme. Die einen bieten Hits der 1980er, 1990er und 2000er Jahre, andere kombinieren Hip-Hop mit aktuellem internationalem Pop, und auch für eine Mischung aus Volksliedern, Schlagern und Oldies gibt es ein dankbares Publikum. Jedes dieser Programme bietet also einen Stil-Mix, der als Gesamtstil wirkt. Die Musikredaktionen dieser Programme achten dabei genau darauf, dass die einzelnen Stile im Verlauf einer Programm-Stunde angemessen vertreten sind, so dass nicht beispielsweise Titel aus den 1980er Jahren gegenüber denen aus den 2000ern dominieren. Auch wird Wert darauf gelegt, dass ruhige und schnellere Stücke in einem bestimmten Verhältnis vorkommen, so dass die Gesamtanmutung erhalten bleibt und das Programm nicht einseitig und unausgewogen wirkt. Hier geht es also um eine Balance zwischen den Stilen innerhalb des Gesamtprogramms. Auch sie ist eine Form syntaktischer Stimmigkeit. Bei den bisher genannten stilistischen Kriterien handelt es sich somit um O-Werte, und sie beziehen sich immer auf die Form, nicht auf den Sinn des Stils.

Der kommt bei einer anderen Art von stilistischen Urteilen ins Spiel, nämlich bei der Frage, ob für ein Werk der *passende* Stil gefunden wurde. *„Dieser Stoff hätte sich besser für einen Essay geeignet als für einen Roman"*, könnte ein Urteil über ein Buch lauten, in dem die Handlung weitaus weniger überzeugend ist als die interessanten persönlichen Gedanken, die der Autor einfließen lässt. Eine solche Bewertung resultiert normalerweise daraus, dass die Form und der offenbar intendierte Sinn des Werks nicht zusammenpassen. Das merken wir dann daran, dass der „Funke nicht überspringt". Das Werk löst nicht die erhoffte Resonanz aus, es kommt somit keine S-wertige Beziehung zustande.

Der stilistische *Raum* wiederum beeinflusst, ob ein Werk oder ein Objekt K-wertig ist – ob es also schön ist, sich mit ihm zu beschäftigen. Natürlich hängt dies auch von Eigenschaften des Objekts selbst ab – seiner Komplexität und Neuartigkeit. Doch wie sehr wir Lust haben und in der Lage sind, uns auf das Neue und Komplexe einzulassen, hängt sehr stark von den Rahmenbedingungen ab, und dazu gehört nun einmal der *Raum* bzw. Kontext, in dem wir uns bewegen. Das wird deutlich, wenn man an Museen denkt, wo der „Raum" ja tatsächlich ein Ort ist. Die Art, wie ein Museum eingerichtet ist, wie die Exponate arrangiert und wie die Erläuterungen gestaltet sind, kann den Museumsbesuch anregend und spannend machen – und dann finden wir auch eher einen ästhetischen Zugang zu den Werken als solchen.

Stil (3)

Stile sind ästhetisch auf zwei Arten bedeutsam:

Wir können einen Stil schön finden. Diese Schönheit beruht primär auf S- bzw. K-Werten und hängt vor allem davon ab, ob der Sinn des Stils Resonanz erzeugt.

Stilfragen können außerdem dazu dienen, um konkrete Objekte und Werke zu beurteilen. O-Werte kommen dabei vor allem in Bezug auf die stilistische Form, S-Werte in Bezug auf den Sinn und K-Werte in Bezug auf den Raum zum Tragen.

Stile sind wie Themen

Man kann sich Stile nun ähnlich wie Themen als Elemente in einer Denklandschaft vorstellen. Nehmen wir erneut das Beispiel der Reise nach München. „München" kann ein Thema sein – wenn ich mich mit der Stadt beschäftige. Gleichzeitig sind mit „München" auch eine bestimmte Stimmung und bestimmte stilistisch-kulturelle Merkmale verbunden. Der Münchener Dialekt etwa ist ein „Stil" – ein Spezialstil des Oberbayerischen, der wiederum zur Bairischen Dialektgruppe gehört, die wiederum ein Spezialstil der deutschen Sprache ist und so weiter. Zu „München" gehören aber auch ein bestimmter kulinarischer, ein architektonischer und ein politischer Stil sowie noch ein paar weitere stilistische Merkmale. Fasst man sie zusammen, lässt sich vielleicht so etwas wie ein „Münchener" Stil beschreiben – das, was uns spontan einfällt, wenn wir „typisch München" im Kopf haben.

Je besser wir München kennenlernen, desto mehr Ahnung haben wir vom *Thema* München, und desto besser ist unser Gespür für den *Stil* dieser Stadt. Themen und Stile sind sich in diesem Punkt recht ähnlich. Jeder Stil kann zum Thema werden, wenn man sich mit ihm wissenschaftlich oder auf sonst eine Weise „lernend" und „erkennend" auseinandersetzt. Und es gibt noch mehr Analogien zwischen beiden Konzepten:

So wie es praktisch zu jedem Thema ein übergeordnetes Oberthema sowie untergeordnete Aspekte gibt, so bewegen sich Stile in einer Hierarchie zwischen einem übergeordneten Generalstil und untergeordneten Spezialstilen.

Ein Thema ist durch bestimmte Fragen und Kenntnisse geprägt sowie durch Zusammenhänge zwischen einzelnen Kenntnissen. Ein Stil wiederum zeichnet sich dadurch aus, dass er bestimmte Elemente und Verknüpfungen erlaubt und andere ausschließt.

Die persönliche Bedeutung, die ein Thema für jemanden hat, entspricht dem *Sinn* und der Stimmung eines Stils. Hier sind die Grenzen fließend: Auch ein Stil kann persönlich bedeutsam sein, weil er uns sehr vertraut ist – wie der eigene Dialekt oder die Musik, die die Eltern gehört haben. Umgekehrt sind auch Themen mit Stimmungen verknüpft. Vergleichen Sie einmal die Bilder, Gefühle und Assoziationen, die Ihnen kommen, wenn Sie folgende Begriffe nacheinander kurz auf sich wirken lassen:

Archäologie
Künstliche Intelligenz
Arbeitsmarkt
Nahostpolitik

Sie merken: Wie mit Stilen sind auch mit Themen meist bestimmte – und seien es subtile – Stimmungen verbunden, denn Themen *kategorisieren.* Sie blicken durch eine bestimmte Brille auf die Welt – eben den Fragen, die sie stellen und den Antworten, die sie geben. Themen entfalten ihre Wirkung dabei über Relevanz, Stile über Resonanz.

Gerade in Lernprozessen haben Themen und Stile eine ähnliche Bedeutung: Von beiden können wir eine *Ahnung* haben. Stile zu erlernen geht wie die Aneignung thematischer Kenntnisse mit einer kognitiven Sensibilisierung einher. Wir lernen, Stile zu erkennen und differenziert wahrzunehmen; oder sogar bestimmte Stile wie Sprachen, Tänze oder Berufe selbst zu beherrschen. Sowohl für Themen wie auch für Stile gilt: Je vertrauter sie uns sind, desto sensibler sind wir für die Feinheiten.

Beide sind auch gekennzeichnet durch eine Kombination aus festgelegten Merkmalen und freien Möglichkeiten. In einem Stil sind bestimmte Elemente und Verknüpfungen festgelegt, doch lassen sie genügend Möglichkeiten für Variationen im Rahmen dieser Regeln. Das ist die freie Seite eines Stils: was jemand daraus macht. Analog ist ein Thema definiert durch meist eine oder wenige Kernfragen sowie die bereits vorhandenen Kenntnisse. Gleichzeitig gibt es viele Freiheiten, ein Thema weiterzuentwickeln, die Kenntnisse darzustellen oder Detailfragen nachzugehen. Für diejenigen, die einen Stil oder aber ein Thema vertreten, macht gerade diese Kombination aus festgelegten und freien Anteilen einen Teil des Reizes aus. Sie sorgt dafür, dass es spannend bleibt und nicht langweilig wird.

Eine letzte Analogie schließlich zeigt sich dort, wo Menschen innovativ sind: In der Kunst gilt als innovativ, wer einen neuen Stil prägt – was meist bedeutet, einen bestehenden Stil weiterzuentwickeln oder auch Elemente und Regeln verschiedener Stile zu kombinieren. In der Wissenschaft und im Journalismus wiederum gilt als innovativ, wer neue Wege findet, um Antworten auf bestehende Fragen zu erhalten, bzw. – was meist damit einhergeht – wer selbst gute neue Fragen stellt. Entscheidend ist: Das Neue wird in beiden Fällen immer nur dann als innovativ anerkannt werden, wenn es auch *Sinn* ergibt, was wiederum im Fall von Stilen *Resonanz* und im Fall von Themen *Relevanz* bedeutet.

Wenn Sie möchten, überfliegen Sie noch einmal in Kapitel 0 („Der Weg der reinen Neugier“) die Abschnitte ab S. 199. Alle Aussagen, in denen dort von Themen die Rede ist, gelten jeweils analog auch für Stile.

Stil (4)

Themen und Stile sind erkenntnisästhetisch äquivalent.

14. Kreativität lernen

Lernen lernen lernen

Zugbegleiter Hermann Süß, der neben seiner beruflichen Tätigkeit alte jiddische und hebräische Drucke erforschte und entdeckte, wurde im Lauf der Jahre immer effizienter. Er bekam ein immer besseres Gespür, wo er wichtige Drucke vermuten konnte und worauf er bei seinen Recherchen zu achten hatte. Dies ist ein grundsätzliches Phänomen, das gerne als *Lernen lernen* bezeichnet wird: Wir können effizienter darin werden, uns Ahnungen anzueignen und uns für Themen und Stile zu sensibilisieren. Fast alle Menschen, die mehr als drei Sprachen sprechen, berichten, dass ihnen das Erlernen einer zusätzlichen Fremdsprache umso leichter gefallen sei, je mehr Sprachen sie bereits beherrschten. Ähnliches gilt für das Spielen von Musikinstrumenten.

Betrachtet man es systematisch, gibt es sogar noch weitere Meta-Ebenen des Lernens. Gregory Bateson hat gleich eine fünfstufige Hierarchie entwickelt.[129] Das Prinzip lehnte er an die Newtonsche Mechanik an, die beschreibt, wie sich Körper im Raum bewegen, also ihre Position verändern. Auch Lernen – so Batesons Grundgedanke – ist Veränderung – nur dass es hier nicht um die Bewegung von Körpern, sondern um die des Geistes geht.

In der Mechanik ist die einfachste Veränderung eine gleichförmige *Bewegung*: es ist die gleichmäßige Veränderung einer Position. Eine *Veränderung der Bewegung* wiederum heißt *Beschleunigung*. Sie ist somit eine Veränderung zweiten Grades. (Eine Verlangsamung ist in dieser Terminologie eine negative Beschleunigung.) Aber auch die Beschleunigungsrate kann sich „beschleunigen“ (oder abrupt ausgebremst werden). Das wäre

[129] Bateson 1981, 362-398.

eine Veränderung dritten Grades – die in der Physik übrigens sehr anschaulich als „Ruck“ bezeichnet wird.

Bateson übertrug diese Differenzierung verschiedener Ebenen von Veränderung auf das Lernen: Auf der untersten Stufe bedeutet Lernen eine einfache *Veränderung* durch einen Reiz. Auf der nächsthöheren Ebene beschreibt Lernen eine Meta-Veränderung, also etwa eine Veränderung der Veränderungsbereitschaft und so weiter. Das Ergebnis ist die folgende fünfstufige Systematik. Batesons Originalzitate sind dabei *kursiv* gesetzt. Die dazugehörigen Beispiele lehnen sich teilweise an diejenigen an, die auch Bateson verwendet hat.

Lernen Null ist *„die einfache Informationsaufnahme von einem äußeren Ereignis, dergestalt, dass ein ähnliches Ereignis zu einem späteren Zeitpunkt dieselbe Information übermitteln wird.“* Ein paar Beispiele:

- Der Wecker klingelt: Ich erfahre, dass es Zeit ist aufzustehen.
- Mein Gegner spielt einen Buben aus: eine wichtige Information für meine weitere Spielstrategie.
- Ich merke, dass ich mir in den Finger geschnitten habe.

Auf Informationen, die wir in einem durch *Lernen Null* charakterisierten Prozess erfahren, reagieren wir immer mehr oder weniger ähnlich. Im Deutschen würden wir solche Vorgänge – anders als im Englischen – nicht einmal als *Lernen* bezeichnen. Denn die Information beeinflusst unser weiteres Verhalten zwar unmittelbar, aber nicht dauerhaft. Stellt sich die gleiche Situation zu einem späteren Zeitpunkt nochmal ein, so werden wir (sofern sich an den äußeren Umständen nichts geändert hat) auf die gleiche Information ähnlich reagieren.

Lernen I ist Veränderung im Lernen Null. *„Dies sind Fälle, in denen ein Einzelwesen zum Zeitpunkt 2 eine andere Reaktion zeigt als zum Zeitpunkt 1.“* Lernen I entspricht somit dem üblichen Verständnis von Lernen.

- Lernen durch Erkundung: Durch häufiges Spazierengehen lerne ich meine neue Umgebung kennen. Wenn mich jemand nach dem Weg fragt, kann ich immer besser Auskunft geben.
- Lernen durch Üben: Durch Versuch und Irrtum werde ich von Mal zu Mal besser darin, den Basketball in den Korb zu werfen.
- Lernen durch Einfühlung: Ich lasse Bilder einer Künstlerin auf mich wirken und verstehe zunehmend, was sie sich dabei gedacht hat.
- Ich merke in einem Gespräch, dass ich mich unklar ausgedrückt habe, und finde einen Weg, das, was ich sagen wollte, deutlicher zu machen.
- Instrumentelles Lernen: Belohnungen verstärken bestimmte Reaktionen, negative Erfahrungen hemmen sie.
- Gewöhnung: Ich reagiere auf einen sich wiederholenden Reiz immer schwächer.

- Lexikalisches Lernen: Ich merke mir, dass *amicus* „Freund" heißt: Wenn ich das Wort erneut lese, weiß ich etwas damit anzufangen.
- Ich lerne, die Kontexte zu differenzieren, in denen ich eine bestimmte Information erhalte. In der Folge passe ich meine Reaktion dem jeweiligen Kontext an.

Lernen II „ist Veränderung im Prozess des Lernens I". Wenn von „Lernen lernen" gesprochen wird, ist meist diese Stufe gemeint:

- Ich lerne, dass ich mein Verhalten nicht so sehr von spontanen Belohnungen oder Strafen abhängig machen sollte.
- Ich lerne, mich immer schneller an neue Dinge zu gewöhnen und die Bedeutung neuer Informationen immer schneller zu erfassen.
- Ich lerne, wie ich mir Vokabeln besser merken kann.
- Ich verändere meine *Art* der Erkundung. (Hier wird erneut deutlich, dass die Veränderung des Erkundungsverhaltens auf einer anderen logischen Ebene steht als die Veränderung einfacher Tätigkeiten – vgl. Batesons Ratten-Beispiel auf S. 123).
- Analog: Ich ändere meine *Art* zu tüfteln, mich auf Dinge einzulassen oder mich zu äußern.
- Lerntransfer: Ich lerne, Strukturen, die mir begegnet sind, in anderen Zusammenhängen wiederzuerkennen. Ich kann dann Methoden, die ich mir in einer bestimmten Situation angeeignet habe, auf eine andere, vergleichbare Situation übertragen.
- Ich ändere meine Art, mit ärgerlichen Erlebnissen umzugehen, indem ich sie anders kontextualisiere als bisher. Ich gehe zum Beispiel mit ihnen humorvoller um als bisher oder betrachte frustrierende Erfahrungen als „Chance".

Lernen III „ist Veränderung im Prozess des Lernens II". In der Analogie zur Newtonschen Mechanik sind wir jetzt beim „Ruck" angekommen. Analog zur „beschleunigten Beschleunigung" könnte man hier an eine wie auch immer geartete Steigerung von Lernen II denken. Doch es fällt leichter, Beispiele zu finden, die Lernen II entgegenwirken:

- Ich gewöhne es mir ab, mich immer schneller an neue Dinge zu gewöhnen. Ich verweigere mich der ständigen Optimierung durch Lernen II.
- Ich verlerne es bewusst, die Effektivität meines Lernens zu steigern.
- Ich erkenne, dass die Ziele, auf die ich immer effizienter lernend hingearbeitet habe, mich nicht zufriedenstellen und ändere die Ziele.

Bateson bemerkte, dass Lernen III zwar schwierig und selten sein wird. *„Man behauptet aber, dass etwas dieser Art von Zeit zu Zeit in der Psychotherapie, in religiöser Bekehrung oder in anderen Sequenzen auftritt, in denen eine tiefgreifende Umstrukturierung des Charakters stattfindet."* Zu guter

Letzt identifizierte Bateson eine noch höhere Form des Lernens, die die Möglichkeiten eines Individuums übersteigt:

„Lernen IV wäre Veränderung im Lernen III, kommt aber vermutlich bei keinem ausgewachsenen lebenden Organismus auf der Erde vor“. Da aber die Evolution „gelernt“ habe, Organismen hervorzubringen, die zu Lernen III fähig sind, lasse sich dies als Lernen IV interpretieren. Mit anderen Worten: Lernen IV gibt es nur, wenn wir die Evolution als einen Lernprozess verstehen.

Ästhetisches Lernen lernen

Soweit Batesons Systematik. Wenn wir nun *ästhetisches Lernen* so verstehen, dass es mit einer Sensibilisierung einhergeht, fällt *Lernen Null* schon aus der Betrachtung heraus: Das Empfangen eines Reizes oder einer einfachen Information stellt noch keine Sensibilisierung dar. Auch *Lernen IV* können wir außer Acht lassen (solange wir nicht der Evolution bewusste oder gar ästhetische Erlebnisse unterstellen wollten). *Lernen III* ist ein besonderer Fall, auf den ich am Ende dieses Kapitels kurz eingehen werde. Doch in erster Linie bleiben *Lernen I* und *Lernen II*. Diese Ebenen meinen wir gewöhnlich, wenn wir über Lernvorgänge sprechen.

Lernen I beschreibt, womit ich mich bisher in diesem zweiten Teil des Buchs hauptsächlich befasst habe: Wir erweitern unseren Horizont, indem wir uns mit neuen Objekten, Themen, Stilen, Denkmustern oder Bewegungsabläufen auseinandersetzen. *Erkunden, sich einlassen, tüfteln, sich äußern* – wenn Lernen im Rahmen dieser Handlungskontexte stattfindet, ist es ästhetisch. Und es ist dann schön, wenn es kreativ ist bzw. wenn das Ergebnis des Lernens O- bzw. S-wertig zu werden verspricht.

Beim Lernen II ist es das Thema „Lernen“ selbst, von dem wir uns Ahnung aneignen. Konsequenterweise bedeutet *„ästhetisches Lernen“ lernen*: zu lernen, wie man etwas K-wertig – eben: kreativ – ergründet oder gestaltet.

Damit sind mehrere Kompetenzen verbunden. Zum einen: Ambiguitätstoleranz (vgl. S. 120). Grundsätzlich orientieren sich ästhetische Handlungen ja daran, O- oder S-Spannungen abzubauen: Unklarheiten in Klarheiten und Fremdes in Vertrautes zu verwandeln. Doch diese Spannungen müssen erstmal aufgebaut und ausgehalten werden. Ertrage ich größere ästhetische Spannungen, bin ich auch in der Lage, mich mit schwierigeren und fremdartigen Dingen zu beschäftigen, von denen ich weiß, dass die erhoffte O- oder S-Wertigkeit unter Umständen lange auf sich warten lässt. Zum *Lernen lernen* – Kreativität lernen – gehört somit eine Steigerung der Ambiguitätstoleranz.

Lernen II beinhaltet außerdem eine Steigerung der Erwartung an die eigene Selbstwirksamkeit (s. S. 100). Dies kann durch Erfolgserlebnisse geschehen, aber auch durch Erfahrungen, die dazu führen, dass ich Lampenfieber und andere Aufregungssignale positiv erlebe.

Und es beinhaltet eine Steigerung der Fähigkeit, K-wertige Handlungen vorzubereiten und zu planen (s. S. 138). Zu diesen drei allgemeinen Kompetenzen kommen spezielle hinzu, die einzelnen Handlungskontexten zuzuordnen sind. Wenn Sie die folgenden Listen lesen, werden Sie dennoch merken, dass auch die Kompetenzen formal einander ähneln (in abstrakter Form sind sie in der Übersicht *L (7)* auf Seite *225* auch noch einmal zusammengefasst).

Man kann *lernen, kreativ zu erkunden*, sodass das Ergebnis der Erkundung eine gute Chance hat, O-wertig zu werden. Dies beinhaltet, zu lernen und ein Gespür dafür zu entwickeln,

- welche Möglichkeiten es gibt, an Informationen zu gelangen.
- wie man wesentliche von unwesentlichen und glaubwürdige von unglaubwürdigen Informationen unterscheidet.
- wie man sich selbst am besten auf die jeweilige Handlung einstimmt.
- wie man neue Erkenntnisse effektiv einordnet und die Übersicht behält.
- mit welchem Kenntnisstand man welche Ahnung für sich beanspruchen (welche Art von Urteil man sich somit erlauben) kann, und welche Erkenntnisse man benötigt, um die eigenen Ahnungen verlässlicher zu machen.
- wie man Erkundungsprozesse so gestaltet, dass sich intuitive „Heureka-Momente" ergeben.
- welches Verhältnis von diversiver und spezifischer Erkundung (siehe S. 127) für einen selbst optimal ist und wie man insbesondere die diversiven Anteile so gestaltet, dass man wirklich etwas davon hat.

Man kann *lernen, sich kreativ auf etwas einzulassen*, sodass gute Chancen auf eine S-wertige Beziehung bestehen. Dies beinhaltet zu lernen und ein Gespür dafür zu entwickeln,

- worauf es sich für mich lohnt, mich einzulassen.
- auf welche Weise ein Objekt für mich eine persönliche Relevanz bekommen kann, sodass es in „meine Welt" passt oder sie sogar erweitern kann.
- wie ich mich in andere Menschen hineinversetze und verstehe, was sie als relevant empfinden.
- welche Art von Fragen ich an das Objekt oder mein Gegenüber richte, um es zu verstehen.

- wann überhaupt „Fragen stellen" der richtige Weg ist, und wann es sich empfiehlt, sich einfach der Wirkung auszusetzen.

Man kann *kreativ tüfteln lernen*, sodass man Dinge hervorbringt, die (für einen selbst oder für andere) O-wertig sind. Dazu gehört zu lernen und ein Gespür dafür zu entwickeln,

- welche Art von Projekten zu zufriedenstellenden Ergebnissen führen.
- wie man Pläne schmiedet oder ein Projekt angeht.
- wie und wo man sich am besten beraten lässt.
- wie man den eigenen „Werkzeugkasten" effektiv nutzt und erweitert.
- wie man effizient vorgeht, unnötige Pannen vermeidet und Dinge sinnvoll vereinfacht.
- wann es sich lohnt, systematisch vorzugehen und wann ein experimentierfreudiges Vorgehen angebracht ist.

Und schließlich kann man *lernen, sich kreativ zu äußern*, sodass man Dinge hervorbringt, die (für einen selbst oder für andere) S-wertig sind. Dazu gehört zu lernen und ein Gespür dafür zu entwickeln,

- welche Themen für das Gegenüber relevant sein könnten.
- welche Stile Resonanz erzeugen.
- wie man sich so ausdrückt, dass man den eigenen Ideen und dem eigenen Anspruch gerecht wird.
- wie man seine eigenen Ideen so vermittelt, dass andere sich auf sie einlassen.
- wie man die eigenen Ausdrucksmöglichkeiten optimiert und effektiv nutzt.

Die Ästhetik des Rucks

Auch Lernen II kann schön sein. Schließlich beruht es wie Lernen I auf potenziell kreativen und somit K-wertigen Handlungen. Mit einem Unterschied: Lernen II beinhaltet *sowohl* Momente des Ergründens *als auch* des Gestaltens, *und* es verknüpft fast immer O- und S-Spannungen. Schließlich ist es damit verbunden, sich selbst besser kennenzulernen, kreative Methoden auszuprobieren, sich auf verschiedene Entwicklungen einzulassen und sich dabei als selbstwirksam zu erleben. Lernen II also an K-Werten einiges zu bieten.

Und die das gleichen Arten von Handlungen prägen Lernen III – also jene revolutionären Phasen, in denen man dem immer effizienteren Lernen den Rücken kehrt oder damit beginnt, sich an anderen Werten und Zielen zu orientieren als an denjenigen, auf die man bisher hingearbeitet hat. Allein die bewusste Entscheidung, sich auf die Meta-Ebene des Lernen-Lernens oder gar des Lernen-lernen-lernens einzulassen, ist ja ein kreativer, nicht-systematisch planbarer Vorgang. Lernen III kann somit auf seine Art schön sein. Es ist die Ästhetik des persönlichen Rucks.

L (7)

Ästhetisches Lernen lernen (Lernen II) bedeutet vor allem zu lernen, wie man etwas kreativ ergründet oder gestaltet. Man lernt

- zu erkennen, welche Aussicht ein Objekt oder Projekt bietet, eine O- oder S-Spannung aufzulösen.
- sich selbst besser kennen, vor allem die eigene ästhetische Disposition und das eigene Verhalten in kreativen Prozessen.
- K-wertige Handlungen gut zu planen und sich selbst so vorzubereiten, dass sich diese Erwartung erhöht.
- sich etwas zuzutrauen (Selbstwirksamkeit).
- zunehmend große O- bzw. S-Spannungen (Ambiguität) auszuhalten.
- das eigene methodische Repertoire zu optimieren und effektiv zu nutzen.
- seinen eigenen Rhythmus zu finden, um den kreativen Prozess für sich selbst so zu gestalten, dass sich „Heureka-Momente“ ergeben; wie und an welchen Stellen man am besten „kreative Pausen“ einlegt, iterative Schleifen einbaut oder andere kreativitätsfördernde Methoden anwendet.
- zu erkennen, wann es angebracht ist, vom ursprünglichen Kurs abzuweichen.
- zu erkennen, wann im Prozess ein spezifisch-systematisches Vorgehen angebracht ist, wann ein diversiv-intuitives.

Zwischenspiel: Das Schöne und das Wahre

The truth, however ugly in itself, is always curious and beautiful to seekers after it.

Hercule Poirot, *The murder of Roger Ackroyd*

Vertrauen

„Es passt alles so gut zusammen!" – Das könnte eine Archäologin nach der Rekonstruktion eines Keramikfunds sagen. Oder ein Staatsanwalt nach Abschluss der Beweisaufnahme in einem Mordfall. Oder eine Filmkritikerin über das Erstlingswerk eines hoffnungsvollen Nachwuchs-Regisseurs. Ist *„Es passt alles so gut zusammen!"* also eine faktische Feststellung oder eine ästhetische Bewertung? Oder beides?

Habe ich im ersten Zwischenspiel die Berührungspunkte zwischen Schönheit und Moral ausgeleuchtet, geht es nun darum, was das Schöne und das Wahre verbindet. Hier gibt es einen wichtigen Punkt zu beachten: Das Gute und das Schöne brauchen jeweils ein *Subjekt*, denn wir haben es mit Wertungen zu tun. Wir *finden* Dinge schön, und wir *finden* Handlungen moralisch gut. Doch die Wahrheit kommt ihrer Idee nach ohne ein Subjekt aus. Aussagen sind wahr oder falsch, egal, was jemand „findet". Deshalb würden wir in eine Falle laufen, würden wir die Schönheit der Wahrheit gegenüberstellen. Wenn wir das Wahre, Schöne und Gute miteinander vergleichen, müssen wir den Vergleich auf der gleichen logischen Ebene anstellen – nämlich der Ebene des Empfindens. Wahrheit ist durchaus etwas, was man empfinden kann. Wir nennen dieses Empfinden meist *Vertrauen*.

Es gibt verschiedene Arten von Vertrauen, die sich zueinander ähnlich verhalten wie die verschiedenen Arten von Schönheit, also wie E-, O-, S- und K-Werte:

- Zunächst vertrauen wir in der Regel unseren eigenen Sinnen. Wir gehen davon aus, dass das, was wir sehen, hören, spüren und riechen, *wahr* ist – deshalb heißt es ja auch *Wahrnehmung*.
- Es gibt das Vertrauen gegenüber Aussagen. Dazu gehören auch Daten: Daten sind immer Aussagen *über* etwas – Ihr Geburtsdatum etwa sagt aus, wann Sie auf die Welt kamen. Wir vertrauen Aussagen in der Regel dann, wenn sie stimmig und plausibel sind (in sich schlüssig und konsistent mit unseren Erfahrungen) sowie hinreichend vollständig – wenn also nach unserem Eindruck nichts Wesentliches ausgelassen wurde. Und sind sie dann auch noch schlicht – lassen sich also kognitiv leicht erfassen – stärkt dies ebenfalls das intuitive Vertrauen, das wir ihnen entgegenbringen (s. S. 38).
- Ein Großteil dessen, was wir für wahr halten, beruht aber auch auf einem Vertrauen gegenüber Dritten: Nur einen Teil dessen, was wir über die Welt wissen, haben wir uns aus eigener Anschauung und Erfahrung erschlossen. Den anderen Teil unserer Kenntnisse verdanken wir Eltern, Lehrerinnen, Medien, Berichten und Erzählungen aus dem Bekanntenkreis. Die Wahrheiten, an die wir glauben, beruhen somit auch auf einem Vertrauen gegenüber der Verlässlichkeit und Ehrlichkeit der jeweiligen *Quelle*. Das ist eine weitere Art des Vertrauens – ein

Vertrauen auf *Beziehungen*, in denen wir erwarten, dass uns bestimmte Menschen und Institutionen nicht täuschen ...

- ... und dass sie uns nicht *enttäuschen.* Denn schließlich gibt es auch ein Vertrauen auf *Handlungen*: Von Menschen, denen wir dieses Vertrauen schenken, erwarten wir, dass sie loyal sind, uns unterstützen, nicht hintergehen und nicht im Stich lassen.

Sieht man sich diese Liste an, so geht es nach unten hin immer weniger um Wahrheit und immer mehr um Moral. Der Begriff *Vertrauen* berührt somit sowohl das Wahre als auch das Gute.

Gleichzeitig spiegelt die Aufzählung die E-, O-, S- und K-Werte der Schönheit. Gerade das Vertrauen gegenüber Aussagen folgt Kriterien, die wir bereits von den O-Werten kennen – auch Aussagen sind *Muster*. Wenn wir also mit dem Begriff des *Vertrauens* arbeiten, finden wir schon einige Parallelen zwischen dem „Wahren“ und dem „Schönen“:

- Die Unterscheidung *vertrauenswürdig/nicht vertrauenswürdig* ist wie die Unterscheidung *schön/hässlich* mit einer Wertung verbunden.
- Auch diese Wertung setzt eine entsprechende Kontextualisierung voraus: Man kann einen Text nach seinem Wahrheitsgehalt beurteilen – muss man aber nicht. Manche bewerten wir lieber nach ihrer Schönheit.
- Sowohl Vertrauen als auch Schönheit werden durch kognitive Leichtigkeit positiv beeinflusst und somit durch Merkmale wie Stimmigkeit, Ganzheit und Schlichtheit.
- Auch Vertrauen lässt sich als Meta-Emotion beschreiben. Der Philosoph Jürgen Wertheimer und der Hirnforscher Nils Birbaumer haben in ihrem Buch „Vertrauen: ein riskantes Gefühl“ genau das getan. Sie verwenden dazu zwar andere Worte, aber es läuft auf das Gleiche hinaus: Sie beschreiben Vertrauen als ein *„Gefühl hinter den Gefühlen“* und *„ein Gefühl, das aus Gefühlen besteht“*.[130]
- So wie verschiedene Arten von Schönheit miteinander wechselwirken, gilt dies auch für die verschiedenen Ebenen des Vertrauens. Eine „Wahrheit“, die ich ausspreche, kann im Widerspruch zu meinem Verhalten stehen. Ich kann mit dem Aussprechen einer (gerade aufgeschnappten) Wahrheit eine Fachkenntnis vorgaukeln, die ich nicht besitze. Ein höfliche Floskel (*„Ich freue mich sehr...“*) entspricht vielleicht nicht ganz meiner aktuellen Stimmung, kann aber durchaus eine ernst gemeinte Haltung in einer Beziehung zum Ausdruck bringen – und muss nichts an meiner Vertrauenswürdigkeit ändern.
- Ob es auch neurologisch Parallelen gibt, ist unklar. Die Hirnforschung hat bisher wenig zum Phänomen des Vertrauens herausgefunden – es

130 Wertheimer & Birbaumer 2016, 14f.

scheint einfach zu komplex zu sein.[131] Aber immerhin: Das galt für das Schönheitsempfinden lange Zeit auch.

All das sind zunächst wieder nur formale Parallelen. Doch legen sie eine Fährte, der sich nachzugehen lohnt. Gibt es tiefere Verbindungen zwischen Ästhetik und Epistemologie, Schönheit und Wahrheit – oder noch konkreter: zwischen Schönheitsempfinden und Vertrauen? Sucht man Antworten auf diese Frage, bietet sich als Untersuchungsobjekt die Welt der Wissenschaft an, denn dort flammt diese Diskussion immer wieder auf. Doch mit welchem Ergebnis?

Wahre Schönheit, schöne Wahrheit?

Eine Theorie kann aus unterschiedlichen Gründen als schön empfunden werden. Etwa, weil ihre Begründung in sich schlüssig wirkt, oder weil immer neue Daten mit den theoretischen Vorhersagen übereinstimmen. Dies mag trivial klingen, denn Konsistenz ist unbestreitbar ein wissenschaftlich äußerst sinnvolles Kriterium. Doch ist die Zweckmäßigkeit dieses Kriteriums zu unterscheiden von seinem ästhetischen Wert. Es ist das eine, die innere Stimmigkeit einer Theorie festzustellen (*„Klingt logisch, was X schreibt, da könnte was dran sein"*) oder sie um ihrer selbst willen schön zu finden (*„Es ist ein Vergnügen zu erleben, wie Y ihre Gedanken Schritt für Schritt logisch aufeinander aufbaut"*).

Die Konsistenz einer wissenschaftlichen Theorie garantiert auch nicht, dass sie die Welt richtig beschreibt. Es ist nicht schwierig, sich eine scheinbar widerspruchsfreie Theorie auszudenken, die nichts zu tun hat mit der Wirklichkeit – Verschwörungsmythologen sind Meister darin.

Wissenschaftliche Theorien können darüber hinaus schön sein, weil sie schlicht sind – so wie Einsteins $E = mc^2$. Ihre Schönheit kann auf bestimmten Symmetrien oder Kongruenzen beruhen – wie die Maxwellschen Feldgleichungen, in denen elektrische und magnetische Felder formal auf die gleiche Weise beschrieben werden. Theorien können schön sein, weil sie sich visualisieren lassen – so wie im Bohrschen Atommodell die Elektronen um den Atomkern „kreisten" wie Planeten um die Sonne. Auch die Entschlüsselung der DNA-Struktur durch Watson und Crick gilt heute nicht zuletzt deshalb als ein so bedeutsames Ereignis, weil sich die *elegante* Form der Doppelhelix äußerst anschaulich darstellen lässt. Die Doppelhelix ist so zum ikonischen Symbol der Genforschung geworden.

Doch die Beispiele zeigen schon, dass sich die Wissenschaft nicht auf die Schönheit ihrer Modelle verlassen kann. Das Bohrsche Atommodell ist

[131] Wertheimer & Birbaumer 2016, 12.

schließlich längst überholt, und die Doppelhelix idealisiert die DNA-Struktur in einer Weise, wie niemand dieses Molekül unter dem Mikroskop sehen würde.

In der Physik hat die Idee, dass ästhetische Prinzipien zur Entdeckung neuer Wahrheiten führen, zahlreiche Anhänger. Der Physiker und Nobelpreisträger Paul Dirac meinte einmal, es sei wichtiger, dass Gleichungen, die man entwickelt, schön seien, als sie den Ergebnissen seiner Experimente anzupassen.[132] So weit geht der Mathematiker (und seit 2020 ebenfalls Nobelpreisträger) Roger Penrose nicht, aber auch er ist davon überzeugt, dass die Richtigkeit einer Theorie mit ihrer Schönheit zusammenhängt. Wenn es in seinen mathematischen Forschungen auf ein Problem zwei mögliche Antworten gab, so habe sich meist diejenige als wahr erwiesen, die er auch ästhetisch befriedigender fand.[133] In einem Interview sagte er mir dazu:

> Es fängt bei der Mathematik an. Hier läuft ohne Ästhetik gar nichts. Natürlich kommt es am Ende auf Wahrheiten an, die sich auch überprüfen lassen. Aber Sie benutzen ihr ästhetisches Urteil, um Ihrer Forschung und Ihrer Suche nach der Wahrheit die richtige Richtung zu geben. Das Gleiche gilt in der Physik, zumindest auf der grundlegenden Ebene der Naturgesetze. Es trifft ebenfalls zu, wenn Leute ein Experiment entwerfen. Sie wollen, dass es einfach ist und ästhetisch ansprechend. Und wenn sie ein Experiment so gestalten, ist es meist auch ein Weg, der erfolgreich ist.

Penrose und Dirac sind zwei von vielen. In kaum einem Fach gibt es einen solchen Hype um Schönheit als Weg zur Wahrheitsfindung wie in der Physik – und wir halten fest, dass es auch hierbei weniger um die Wahrheit als solche geht, als um das Vertrauen in eine Theorie.

Die Teilchenphysikerin Sabine Hossenfelder stellt in ihrer Streitschrift „Das hässliche Universum“ grundsätzlich in Frage, dass Schönheit ein Wegweiser zur Wahrheit ist.[134] Sie beschreibt in diesem Buch ihre eigene Zunft, die Teilchenphysik, als eine ziemlich ratlose Truppe, die von ihren hehren Schönheitsidealen offenbar in die Irre geführt wurde. Zu diesen Idealen einer „schönen Physik“ gehören Kriterien wie

- Einfachheit: Eine Theorie sollte nicht mehr Grundannahmen treffen als notwendig. Dazu gehört auch Symmetrie. Damit ist in der Physik nicht in erster Linie eine räumliche (z.B. Achsen-)Symmetrie gemeint, sondern jede Situation, in der bei einer Veränderung oder Umkehrung von Parametern die physikalischen Gesetze und andere Verhältnisse gleichbleiben bzw. alles weitere aus einer einfachen Transformation

[132] Dirac 1963.
[133] Penrose 1974.
[134] Hossenfelder 2018.

hervorgeht. In einer Welt aus Antimaterie etwa haben elektrische Ladungen umgekehrte Vorzeichen, aber die Gesetze sollten sich nicht ändern.

- Natürlichkeit: Eine Theorie sollte hinsichtlich ihrer Grundannahmen keine Rosinenpickerei betreiben. Wenn die Teilchenphysik extrem große oder kleine Zahlen einführen müsste, damit ihre Theorien funktionieren, wäre das verdächtig unnatürlich.
- Eleganz: Sie bedeutet im Grunde das Gleiche wie Einfachheit, nur dass dieser Begriff noch stärker die Überraschung in dem Moment betont, in dem jemand entdeckt, wie einfach ein neuer Ansatz die Wirklichkeit beschreiben kann.

Für die Anwendung solcher ästhetischen Kriterien bei der Wahrheitssuche gebe es keinerlei wissenschaftliche Begründung, argumentiert Hossenfelder. Es sei unvernünftig anzunehmen, dass die Natur uns den Gefallen tut „einfach" zu sei und ohne extreme Zahlenverhältnisse auszukommen. Deshalb spreche nichts dafür, Theorien mit diesen Eigenschaften gegenüber anderen zu bevorzugen und zu unterstellen, diese seien mit höherer Wahrscheinlichkeit „wahr".

O-Werte in Theorien

Wie ist die Fachwelt überhaupt darauf gekommen, die Plausibilität einer Theorie an ästhetischen Kriterien zu messen? Das Symmetrieprinzip, räumt Hossenfelder ein, habe die Physik enorm vorangebracht. Es habe geholfen, im „Teilchenzoo" aufzuräumen und die Quarks zu entdecken (die kleinsten bekannten Elementarteilchen, aus denen sich vor allem Protonen und Neutronen – die Bestandteile des Atomkerns – zusammensetzen). Doch diese Erfolge sind nun schon ein paar Jahrzehnte her, seitdem trete die Teilchenphysik auf der Stelle. Die als schön erachteten Theorien haben Teilchen vorhergesagt, die sich in den milliardenteuren Teilchenbeschleunigern längst hätten zu erkennen geben müssen – doch sie sind einfach nicht aufgetaucht.

Hossenfelder hält die Orientierung an ästhetischen Kriterien in der Wissenschaft für einen groben Fehler. Selbst der erwähnte Paul Dirac habe sich seinen Nobelpreis verdient, *bevor* er das ästhetische Prinzip propagierte. Offenbar hat es ihm hinterher nicht mehr zu weiteren bahnbrechenden Erkenntnissen verholfen. Hossenfelder zitiert den Dirac-Biographen Helge Kragh: *„Nach 1935 trug [Dirac] nur noch wenig von bleibendem Wert für die Physik bei."*

Ich will jetzt nicht die Schönheitskriterien aller möglichen wissenschaftlichen Disziplinen abklopfen, denn interessanterweise wird diese spannende Debatte nur in der Physik so deutlich geführt. Stellt sich die Frage nach der Beziehung von Schönheit und Wahrheit etwa nur dort? Dann ginge es allenfalls um die Schönheit von Naturgesetzen und nicht von Theorien im Allgemeinen.

Sie haben sicherlich bemerkt, dass es sich bei den bisher genannten Schönheitsidealen von Theorien – Schlüssigkeit, Symmetrie, Einfachheit, Eleganz – vor allem um O-Werte handelt. Die Schwierigkeiten beginnen aber schon beim Versuch, sie zu objektivieren. Die Stringenz und Schlüssigkeit einer Theorie mag sich anhand formallogischer Kriterien noch relativ gut objektiv beurteilen lassen. Doch bereits, wenn man ein theoretisches Modell mit vorhandenen Daten abgleicht, können die Meinungen auseinander gehen, welche Abweichungen toleriert werden können und welche nicht. Man kann die Unstimmigkeiten und Schwachstellen einer Theorie grell ausleuchten oder aber sie als unwesentliche Randstörung bagatellisieren.

Was das Kriterium der Einfachheit betrifft, ist es noch schwieriger. Zwar wird beim Vergleich zweier konkurrierender Theorien in vielen Fällen schnell klar sein, welche einfacher ist. Doch die entscheidende Frage lautet, inwieweit die Einfachheit einer Theorie wirklich *angemessen* ist. „Mache die Dinge so einfach wie möglich, aber nicht einfacher“ – das war der Ratschlag von Albert Einstein. Ein Kriterium, wann es mit der Einfachheit genug ist, gab er leider nicht mit.

Und es kann auch durchaus strittig sein, was überhaupt als „einfach“ zu gelten hat. Die Evolutionsforschung liefert hierfür ein gutes Beispiel. Früher galten Theorien als unschön und verpönt, die bestimmte Entwicklungen mit einzelnen katastrophenhaften Ereignissen erklärten. Die Evolution wurde als eine kontinuierliche Entwicklung angesehen, in der sich Organismen immer wieder ihrer Umwelt neu anpassten und fortentwickelten, in einem sehr langsamen und allmählichen Prozess. So wurden auch die großen Artensterben in der Evolution erklärt, wie etwa das der Dinosaurier am Ende der Kreidezeit. Die einen vermuteten, die Eierschalen der Dinosaurier seien im Laufe der Jahrmillionen zu dünn geworden. Andere glaubten, die Tiere hätten infolge von Klimaveränderungen nicht mehr genügend Nahrung gefunden. In jedem Fall wurde das Dinosauriersterben als eine Entwicklung betrachtet, die sich über Hunderttausende von Jahren erstreckte. Das waren durchaus *einfache* Modelle, in der die Evolution als eine Geschichte der Kontinuität erschien, ohne „hässliche“ abrupte Brüche und Zäsuren.

Auch erklärten diese frühen Theorien das Artensterben allein durch endogene Faktoren – durch Ursachen, die in der Erde und ihrer Geschichte selbst zu suchen sind, wie etwa Klimaveränderungen infolge von verstärkter Vulkantätigkeit oder der Verschiebung der Kontinentalmassen.

Anfang der 1980er Jahre äußerten Wissenschaftler erstmals die Idee, dass die Dinosaurier einem profanen Meteoriteneinschlag (und einem damit verbundenen extremen Klimasturz) zum Opfer fielen. Der Gedanke stieß zunächst auf Ablehnung, zu sehr erinnerte er an die Dramaturgie eines platten Hollywood-Films. Die Hypothese galt daher als viel *zu* simpel, um wahr sein zu können.

Gleichzeitig verlangte die Einschlagstheorie von den Evolutionsforschern die Einführung eines *zusätzlichen* Erklärungsprinzips in Form einer Einwirkung von außen. Das machte sie in den Augen mancher wiederum unnötig kompliziert. „*Wir brauchen diesen Einschlag nicht, um das Aussterben der Dinosaurier zu erklären*", sagte mir noch 1997 Otto Heinrich Walliser, ein renommierter Paläontologe. Damit berief er sich implizit auf das Prinzip von Ockham, wonach die Wissenschaft nicht mehr Erklärungsmechanismen heranziehen sollte als unbedingt notwendig.

Inzwischen ist die Einschlagstheorie die vorherrschende Lehrmeinung. Sie wird von vielen Befunden gestützt, schließlich wurde auch die Stelle in Mexiko ausfindig gemacht, an der der Meteorit einst einen Krater hinterlassen hat. Zwar hat eine Minderheit in der Paläontologie noch Zweifel, ob der Meteorit der Hauptauslöser für das Sauriersterben war oder ob es nicht schon vorher begonnen hat. Doch der Einschlag an sich wird heute nicht mehr in Frage gestellt. Somit sind solche „Katastrophen"-Szenarien hoffähig geworden und werden auch als Erklärung anderer Einschnitte in der Evolution zumindest in Erwägung gezogen.

Spricht das nun dafür oder dagegen, einfache Theorien zu bevorzugen? Weder noch, denn wenn man sich erstmal an den Gedanken vom Einschlag gewöhnt hat, ist diese Theorie auf ihre Weise auch *einfach.* Das zeigt schon daran, wie populär sie ist, denn sie lässt sich leicht veranschaulichen. „Meteorit killt Dinosaurier" ist die einfachere Schlagzeile gegenüber der Alternative „Vulkanismus und Klimawandel führten in einem komplizierten Wechselspiel zu einem allmählichen Aussterben". Beide Theorien sind auf jeweils eigene Weise schlicht.

Die Wahrnehmung, was „schön schlicht" und was „allzu einfach" ist, kann sich also verändern. Wer in den 1970er und 1980er Jahren behauptete, es gebe „angeborene" Persönlichkeitsunterschiede, galt als naiv oder gar reaktionär. Solche Erklärungen wurden als „monokausal" etikettiert, was gleichbedeutend war mit platt und hässlich. Theorien von „Verhaltensgenen" galten als zu simpel, um schön zu sein. Zum Konsens kritisch denkender Fachleute gehörte es deshalb, dass der Mensch maßgeblich durch seine Umwelt geprägt wird, also durch seine Erziehung und durch sein soziales Milieu.

Heute gehen Wissenschaftler mit dieser Frage nüchterner um. Denn immer mehr zeigt sich, dass die Alternative *„entweder – oder"* falsch ist. Es gibt für bestimmte Verhaltensweisen genetische Dispositionen, aber Erziehung und soziale Erfahrungen prägen den Menschen maßgeblich mit. Das Zusammenspiel zwischen Genetik und Umwelt wird somit – zumindest in der Fachwelt – heute weitaus weniger ideologisch diskutiert.

An all diesen Beispielen wird deutlich, dass die Einfachheit einer Theorie schlicht nichts über ihren Wahrheitsgehalt sagen kann.

S-Werte in Theorien

Auf welche Weise eine Theorie S-wertig sein kann, ist etwas schwieriger zu fassen. Sie kann zum Beispiel überzeugend wirken, weil sie von bestimmten „Autoritäten" stammt, die wir aufgrund ihrer bisherigen Leistungen sehr schätzen und die uns aufgrund ihres Auftretens kompetent und glaubwürdig erscheinen; oder von Leuten, denen wir uns verbunden fühlen und die die Welt auch sonst auf eine Weise betrachten, die uns sympathisch ist.

Eine Aussage kann plausibel erscheinen, weil sie gut ins eigene, vertraute Weltbild passt, wobei dieses Weltbild seinerseits mit dem eigenen Selbstbild und Selbstverständnis zusammenhängt. Albert Einstein lehnte die Quantenmechanik ab, weil sie den Determinismus in Frage stellte. Denn die Quantenmechanik geht, zumindest im Mikrokosmos, von echten Zufällen aus, und das widersprach Einsteins Weltbild: *„Der Herrgott würfelt nicht!"*

S-Werte kommen auch in der Art zum Tragen, in der eine Theorie präsentiert wird. Das kann das Vertrauen ebenfalls beeinflussen: In der Medizin wirken wissenschaftliche Aussagen glaubwürdiger, wenn sie in einem nüchternen, akademischen Stil geschrieben sind. Strotzt ein Text von Wörtern wie „Geheimnis", „Kräfte" und „Energie", und wird er darüber hinaus von Regenbogenfarben und Sternzeichen-Symbolen umrahmt, so wird er auf den ersten Blick einen unseriösen Eindruck erwecken. Zu einem solchen Stil geht eine wissenschaftlich orientierte Medizinerin instinktiv auf Distanz, denn das ist nicht „ihre Welt".

Es liegt auf der Hand, dass derartige S-Werte zwar Orientierung bieten, um wissenschaftliche Aussagen zu beurteilen aber kein zuverlässiges Kriterium für ihre Richtigkeit sind. Autoritäten können irren und Theorien, die einem sympathisch sind und ins eigene Weltbild passen, können falsch sein.

Nicht zu vergessen: K-Werte

Ob uns eine Theorie gefällt oder nicht, hängt auch von K-Werten ab. Sie kann schön sein, weil sie genau das richtige Maß an Neuheit oder Komplexität aufweist, um auf jemanden an der Forschungsfront attraktiv zu wirken. Vermutlich wird dieser Faktor als Treiber des wissenschaftlichen Fortschritts in der Diskussion unterschätzt: das einfache Bedürfnis nach Abwechslung und neuen Herausforderungen.

Es gibt das Klischee vom Wissenschaftler, der neugierig ist auf die Wahrheit. Aber „die" Wahrheit gibt es nicht, am Ende gibt es immer nur neue Fragen. Insofern handelt es sich um eine „Gier" auf das – wie der Name schon sagt – Neue. In der Wissenschaft sind Erkenntnisse dann „optimal" neuartig oder komplex, wenn sie sich vom Status quo unterscheiden, aber gleichzeitig, wie es so schön heißt, „anschlussfähig" sind an bewährte Erkenntnisse.

Und wer entscheidet das konkret? Immer die Person, die eine neue Theorie für sich beurteilt. Hier wird es immer Unterschiede geben, die am Ende auch von der Persönlichkeit abhängen: Eine Theorie, die dem einen als eine zu radikale Abkehr von der gängigen Lehre erscheint, wirkt auf die andere gerade dadurch besonders reizvoll.

Auch wenn es in der Wissenschaft zweifellos harte Evidenz-Kriterien zur Beurteilung von Theorien gibt, so ist doch die Dynamik wissenschaftlicher Lehrmeinungen mit der von Moden vergleichbar: Es gibt Traditionalisten und Erneuerer, und dazwischen das ganze Spektrum an *„Early Adopters"*, *„Early Majority"* und *„Late Majority"*, wie sie in der Sprache der Konsum- und Innovationsforschung heißen. Insofern lohnt es sich, sich diese ästhetische Dynamik noch etwas näher anzusehen.

Wissenschaftliche Schönheitskriterien im Wandel

Auf den ersten Blick gibt es genügend Beispiele aus der Wissenschaft, die den immer wieder vermuteten Zusammenhang zwischen Schönheit und Wahrheit widerlegen: Eine Welt, die sich aus nur vier Elementen zusammensetzt; eine Sonne, die sich um die Erde dreht; die Existenz angeblich völlig gewaltfrei lebender Naturvölker – von diesen einst „schönen" Theorien ist nicht viel übrig geblieben. Doch die Wissenschaftsgeschichte lehrt: Sobald die Zeit gekommen ist, eindeutig falsche Theorien durch zumindest neue zu ersetzen, verändern sich damit zugleich die Kriterien dafür, welche Theorien überhaupt als „schön" gelten.

Auch wenn die Diskussion um Schönheit als Indikator für Wahrheit immer wieder neu geführt wird, hat James McAllister im Grunde schon alles Wesentliche dazu gesagt. McAllister ist Wissenschaftshistoriker und -philosoph an der Universität Leiden. Als ich ihn 2003 für ein Interview besuchte, gefiel mir schon der Name seiner Wirkungsstätte: *Instituut voor Wijsbegeerte*. „Wissbegierde!", glaubt man darin als deutscher Muttersprachler herauslesen zu können, liegt damit aber knapp daneben. Unsere

Nachbarn haben sich nur die Mühe gemacht, das Fremdwort „Philosophie" („Liebe zur Weisheit") in ihre Sprache zu übertragen.

Weshalb ich McAllister aufgesucht habe, war sein 1996 erschienenes Buch „Beauty and Revolution in Science", in dem er sehr genau dargestellt hat, wie Ansichten über Schönheit und Wahrheit in der Wissenschaft einander wechselseitig beeinflussen.

Er beschreibt, wie neue und für ihre Zeit ungewöhnliche Theorien, von den meisten Forschern oft zunächst als hässlich betrachtet und abgelehnt wurden.[135] Erst wenn sie sich empirisch bewährten, hat man sie allmählich als schön empfunden:

> Astronomen von der Antike bis zu Nikolaus Kopernikus hatten eine ästhetische Vorliebe für bestimmte Symmetrien. Sie bestanden darauf, dass Theorien die Umlaufbahnen von Himmelskörpern als eine Kombination von Kreisen erklären sollten. [...] Deshalb betrachteten viele Astronomen Johannes Keplers Theorie der Planetenbewegungen als hässlich, weil sie die Planetenbahnen als Ellipsen darstellte, und nicht als eine Kombination von Kreisen. [...] Isaac Newtons Theorie der Gravitation erschien vielen seiner Zeitgenossen als ästhetisch unakzeptabel, da sie eine Wirkung über Entfernungen postulierte. Und viele Physiker – insbesondere Dirac – betrachteten die Quantenelektrodynamik als hässlich, weil sie auf keinen mathematischen Standard-Operationen [...] beruhte. Aber nachdem sich all diese Theorien in eindrucksvoller Weise empirisch bestätigten, wurden sie mit der Zeit auch als ästhetisch ansprechend angesehen. [...]
>
> Wären Physiker im Jahr 1900 gefragt worden, ob Determinismus und Visualisierbarkeit ein Zeichen für die Wahrheit seien, hätten die meisten dies wohl vehement bekräftigt. Innerhalb einiger Jahre wurde jedoch klar, dass die klassische Physik einige empirische Befunde über wichtige subatomare Partikel nicht erklären konnte [...]. Die Quantentheorie, die sich in der Mitte der 1920er Jahre entfaltete, erwies sich als fähig, diesen Beobachtungen Rechnung zu tragen. Doch die Quantentheorie zeigte ästhetische Eigenschaften, die sich radikal von denen der klassischen Physik unterschieden. Sie war indeterministisch und ließ sich nicht in stimmiger Weise visualisieren.

Nach dem Erfolg der Quantenmechanik wiederum wurden zunehmend Theorien favorisiert, die sich durch mathematische Eleganz auszeichnen. Folgt man McAllister, so suchen Wissenschaftler zumindest unbewusst immer wieder nach ästhetischen Eigenschaften, die mit der Richtigkeit einer Theorie verknüpft sein könnten. Dabei orientieren sie sich an anderen Theorien, die sich empirisch zur jeweiligen Zeit als besonders leistungsfähig erweisen. Je länger sich Theorien mit bestimmten Eigenschaften oder eine bestimmte Art der Theoriebildung bewähren, als desto schöner werden

[135] Alle folgenden Zitate aus McAllister 1998, übersetzt von mir.

diese Eigenschaften empfunden und desto stärker bevorzugen Wissenschaftler solche Theorien gegenüber anderen.

> Wenn eine Theorie sich als empirisch erfolgreich erweist, werden ihre ästhetischen Eigenschaften unter Wissenschaftlern zunehmend beliebter. Infolgedessen werden Wissenschaftler auch künftig solche Theorien, die diese Eigenschaften zeigen, gegenüber anderen Theorien bevorzugen, die das nicht tun, und sie werden versuchen, weitere Theorien zu formulieren, die diesen Vorlieben entgegenkommen. Solange solche Theorien erfolgreich bleiben, werden ihre ästhetischen Eigenschaften immer beliebter.

McAllister zieht dabei einen interessanten Vergleich zum Prozess der sexuellen Selektion, bei dem sich ebenfalls erfolgversprechende Eigenschaften im Laufe der Evolution zum ästhetischen „Selbstläufer" entwickeln (vgl. S. 51): Was sich bewährt, wird attraktiv. Diesem Prinzip folge auch der Fortschritt der Wissenschaft.

> Wenn der empirische Erfolg aber irgendwann aufhört, werden diese Eigenschaften unbeliebter im Vergleich zu anderen Eigenschaften, deren Korrelation mit empirischem Erfolg stärker ist. [...]
>
> Eine solche Entdeckung leitet oft eine wissenschaftliche Revolution ein, in der Wissenschaftler ihre Überzeugung von bestimmten ästhetischen Eigenschaften aufgeben, um empirisch erfolgreich zu bleiben. Die Suche nach ästhetischen Eigenschaften, die mit dem Wahrheitsgehalt von Theorien verknüpft sind, muss dann von vorne beginnen.

McAllister sieht im Wandel ästhetischer Vorlieben das Hauptmerkmal der vom Wissenschaftshistoriker Thomas S. Kuhn beschriebenen wissenschaftlichen Revolutionen. Kuhn haben wir den Begriff *Paradigma* im Zusammenhang mit Wissenschaft zu verdanken. Darunter verstand Kuhn, zusammengefasst, die jeweils in einem Fach herrschenden Lehrmeinungen, Theorien, Methoden und die sich daraus ergebenden Fragen, die gestellt werden. Zu wissenschaftlichen Revolution kommt es, wenn Paradigmen erkennbar an ihre Grenzen stoßen und neue Beobachtungen nicht mehr in den von ihnen vorgegebenen Interpretationsrahmen passen. Diese Revolutionen nannte Kuhn auch Paradigmenwechsel.

Kuhn selbst hat darauf hingewiesen, dass ästhetische Prozesse dabei eine große Rolle spielen.[136] Nach seiner Vorstellung würden Paradigmenwechsel durch ästhetische Faktoren angestoßen und durch empirische Faktoren eher gehemmt. Sein Argument: Ein etabliertes Paradigma habe eine sehr viel stärkere empirische Bilanz aufzuweisen als jede neu formulierte Konkurrenztheorie. Deshalb könnten sich wissenschaftliche Revolutionen

[136] Kuhn 1976, 166-168.

nicht aus empirischen Gründen ergeben. Der Treiber seien vielmehr die ästhetischen Eigenschaften des neuen Paradigmas. Kuhn schreibt:

> Alle [...] Argumente für ein neues Paradigma beruhten auf einem Vergleich seiner Fähigkeit, Probleme zu lösen mit derjenigen der Konkurrenten. Für Wissenschaftler sind diese Argumente gewöhnlich die bedeutungsvollsten und überzeugendsten. [...] Glücklicherweise gibt es noch eine andere Betrachtungsweise, welche Wissenschaftler dazu bringen kann, ein altes Paradigma zugunsten eines neuen abzulehnen. Das sind die Argumente, die, wenn auch nur selten explizit, an den Sinn des einzelnen für das Passende oder das Ästhetische appellieren – die neue Theorie, so heißt es, sei „sauberer", „besser geeignet" oder „einfacher" als die alte. [...]
>
> Die ersten Versionen der meisten neuen Paradigmata sind roh. Bis sich ihre ästhetische Anziehungskraft voll entwickeln kann, ist die Mehrheit der Gemeinschaft mit anderen Mitteln überzeugt worden. Trotzdem kann die Bedeutung ästhetischer Erwägungen manchmal entscheidend sein. Auch wenn sie oft nur wenige Wissenschaftler zu einer Theorie führen, kann deren endgültiger Triumph gerade von diesen wenigen abhängen.

Aus Sicht von McAllister dagegen ist es genau umgekehrt: Bei einem Paradigmenwechsel seien es vor allem die empirischen Befunde, die neue Theorien erforderlich machen, während die ästhetischen Eigenschaften die wissenschaftliche Gemeinschaft eher davon abhalten, sich von den alten Denkmustern zu lösen.

> Kuhns These kann nicht stimmen, wenn die ästhetischen Vorlieben von Wissenschaftlern durch Induktion gewonnen werden. Dann müssen ästhetische Faktoren eher eine konservierende, hemmende Rolle in wissenschaftlichen Krisen ausüben. Die Quantenrevolution ist ein gutes Beispiel. Die Quantentheorie wurde vor allem wegen ihrer empirischen Leistungskraft in Bezug auf subatomare Phänomene akzeptiert, während ihre ästhetischen Eigenschaften ihrer Akzeptanz entgegenstanden.

Der scheinbare Widerspruch zwischen Kuhn und McAllister lässt sich zumindest teilweise auflösen. Denn Kuhn bezieht sich auf die ästhetischen Präferenzen der *Befürworter* eines neuen Paradigmas. Ihnen erscheinen die neuen Theorien tatsächlich schöner, weil vielleicht „einfacher" oder „stimmiger". McAllister spricht dagegen von den ästhetischen Empfindungen der *konservativen* Kräfte. Sie schätzen *spezielle* Eigenschaften der alten Theorien wie etwa „mathematische Eleganz", „Visualisierbarkeit" oder „Symmetrie".

Wie McAllister schreibt, fanden viele die Quantentheorie zunächst als hässlich und taten sich deshalb schwer, sie zu akzeptieren. Doch die Pioniere konnten ihr sehr wohl ästhetische Qualitäten abgewinnen – nur waren es eben andere Qualitäten als diejenigen, durch die sich die früheren Theorien auszeichneten. Die Ausgangsfrage, ob sich die Glaubwürdigkeit einer Theorie an ihrer ästhetischen Qualität messen lasse, ist somit im Grunde falsch gestellt: Wir messen sie sowieso daran, wenn auch oft unbewusst.

Übrigens stellen wir heute fest, dass das Denken in wissenschaftlichen „Revolutionen" und „Paradigmen" selbst nicht frei von ästhetischen *Framings* ist: Wurde im letzten Viertel des 20. Jahrhunderts fast jeder neue theoretische Ansatz, egal in welchem Fachgebiet, großspurig zum Paradigmenwechsel erklärt, ist diese Revolutions-Metapher inzwischen aus der Mode geraten. Der Wissenschaftsjournalist Lars Fischer brachte es in einem Blog-Beitrag so auf den Punkt:[137]

> Man ist dieser Tage misstrauisch geworden, was begriffliche und andere Revolutionen angeht, auch in den Naturwissenschaften. Nach der ungefähr fünfzehnten Iteration irgendwelcher *-omics* heben die meisten über Paradigmenwechsel nur noch amüsiert die Brauen.
>
> Insofern ist die Wissenschaft des 21. Jahrhunderts eben die Wissenschaft des 21. Jahrhunderts: Wo man vor dem Millennium noch die Paradigmen wechselte wie seine Unterwäsche, steht man heute wieder auf den Schultern von Riesen. Naturwissenschaft ist nach heutiger Wahrnehmung mehr kontinuierlicher Prozess als Abfolge von Umwälzungen, und sowohl Geldgeber als auch Öffentlichkeit schätzen das Konkrete höher als das Grundsätzliche.

Das bedeutet aber nicht, dass es keine wissenschaftlichen Umbrüche mehr gäbe. Um nochmal ein nicht-physikalisches Beispiel zu bemühen: Die Epigenetik etwa hat die Biologie sehr wohl umgekrempelt, denn ihre Erkenntnisse legen den Schluss nahe, dass sich *erworbene* Eigenschaften *vererben* lassen. Das, was wir in unserem Leben erleben und mit unserem Körper anstellen, geben wir demnach teilweise (epi-)genetisch an unsere Kinder weiter. Noch ist nicht klar, in welchem Ausmaß das geschieht. Aber allein die Möglichkeit hätten Biologen früher kategorisch abgelehnt. Denn sie widersprach dem Dogma von der „Weismannschen Barriere", wonach die Keimzellen keine genetischen Informationen aus dem Rest des Körpers bekommen. Aus der traditionellen biologischen Sicht ist die Epigenetik unschön. Sie macht die Dinge nicht einfacher, sondern komplizierter. Aber sie kann nun mal manche jüngeren Befunde sehr gut erklären.[138]

Wie schon am Ende des ersten Zwischenspiels gibt es auch hier nicht der Weisheit letzten Schluss. Doch die Berührungspunkte zwischen dem Wahren, Schönen und Guten sind unübersehbar, und wenn man sie im Detail ausleuchtet, kommen interessante Zusammenhänge zum Vorschein. Ein geschlossenes Bild ergeben sie aber noch nicht.

[137] Fischer 2015.
[138] Für eine hervorragende Einführung empfehle ich Spork 2017.

Kleine Randbemerkung: Schade, dass es das Wort *Pistetik* nicht gibt – so könnte man die Lehre vom Vertrauen bezeichnen (aus gr. *Pistis*). Ethik, Ästhetik und Pistetik würden als Entsprechungen für das Gute, Schöne und Wahre einen passenden Dreiklang ergeben. Vor allem würde der Begriff den Gedanken verkörpern, Wahrheit – wie Schönheit und Moral – aus der subjektiven Perspektive zu betrachten. Aber eine *Pistetik* gibt es bisher nicht. Stattdessen haben sich Epistemologie bzw. Erkenntnistheorie als Namen für diejenige Disziplin eingebürgert, die über die Bedingungen der Wahrheitsfindung nachdenkt. Die Betonung liegt also hier nach wie vor auf der Erkenntnis – nicht auf dem Vertrauen. Selbst der Konstruktivismus – dem wir die Einsicht verdanken, dass wir Wahrheiten nicht objektiv (auf)finden, sondern nur subjektiv (emp)finden, hat daran bemerkenswerterweise nichts geändert.

Teil III

Die Ästhetik der Wissenschaft

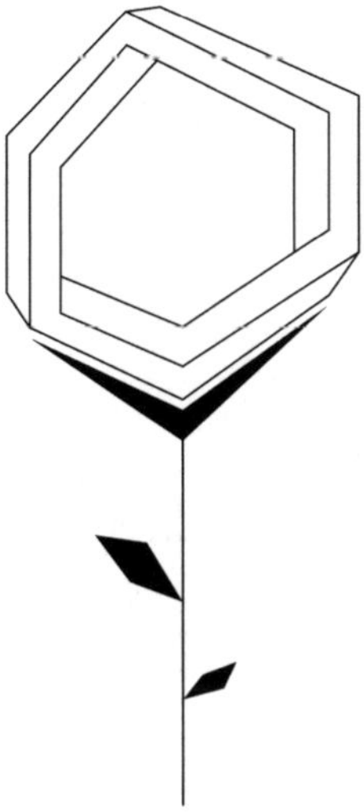

15. Wissenschaft als Erkenntnisstil

Jedes Molekül ist für mich wie eine Blume.

Roald Hoffmann

Kunst im Wissen

Dieser dritte Teil des Buches knüpft an das vorangegangene Zwischenspiel insofern an, als es um Wissenschaft geht. Doch deren ästhetische Dimension beschränkt sich keineswegs auf den mutmaßlichen Zusammenhang zwischen Schönheit und Wahrheit, sondern geht weit darüber hinaus. Die Ästhetik ist kein schöngeistiger Nebenaspekt der Wissenschaft, kein Epiphänomen, sondern eine essenzielle Grundlage.

Fällt das Stichwort „Ästhetik und Wissenschaft", denken die meisten Menschen an Beispiele, in denen die Wissenschaft etwas, meist optisch „Schönes" hervorbringt. Darüber sind bereits viele Bücher erschienen.[139] Auch die Wissenschaftskommunikation und die Pop-Kultur greifen ästhetische „Produkte" der Wissenschaft gerne auf: computergenerierte fraktale Muster wie die berühmte „Mandelbrotmenge", hochaufgelöste Fotos von Mikroorganismen (s. Abb. 10, S. 86), Aufnahmen von Tieren, Pflanzen, Satellitenaufnahmen von der Erde, eingefärbte Bilder von Galaxien oder farbenprächtige Reaktionen im Chemielabor. Auch die vielbeschworene Eleganz physikalischer Gesetze und mathematischer Formeln habe ich schon angesprochen.

Die meisten Bücher und Aufsätze zur wissenschaftlichen Ästhetik lassen es jedoch hierbei bewenden. Statt wissenschaftliche Ästhetik umfas-

139 Vgl. Wechsler 1988. Eine gute und umfangreiche Zusammenstellung solcher Aspekte findet sich in Fischer 1997.

send zu analysieren, werden (meist optisch ansprechende) Einzelphänomene zusammengetragen. So entstehen bestenfalls „flüchtigen Synthesen“, wie es ein Buchtitel zu diesem Thema andeutet.[140]

Umgekehrt gibt es zahlreiche Bestrebungen, Wissenschaft und ihre Erkenntnisse zu ästhetisieren und in künstlerische Formen zu gießen. Das ist kein grundsätzlich neues Phänomen: Ernst Haeckels zehnbändiges Werk *Kunstformen der Natur* erschien zwischen 1899 und 1904. Es enthielt rund 100 Stiche von ästhetisch stark idealisierten Zeichnungen von Meerestieren wie Radiolarien, Quallen oder Seeanemonen. Das war nicht nur eine frühe Form der Wissenschaftskommunikation, sondern beeinflusste auch Künstler wie René Binet oder Hans Christiansen.

Doch im 21. Jahrhundert hat die künstlerische Verarbeitung von Wissenschaft ganz neue Formen angenommen. Der Musiker John Boswell komponiert für YouTube elektronische *Symphonies of Science,* in denen er Videoschnipsel bedeutender Wissenschaftlerinnen und Wissenschaftler zu selbstkomponierten Musik-Videos verarbeitet. Der Wissenschaftsjournalist John Bohannon startete 2008 den Wettbewerb *Dance your PhD* zusammen mit der Zeitschrift *Science* und der US-Wissenschaftsorganisation AAAS. Es gibt Wissenschaftscomics, Science Slams und wissenschaftliche Kuriositätensammlungen in den sozialen Medien. Der Facebook-Account von *IFLScience* (IFL steht für *I fucking love*) hat 24 Millionen Abonnenten.

Auch die Wissenschaftslyrik ist ein interessantes Genre. Da ich hier eine Zeit lang selbst ein wenig aktiv war, kam ich am Rande einer Konferenz in Barcelona ins Gespräch mit dem Chemie-Nobelpreisträger Roald Hoffmann, der ebenfalls Gedichte schreibt und von dem das Eingangszitat zu diesem Kapitel stammt. Aus seiner Sicht gibt es bemerkenswerte Parallelen zwischen Lyrik und Wissenschaft: Beide seien hochartifizielle Ausdrucksformen mit jeweils speziellen Regeln. „Beide wägen ihre Worte genau und sorgfältig, leben von der Dichtheit, Intensität und Sparsamkeit ihrer Aussagen.“ Beide versuchen, die Welt angemessen zu beschreiben. Und in beiden so Hoffmann, gebe es eine Kombination aus Egozentrik und Altruismus: „Sie suchen nach Anerkennung für Ihre geistige Leistung – aber gleichzeitig haben Sie das Bedürfnis, sie mit anderen zu teilen.“[141]

Damit deutet sich schon an: Es wäre völlig falsch, der Wissenschaft nur dann eine ästhetische Dimension zuzubilligen, wenn sie etwas hervorbringt, was irgendwie an Kunst erinnert. Sie ist vielmehr durchdrungen von ästhetischen Motiven und Momenten – auch wenn sie oft nicht auf den ersten Blick zu erkennen sind. Nun sind Gedichte aber keine Wissenschaft, und eine medizinische Studie ist kein Kunstwerk. Was also sind die entscheidenden Unterschiede?

[140] Tauber 1996.

[141] Das Interview mit Roald Hoffmann (Audio) findet sich, wie auch weitere ergänzende Hinweise zu diesem Buch unter http://was-ist-schön.de

Fülle: Der Unterschied von Kunst und Wissenschaft

Wissenschaft und Kunst unterscheiden sich nicht etwa darin, dass die eine von Erkenntnis geleitet wäre und die andere von Ästhetik. Beides prägt beide. Erkenntnisse können vielmehr unterschiedliche Formen annehmen. Mal treten sie als physikalische Theorie in Erscheinung, mal als Kochrezept, mal als Gedicht. Am Ende können wissenschaftliche Erkenntnisse so schön sein wie großartige Kunstwerke. Und Kunst wiederum kann eine tiefere Wahrheit enthalten als manche Theorie.

Kunst und Wissenschaft sind somit lediglich zwei verschiedene und auf jeweils eigene Weise ästhetisch geprägte *Erkenntnisstile*. Es gibt weitere: die Medien, Schulunterricht, polizeiliche Ermittlungen, Spionage, Tratsch oder Liebesbriefe. Jeder dieser Erkenntnisstile hat seine eigenen Kriterien, um Erkenntnisse zu beurteilen. Und zwar sowohl pragmatisch, also als Information: Was *folgt* aus einer Erkenntnis? Als auch ästhetisch: Wie wirkt sie – gefällt sie mir?

Der Unterschied zwischen Wissenschaft und Kunst – um bei diesen beiden zu bleiben – besteht lediglich in der *Art* der Erkenntnisse und der *Art* ihrer Ästhetik. Wissenschaft sucht Erkenntnisse, die objektivierbar sind. Kunstwerke dagegen vermitteln eine subjektive Sicht – sowohl hinsichtlich der Auswahl des „Stoffes" (sofern es einen gibt) als auch der Art, ihn zu verarbeiten. Kunst beansprucht keine Objektivität.

Wie sich Wissenschaft und Kunst ästhetisch unterscheiden, ist dagegen nicht ganz so offensichtlich. Auf den zentralen Unterschied hat Nelson Goodman hingewiesen: Bei der Beurteilung eines wissenschaftlichen Aufsatzes kommt es vor allem auf den abstrakten Gehalt an. Die Aussagen müssen plausibel, der Text verständlich und die Grafiken richtig gezeichnet sein – aber es ist nicht wichtig, in welchem Schrifttyp der Text gedruckt ist, welche Proportionen die Absätze haben und ob die Linien in den Grafiken rot oder blau, gestrichelt oder gepunktet sind. Hauptsache, sie geben die Verhältnisse *im Prinzip* richtig wieder.

Die Ästhetik der Kunst dagegen zeichnet sich durch eine Eigenschaft aus, die Goodman *Fülle* (*Repleteness*) nennt:[142] Jedes Detail zählt. Niemand gibt sich mit einem Musikstück zufrieden, in dem die Melodie „im Prinzip" erkennbar ist, und niemand beurteilt ein Gemälde danach, ob es ein Objekt „im Wesentlichen" richtig darstellt. Vielmehr kann alles, was man an einem Kunstwerk wahrnehmen kann, Gegenstand des Urteils werden. Dies ist in der Tat eine ästhetische Eigenschaft, die die Kunst im Kern von anderen Erkenntnisstilen unterscheidet.

Es gibt auch Hybrid-Formen: Dazu gehört die zu Beginn des Kapitels beschriebene Wissenschaftskunst. Sie verbindet eine eher wissenschaftliche

[142] 1995, 203f.

(nämlich Objektivität beanspruchende) Art der Erkenntnis mit einer künstlerischen, durch Fülle geprägten Ästhetik. Die umgekehrte Kombination gibt es auch: In der Konzept- und Aktionskunst etwa steht nicht das unmittelbar wahrnehmbare Objekt als Kunstwerk im Vordergrund, sondern die zugrundeliegende Idee bzw. die Art seiner Produktion. Somit ist die Konzeptkunst zwar von einer künstlerischen Subjektivität geprägt, aber nicht von Fülle – denn es kommt am Ende eben nicht auf jedes Detail im Objekt an.

Die grundsätzlichen Unterschiede zwischen wissenschaftlicher und künstlerischer Ästhetik stehen nicht im Widerspruch zur Annahme dieses Buches, wonach die grundlegenden ästhetischen Kategorien in allen Erkenntnisstilen die gleichen sind. Denn *Fülle* in Goodmans Sinn ist ja kein ästhetischer Wert. Die Fülle der Kunst beschreibt nur eine spezielle *Art*, das Vorhandensein von E-, O-, S- und K-Werten festzustellen. Sowohl in der Kunst wie in der Wissenschaft beurteilen wir Objekte anhand von Kriterien wie *Stimmigkeit*, *persönliche Relevanz* oder *Komplexität*. Nur beurteilen wir in der Kunst beispielsweise die Stimmigkeit im Sinne von Stiltreue, in der Wissenschaft dagegen die Stimmigkeit von Aussagen, Daten und Modellen. Was ästhetische Urteile in den verschiedenen Erkenntnisstilen unterscheidet, sind also nicht die ästhetischen Kategorien als solche, sondern die Art, wie sie zum Tragen kommen.

E-Werte spielen in der Wissenschaft sicherlich eine untergeordnete Rolle. Sie treten allenfalls zu Tage, wenn die Untersuchungsobjekte selbst oder die Umstände des Forschens elementarästhetische Eigenschaften haben. Die Meeresbiologie bietet Gelegenheit zu tauchen, die Forstwissenschaft zum „Waldbaden", in der Chemie gibt es viel zu fühlen und zu riechen. Aber diese Beispiele erschöpfen sich schnell, sie beschränken sich weitgehend auf die Naturwissenschaften und vor allem: Sie sind kein Maß für die Bedeutung wissenschaftlicher Erkenntnisse.

Doch ist das ein Unterschied zur Kunst? Zwar funktioniert Kunst mehr als die Wissenschaft über die unmittelbare Wirkung von Sinnesreizen. Allerdings erhebt die zeitgenössische Kunst heute kaum noch den Anspruch, dem Menschen „elementarästhetisch" zu gefallen. Insofern haben E-Werte auch in der Kunst an Bedeutung verloren.

Fülle vs. Vielfalt

Um ein mögliches Missverständnis zu vermeiden: Goodman spricht konkret von „syntaktischer Fülle", denn es geht um die Fülle *innerhalb* eines Musters. Es handelt sich um eine formale Eigenschaft der Kunstästhetik, die aber selbst keinen ästhetischen Wert an sich darstellt. Deshalb ist sie nicht zu verwechseln mit anderen Bedeutungen des Wortes *Fülle*, die sehr wohl ästhetische Empfindungen nach sich ziehen können. So wird das Wort häufig auch im Sinne von *Vielfalt* verwendet, etwa im Zusammenhang mit den Lebewesen in einem Ökosystem oder dem Kulturleben in einer Stadt. Diese Vielfalt kann tatsächlich einen ästhetischen Wert darstellen. Sie kann O-wertig sein (wenn es sich um die Vielfalt innerhalb einer größeren „Einheit" handelt), aber auch K-wertig (wenn ihr Reiz in ihrer Komplexität besteht).

Gelegentlich ist mit Fülle auch die spezielle Vielfalt an *persönlichen* Beziehungen und Erfahrungen im eigenen Leben gemeint, die ich auf S. 137 als Reichtum bezeichnet und als S-wertig beschrieben habe. Diese Bedeutungen von Fülle entsprechen im Englischen dem Wort *Abundance* und haben nichts zu tun mit Goodmans *Repleteness.*

Handlungsmotive: Schönes Forschen

Wissenschaftliche Arbeit kann anregend und kreativ sein. Sie bietet viel Raum für das Erleben von K-Werten. Die Planung eines Forschungsprojekts, das helfen soll, eine ungeklärte Frage zu beantworten; das Auswerten der Ergebnisse; das Analysieren von komplexen Zusammenhängen; das Entwerfen einer neuen Theorie; das Entwickeln einer vielversprechenden Technik; die didaktische Aufbereitung eines Themas – all dies sind potenziell kreative und somit K-wertige Handlungen, die sich jeweils einem der vier beschriebenen Handlungskontexte zuordnen lassen:

Wer forscht, kann Dinge *erkunden*, seien es Vögel, Elementarteilchen, Skulpturen, Gemälde, Tageszeitungen, politische Systeme oder mathematische Funktionen. Erkunden heißt dabei, die vielfältigen Erscheinungsformen der jeweiligen Objekte zu entdecken; sie zu beschreiben, zu ordnen sowie ihre Entstehung und ihre funktionalen Beziehungen zu anderen Objekten zu verstehen.

Forschen beinhaltet meist auch *Tüfteln*. Das gilt nicht nur für Ingenieurinnen oder Techniker, die über cleveren Erfindungen brüten. Fast alle Forschenden in den „exakten Wissenschaften" tüfteln an irgendwelchen Methoden: Die Mathematikerin probiert herum, bis sie einen Ansatz hat, um einen Satz zu beweisen, und der Psychologe macht sich Gedanken, mit welchem Versuchsaufbau sich seine Hypothese überprüfen lässt.

Wissenschaft kann aber auch darin bestehen, sich auf die Gedanken und Ideen anderer *einzulassen*. Eine Historikerin oder ein Literaturwissenschaftler versucht, die Motive der Personen zu verstehen, deren Texte sie lesen. Eine Psychologin versucht sich einen Reim auf das Verhalten ihrer Versuchspersonen zu machen.

Und zur Wissenschaft gehört eben auch, sich zu *äußern*: Bücher und Aufsätze zu schreiben, Vorträge zu halten, in Podiumsdiskussionen, Talkshows oder auch Science Slams aufzutreten. Bei solchen Gelegenheiten geht es selten ausschließlich darum, Forschungsergebnisse zu referieren, sondern man tritt ja auch als Person auf, mit einer eigenen Sprache und persönlichem Stil. Man sucht treffende Formulierungen, wählt einen nüchternen, ernsten oder humorvollen Tonfall, passende Metaphern, anschauliche, vielleicht sogar karikaturistische Grafiken. Nicht jedem liegt das, aber manche gehen darin auf.

All dies sind wissenschaftliche *Handlungsmotive*. Der Ausdruck *Motiv* steht dabei zum einen für die „Motivation" für wissenschaftliches Arbeiten. Wer keine dieser Tätigkeiten schön findet, wird sich in der Wissenschaft vermutlich schwertun. Das Wort *Motiv* hat hier aber noch eine zweite Bedeutung. Man kann es auch im Sinne eines *Erzählmotivs* verstehen: Denn die genannten Handlungskontexte lassen sich bestimmten Erzählfiguren zuordnen, die vor allem im populärwissenschaftlichen Raum genutzt werden, um Forschungserkenntnisse anschaulich zu vermitteln.

Das Erkundungs-Motiv spiegelt sich beispielsweise in der Erzählfigur der *Entdeckung*. Das kann dann so klingen:

> „Bei der genauen Untersuchung der einzelnen Funde stieß die Forscherin auf ein interessantes und bislang unbekanntes Phänomen ..."

Verwandt damit ist die Erzählfigur des *detektivischen Spürsinns*. Ihr begegnet man vor allem in Berichten über Archäologie oder Evolutionsforschung. Dem geschärften Auge des Detektivs entgeht nichts. Was andere übersehen hätten, sticht ihm ins Auge. Und er weiß, die Spuren zu deuten:

> „Auf den ersten Blick schien es eine Scherbe zu sein wie viele andere. Doch dann erkannte er: „Das Vorkommen von Objekten dieser Art konnte nur bedeuten, dass ..."

Im besten Fall setzt der Detektiv die einzelnen Indizien (gerne als „Puzzle-Teile" bezeichnet) zu einem „Gesamtbild" zusammen und gelangt zu einer schlüssigen Lösung, die möglicherweise auch noch überraschend einfach ist.

Das *Tüfteln* wiederum stellt bereits selbst ein Erzählmotiv dar:

> „Wochenlang brütete sie über ihren Skizzen, probierte vieles aus und verwarf es wieder. Eines Morgens kam ihr der zündende Gedanke. Von da an nahm die Idee Gestalt an ..."

Für das Motiv des Sich-Einlassens oder -Eindenkens gibt es eine ähnliche Erzählfigur wie den detektivischen Spürsinn, allerdings in einer stärker empathischen Variante. Es ist das *Quellendeuten*. Der Quellendeuter geht den Dingen durch Interpretation und Exegese auf den Grund und versetzt sich in bestimmte Denkweisen hinein.

> „Das eingehende Studium der hinterlassenen Schriften führte zu einem völlig neuen Verständnis ...“

Im Unterschied zum Detektiv geht es dem Quellendeuter nicht so sehr darum, Fakten aufzudecken, sondern eher deren Bedeutung. Anders ausgedrückt: Er will nicht herausfinden, wie etwas *war*, sondern vielmehr, wie es *gemeint war*.

Das Motiv des *Sich-Äußerns* findet sich wiederum in der alten Erzählfigur der intellektuellen *Gelehrten*, die zu ihrem Fachgebiet (und manchmal darüber hinaus) kluge Dinge sagen und dicke Wälzer schreiben können. Eigentlich ist *Gelehrte* ein schönes Wort – würde es nicht etwas verzerrte Vorstellungen von pfeiferauchenden weltabgewandten Elfenbeinturmbewohnern wecken. Das traditionelle Bild des Gelehrten ist inzwischen etwas angestaubt – nur in Kinofilmen erklärt noch immer der redegewandte Professor in einem großen Hörsaal den ehrfürchtig staunenden Studierenden die Welt und beendet seine Vorlesung mit einer geistreichen Pointe beendet. Mit der Realität an Hochschulen hat dies heute wenig zu tun.

Auch die Medien zeichnen mittlerweile ein anderes Bild. Sie haben inzwischen auch erkennen müssen, dass der Nobelpreis zwar eine Auszeichnung für eine spezielle wissenschaftliche Leistung ist, aber keine Garantie für außerordentliche Weisheiten, die über das eigene Fachgebiet hinaus reichen. Natürlich gibt es Ausnahmen, aber insgesamt zählt auch im Journalismus Evidenz heute aus guten Gründen mehr als Eminenz, und so sind an die Stelle der traditionellen Gelehrten und Intellektuellen die modernen *Expertinnen und Experten* getreten – für die es leider keinen genderneutralen Plural gibt.

Exakt und hermeneutisch

Als ich vom wissenschaftlichen *Erkunden* einerseits und vom *Sich-Einlassen* andererseits gesprochen habe, kam Ihnen vielleicht schon der Gedanke, dass das eine eher zur naturwissenschaftlich-technischen Forschung passt, das andere eher zu den Geisteswissenschaften. Tatsächlich liefert die Differenzierung der Handlungsmotive ein ästhetisches Kriterium für eine der wichtigsten Unterscheidungen in der akademischen Welt: der zwischen exakter und hermeneutischer Wissenschaft. Man kann sagen: *Exakte* Wissenschaft beruht weitgehend auf Erkundung. Die Kernaufgabe der *Hermeneutik* dagegen ist das Sich-Einlassen. Im einen Fall handelt es sich also um einen O-orientierten Handlungskontext, im anderen um einen S-orientierten.

Üblicherweise wird der Begriff *hermeneutisch* vor allem für die Interpretation von Texten gebraucht. Dadurch wird der Eindruck erweckt, als handele es sich um eine rein literarisch-geisteswissenschaftliche Angelegenheit. In Wirklichkeit lassen sich die Attribute *exakt* und *hermeneutisch* nicht einzelnen Fachgebieten zuordnen. Vielmehr gibt es in den meisten Wissenschaften sowohl exakte als auch hermeneutische Ansätze.

Nehmen wir die Geschichtswissenschaft: Es gibt exakt arbeitende Historiker, die historische Ereignisse in ihrem Verlauf rekonstruieren wollen und zu diesem Zweck die Quellen nach harten Fakten auswerten. Ein solcher Forscher könnte zu der Erkenntnis gelangen, dass der Entscheidung X einer bestimmten Herrscherin ein Ereignis Y vorangegangen war. Eine hermeneutisch arbeitende Kollegin dagegen könnte nach ebenso sorgfältigem Quellenstudium die These wagen, dass „X die verständliche Reaktion auf Y" war oder dass die Ereignisabfolge X-Y charakteristisch ist für die „Epoche des Ixypsilonismus".

Eine solche hermeneutisch arbeitende Historikerin geht also Fragen nach wie: Warum haben die einzelnen historischen Figuren so und nicht anders gehandelt? Wie stark waren sie durch ihre Zeit geprägt? Welche anderen ideengeschichtlichen Einflüsse haben dabei eine Rolle gespielt? Solche Forschungen versuchen, die geschichtlichen Entwicklungen auf einer empathischen Ebene zu interpretieren. Es gibt also in einem traditionell den Geisteswissenschaften zugeordneten Fach wie der historischen Forschung beides, exakte und hermeneutische Herangehensweisen.

Umgekehrt sind auch die Naturwissenschaften nicht durchweg exakt. Die biologische Verhaltensforschung etwa geht durchaus manchmal „hermeneutisch" vor. Von Gregory Bateson stammt eine bemerkenswerte Beschreibung des Nobelpreisträgers Konrad Lorenz. Bateson erzählt, wie sehr sich Lorenz bei seinen Vorträgen sichtlich in die Forschungsobjekte einfühlte, über die er sprach.

> Lorenz' Haltung und Ausdrucksbewegungen, seine Kinetik, verändern sich von einem Augenblick zum anderen, je nach der Natur des Tieres, über das er gerade spricht. Im einen Moment ist er eine Gans; ein paar Minuten später ein Buntbarsch. Er ging zur Tafel und zeichnete schnell das Geschöpf, vielleicht einen Hund, lebendig und schwankend zwischen Angriff und Rückzug. Dann schaffen Tafelwischer und Kreide im Nu eine Veränderung in der Nackenpartie und im Schwanzwinkel, und jetzt hat sich der Hund eindeutig für den Angriff entschieden. Lorenz hat in Hawaii eine Reihe von Vorlesungen gehalten und die letzte davon Problemen der Wissenschaftstheorie gewidmet. Als er über das Einsteinsche Universum sprach, schien sich sein Körper bei der Einfühlung in die Abstraktion ein wenig zu krümmen und zu verzerren. [...] Lorenz' Einfühlung in Tiere gibt ihm einen fast unfairen Vorteil gegenüber anderen Zoologen. Er kann (und tut dies sicherlich auch) viel aus einem (bewussten oder unbewussten) Vergleich ablesen zwischen dem, was er

> ein Tier tun sieht und der Art und Weise, wie es sich anfühlt, etwas Derartiges zu tun.[143]

Die Naturwissenschaften bewegen sich auch immer dann zumindest an der Grenze der Hermeneutik, wenn es naturphilosophisch wird – wenn es also darum geht, sich in die „Natur" einzudenken; in die „Logik" des Universums, der Evolution oder des menschlichen Gehirns. Wie interpretiert man die Gesetze der Quantenmechanik sinnvoll? Was meinen wir überhaupt mit „Naturgesetzen"? Lässt sich die Erde als ein lebender Organismus betrachten? Ist die Welt determiniert oder frei? Das sind keine Fragen, die sich allein mit exakten Methoden beantworten lassen. Es sind Deutungen und Versuche, sich in die innere Logik der Natur hineinzudenken.

Es ist in diesem Kapitel schon deutlich geworden: Bei der Ästhetik der Wissenschaft geht es um mehr als um „Wissenschaftskunst" aber oft um weniger als um die hehre Frage, ob man richtige Theorien an ihrer wie auch immer verstandenen Schönheit erkennen könne. Ästhetik prägt die Wissenschaft vielmehr im Alltag – dort wo sie die wenigsten vermuten.

Die Ausgangsfrage war: Worin unterscheidet sie sich von der Ästhetik anderer Erkenntnisstile wie der Kunst? Eine erste Antwort knüpfte an das Konzept der Fülle an (Fülle prägt die Kunst, aber nicht die Wissenschaft), eine zweite beleuchtete die Ästhetik wissenschaftlicher Handlungen anhand typischer Handlungsmotive. Doch Wissenschaft besteht nicht nur aus Handlungen, sondern auch aus Inhalten – um die geht es im folgenden Kapitel.

[143] Bateson 1982, 177.

16. Erkenntnismotive: Schöne Themen

Es gibt kein naturwissenschaftliches Arbeitsgebiet, von der Medizin bis zur Physik, von der Entomologie bis zur Plasmaforschung, dem nicht neben dem Erkenntnisdrang auch noch ein vages ästhetisches Motiv unterlegt würde.

Alfred Andersch, Hohe Breitengrade

Ästhetische Impulse in wissenschaftlichen Biografien

Ob er in der Chemie etwas Poetisches erkennen könne, habe ich den dichtenden Chemienobelpreisträger Roald Hoffmann gefragt. Seine Antwort:

> Jedes Molekül ist für mich wie eine Blume. Ich beobachte, wie es sich von anderen „Blumen" unterscheidet und was es bewirken kann. Wenn du dir von einem Arzt ein Antibiotikum für dein krankes Kind verschreiben lässt, erwartest du, dass dieses Antibiotikum heilt. Aber du machst dir auch Gedanken über die Nebenwirkungen. Dies – dass etwas gleichzeitig heilen und schaden kann – ist etwas Poetisches. So ist das Leben. Galaxien und Quarks sind spirituell sehr schön, aber sie tun dir nicht weh. Ebenso wenig heilen sie dich. Die Chemie dagegen bewegt sich wirklich im menschlichen Maßstab – genau wie die Poesie.

Darum soll es nun ausführlicher gehen: um die Ästhetik wissenschaftlicher Themen, kurz: um Erkenntnismotive.

Die Entwicklungsbiologin und Nobelpreisträgerin Christiane Nüsslein-Volhard erzählte mir einmal von den Hirschkäfern und knospenden Blumen im Garten ihrer Eltern, die sie als Jugendliche inspiriert und ihr Interesse für die Welt des Lebendigen geweckt haben. Der Mathematiker Roger Penrose berichtet, dass ihn vor allem seine jugendliche Begeisterung für Geometrie zum Studium motiviert habe (neben dem Umstand, dass die Mathematik etwas war, womit man sich *allein* beschäftigen konnte).

Solche Erzählungen sind typisch, wie eine Untersuchung des Soziologen Andreas Franzmann bestätigt. Über fünf Jahre lang führte er zahlreiche Gespräche mit Forscherinnen und Forschern. Ein Aspekt war dabei auch die Frage, wie sie auf ihr jeweiliges Fach gekommen sind.

> Ein Physiker berichtet, wie ihn schon als Kind die Wasserstrudel fasziniert hätten, die sich über dem Abfluss bilden, wenn der Stöpsel gezogen wird. Er behauptete, darin bereits [die] Navier-Stokes Gleichungen „gesehen" zu haben, obwohl er erst sehr viel später erfahren habe, dass man diese Gleichungen in der Physik so nennt. [...] Ein Islamwissenschaftler war als junger Mann mit dem Fahrrad durch Länder des Orients geradelt und hatte dort viele scheinbar banale Straßenszenen beobachtet, die ihn so faszinierten, dass er beschloss das Fach zu studieren.[144]

Franzmann räumt ein, dass diese rückblickenden Erzählungen narrativ geglättet sein können. Es sind schließlich Erinnerungen (s. Kapitel 9), die deutlich geradliniger sind als etwa die Biographien der auf S. 195ff. beschriebenen Hobbyforscher. Dennoch sollte man sie nicht als „biographische Legenden" abtun, meint Franzmann: „Hier hat man die Anfänge früher Bildungsdynamiken vor sich, ohne die Wissenschaftler kaum in eine forschende Haltung hineinfinden würden."

Die befragten Forscherinnen und Forscher schildern in ihren Erzählungen, wann und wie sie ein Thema als schön erkannt haben. Doch kommt dafür jedes Thema in Frage? Oder sind manche wissenschaftlichen Themen prädestiniert dafür? Die „frühen Impulse" der späteren Profis sind deshalb aufschlussreich, weil sie zu dem Zeitpunkt noch Laien waren. Bei Kindern und Jugendlichen steht nicht der Verdacht im Raum, dass ihr Interesse von akademischen Strukturen geleitet wäre oder davon, dass ein Thema wissenschaftlichen Erfolg versprechen würde. Ihre Denklandschaft ist auch noch nicht professionell geformt. Wer beruflich forscht, interessiert sich auch für solche Themen, die an das eigene Fachgebiet anknüpfen und schon allein deshalb schön sind. Diesen Prozess habe ich in Kapitel 0 beschrieben. Auch das ist bei neugierigen jungen Menschen nicht der Fall. Deshalb geben diese Jugenderinnerungen zumindest wertvolle Hinweise auf die Ästhetik wissenschaftlicher Themen.

Allerdings handelt es sich ja um besondere Forschernaturen, die die sich für diesen Berufsweg entscheiden. Ihre jugendliche Neugier ist daher nicht unbedingt verallgemeinerbar. Es gibt aber noch eine zweite Spur: Viele Erwachsene interessieren sich als Laien ebenfalls für wissenschaftliche Themen: Sie lesen Sachbücher oder hören populärwissenschaftliche Podcasts, und zwar auch zu solchen Themen, aus denen sie keinen unmittelbaren Nutzen ziehen. Doch welche sind das? Wann stößt ein

[144] Franzmann 2013.

wissenschaftliches Thema in der Öffentlichkeit auf Resonanz? Auch die Antwort auf diese Frage kann einen Hinweis darauf geben, ob, und wenn ja, welche Themen auch außerhalb einer professionellen Perspektive schön sind. Eine formale These habe ich schon in Kapitel 11 angeboten. In *L (4)* hieß es:

> Schön ist ein Thema, wenn es hinsichtlich der Erkenntnisse O- oder S-wertig sowie hinsichtlich der offenen Fragen O- oder S-mäßig spannend und somit auch K-wertig ist. Auf welche Themen das jeweils zutrifft, verändert sich durch das Lernen selbst.

Anknüpfend daran können wir von *O-* bzw. *S-Themen* sprechen, je nachdem, welche Werte und Spannungen im Vordergrund stehen. Nach dieser Logik sind Sie im Folgenden sortiert. Wohlgemerkt: Es sind nicht „Themen" im Sinne wissenschaftlicher Disziplinen, sondern *Erkenntnismotive*, die ganz unterschiedliche Fachgebiete berühren können. Sie decken sich teilweise mit bestimmten Kontextualisierungen und Erzählformen, die in populärwissenschaftlichen Darstellungen benutzt werden, um Themen zu „verkaufen". Diese entsprechenden *Framings* bilden die kursiven Überschriften der folgenden Abschnitte.

O-Themen

O-Themen zeichnen sich dadurch aus, dass die Wissenschaft versucht, O-wertige Muster hervorzubringen. Objekte also, die in irgendeiner Weise Ordnung und Verlässlichkeit versprechen. Dies können Geräte sein, Verfahrensweisen, einfache Erklärungen oder umfassende Theorien. O-Themen können verschiedene Formen annehmen:

Fortschritt

Wissenschaft verfolgt zu einem beträchtlichen Teil das Ziel, Wissen zu erzeugen, dessen Anwendung in irgendeiner Form nützlich ist. Medizin und Ingenieurwesen, Ökonomie und Agrarwissenschaften sind solche Disziplinen, in denen der mögliche Nutzen für die Menschheit im Vordergrund steht. Wissenschaften, die sich dem „Fortschritt" verpflichtet haben, wollen etwas verbessern, sei es die Qualität von Gewässern, die Arbeitslosenquote, den Zusammenhalt einer Gesellschaft oder den Erfolg von Unternehmen. Der mutmaßliche Nutzen der jeweiligen Forschung begründet dabei ein entsprechendes Interesse der Öffentlichkeit.

Das bedeutet aber im Umkehrschluss nicht, dass diese Themen nur für diejenigen interessant wären, die von den jeweiligen Erkenntnissen profitieren. Millionen Menschen besuchen jährlich eines der unzähligen

Technik-Museen auf der Welt. Nicht, weil sie hoffen, aus den dort ausgestellten Errungenschaften einen persönlichen Nutzen für ihren Alltag ziehen zu können. Vielmehr besteht der ästhetische Reiz vor allem in den der Technik zugrundeliegende Ideen. Nicht der Nutzen, sondern die *Idee* von Fortschritt, Optimierung und Effizienz ist es, die den O-Wert dieser Themen begründet.

Die passgenaue Lösung

Die Idee optimaler Lösungen taucht nicht nur in technischen Zusammenhängen auf. Denn nicht nur der Mensch optimiert, sondern auch die Natur: Die Ultraschallortung der Fledermäuse, das wasserabweisende Lotusblatt, fleischfressende Pflanzen oder die wechselnden Farben des Chamäleons sind faszinierende Themen aus der Biologie. Zwar hat ihre Untersuchung auch einen praktischen Wert. Ein ganzer Forschungszweig, die Bionik, interessiert sich für solche Tricks und Anpassungsmechanismen von Tieren und Pflanzen und versucht, sie in technischen Anwendungen zu imitieren. Doch sind diese Anpassungsstrategien als solche schon bemerkenswert genug: Es ist einfach spannend zu erfahren, warum die Evolution Wüstenkäfer mit langen Beinen und Bienen mit einem fantastischen Kommunikationssystem ausgestattet hat, unabhängig davon, ob man diese Erkenntnis nun verwerten kann oder nicht. Der O-Wert solcher Erkenntnisse beruht hier somit auf der *Idee* der Optimierung.

Die Schönheit passgenauer Lösungen kann einem auch beim Erlernen von Fremdsprachen begegnen – nämlich dort, wo eine Sprache über besondere Ausdrucksmöglichkeiten verfügt, die es in der eigenen Sprache nicht gibt. Mit schlichten Mitteln – einzelnen Vokabeln oder bestimmten grammatischen Formen – kann sie Sachverhalte treffend auf den Punkt bringen und Differenzierungen vornehmen, für die einem in der eigenen Muttersprache die Worte fehlen. Ähnliches gilt für Kunstsprachen wie sie die Mathematik oder die Informatik hervorgebracht haben.

Die Logik, der Kosmos und die Ordnung der Welt

Logik, Mathematik und Physik sind in starkem Maße O-Themen. Was sie (für entsprechend empfängliche Menschen) reizvoll macht, dass sie die formale Ordnung (griechisch: *Kosmos*) von Mustern herausstellen und sie ebenso formal, in einer minimalistischen Eleganz beschreiben. Natürlich ist dies das Ideal der reinen Mathematik und der theoretischen Physik. Davon muss man etwas abrücken, sobald es in die Anwendung geht. Dann kommen pragmatische Näherungslösungen ins Spiel, die nicht immer besonders elegant sind – dafür unter Umständen aber wiederum die Motive des „Fortschritts" und der „passgenauen Lösung" bedienen. Die Themen der Informatik – insbesondere die Softwareentwicklung – kombinieren ebenfalls diese beiden Motive mit dem Reiz hoch formalisierter Systeme.

Wie entsteht ein Regenbogen? – Aufmerksamkeit für Selbstverständliches

Als Student unterhielt ich mich einmal mit einem angehenden Physiker darüber, warum er sich gerade für dieses Fach entschieden hat. Entgegen meiner Erwartung begründete er seine Studienwahl weder damit, dass er Regeln des Universums verstehen möchte, noch mit der Schönheit der Mathematik, die in physikalischen Gesetzen zum Ausdruck kommt. Sein Hauptmotiv sei vielmehr der Wunsch, eines Tages in der Lage zu sein, alltägliche Phänomene zu verstehen und anderen erklären zu können: Was genau passiert bei einem Gewitter? Wie erklären sich die Polarlichter? Dieses Motiv ist offenbar unter Naturwissenschaftlern nichts Ungewöhnliches, wie die biographischen Anekdoten am Anfang dieses Kapitels belegen.

Was Christiane Nüsslein-Volhard über ihre kindlichen Beobachtungen im eigenen Garten erzählte, entspricht wohl dem, was sich viele Kinder unter Forschung vorstellen: Menschen, die draußen sind und die Welt um sich herum genau unter die Lupe nehmen und ergründen. Warum brennt Feuer? Warum bildet Wasser Tropfen? Warum ist das Meer salzig? Warum landen Katzen immer auf den Füßen, wenn sie in die Tiefe stürzen? Viele Kindersachbücher setzen an derartigen Fragen an, und das Interesse daran lässt bei Erwachsenen nicht nach, weshalb die Beantwortung solcher „Warum ist der Himmel blau?"-Fragen seit langem zum Standardrepertoire populärwissenschaftlicher Literatur und Fernsehsendungen gehört.

Wir „wissen" ja, dass der Himmel blau ist. Wir „wissen" auch, dass Glas durchsichtig ist. Es sind schlichte, kognitiv einfach zugängliche Phänomene, über die wir meist nicht nachdenken. Das macht sie zu einem O-Thema: In dem Moment, in dem wir sie hinterfragen, werden wir uns ihrer Schlichtheit bewusst. Fragen wie „*Warum ist Glas durchsichtig?*" sind einfach, und doch so vertrackt, dass wir sie meist nicht spontan beantworten können. Doch wenn die Erklärung dann kommt, entsteht oft ein Gefühl wie „*Ich hatte zwar vorher keine Ahnung, aber im Grunde ist es ja ganz einleuchtend.*"

„Genau hingucken!" – Das morphologische Motiv

„Landschaften lesen" lautet der Titel eines populärwissenschaftlichen Buchs von Robert Yarham.[145] Es hätte auch, fachlich korrekt, heißen können: „Geomorphologie für Anfänger". Aber *Landschaften lesen* trifft genau das, worum es – ästhetisch – in diesem Fachgebiet geht: Zu verstehen, wie verschiedene Umweltbedingungen unterschiedliche Landschaften hervorbringen, und wie man anhand dieses Wissens Landschaftsformen deuten kann.

Der Begriff *Morphologie* taucht noch in weiteren Fachgebieten auf. Die Biologie versteht darunter die Ergründung der unterschiedlichen Formen von Lebewesen und ihres Körperbaus; die Linguistik die Untersuchung der Struktur von Wörtern (mit dem „Morphem" als kleinster bedeutungstragender Formeinheit). Goethe wiederum prägte das Wort Wolkenmorphologie – denn auch deren Formen sind für meteorologisch geschulte Augen ja sehr aufschlussreich.

Die Ästhetik morphologischer Themen ähnelt jener der Ergründung von Alltagsphänomenen. Denn auch hier geht es darum, das, was man sieht und wahrnimmt, genauer zu verstehen. Hinzu kommt in diesem Fall aber noch die damit verbundene Schärfung und Sensibilisierung der Wahrnehmung. Das Handlungsmotiv der Entdeckung und des detektivischen Spürsinns spielt hier somit ebenfalls mit hinein.

Theorien

Auch eine wissenschaftliche Theorie gehört in die Reihe potenziell schöner Themen. Das mag auf den ersten Blick irritieren, denn Theorien kann es ja in allen Fachgebieten geben. Doch *L (3)* (S. 174) definierte ein Thema als *Komplex aus (Er-)Kenntnissen sowie den Fragen und Problemen, die sich aus ihnen ergeben*. Genau das trifft auf Theorien zu: Sie beantworten Fragen anhand neuer empirisch gestützter Erklärungsmodelle und werfen zugleich neue Fragen auf. Das gilt für die Stringtheorie und die Theorie der Plattentektonik ebenso wie für die Spieltheorie oder den Konstruktivismus.

Theorien werden an O-wertigen Eigenschaften gemessen, insbesondere an ihrer inneren Konsistenz und ihrer Kongruenz mit den vorhandenen Beobachtungen. Deshalb ist jede starke Theorie ein O-Thema – vor allem dann, wenn in ihr noch eine gewisse Spannung liegt: wenn sich aus ihr Vorhersagen ableiten lassen, die noch auf ihre Bestätigung warten. Oder wenn es innerhalb einer Theorie noch offene Fragen gibt. So ist der vom Menschen provozierte Klimawandel in seinen Grundzügen eine von

[145] Yarham 2015.

der überwältigenden Mehrheit der Fachleute akzeptierte Theorie – aber innerhalb dieser Theorie gibt es noch etliche offene Fragen: Welchen Einfluss haben Wolken und Kondensstreifen? Wie wird der Golfstrom auf die Erwärmung reagieren?

Und dann gibt es noch diejenigen Theorien, die nicht nur durch ihre Stimmigkeit bestechen, sondern im Idealfall auch *Vollständigkeit* und *Schlichtheit* in Anspruch nehmen können.

Theories of everything – universelle Erklärungen

Manche dieser Theorien gibt es bisher nur ... theoretisch: Seit Jahrzehnten fahnden Physiker nach der „Weltformel", in der, so die Hoffnung, alle vier bekannten Grundkräfte (Gravitation, elektromagnetische Kraft, schwache und starke Kernkraft) als Varianten einer einzigen Wechselwirkung erscheinen. GUT wurde diese hypothetische Weltformel schon mal vorsorglich genannt: *Grand unified theory*. Oder, noch kühner: TOE – *theory of everything*.

Everything ist sicherlich vermessen. Niemand glaubt, dass es eine Theorie für *wirklich alles* jemals geben wird: Die Physik kann weder die Evolution erklären noch die Gedanken und Gefühle eines Menschen. Die Beteiligten wären schon zufrieden, wenn sie die Widersprüche zwischen Relativitätstheorie und Quantenmechanik auflösen könnten.

Eine TOE wäre die Verkörperung von Ockhams Rasiermesser *par excellence* (siehe S. 88): *eine* Theorie, die mit einem Gesetz oder einer Gleichung in gewisser Weise „alles" erklärt. Dieser Anspruch, universelle Theorien zu formulieren, gehört in der Mathematik und der Physik fast schon zum Selbstverständnis. Aber auch andere Disziplinen haben Erklärungsmodelle mit einem vergleichbaren universellen Anspruch entwickelt. Hierzu gehören die Systemtheorie in den Sozialwissenschaften, die Evolutionstheorie in der Biologie, die Informationstheorie sowie die Spieltheorie, die sowohl in den Wirtschaftswissenschaften wie auch in der Verhaltensforschung zur Anwendung kommt.

Diese Theorien stützen sich ebenfalls auf ein System aus Grundelementen und Regeln, durch die sich zwar nicht die ganze Welt erklären lässt, aber doch eine bestimmte *Ebene* der Welt. Die Entdeckung des genetischen Codes war nicht zuletzt deshalb so faszinierend, weil er mit der Vorstellung verknüpft war, dass vier chemische Verbindungen – Adenin, Guanin, Thymin und Cytosin, kurz: A, G, T und C – die Information für die gesamte Vielfalt des Lebens codieren. Die Entdeckung dieser „Buchstaben des Lebens" oder „Atome des Lebens", wie sie auch eine Zeit lang genannt wurden, hatte somit eine vergleichbare Ausstrahlungskraft wie 80 Jahre zuvor die Entdeckung des Periodensystems der Elemente.

S-Themen

Die S-Themen der Wissenschaft zeichnen sich dadurch aus, dass sie ein Gefühl der Verbundenheit oder Zugehörigkeit ansprechen. In ihnen spielt die eigene Identität – in welcher Form auch immer – eine Rolle. Es geht um uns.

Was wir mögen

Wer gerne kocht, liest gerne mal Artikel über Lebensmittel und ihre Aromen. Fans der Philosophie von Hannah Arendt interessieren sich vermutlich auch für Erkenntnisse zu ihrer Biografie. Allgemein gesprochen: Weiterführende Erkenntnisse über Dinge, zu denen wir eine S-wertige Beziehung haben – mit denen wir uns identifizieren und die wir unserer Welt zurechnen – können allein schon dadurch interessant sein.

Woher wir kommen

Zu den beliebtesten Themen im populärwissenschaftlichen Raum gehören Geschichte und Archäologie. Sie können uns über unsere sozialen, kulturellen und historischen Wurzeln oder über unsere Heimatregion aufklären. Aus diesem Motiv heraus interessieren sich viele Menschen für Geographie, Geschichte, Anthropologie, Evolution oder Kosmologie – Themen, die sich mit „unserer" Herkunft oder „unserem" Standort in der Welt befassen. Das „uns" kann dabei für sehr unterschiedliche Kollektive stehen, denen sich jemand zugehörig fühlt.

Historische Erkenntnisse erklären zwar nicht unbedingt, woher speziell *ich* komme. Aber allein, dass sie oft schon eine Geschichte erzählen, macht sie zu potenziellen S-Themen. Und sie sind natürlich vor allem dann interessant, wenn sie von Ereignissen oder Personen erzählen, mit denen ich persönlich etwas verbinde, sei es die eigene Kultur, die Heimatregion oder auch die Menschheit insgesamt. Und in den großen Geschichten stecken ja noch viele kleine!

Aber auch die Geschichten über die Entstehung anderer Kulturen, Regionen oder auch biologischer Arten – seien es Fische, Dinosaurier oder Vögel – können Interesse wecken. Gerade wenn ich bestimmte Tiere, Pflanzen, Länder oder Kulturen „mag" oder mich ihnen verbunden fühle, kann deren Entstehungsgeschichte ein S-Thema sein.

Beim *Woher-wir-kommen-Motiv* betrachten wir uns letztlich aus der Vogel- oder *Overview*-Perspektive, nämlich in einem größeren zeitlichen oder räumlichen Zusammenhang. Und manchmal geht von historischen

Erkenntnissen und Geschichten ein weiterer Reiz aus: Denn sie spiegeln auch, wie Menschen sind. Das ist das zweite große S-Thema.

Wie wir ticken

Bei dieser Gruppe von S-Themen geht es darum, sich als Person besser zu verstehen: die eigenen Verhaltensweisen, Gedanken und Gefühle, die eigene Biographie, auch das Funktionieren und die Befindlichkeit des eigenen Körpers. Diesem Erkenntnismotiv dienen so unterschiedliche Disziplinen wie Psychologie, Kognitionswissenschaften, Linguistik, Medizin oder Biologie – Wissenschaften, die allgemeine Erkenntnisse über „den Menschen" liefern.

Das *Wie-wir-ticken*-Motiv ist in gewisser Weise eine Umkehrung des *Woher-wir-kommen*-Motivs. Hier betrachten wir uns nicht aus der Außen-, sondern aus der Innenperspektive. Anders ausgedrückt: Sensibilisiert das *Woher-wir-kommen-Motiv* für die eigenen Besonderheiten und die Unterschiede zu anderen, so sensibilisiert das *Wie-wir-ticken*-Motiv eher für die *Gemeinsamkeiten.*

Für beide Arten von S-Themen gibt es in der Öffentlichkeit ein großes Interesse. In meiner Redaktion ist es kein Geheimnis, dass Sendungen über Themen aus Geschichte, Archäologie, Evolution oder Kosmologie, die das *Woher-wir-kommen*-Motiv bedienen, im Podcast von *SWR2 Wissen* auf starken Zuspruch stoßen. Dasselbe gilt für Sendungen über psychologische oder physiologische Themen, die das *Wie-wir-ticken*-Motiv ansprechen.

Besonders groß ist das Interesse aber auch für solche Fragen, die Merkmale von O- Themen und S-Themen verbinden.

OS-Themen

Die Aufteilung in O- und S-Themen ist zugegebenermaßen etwas künstlich, denn viele Themen sind beides zugleich – es sind „OS-Themen". Dazu gehören vertraute, scheinbar selbstverständliche Alltagsphänomene, die wir gleichzeitig auch mögen. Auch umfassende Theorien darüber, „woher wir kommen" und wie die uns vertraute Welt funktioniert, erfüllen die Bedingungen sowohl von O- als auch von S-Themen. Doch darüber hinaus lassen sich weitere Arten von OS-Themen ausmachen. Auch sie hängen mit bestimmten „Selbstverständlichkeiten" zusammen.

„Die Lehrbücher müssen neu geschrieben werden" – Mythenrevisionen

Für die meisten Menschen ist die folgende wissenschaftliche Erkenntnis vermutlich ziemlich uninteressant:

> Nach der letzten Eiszeit war das heutige Schwarze Meer ein Süßwassersee, der vom Mittelmeer isoliert war. Denn der Wasserspiegel dieses Sees lag – ebenso wie im Mittelmeer – wesentlich tiefer als heute. Als am Ende der Eiszeit die Gletscher schmolzen, stieg der Meeresspiegel. Auch das Mittelmeer füllte sich mit Wasser. Irgendwann erreichte der Pegel die Schwelle zwischen Mittelmeer und dem nördlich gelegenen Schwarzmeer-Becken. Innerhalb kurzer Zeit füllte sich dieses Becken mit Wasser. So entstand das Schwarze Meer in seiner heutigen Gestalt.

Diese Rekonstruktion wäre wohl allenfalls für Paläogeographen und vielleicht noch für die Menschen rund ums Schwarze Meer von Interesse. Einige Wissenschaftler halten es jedoch für möglich, dass dieses Ereignis den historischen Hintergrund für die biblische Sintflut und verwandte Erzählungen aus Vorderasien darstellt. Dadurch wurde die Erkenntnis plötzlich zur Sensation. Fast alle größeren Zeitungen haben Ende der 90er Jahre über die Sintflut-Theorie berichtet. Sie ist zwar nach wie vor umstritten, doch das Entscheidende ist, dass eine an sich langweilige, regional-geowissenschaftliche Erkenntnis durch die Verknüpfung mit einer biblischen Erzählung den Weg in die Massenmedien schaffte. Weil sie ein neues Licht auf einen alten Mythos warf, wurde sie auch für die breite Öffentlichkeit interessant.

Wenn Erkenntnisse gängige Mythen und weitverbreitete Thesen entkräften oder widerlegen, wecken sie Interesse. Kolumbus hat *nicht* geglaubt, in Indien gelandet zu sein. Einstein war *kein* schlechter Schüler. Die Inuit haben *keine* vierzig Wörter für „Schnee". Die Chaostheorie sagt *nicht*, dass der Flügelschlag eines Schmetterlings in Australien einen Wirbelsturm in New York auslöst. Und es gibt *keinen* Beweis, dass grüner Tee gesünder wäre als schwarzer.

Sind Sie überrascht? Immerhin sind die Thesen, die hier bestritten werden, nach wie vor weit verbreitet. Viele Menschen haben sie als Selbstverständlichkeiten verinnerlicht. Zu erfahren, dass eine bestimmte Behauptungen „nur ein Mythos" ist, und zu entdecken, wie es sich wirklich verhält, ist eine zugleich O- und S-wertige Erkenntnis. Ich habe zwar auf S. 109 darauf hingewiesen, dass Mythen durchaus „wahr" sein können. Dennoch: Zu erfahren, dass eine „Tatsache", die wir als selbstverständlich und wahr akzeptiert hatten, falsch oder verzerrt ist, macht uns oft überhaupt erst bewusst, dass es sich um einen Mythos handelte.

In der Wissenschaftskommunikation wird häufig der Effekt der Mythenrevision genutzt, um die Relevanz eines Themas zu verdeutlichen.

Dazu wird dann gern erst der Mythos zitiert, um ihn anschließend zu widerlegen. *„Bisher galt es als selbstverständlich ..., doch neue Forschungen rütteln nun an dieser Vorstellung.“*. Selbst wenn wir den „alten“ Mythos ursprünglich gar nicht kannten, sind die neuen Erkenntnisse auf diese Weise interessanter und prägen sich besser ein, da wir ihre Bedeutung besser verstehen. Information ist ein Unterschied, der einen Unterschied macht ...

„Die Zukunft könnte so aussehen“ – Visionen

Wissenschaftler bieten uns viele Bilder und Erzählungen über die Zukunft an: Reisen zum Mars, Flugtaxis oder gefühlsechten Cybersex. Solche Visionen sind gewissermaßen Mythen von der Zukunft; Erzählungen, wie die Welt eines Tages aussehen könnte. Manche, wie die des „papierlosen Büros“, haben sich als falsch erwiesen, andere als wahr – wie einst die Reise zum Mond. Neben den technischen gab und gibt es auch zahlreiche politische und soziale Visionen wie die „klassenlose Gesellschaft“, das „Ende der Geschichte“ oder den „Kampf der Kulturen“. Da Visionen eine besondere Art von Mythen sind, haben sie auch die gleichen ästhetischen Eigenschaften. Sie liefern auf der Grundlage bestimmter Annahmen Bilder und Geschichten – optimistische oder pessimistische – wie die Zukunft aussehen könnte.

„Einblicke in unvorstellbare Dimensionen“ – Mikro- und Makro-Welten

Zu den Selbstverständlichkeiten unseres Denkens gehört auch der räumliche und zeitliche Maßstab, in dem wir leben; die Größenordnung der Phänomene, mit denen wir es normalerweise zu tun haben und an die unser Denken angepasst ist. Räumlich handelt es sich dabei um den Bereich zwischen vielleicht einem Millimeter und ein paar Kilometern; zeitlich um Zeitspannen zwischen etwa drei Sekunden[146] und ein paar Tagen oder Wochen. Dies ist der sogenannte Mesokosmos. Kleinere Strukturen ordnen wir dem Mikro-, größere dem Makrokosmos zu.

Manche wissenschaftlichen Themen bieten nun die Gelegenheit, die Welt in einer anderen als der gewohnten Größenordnung des Mesokosmos zu sehen. Astronomen unterhalten sich über die Entstehung und den Aufbau von Galaxien, als gehe es um kleine Staubwirbel. Eine Immunologin kann die Abwehrreaktion auf einen Krankheitserreger wie eine Kriegsschlacht beschreiben und ein Chemiker kann mithilfe ultrakurzer

[146] Untersuchungen haben gezeigt, dass Menschen Ereignisse, die innerhalb eines Zeitraums von drei Sekunden stattfinden, zu einer zeitlichen Einheit zusammenfassen und als *einen* Moment erleben (Pöppel 2000).

Laserpulse beobachten, wie Moleküle in einer chemischen Reaktion Elektronen austauschen.

Auch Fachleute der Geologie, Molekularbiologie, Evolutionsbiologie oder Teilchenphysik befassen sich mit Vorgängen, die sich sowohl räumlich als auch zeitlich in völlig anderen Größenordnungen abspielen als in denjenigen, die uns aus dem Alltag vertraut sind. Ein Gebirge, das in der Alltagserfahrung als etwas Statisches erscheint, erweist sich aus makrokosmischer Sicht als Momentaufnahme eines Prozesses: Es faltet sich auf und wird Jahrmillionen später wieder abgetragen.

Die Voraussetzung für einen solchen Perspektivenwechsel ist, dass der Mikro- bzw. Makrokosmos in ein mesokosmisches Format transformiert wird. Häufig benutzen wir dazu technische Hilfsmittel wie Mikroskope oder Teleskope, Zeitraffer- oder Zeitlupenaufnahmen. Sie zeigen uns Muster und Strukturen, die wir sonst nicht wahrnehmen könnten. Solche Perspektivenwechsel in den Mikro- bzw. Makrokosmos sind zunächst einmal K-wertig. Allerdings weisen die transformierten Muster auch häufig gewisse Ähnlichkeiten mit Formen und Strukturen auf, die wir aus dem Mesokosmos kennen. Schließlich beschreiben wir makro- bzw. mikrokosmische Phänomene häufig anhand von Begriffen und Vorstellungen, die uns aus dem Mesokomos vertraut sind. Wir sprechen vom Ur-„Knall", schwarzen „Löchern", der Milch-„Straße", von Elektronen-„Bahnen" bzw. „-Wolken" oder von Molekülen, die an andere „andocken".

Durch solche bildlichen oder sprachlichen Assoziationen kommen sowohl O- als auch S-Werte ins Spiel. Galaxien, die „kollidieren" wie Autos; Atome, die „Verbindungen eingehen" wie Tanzpartner; Kontinente, die „aufreißen" wie ein Blatt Papier – solche Bilder beschreiben die Wirklichkeit zwar nicht in jeder Hinsicht angemessen. Aber indem sie Kongruenzen (*O*!) mit dem Mesokosmos herstellen, ermöglichen sie es, dass wir uns solche Vorgänge in extremen Größenordnungen überhaupt vorstellen können. Sie erzeugen eine gewisse Übereinstimmung zwischen einer fremden, exotischen und der uns vertrauten Welt (*S*!).

„Das Geheimnis des Lebens" – Leitideen

Viele Wissenschaften sind durch bestimmte Leitbegriffe bzw. Leitideen geprägt. Die Biologie etwa ist die Wissenschaft vom *Leben* – ein großes Wort, über dessen Definition schon viele kluge Menschen miteinander gerungen haben. Es gibt viele weitere solcher großen Begriffe, die zur Leitidee ganzer Wissenschaften geworden sind: In der Pädagogik ist es die *Erziehung,* in der Medizin die *Gesundheit* und in der Soziologie die *Gesellschaft.* Die Kunstwissenschaft hat als zentralen Leitbegriff die *Kunst,* die Rechtswissenschaft das *Recht* bzw. *Gerechtigkeit*, die Linguistik die *Sprache*, die Geschichtswissenschaften die *Geschichte*, die Theologie hat *Gott* – und die Ästhetik das *Schöne*.

Diese Begriffe zeichnen sich durch mehrere Eigenschaften aus. Zum einen sind sie alle ein bisschen abgehoben und schwammig. Obwohl fast jeder eine Vorstellung darüber hat, was mit den jeweiligen Wörtern gemeint ist, fällt es meist schwer, sie scharf abzugrenzen. Man kann sich immer trefflich darüber streiten, was Leben, Gesundheit, Landschaft, Musik oder Erziehung überhaupt *sei*. Was ist Kunst? Was macht Sprache aus? Wo beginnt Leben? Zwar lassen sich bestimmte Merkmale definieren und begründen, doch sind solche Abgrenzungen immer willkürlich. *Leben* etwa zeichnet sich den Schulbüchern und Lexika zufolge durch mindestens zwei Kriterien aus: Stoffwechsel und Fortpflanzung. Aber auch Eigenschaften wie Autonomie, Bewegungsfähigkeit, Selbstorganisation, Evolutionsfähigkeit oder die Fähigkeit, Entropie zu exportieren, wurden schon als die „eigentlichen" Merkmale des Lebens definiert.

Meist haben diese Definitionsfragen keine praktische Bedeutung für die jeweilige Wissenschaft. Sie entscheiden nicht wirklich darüber, wo etwa die Zuständigkeit der Biologie anfängt und aufhört. Eine Biologin kann sich vielmehr mit allem befassen, was man sich intuitiv unter *Leben* vorstellt, aber sie muss sich über den Begriff nicht den Kopf zerbrechen und eine klare Definition parat haben, um gute Forschung zu betreiben. So etwas hebt sie sich allenfalls für besondere Anlässe auf, für ein Vorwort in einem Lehrbuch oder für eine Rede bei einem akademischen Festakt. Doch gerade dies ist dann wiederum ein Zeichen dafür, welche Bedeutung solche Leitideen für das Selbstverständnis mancher Wissenschaften haben.

Es gibt auch Leitideen, die nicht eine einzelne Disziplin prägen. Dazu gehören etwa *Natur* und *Kultur*. In der Physik kann man viel über das Wesen von Naturgesetzen und Naturkonstanten philosophieren. Und tatsächlich ist *physis* auch das griechische Wort für Natur. Aber das Wort hat – ebenso wie Kultur – zu viele Bedeutungen, als dass es eine einzelne Wissenschaft wie die Physik definieren würde. Umgekehrt lassen sich in manchen Fächern gleich mehrere Leitideen finden – in der Psychologie etwa Wörter wie *Denken*, *Geist*, *Gefühl* oder gar *Seele*.

Ein weiteres Merkmal solcher Leitideen ist, dass sie fast immer universeller Natur sind. Sie beschreiben nicht einzelne Teile oder Ausschnitte der Welt, sondern eher bestimmte Betrachtungsweisen der *ganzen* Welt. *Leben*, *Sprache* und *Kunst* gibt es überall. Eine Juristin kann nahezu ihre gesamte Umgebung unter rechtlichen Gesichtspunkten betrachten, ein Historiker überall die Spuren der Geschichte sehen. Dieser Ganzheitsaspekt macht Leitideen ebenso O-wertig wie ihre Schlichtheit. Es handelt sich durchweg um einfache alltägliche, geläufige Wörter, die ein komplexes Phänomen scheinbar auf den Punkt bringen.

Zugleich sind die Phänomene, die durch die Leitbegriffe beschrieben werden, fester Bestandteil „unserer Welt". Bei fast jedem Menschen lösen Begriffe wie *Leben*, *Gesundheit* oder *Kunst* bestimmte emotional gefärbte Vorstellungen aus, die stark mit dem eigenen Leben und persönlichen Erlebnissen zu tun haben. Deshalb besitzen diese Leitideen einen solche hohen Stellenwert, obwohl die meisten der Begriffe, die wir für sie haben, so vage, schillernd und vieldeutig sind, dass wir nicht genau sagen können, was wir damit „eigentlich" meinen. Diese Kombination aus Vertrautheit und offensichtlicher Relevanz einerseits und der Vagheit, Ungreifbarkeit und Rätselhaftigkeit andererseits sorgt für die für S-Werte charakteristische Verbindung aus Verbundenheit und Fremdheit.

„Für den Menschenverstand unbegreifbar" – Paradoxien und Knoten

In der Liste der O-Themen bildeten Logik, Mathematik und Physik eine eigene Gruppe. Es sind Fachgebiete, die in hohem Maße Ordnung versprechen, was ja im Wort *Kosmos* zum Ausdruck kommt. Doch dieser Kosmos erscheint teilweise ziemlich unlogisch. Wir stoßen bei ihm mit unserer Intuition an Grenzen – erst recht dann, wenn wir versuchen, uns den Problemen „logisch" zu nähern.

Das beginnt bei Fragen, die mit Unendlichkeit zu tun haben. Ihnen begegnen wir vielfach in der Kosmologie: Weder ein endliches noch ein unendliches Universum können wir uns wirklich vorstellen. Dass es in jeder Richtung unendlich viele Sterne geben soll, hinter jeder Galaxie eine nächste, ohne Ende, das scheint unfassbar. Aber wenn wir umgekehrt an ein Universum denken, das irgendwo aufhört, kommen wir auch nicht weiter. Sofort drängt sich die Frage auf: Was kommt dahinter? Das „dahinter" würde natürlich auch zum Universum gehören. Das gleiche Problem stellt sich in der zeitlichen Dimension: Wenn das Universum irgendwann vor 14 Milliarden Jahren angefangen hat zu existieren – was war vorher? Und wenn vorher nichts war – was hat den Beginn des Universums ausgelöst?

Dass sich hier große Rätsel auftun, wird also schon klar, noch bevor man sich mit den physikalischen Theorien auseinandersetzt, die sie zu lösen versuchen. Wirklich befriedigend ist bisher noch keine von ihnen. Selbst das Urknallmodell funktioniert nicht im Moment des Urknalls selbst – sondern erst ab einem winzigen Sekundenbruchteil (10^{-43} Sekunden) danach. Vorher versagt die herkömmliche Physik. Das „Weltall" hatte zu diesem Zeitpunkt nicht einmal die Ausdehnung eines Atomkerns! Und sogar dieser räumliche Vergleich hinkt, denn Materie gab es in dieser Phase noch nicht, und damit gab es, strenggenommen, weder Raum noch Zeit – und laut Relativitätstheorie ist es die Materie, die die Raumzeit erst „aufspannt". Die Frage „Was hat den Urknall ausgelöst?" zielt deshalb physikalisch ebenso ins Leere wie die Frage „Was war vorher?". Wenn das Urknallmodell stimmt, entstanden Raum und Zeit erst mit beziehungsweise nach dem Urknall. „Vorher" gab es in dem Sinn kein „Vorher" und „Nachher".

Die derzeitigen Modelle der Weltentstehung sind nicht nur sehr unsicher, sondern muten auch ziemlich bizarr an. Da kommen Paralleluniversen ins Spiel oder eine imaginäre Zeit. Doch egal, ob und wie das Rätsel jemals gelöst wird: Es wird absehbar ein Widerspruch bleiben zwischen der Theorie einerseits und unserem intuitiven Vorstellungsvermögen andererseits. Unser gesunder Menschenverstand scheint dem euklidischen Raum, der linearen, eindimensionalen Zeit sowie dem Prinzip von Ursache und Wirkung verhaftet zu sein.

Ähnlich rätselhafte Phänomene tun sich im Mikrokosmos der Quantenphysik auf. Hier sind Teilchen zugleich Wellen und können sich in einer Überlagerung verschiedener Zustände befinden. Die Schicksale zweier Teilchen können miteinander verknüpft bleiben, selbst wenn sie sich galaxienweit voneinander entfernt haben. In dieser Quantenwelt lassen sich nur Wahrscheinlichkeiten berechnen. Man kann bestimmen, mit welcher Wahrscheinlichkeit ein bestimmtes radioaktives Atom in der nächsten Stunde zerfällt – aber ob es wirklich zerfällt, scheint absoluter Zufall zu sein.

Wer dies nicht glauben mag, hat immerhin eine Alternative, die von einem Teil der Fachwelt vertreten wird, aber leider genauso kontraintuitiv ist: Es ist die Vorstellung vom Multiversum, wonach alle quantenphysikalisch möglichen Ereignisse tatsächlich eintreten, nur eben in unterschiedlichen und immer neu entstehenden Universen. Bei jeder Quantenentscheidung spaltet sich demnach die Welt neu auf.

Es gibt somit verschiedene Arten, die Quantenphysik zu deuten. Keine von ihnen ist mit dem „gesunden Menschenverstand" vereinbar oder gar beweisbar. Und ob sich das jemals ändern wird, steht in den Sternen.

Im „Psychokosmos" gibt es ebenfalls einige wissenschaftliche kontraintuitive Dauerrätsel. Auch sie berühren die Frage der Kausalität. Die bekannteste davon ist die Frage, ob wir einen freien Willen haben. Hier hilft wieder ein Gedankenspiel, um das intuitive Dilemma zu verdeutlichen. *Entweder* alles ist deterministisch vorherbestimmt. Alle Ereignisse sind Teil einer kausalen Kette, die Welt ist aufgrund ihrer Ausgangsbedingungen und der Naturgesetze vollständig determiniert – wie eine Aufstellung aus Dominosteinen, bei der ein Stein den nächsten zum Fallen bringt. Diese Vorstellung ist zwar intuitiv nachvollziehbar. Doch wenn das Universum wie ein Uhrwerk abläuft, wäre auch in unserem Gehirn alles vorherbestimmt, ein freier Wille hätte darin keinen Platz. Das widerspricht aber einem anderen Teil unseres Selbstverständnisses, eben dem Gefühl, *bestimmte* Entscheidungen frei treffen zu können. Umgekehrt, falls ich doch einen freien Wille habe – wie kann man sich die Freiheit dieses Willens hirnphysiologisch vorstellen, wenn doch jeder Vorgang im Gehirn durch mindestens einen anderen Vorgang verursacht sein muss?

Diese Paradoxie konnten auch neurowissenschaftliche Studien bisher nicht lösen. Es gab Untersuchungen, was bei Entscheidungen im Gehirn passiert. Dabei kam heraus, dass das Gehirn bereits aktiv ist, bevor wir „glauben", eine Entscheidung getroffen zu haben. Doch wie solche Befunde zu deuten sind, darüber gehen die Meinungen bis heute auseinander.

Das Gleiche gilt für das Phänomen des Bewusstseins. Damit ist in diesem Fall die Tatsache gemeint, dass wir etwas *erleben* – also Farben *„sehen"*, Klänge *„hören"* und uns sogar Dinge *vorstellen.* Das ist für uns selbstverständlich – und gleichzeitig überhaupt nicht selbstverständlich. Es wäre theoretisch denkbar, dass das Gehirn alle seine Aufgaben genauso gut erfüllt, auf äußere Signale reagiert und den Körper steuert, ohne dass wir dabei irgendetwas erleben. Wir wären dann wie humanoide Roboter. Doch tatsächlich erleben wir etwas – die Philosophie spricht von „Qualia": Die Welt hat für uns eine Beschaffenheit.

Mit dem Qualia-Problem der Bewusstseinsforschung ist es ein wenig wie mit dem Welle-Teilchen-Dualismus der Physik: Zwar handelt es sich nicht um Paradoxien im Sinne eines logischen Widerspruchs, wohl aber um Unverträglichkeiten zweier Beschreibungsebenen, bzw. Unverträglichkeiten zwischen den beobachtbaren Phänomenen einerseits und dem Erklärungsrepertoire unseres gesunden Menschenverstands andererseits.

Dies ist jetzt nur ein grober Umriss von Phänomenen, mit denen sich unser Verstand grundsätzlich schwertut. All diese großen Rätsel stellen Angriffe auf Selbstverständliches dar: Allein die Tatsache, dass die genannten Phänomene einerseits existieren – aber gleichzeitig so „unlogisch" erscheinen, erzeugt schon eine O-Spannung: Das Rätsel muss sich doch irgendwie lösen lassen!? Gleichzeitig berühren sie existenziell sowohl unser Denken als auch das Universum, dem wir angehören. Das macht die Themen S-wertig. Paradoxien laden uns zudem ein, zwischen zwei Perspektiven derselben Wirklichkeit hin- und herzuwechseln (*K*!).

Man könnte dazu noch die grundlegenden Paradoxien der Logik und Philosophie zählen, wie diejenigen, über die die Mathematiker Bertrand Russell und Alfred Whitehead Anfang des 20. Jahrhunderts in ihren *Principia Mathematica* nachgedacht haben. Sie haben sich darin vor allem mit Paradoxien beschäftigt, die durch selbstbezügliche Aussagen entstehen wie „Dieser Satz ist falsch" oder die berühmte „Menge aller Mengen, die sich nicht selbst enthalten". Manche kennen auch die Variante des Barbiers, der alle Männer im Dorf rasiert, die sich nicht selbst rasieren.[147] *Ist* der Satz falsch? *Enthält* die Menge sich selbst? *Rasiert* sich der Barbier? Bei jeder

[147] Whitehead & Russell 1913.

Antwort entsteht ein logischer Knoten. Die Diskussion, die sich aus diesen Problemen entwickelte, führte schließlich zum berühmten Unvollständigkeitssatz von Kurt Gödel. Er wies nach, dass es in der Mathematik und in ihren Teilgebieten Wahrheiten gibt, die sich innerhalb ihres formalen Rahmens grundsätzlich nicht beweisen lassen (analog dem Satz: „Dieser Satz ist nicht beweisbar", für den das offensichtlich ebenso gilt).

Später wurden paradoxe Kommunikationsmuster ein wichtiges Thema der Systemtheorie (Stichworte: Paradoxe Interventionen, *Double bind*, „Sei spontan!"). Und nicht zuletzt gibt es die *Paradoxien der Hässlichkeit*, die in diesem Buch schon Thema waren. Mit anderen Worten: Paradoxien ziehen sich durch die Wissenschaft, von der Mathematik über die Physik und Psychologie bis in die Sozialwissenschaften.[148]

Roger Penrose ist einer der Wissenschaftler, die versucht haben, die ungelösten Probleme des Mikro-, des Makro und des „Psychokosmos" als ein übergeordnetes Problem zu verstehen.[149] Sein Versuch, das Problem des Bewusstseins mit den Paradoxien der Quantenmechanik, der Kosmologie und Gödels Unvollständigkeitssatz zu verknüpfen, mag die Fachwelt nicht überzeugt haben. Ich erinnere mich trotzdem gerne daran, wie er seine Motivation auf den Punkt brachte – auch das eine Version einer Paradoxie der Hässlichkeit:

> Paradoxien empfinde ich als ausgesprochen reizvoll. Sie sehen so etwas und versuchen zu verstehen, wie um Himmels willen könnte das einen Sinn ergeben?! Selbst das ist paradox: Ich habe viel für Paradoxien übrig, und gleichzeitig will ich sie aus der Welt schaffen!

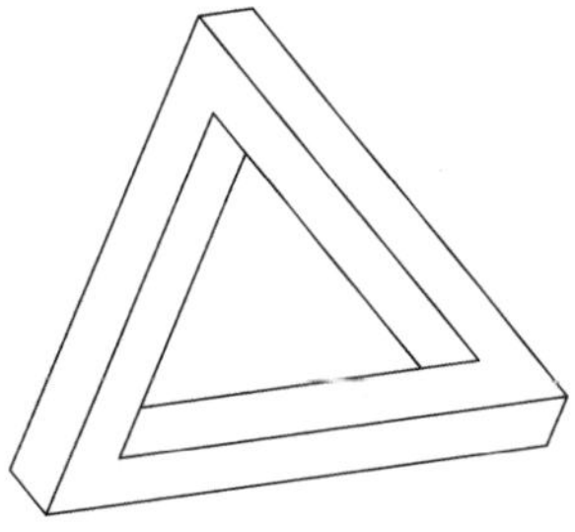

Abb. 29: Penrose-Dreieck: Roger Penrose hat auch diese „paradoxe" Figur entworfen. Sie diente dem Grafiker M. C. Escher als Inspiration für einige seiner Bilder.

[148] Paál 2003, 194ff.
[149] Penrose 1995.

Dieses Zusammentreffen von Vertrautem und Selbstverständlichem einerseits sowie Rätselhaftem und Offenem andererseits scheint ein Motiv zu sein, das allen genannten OS-Themen gemein ist. Gerade die Leitideen und die Paradoxien behalten auf diese Weise auch ihre Spannung: Denn die Komplexität der Themen löst sich nicht auf. Sie sind als Phänomen schnell begreifbar, und doch bekommt man nie ein stimmiges Gesamtbild. Sich mit ihnen zu befassen gleicht vielmehr dem Betrachten einer unmöglichen Figur – wie dem Penrose-Dreieck in Abb. 29.

17. Die Ästhetik der akademischen Fächerwelt

Und er warf einen Blick um sich auf den Planeten des Geographen. Er hatte noch nie einen so majestätischen Planeten gesehen.

Antoine de Saint-Exupéry, *Der Kleine Prinz*

Fallstudie: Die Geographie

Keines der Erkenntnismotive der Wissenschaft, die ich im vorigen Kapitel dargestellt habe – ob *Fortschritt* oder *Mythenrevision* – ist an ein einzelnes Fachgebiet gekoppelt. Für jedes dieser Themen gibt es konkrete Beispiele aus unterschiedlichen wissenschaftlichen Disziplinen.

Doch es existieren Fälle, in denen ästhetische Erkenntnismotive konkrete Fächer prägen und somit auch die Struktur der wissenschaftlichen Disziplinen. Ich wähle als Beispiel die Geographie, weil sie mir als Fach am vertrautesten ist. Ich möchte zeigen, warum es aus meiner Sicht erkenntnisästhetische und nicht fachlich-methodische Motive sind, die die Geographie bis heute zusammenhalten – und dass das Gleiche auch für andere Fachgebiete gilt.

Je stärker die Spezialisierung in den Wissenschaften voranschreitet, desto häufiger und intensiver wird zumindest in manchen Fächern die „Einheitsfrage" diskutiert: Ist unser Fach (Biologie, Archäologie, Soziologie, ...) nur ein historisch gewachsenes Sammelsurium? Oder bildet es tatsächlich noch eine *Einheit*? Und wenn, was macht diese Einheit aus?

In sehr jungen Disziplinen wie Informatik, Biomedizin oder vergleichende Literaturwissenschaft stellt sich die Frage seltener. Doch die Geographie ist eine uralte Wissenschaft. Ihren Namen prägte Erathostenes, der Griechen, der bereits im 3. vorchristlichen Jahrhundert den Erdumfang und die Neigung der Erdachse berechnete. Sein Landsmann Strabon schrieb

200 Jahre später das 17-bändige Standardwerk *Geographiká*. Heute würde man den Inhalt weitgehend als Länderkunde bezeichnen – es war eine Beschreibung der damals bekannten Welt. Im Mittelalter erweiterten und verfeinerten arabische Geographen wie der Perser al-Biruni das Wissen über die Erdoberfläche, das Vermessungswesen und die Kartographie. Doch diese frühen Gelehrten betrieben eine vor allem beschreibende Geographie – wie ja auch die griechische Wortendung *-graphie* andeutet. Es war viel deskriptives Wissen, aber noch keine Wissenschaft im heutigen Sinn. Das wurde die Geographie dann vor allem durch Carl Ritter und durch den viel gereisten Alexander von Humboldt, der auf seinen Expeditionen nach Südamerika oder Asien das, was er beobachtet hat, akribisch notiert, in Tabellen eingetragen und daraus Hypothesen abgeleitet hat. Die Geographie blickt somit auf eine lange Tradition zurück und hat sich im Laufe der Jahrtausende stark verändert.

So stellt sich heute die Frage: Gibt es überhaupt noch *die Geographie?* Und wann ja, was definiert sie? Hört man sich im Fach um, erhält man oft die Verlegenheitsantwort: Geographie ist, was Geographinnen und Geographen tun. Auf den ersten Blick scheint es tatsächlich so, als halte sonst nichts mehr dieses Fach zusammen. In der akademischen Welt ist es fast schon in zwei Teile zerfallen: Auf der einen Seite steht die *physische Geographie*. Sie ist naturwissenschaftlich orientiert und beschäftigt sich mit Böden, Gewässern, Landschaftsformen, Klima- oder Vegetationszonen. Demgegenüber geht es in der *Humangeographie* um wirtschaftliche, soziale oder kulturelle Aktivitäten und ihre räumlichen Auswirkungen.

An den Hochschulen werden physische und Humangeographie deutlich voneinander abgegrenzt, denn methodisch verbindet beide so gut wie nichts. Die Bodengeographin zieht mit einem Bohrstock ins Gelände, nimmt Bodenproben und untersucht sie im Labor. Der Wirtschaftsgeograph besucht Firmen, führt Interviews mit den Geschäftsführungen oder wertet amtliche Statistiken aus. Beide benutzen für ihre Arbeit völlig verschiedene Techniken und bauen auf unterschiedlichen theoretischen Grundlagen auf. Die einen verstehen ihr Fach als eine Natur-, die anderen als eine Sozialwissenschaft. Beide profitieren wenig von den Forschungen des jeweils anderen; dafür stehen sie benachbarten Fächern wie Geologie bzw. Wirtschaftswissenschaften umso näher.

Doch trotz dieser großen Kluft zwischen den physisch- und humangeographischen Teildisziplinen wird die Geographie bis heute als ein zusammengehöriges, eigenständiges Fach verstanden und gelehrt. Es mag sein, dass dies ein überkommenes Relikt der Vergangenheit ist. Die Geographie gäbe es dann heute nur noch deshalb, weil die ursprünglichen institutionellen Strukturen aus alten Zeiten bis heute überlebt haben. Ich glaube jedoch, dass die Geographie tatsächlich aus sich heraus noch immer eine

Einheit bildet. Diese Einheit lässt sich allerdings nicht institutionell oder forschungsmethodisch begründen, sondern ästhetisch.[150]

Geographische Erkenntnismotive

> »Was machen Sie da?«, fragte der Kleine Prinz den Bewohner des sechsten Planeten.
> »Ich bin Geograph.«
> »Was ist das, ein Geograph?«
> »Das ist ein Gelehrter, der weiß, wo sich die Meere, die Ströme, die Städte, die Berge und die Wüsten befinden.«
> »Das ist sehr interessant«, sagte der kleine Prinz.
> »Endlich ein richtiger Beruf!«[151]

So einfach wie auf dem sechsten Planeten ist die Welt der Geographie schon lange nicht mehr. Das Fach besteht, wie andere Wissenschaften auch, aus sehr unterschiedlichen Teildisziplinen: Geomorphologie, Klimageographie, Historische Geographie, Stadtentwicklungsforschung, Geoökologie, Lagerstättenkunde, globaler Wandel, geographische Informationssysteme – und auch die Kartografie war früher Teil der Geographie (viele Laien glauben bis heute, dass Geographen vor allem dazu da sind, Karten zu zeichnen). Will man herausfinden, was all diese Themen verbindet, empfiehlt es sich, nach möglichen gemeinsamen Erkenntnismotiven zu suchen. Vier davon lassen sich identifizieren.

Das heute sicherlich wichtigste Motiv der Geographie ist ihre praktische Anwendbarkeit in Fragen der Landnutzung und Raumplanung. Sie hilft bei der Suche nach geeigneten Standorten für Siedlungen, Rückhaltebecken und Mülldeponien oder bei der sozial- und umweltverträglichen Nutzung natürlicher Ressourcen. In dieser Anwendbarkeit lässt sich zwar ein O-Thema (das „Fortschrittsmotiv") erkennen, doch fällt es schwer, darin das Motiv zu erkennen, das die Geographie an sich begründet.

Dass geographische Forschung nützlich sein kann, hilft zwar, um sie nach außen hin zu legitimieren und Forschungsmittel zu akquirieren. Doch genau deshalb kann dies nicht der Kitt sein, der die Einheit des Fachs begründet. Denn die Geographie gab es schon Jahrtausende, bevor in den zurückliegenden Jahrzehnten die anwendungsorientierten Fragen in den Vordergrund rückten. Und auch heute ist Geographie nicht immer unmittelbar „nützlich". Es gibt nach wie vor rein akademische Fragen, die für

[150] Dieses Kapitel basiert in weiten Teilen auf Paál 1994.
[151] Saint-Exupéry 2000 (1943).

konkrete Planungen wenig relevant sind. Suchen wir also nach einer anderen Klammer, die das Fach umspannen könnte.

Ein zweites traditionell wichtiges Erkenntnismotiv der Geographie ist die Erforschung der Beziehungen zwischen Menschen und ihrer natürlichen Umwelt. In der Geschichte des Fachs wechselte dabei gelegentlich die Betrachtungsweise. Mal stand die Frage im Vordergrund, wie die Umwelt das Leben der Menschen „bestimmt" – eine Denkrichtung, die auch Alexander von Humboldt verfolgte:

> Überall habe ich auf den ewigen Einfluß hingewiesen, welchen die physische Natur auf die moralische Stimmung der Menschheit und auf ihre Schicksale ausübt.[152]

Mal ging es mehr darum, wie die Menschen ihre Umwelt zu nutzen vermögen (Possibilismus).[153] Im einen Fall haben wir es eher mehr mit einem S-Thema („*Wie wir ticken*") zu tun, im anderen mit einem „fortschrittsmotivierten" O-Thema. Doch auch die Frage nach der Mensch-Umwelt-Beziehung prägt keineswegs das gesamte Fach. Die physische Geographie beschäftigt sich zu einem großen Teil mit Fragen, in denen Menschen nicht vorkommen, und umgekehrt nehmen viele humangeographischen Forschungen keinen Bezug auf die natürliche Umwelt. Damit kommt auch die Mensch-Umwelt-Beziehung nicht als das alles verbindende Motiv der Geographie in Frage.

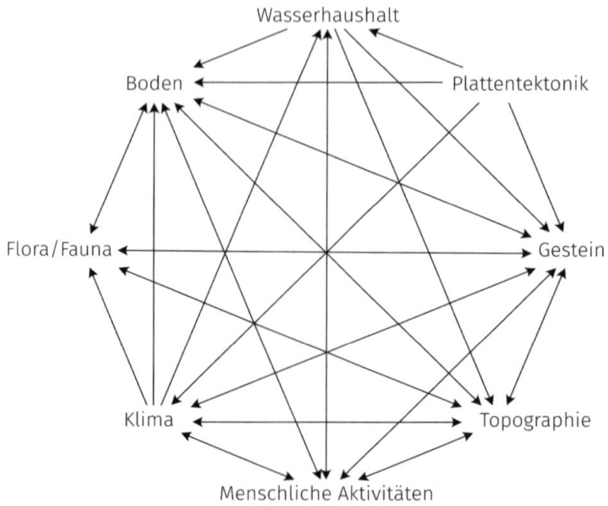

Abb. 30: Das Geosystem: Wechselwirkungen zwischen Geofaktoren.

[152] Humboldt 1986 (1808), 8.
[153] Vgl. Hard 1973.

Ein dritter wichtiger Leitgedanke, der verschiedene geographische Teildisziplinen verknüpft, ist die Idee des *Geosystems*. Darunter verstehen Geographen das komplexe Zusammenwirken der sogenannten *Geofaktoren*, zu denen sie Einflussgrößen wie Klima, Boden, Gestein usw. zählen. Viele Arbeiten in der Geographie sind der Geosystemforschung zuzurechnen, da sie die Wechselwirkungen zwischen diesen Faktoren untersuchen: Wie hängen die ökologischen Lebensgemeinschaften vom Klima, von den Böden oder auch von der Landschaftsform ab? Wie beeinflussen Klima, Gestein sowie tektonische Vorgänge die äußere Form einer Landschaft?

Das Modell des Geosystems taucht fast ausschließlich in der physischen Geographie auf. Es stellt im Grunde eine weiterentwickelte Version der „Mensch-Umwelt-Beziehung" dar, bei der die „Umwelt" in verschiedene Faktoren ausdifferenziert wird, während der „Mensch" zur Randgröße verkümmert.

Die Humangeographie hat zwar mit einem vergleichbaren „System" zu tun. Anders als die physische Geographie untersucht sie Wechselwirkungen zwischen Größen wie Bevölkerung, Infrastruktur, Wirtschaft und Kultur (Abb. 31). Sie spricht aber in dem Zusammenhang nie vom einem „Geosystem". Es gibt somit kein Geosystem-Konzept, das die Einheit der Geographie begründen könnte. Im Gegenteil, eine solche geosystemische Betrachtung würde eher die Existenz zweier sehr verschiedener Systeme bestätigen, die sich ähnlich zueinander verhalten wie die Perspektiven des Umweltschützers und der Sozialpolitikerin (vgl. Abb. 20 auf S. 188):

Es existiert aber noch ein viertes großes Motiv der Geographie, das allen drei bisher genannten übergeordnet ist. Und hier wird es interessant.

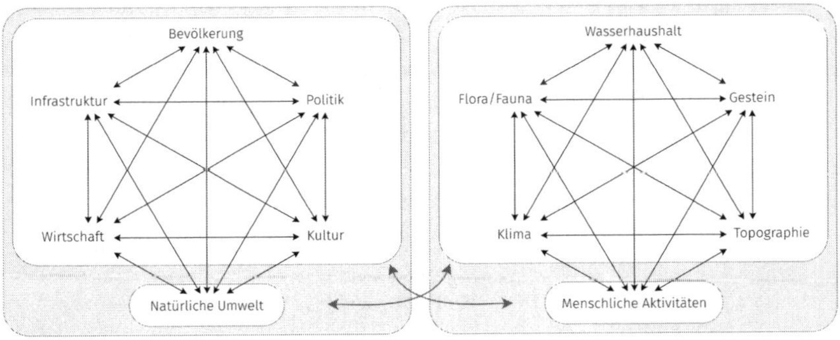

Abb. 31: Das humangeographische (links) und das physisch-geographische (rechts) „System". Aus Vereinfachungsgründen ist jeweils nur eine Auswahl der maßgeblichen Faktoren dargestellt.

Räumliche Muster verstehen

Es geht um *das Erkunden und Verstehen räumlicher Muster:* Die Nutzung von Land unterliegt räumlichen Veränderungen. Die Art der Landwirtschaft am Standort A unterscheidet sich von derjenigen am Standort B. Das Gleiche gilt für die Mensch-Umwelt-Beziehungen sowie für die Ausprägungen und Wechselwirkungen der einzelnen Geofaktoren. In Region X beeinflusst das Klima die Landschaft auf andere Weise als in Region Y.

Das Ergründen räumlicher Muster folgt im Grunde dem „morphologischen Motiv" (vgl. S. 260). Morphologie ist hier deutlich weiter gefasst als das, was innerhalb der Geographie selbst mit „Geomorphologie" (die Erforschung natürlicher Landschaftsformen) gemeint ist. Geographen interessieren sich für die räumliche Strukturierung der Erdoberfläche in Bezug auf die unterschiedlichsten Aspekte; dafür, wie sich diese Strukturen entwickelt haben und möglicherweise entwickeln werden. Der Wirtschaftsgeograph beschäftigt sich mit Standortentscheidungen von Unternehmen; die Geoökologin interessieren die ökologischen Bedingungen für bestimmte Pflanzengesellschaften und den Glazialmorphologen die Entstehung von Karseen und Moränen. Auf den ersten Blick haben sie keine gemeinsamen Interessen. Und doch erkunden alle drei, wie sich die von ihnen untersuchten Dinge räumlich verteilen, wie sich das räumliche Muster innerhalb einer Region von dem in einer anderen unterscheidet und wie es dazu gekommen ist.

Aus der Sicht von Geographen stellt sich die Erdoberfläche somit als ein Mosaik aus sich überlagernden und gegenseitig beeinflussenden räumlichen Mustern dar. Das Interesse am Ergründen dieser Muster ist aus meiner Sicht genau das Motiv, das die Geographie bis heute zusammenhält.

Was hat das nun mit Ästhetik zu tun? Im vorigen Kapitel habe ich begründet, warum es sich beim „morphologischen Motiv" zunächst um ein O-Thema handelt. Die geographische Morphologie weist darüber hinaus ein paar Besonderheiten auf. Sie befasst sich ja keineswegs mit räumlichen Mustern jeglicher Art. Gemälde, Skulpturen, Häuser, Galaxienhaufen, Blumen oder menschliche Zellen stellen schließlich auch „räumliche Muster" dar, es sind aber keine geographischen Themen. Es muss also noch etwas hinzukommen, was geographische von anderen räumlichen Mustern unterscheidet – und das ist die Größenordnung.

Die Skala geographischer Muster bewegt sich innerhalb des normalen menschlichen Aktionsradius. Nach unten hin reicht sie bis zur Größenordnung dessen, was das menschliche Auge ohne große Anstrengung noch erkennen kann, nach oben bis zur gesamten Erdoberfläche. Zwar benutzen auch Geographen gelegentlich Mikroskope oder müssen sich mit astronomischen Konstellationen befassen. Doch dies ist immer nur Mittel zum Zweck. Die Muster, um die es der Geographie geht, befinden sich nicht im

Weltraum, nicht im Erdinneren und auch nicht im Mikrokosmos, sondern an der Erdoberfläche. Sie sind dem Menschen zugänglich, zumindest im Prinzip.

Nicht „rationale“ Kriterien wie eine gemeinsame Methodik oder bestimmte inhärente Eigenschaften des Forschungsobjekts grenzen somit die Geographie nach außen ab, sondern ein Merkmal, das an die *Wahrnehmungsfähigkeit* und den *Aktionsradius* von Menschen geknüpft ist. Als Geograph habe ich die Möglichkeit, die räumlichen Muster, mit denen ich mich beschäftige, unmittelbar zu *erfahren*. Ich kann darüber hinaus, wie jeder andere Mensch, zu den Ländern und Regionen, die ich bereise, eine S-wertige Beziehung herstellen und sie in „meine Welt“ integrieren und damit meine kognitive Weltkarte (s. S. 183) erweitern. Beide Aspekte, die persönliche Zugänglichkeit und die mögliche persönliche Beziehung zum Gegenstand der Betrachtung, verleihen dem morphologischen Motiv der Geographie eine zusätzliche S-wertige Komponente.

Von der Landschaft zur Erde

Tatsächlich wird das Ergründen geographischer Muster häufig durch etwas motiviert, was der Geograph Yi Fu Tuan *Topophilia* nannte:[154] die affektive, emotionale Beziehung eines Menschen zu Orten und Regionen, die er kennt oder denen er begegnet. Ebenso wie kaum jemand Musikwissenschaft studiert, der nicht gern Musik hört, studiert kaum jemand Geographie, der nicht in diesem Sinn „topophil“ ist. Und für „Muster innerhalb des üblichen menschlichen Aktionsraums“ gibt es ja auch einen sehr viel eingängigeren Begriff: die *Landschaft*!

Das Wort stammt aus dem Mittelalter. Seit Beginn der Neuzeit wurde es mit der ästhetischen Note aufgeladen, die wir heute mit ihm verbinden. Auch Nicht-Geographen wissen schließlich, was mit landschaftlicher Schönheit gemeint sein kann. Landschaftstypen sind für die meisten Menschen das wichtigste Kriterium für die Wahl eines Ferienorts (fahren wir an die Küste, in die Berge oder in eine sehenswerte Stadt?).

Populäre Magazine wie *National Geographic* oder GEO verwenden nicht ohne Grund das Wort „geographisch“ bzw. die Vorsilbe „Geo“ in ihrem Titel. Der Begriff vermittelt eine bestimmte Perspektive auf die Welt, die für viele Menschen erkenntnisästhetisch reizvoll ist. In diesem Sinn ist die *wissenschaftliche* Geographie lediglich eine Weiterführung und Professionalisierung eines allgemeinen menschlichen Erkenntnismotivs. Und die *Landschaft* kann, trotz fachinterner Kritik, als eine Leitidee der Geographie betrachtet werden.[155] Es ist eine Idee, mit dem sich die geographische

[154] Tuan 1974.
[155] Zur Kritik: Hard 1973.

Forschung in der Praxis nicht weiter beschäftigt, die aber dennoch im Hintergrund präsent ist. Sie ist sowohl ein O- als auch ein S-Thema (s. S. 266) und gewissermaßen in das morphologische Motiv integriert.

Auf Dauer hätte dieses ästhetische Motiv möglicherweise dennoch nicht genügt, um die Geographie zusammenzuhalten. Sie galt ohnehin als „Nischenfach", und in den 1990er Jahren sah es noch so aus, als spalte sie sich bald endgültig in ihre beiden Hälften auf. Die physischen Geographen suchten mehr die Nähe zu den anderen Geowissenschaften als zur Humangeographie. Doch dann gab es, zumindest an manchen Instituten, eine interessante Wende: Die Geographie befasst sich nun immer stärker mit Fragen der Globalisierung, mit globalen Umweltveränderungen und nachhaltiger Entwicklung. Damit ist sie zum einen als Fach in der Öffentlichkeit wieder stärker sichtbar. Zum anderen geht es bei diesen Themen viel um die Nutzung natürlicher Ressourcen und die globalen Auswirkungen menschlichen Handels. Dies wiederum verbindet zwangsläufig physische mit humangeographischen Aspekte. Dadurch sind die beiden Hälften tatsächlich wieder ein wenig zusammengerückt.

Zugleich ist damit neben der *Landschaft* auch die gesamte *Erde* (bzw. Erdoberfläche) wieder stärker als Leitidee in der Geographie verankert (begrifflich steckte sie im „Geo" ja schon immer drin). Auch dies beinhaltet ein ästhetisches Moment, denn mit dieser Perspektive setze ich als Geograph die Situation in einer konkreten Landschaft ins Verhältnis zum gesamten Planeten Erde – eine klassische *Space/Place*-Situation (s. S. 103)!

Trotz der fachinternen Zentrifugalkräfte gibt es also nach wie vor eine Art ästhetischen Kitt, der die Geographie zusammenhält. Das muss nicht für alle Zeit so bleiben, aber es fällt auf, dass das Phänomen auch anderswo in der akademischen Welt zu beobachten ist.

Parallelen in anderen Disziplinen

So wie die Geographin für räumliche Muster sensibilisiert ist, ist es der Historiker für zeitliche. Auch sein Interesse beschränkt sich dabei auf eine „menschliche Skala": Die Geschichtswissenschaft interessiert sich nicht für die „Geschichte" des Lebens auf der Erde und auch nicht für die „Geschichte" einer molekularen Reaktion, sondern ausschließlich für historische Prozesse, die sich in der Größenordnung des menschlichen Erfahrungs- und Gestaltungshorizonts bewegen – analog der Situation in der Geographie.

Die Biologie interessiert sich ebenfalls für eine spezielle Art von Mustern, nämlich für *lebendige* Strukturen und deren Organisation; für Zellen, Organismen und Ökosysteme, für ihre Entstehungsbedingungen und ihre

Wechselwirkungen. Für unsere emotionale Beziehung zu anderen Lebewesen hat der Soziobiologe Edward O. Wilson den Begriff *Biophilia* geprägt.[156] Ebenso wie die *Landschaft* die Leitidee der Geographie ist, so ist das *Leben* die Leitidee der Biologie. Auch dieser Begriff ist in hohem Maße ästhetisch besetzt (vgl. S. 266f.).

Diese wenigen Beispiele verdeutlichen, dass ästhetische Motive zumindest im Selbstverständnis mancher Wissenschaften eine wichtige Rolle spielen, auch wenn es den Beteiligten oft nicht bewusst ist. Doch können sich die Dinge auch immer wieder verschieben, und neue Selbstverständnisse können traditionelle verdrängen. Bis ins 19. Jahrhundert hat niemand Biologie studiert (weshalb es auch keinen Biologie-Nobelpreis gibt). Man studierte (wie Darwin) Medizin oder Physiologie (dafür gibt einen Nobelpreis). Auch „Naturgeschichte" mit Zoologie und Botanik war ein eigenständiges Fach. Am Ende führte die von der Evolutionsforschung begründete Erkenntnis, dass der Mensch ein Teil der Naturgeschichte ist, dazu, dass Physiologie und Naturgeschichte in einem Fach „Biologie" verschmolzen.

Im zwanzigsten Jahrhundert hat sich das auch bewährt. Doch heute ist auch die Biologie methodisch zerrissen. Zwischen Molekularbiologie und Verhaltensforschung, zwischen Neurobiologie und Ökologie klaffen ähnlich große Welten wie zwischen den Teildisziplinen der Geographie. Noch wird die Biologie ästhetisch zusammen gehalten durch das *Leben* als übergeordnete Leitidee sowie durch das Motiv, „lebendige Muster" zu verstehen. Aber wird es auf Dauer genügen, um ein Selbstverständnis der Biologie als einer Einheit aufrechtzuerhalten? Dadurch, dass methodisch bedingt immer neue und komplexe Teildisziplinen wie Biophysik, Bioinformatik oder synthetische Biologie hinzugekommen sind, scheinen mir die Zerreißkräfte hier eher größer zu sein als in der Geographie. In beiden Fächern ringen die Beharrungskräfte der ästhetischen Motive mit dem Veränderungsdruck durch pragmatische Sachzwänge.

Fachspezifische Träume

Abschließen möchte ich dieses Kapitel mit einer persönlichen Notiz: Bis heute prägt die Geographie meine nächtlichen Träume. Nach dem Aufwachen fällt es mir schwer, die Handlungen aus meinen Träume zu rekapitulieren. Sie verblassen schnell in der Erinnerung. Aber die Orte und Landschaften bleiben im Gedächtnis, oft jahrelang. Es sind inzwischen unzählige, und von manchen Orten und Gegenden träume ich immer wieder, unabhängig davon, ob ich schon mal dort war oder nicht. Es sind

[156] Wilson 1984.

oft keine realen Orte. Auch die Erde ist in diesen Träumen häufig überschaubar, die Landschaften sind stark stilisiert, ähnlich einer touristischen Landkarte. Im Grunde haben sie Ähnlichkeiten mit *Mental Maps*, nur eben hyperreal, nicht „gezeichnet". Ich weiß nicht, wann das angefangen hat. Mein Geographiestudium liegt schon lange zurück, seit fast 30 Jahren arbeite ich als Journalist. Doch die Träume sind geographisch geblieben.

Die ästhetische Wirkung des Fachs geht hier also sehr weit – auch wenn das natürlich nur von anekdotischer Evidenz ist. Ich habe keine Studien zu der Frage gefunden, wie verbreitet „fachspezifische Träume" sind – aber wenn Ihnen das Phänomen vertraut ist, schreiben Sie mir bitte![157]

[157] http://was-ist-schön.de

18. Ästhetik und Realphilosophie

Wenn wir uns klar machen, dass wir alle verrückt sind, dann verschwinden die Geheimnisse und das Leben erklärt sich von selbst.

Mark Twain

Realphilosophie

Dieses letzte Kapitel möchte ich nutzen, um die Ästhetik, wie ich sie verstehe, in einen größeren Zusammenhang einzuordnen. Es ist eine eher persönliche Perspektive, die sich nicht unmittelbar aus dem Gesamtmodell ableitet, es aber aus meiner Sicht abrundet.

Im ersten Kapitel habe ich allerlei Begriffe definiert – *schön*, *Schönheit*, *ästhetisch* – allerdings nicht das Substantiv *Ästhetik*. Es war auch nicht nötig, denn Wörter die auf *-ik* enden, bezeichnen landläufig die „Lehre von" etwas. In dem Fall lag es auf der Hand, dass Ästhetik die akademische Disziplin ist, die sich mit ästhetischen Fragen beschäftigt, in der Logik dieses Buchs also mit Fragen der Schönheit. Aber was heißt jetzt „Lehre" und „akademische Disziplin"? Im Klartext: Reden wir schon über Wissenschaft oder noch über Philosophie? (Oder muss man die Wörter *noch* und *schon* vertauschen?)

Anfangs hatte ich festgestellt, dass es traditionell zwei Strömungen gibt: Die eher empirisch-psychologisch getriebene *Ästhetik von unten* und die in der Philosophie und den Geisteswissenschaften verwurzelte *Ästhetik von oben*. In einer fachlich sortierten Themenwelt würde man erstere vermutlich im Umfeld von Wahrnehmungs- und kognitiver Psychologie platzieren, letztere dagegen als ein philosophisches Thema in der Nachbarschaft von Ethik und Erkenntnistheorie. Eine zeitgemäße Ästhetik sollte sich beider Traditionen bewusst sein und im besten Fall eine Synthese wagen, die die vorhandenen empirischen Befunde zusammenfügt. Das habe ich in diesem Buch versucht. Allerdings hat dieses Vorgehen zwangsläufig zur Folge, dass manche der daraus abgeleiteten Thesen Ihnen (hoffentlich) logisch und schlüssig erscheinen, aber empirisch noch nicht bewiesen sind – oder sich vielleicht auch gar nicht beweisen lassen.

In solchen Situationen befinden sich auch andere Wissenschaften gelegentlich. Kosmologie, Teilchenphysik, Evolution und Anthropologie sind Themen, die neben wissenschaftlichen Daten und Theorien auch sehr viele philosophische Überlegungen produziert haben – was dann *Naturphilosophie* genannt wird. Die Naturphilosophie denkt auf der Grundlage empirischer Daten über die wesentlichen Merkmale der Natur nach – über die „Natur der Natur".[158]

Die *Kulturphilosophie* wiederum verfolgt ein ähnliches Ziel, indem sie aus sozial- und kulturwissenschaftlichen Erkenntnissen Ideen und Theorien über die „Natur der Kultur" ableitet. Und schließlich gibt es noch die *Philosophie des Geistes*, die sich auf ähnliche Weise über Grenzfragen der Psychologie Gedanken macht.

Doch die Grenzen zwischen Natur-, Geistes- und Kulturphilosophie sind zunehmend durchlässiger geworden – genau wie die der zugrundeliegenden Wissenschaften. Es hat sich einiges verändert seit 1959, als der Physiker und Schriftsteller Charles P. Snow sein berühmtes Buch „Die zwei Kulturen" schrieb, in dem er die große Kluft zwischen der Welt der exakten und jener der Geisteswissenschaften darstellte.[159] Die Kluft scheint kleiner geworden zu sein: Das Geistige ist längst zum Gegenstand empirischer Naturwissenschaft geworden; die Natur und Technik zum Gegenstand von Philosophie und Geisteswissenschaften.

Und an den Schnittstellen zwischen beiden Kulturen tummeln sich etliche Wissenschaften, die nicht eindeutig der einen oder anderen Seite zuzuordnen sind. Dazu gehören zum einen die empirische Psychologie (inklusive Ästhetik), die Kognitionswissenschaften und die Künstliche Intelligenz – also Disziplinen, die im weitesten Sinn mit Informationsverarbeitung und mit „Geist" zu tun haben. Schließlich ist Information einerseits ein naturwissenschaftlich-technischer Begriff, andererseits die Basiseinheit aller geistigen Prozesse.

Die Grenzen verschwimmen darüber hinaus in denjenigen Wissenschaften, die sich der facettenreichen Entstehung der menschlichen Kultur widmen. Die Zeitskalen, in denen sich Evolutionsforschung und Geschichtswissenschaft bewegen, gehen über Paläoanthropologie und Archäologie heute nahtlos ineinander über. Sind die Ur- und Frühgeschichte einschließlich der Erforschung der ältesten Schmuckstücke noch Natur- oder schon Geisteswissenschaft (und wieder die Frage nach dem *noch* und

158 Barrow 1994.
159 2001 (1959).

schon?). Auch die aus den Geowissenschaften heraus provozierte Debatte um das Anthropozän[160] – ob also die Aktivitäten des Menschen das Ausrufen eines eigenen Erdzeitalters rechtfertigen – berührt natur- ebenso wie kulturphilosophische Fragen. Und in den „Werte-Debatten" der Gegenwart – Bioethik, Neuroethik, Nachhaltigkeit, Geoethik[161] – begegnen sich Vertreter beider „Kulturen" ebenfalls.

Wenn die Grenzen von Natur-, Geistes- und Kulturphilosophie immer mehr verschwimmen, spricht aus meiner Sicht einiges dafür, sie begrifflich nicht länger ohne Not zu trennen. Das passende Wort dafür gibt es bereits. Es stammt von Georg Wilhelm Friedrich Hegel. Er sprach von *Realphilosophie* und fasste in diesem Begriff explizit die „Philosophie der Natur und des Geistes" zusammen.[162]

Seine Vorlesungen zum Thema im Jahr 1805-1806 begannen mit den Begriffen von Raum und Zeit, setzten fort mit Auslassungen zu Intelligenz und dem freien Willen und endeten schließlich mit Überlegungen zu Kunst, Religion und Wissenschaft. Die „Kultur" war im Geist also mitgemeint.

Realphilosophie in diesem Sinn bewegt sich zwangsläufig an der Schnittstelle zwischen Wissenschaft und Philosophie. Sie stützt sich auf wissenschaftliche Erkenntnisse und fragt dort weiter, wo die empirische Forschung an ihre Grenzen stößt. Hegels Vorlesungsmanuskripte sind inhaltlich natürlich durch den wissenschaftlichen Fortschritt hoffnungslos überholt, sie zu lesen ist heute nur noch philosophiehistorisch interessant. Doch die Idee der Realphilosophie ist heute wieder hochaktuell und verdient eine Wiederbelebung.

In Anlehnung an Snow hat der Literaturagent John Brockman in den 1990er Jahren das Schlagwort von der „Dritten Kultur" propagiert.[163] Damit fasste er diejenigen Köpfe in den empirischen Wissenschaften zusammen, die sich mit ihren Arbeiten auf philosophisches Terrain begeben. Man kann sicherlich Brockmans Vorstellung anzweifeln, mit der von ihm identifizierten „Dritten Kultur" wachse ein neuer Typ von Wissenschaftlern heran, den es früher nicht gab. Die Physiker Planck und Einstein, Erwin Schrödinger und Werner Heisenberg wären gute Gegenbeispiele.

Dennoch war Brockmans Feststellung richtig, dass das, was die exakten Wissenschaften zu den existentiellen Fragen des Menschen beizutragen hatten, von den traditionellen intellektuellen Milieus lange Zeit als nicht besonders wichtig erachtet wurde. Aber auch das war nicht immer so. Das von Charles P. Snow beschriebene Auseinanderdriften der natur- und der geisteswissenschaftlichen „Kultur" ist vor allem ein Phänomen des 20. Jahrhunderts.

[160] Paál 2015; Gebhardt 2016.
[161] Paál 2010.
[162] Hegel 1967.
[163] Brockman 1995.

Im 19. Jahrhundert sah es noch anders aus. In Frankfurt am Main entstand die auch von Goethe mitinitiierte „Senckenbergische Naturforschende Gesellschaft“. Solche naturkundlichen Vereinigungen waren fester Bestandteil der damaligen „Gelehrtenkultur“. In Jena hielt Hegel seine Vorlesung über Realphilosophie. Er wäre nie auf die Idee gekommen, es „Dritte Kultur“ zu nennen, weil die Wissenschaft damals noch nicht in „zwei Kulturen“ gespalten war. Und in Leipzig schuf Gustav Theodor Fechner mit der experimentellen Ästhetik eines der ersten Forschungsgebiete, die mit empirischen Methoden geistige Phänomene untersuchten.

Lange Rede, kurzer Sinn: Ästhetik ist ein realphilosophisches Thema. Sie berührt philosophische, psychologische und neurowissenschaftliche Fragen.

Umgekehrt kann aber auch Ästhetik etwas zum Verständnis der Realphilosophie beitragen.

Die Ästhetik der Realphilosophie

Ich habe geschrieben, dass die Realphilosophie über Fragen nachdenkt, in denen die exakte Wissenschaft an Grenzen stößt. Diese Beschreibung träfe allerdings auch auf die Fragen zu, wie viele Sandkörner es auf der Welt gibt oder wie das Wetter in vierzehn Tagen wird. Doch wird diesen Problemen vermutlich niemand eine realphilosophische Relevanz zubilligen. Es muss also noch etwas anderes geben, was die genannten Themen aus Kosmologie, Evolution, Menschwerdung, Denken, Bewusstsein oder Zukunftsforschung verbindet. Fachlich haben sie nur wenig miteinander zu tun. Und doch handelt es sich um Themen, von denen bereits Hegel es für angebracht hielt, sie in eine Vorlesungsreihe zu packen, und bei denen bis heute ein gewisser Konsens zu bestehen scheint, dass sie natur- bzw. eben realphilosophisch relevant sind. Auf dem populärwissenschaftlichen Markt erscheinen immer wieder Bücher, die einen großen Bogen vom Kosmos über das Leben und den menschlichen Geist bis zur Kultur schlagen.[164]

Mir scheint, dass auch hierbei ästhetische Kriterien ausschlaggebend sind. Zunächst fällt auf, dass die Realphilosophie sich durchgängig mit solchen Themen befasst, die wir in Kapitel 16 als „schön“ kennengelernt haben. Es sind O-Themen, S-Themen und vor allem OS-Themen. Sie berühren die Selbstverständlichkeiten unseres Denkens und unseres gesunden Menschenverstands. Es geht um die Fragen, „woher wir kommen“, „wie wir ticken“, um den Mikro- oder Makrokosmos, um Paradoxien oder darum, wie die Zukunft aussehen könnte. Darum, wie die Welt beschaffen ist und nach welchen Regeln sie sich wandelt.

[164] Z.B. Haken 1986, Gierer 1986, Bryson 2004, Christian 2018, Hawking 2019.

In ihrem Vorgehen wiederum kombiniert die Realphilosophie ebenfalls „O“ und „S“: Denn sie stützt sich einerseits auf „exakte“ Forschung, deutet sie aber in einer Weise, die eher hermeneutischen Charakter hat (vgl. S. 251). Oder sie greift umgekehrt philosophische Thesen auf und versucht, sie mit empirischen Erkenntnissen zu untermauern oder zu widerlegen.

Wenn aber in der Realphilosophie so viel Ästhetik steckt, bietet sie auch ein enormes Potenzial: Oft wird beklagt, dass sich zu wenig junge Menschen für Naturwissenschaft und Technik interessieren. Entsprechend wird versucht, sie mit mehr praxisnahen Unterrichtsangeboten für diese Fächer zu gewinnen. Gleichzeitig aber wird die Chance vertan, auch über die Faszination, die von realphilosophischen Themen ausgeht, ihr Interesse zu wecken – nicht nur für die Naturwissenschaften, sondern überhaupt dafür, wie man sich wissenschaftlich *und* philosophisch großen Fragen nähert.

Erkenntnisästhetik als Metawissenschaft

In diesem dritten Teil des Buches wurde deutlich, wie erkenntnisästhetische Prozesse die Wissenschaft durchdringen. Der Erkenntnisästhetik kann man deshalb die Funktion einer *Metawissenschaft* zuschreiben. Dieser Begriff bezeichnet diejenigen wissenschaftlichen und philosophischen Disziplinen, die sich mit der Wissenschaft selbst, sowie allgemein mit den Phänomenen Wissen und Erkenntnis beschäftigen. Dazu gehören unter anderem die Wissenschaftsgeschichte, die Erkenntnistheorie oder die Wissenschaftssoziologie.

Welchen Platz nimmt nun die Erkenntnisästhetik innerhalb dieser Metawissenschaften ein? Dies wird ersichtlich, wenn man sich Erkenntnisprozesse als ein System vorstellt, das drei Arten von Elementen enthält:

Subjekte — Erkenntnisse — Gegebenheiten

Die *Subjekte* sind wir: die forschenden, lehrenden und lernenden Menschen, die etwas wissen wollen über die äußeren *Gegebenheiten*, die reale Welt oder einfach: die „Wirklichkeit“. Nun lehrt die Erkenntnistheorie, dass uns als Subjekten diese Gegebenheiten nicht unmittelbar zugänglich sind. *Erkenntnisse* beruhen immer auf Wahrnehmungen, Begriffen, Kategorisierungen, Theorien, Daten oder Modellen, anhand derer wir die Welt beschreiben. Das, was wir „erkennen“, bildet deshalb nicht die absolute Wahrheit ab, sondern ist im besten Fall eine Annäherung an die Wirklichkeit. Erkenntnisse stehen somit zwischen uns und den Gegebenheiten.

Man kann nun die verschiedenen Arten von Metawissenschaften danach unterscheiden, mit welchen Aspekten im Erkenntnisprozess sie sich befassen. Genauer: welche Beziehungen innerhalb des vorgestellten Systems sie untersuchen (vgl. Abb. 32).

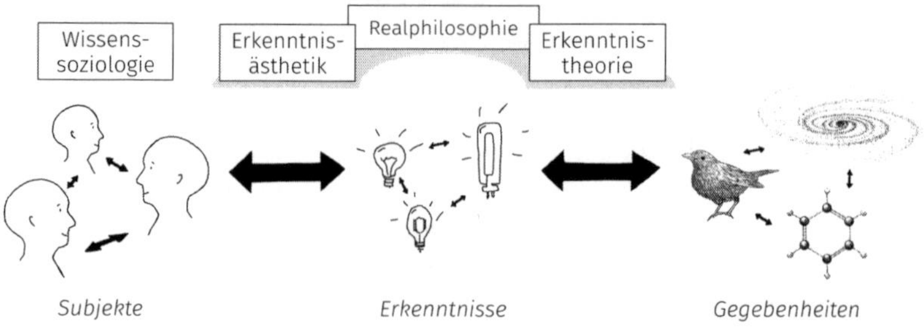

Abb. 32: Die Metawissenschaften und ihre jeweilige Funktion in Bezug auf Erkenntnisprozesse.

Die erste Art von Metawissenschaften kann man als *Wissenssoziologie* im weitesten Sinn zusammenfassen. Sie untersucht die Beziehungen *zwischen den Subjekten*. Ich schreibe „Wissenssoziologie", weil es nicht nur um die Soziologie der Wissenschaft im engeren Sinne geht, sondern auch um alle anderen Disziplinen, die sich mit der sozialen Dimension von Wissen befassen. Dazu gehören auch Fragen der Bildungsökonomie, der Wissen(schaft)skommunikation, der Wissenschaftsethik oder der Scientometrie (also wie man Leistung und Erfolg in der Wissenschaft sinnvoll „misst"). Auch die Wissenschaftsgeschichte kann man zu dieser Gruppe zählen. Bei ihr kommt zu all diesen Aspekten noch eine zusätzliche zeitliche Dimension hinzu. Die wissenssoziologischen Metawissenschaften betrachten Wissen als gesellschaftliches Gut. Sie fragen danach, wie neue Erkenntnisse entwickelt, übernommen, akzeptiert und verteilt werden, wie mit ihnen umgegangen wird und welche sozialen Folgen sie haben.

Die *Erkenntnistheorie* oder Epistemologie (oder Pistetik, s. S. 241) behandelt die Beziehung *zwischen Erkenntnissen und Gegebenheiten*. Sie denkt darüber nach, mit welchen Methoden wir zu vertrauenswürdigen Erkenntnissen gelangen; was überhaupt unsere Erkenntnisse mit den wahren Gegebenheiten zu tun haben; und unter welchen Bedingungen sie die Wirklichkeit angemessen beschreiben.

Die *Erkenntnisästhetik* befasst sich mit Beziehungen *zwischen Subjekten und Erkenntnissen*. Ihr sind die Fragen zuzuordnen, von denen große Teile dieses Buch handeln: anhand welcher Kriterien wir Erkenntnisse beurteilen; was Erkenntnisse und Erkenntnisprozesse schön macht; wovon es abhängt, ob uns etwas interessant erscheint, und warum wir uns mit manchen Dingen lieber beschäftigen als mit anderen.

Was aber ist mit den Beziehungen der Erkenntnisse bzw. der Gegebenheiten *untereinander*? Hier landen wir wieder bei der *Realphilosophie*. Sie interessiert sich „eigentlich“ für die *Gegebenheiten*. Nun kann sie aber aus den genannten erkenntnistheoretischen Gründen nichts Sicheres über sie sagen. Deshalb nähert sie sich ihnen, indem sie über sinnvolle Beziehungen *zwischen vorhandenen Erkenntnissen* nachdenkt und versucht, auf diese Weise zu weitergehenden „Metaerkenntnissen“ zu gelangen.

In dieser Systematik hat die Realphilosophie somit einen eigenen Platz zwischen Erkenntnistheorie und Erkenntnisästhetik. *Inhaltlich* jedoch schließt sie beide ein – da Ästhetik und Erkenntnistheorie realphilosophische Themen sind. Hier beißt sich also die Katze in den Schwanz, oder, um ein etwas schöneres Bild von M.C. Escher zu bemühen: Eine Hand zeichnet die andere. Die Ästhetik lässt sich als Teil der Realphilosophie betrachten. Gleichzeitig hat die Realphilosophie wie viele Wissenschaften eine ästhetische Grundlage. Beide beschreiben sich somit gegenseitig: Versuchen Philosophie und Wissenschaft, die Schönheit zu verstehen, so begründet die Ästhetik die Schönheit des Verstehens.

Nachwort

Die Geschichte dieses Buchs ist ein wenig in ihm selbst enthalten. Mein Lebenslauf lässt kaum erwarten, dass ich ein Buch über Schönheit schreiben würde. Doch in Kapitel 0 ist die Rede davon: Interessen und Pläne entwickeln sich nicht immer schlüssig und systematisch, sondern treiben oft assoziativ und scheinbar zufällig in bestimmte Richtungen. Den Kern der hier vorgestellten Gedanken trage ich seit fast 30 Jahren mit mir herum. An diese alten Fäden knüpften mit der Zeit immer neue Erfahrungen an – erst die Geographie, dann Rundfunk und Wissenschaftsjournalismus.

Diesem Buch ging ein anderes voraus, das 2003 unter dem Titel *Was ist schön? Ästhetik und Erkenntnis* erschienen ist. Über die Resonanz konnte ich mich damals nicht beschweren. Das Buch wurde in Hochschulseminaren aufgriffen, ich wurde zu Vorträgen eingeladen. Nun ist das Buch längst vergriffen, gleichzeitig bekomme ich immer wieder Anfragen, ob ich noch ein Exemplar hätte oder wüsste, wo man es noch bekommen könnte.

Das war ein Motiv für mich, das Thema noch einmal neu anzupacken und auszuweiten – von einer reinen Erkenntnisästhetik zu einem ästhetischen Gesamtkonzept. Ein zusätzlicher Impuls dafür war die wissenschaftliche Entwicklung. Etwa in der Zeit, als *Ästhetik und Erkenntnis* erschien, nahm die Forschung auf diesem Gebiet einen neuen Anlauf: Neurowissenschaftler entdeckten, welche Hirnregionen beim Schönheitsempfinden aktiv sind – und diese Erkenntnisse passten besser in mein Konzept, als ich es zu hoffen gewagt hätte. Die Kognitionspsychologie stieß auf Zusammenhänge zwischen Schönheit und kognitiver Leichtigkeit. Die Empirische Ästhetik fand einiges heraus über das ästhetische Gefühl des „Bewegtseins" und erhob sehr viele Daten darüber, was Menschen wirklich schön finden und wann sie „Gänsehaut" erleben. In den Naturwissenschaften entbrannte eine neue Debatte über den Zusammenhang zwischen Schönheit und Wahrheit.

So fasste ich den Entschluss, mich dem Thema erneut zu widmen und meine nun auch wissenschaftsjournalistische Erfahrung zu nutzen, um es in eine für Nicht-Fachleute verständlichere Form zu bringen, ohne bei der Wissenschaftlichkeit Abstriche zu machen.

Ich freue mich sehr, dass der Verlag Königshausen & Neumann dies ermöglicht hat und mir größtmögliche Freiheiten gewährte, das Buch so zu schreiben und zu gestalten, wie es mir angemessen erschien. Darüber hinaus möchte ich mich bei weiteren Menschen bedanken: Thomas Jacobsen von der Helmut-Schmidt-Universität in Hamburg sowie Melanie Wald-Fuhrmann und Eugen Wassiliwizky vom Max-Planck-Institut für empirische Ästhetik gewährten mir interessante Einblicke in ihre Forschung, ebenso Winfried Menninghaus, der darüber hinaus das ursprüngliche Manuskript kritisch durchlas und mir noch einige wertvolle Hinweise gab. Von Nicholas Conard, Sibylle Wolf und Ernst Seidl konnte ich – an den Originalschauplätzen der Schwäbischen Alb – viel über die Ursprünge der Kunst und des Schönheitssinns erfahren.

Hendrik Mäkeler zog los und besorgte die Fotos von der Alten Oper. Das Max-Planck-Institut für Entwicklungsbiologie stellte mir die von den Fischlarven und den Radiolarien zur Verfügung. Danke, Daniel Fleiter! Meine Tochter Franka hat es nicht nur geduldig ertragen, dass ich ihr altes Kinderzimmer in der Corona-Zeit in ein Arbeits- und Schreibstudio verwandelt habe, sondern hat auch gleich noch das Manuskript gegengelesen. Und ein Riesendank geht an Britta Wagner, die ohne zu zögern zusagte, das Buch zu illustrieren, und so „nebenbei" auch noch den Text lektorierte. Dieser inhaltliche Austausch war nicht nur äußerst hilfreich, sondern hat auch sehr viel Spaß gemacht!

Literatur

Aharon, Itzhak u.a. (2001): *Beautiful Faces Have Variable Reward Value: fMRI and Behavioral Evidence.* Neuron, 32, 3, 537–551.

Assmann, Jan (1998): *Moses, der Ägypter.* München.

Aubert, Maxime u.a. (2019): *Earliest hunting scene in prehistoric art.* Nature, 576, 442–445.

Austin, James H. (1999): *Zen and the brain: toward an understanding of meditation and conciousness.* Boston.

Ayala, Francisco J. (2010): *The difference of being human: Morality.* PNAS, May, 107 (Suppl 2), 9015–9022.

Bär, Siegfried (1992): *Forschen auf Deutsch.* Frankfurt/M.

Bahn, Paul G. & **Vertut,** Jean (1988): *Images of the ice age.* London.

Bandura, Albert (1977). *Self-efficacy: Toward a unifying theory of behavioral change.* Psychological Review, 84, 191–215.

Barrow, John D. (1994): *Die Natur der Natur.* Heidelberg.

Bateson, Gregory (1981): *Ökologie des Geistes.* Frankfurt/M.

Bateson, Gregory (1982): *Geist und Natur.* Frankfurt/M.

Bateson, Gregory & Mary C. (1987): *Angels Fear. Towards an epistemology of the sacred.* New York.

Bateson, Mary C. (1972): *Our Own Metaphor.* A personal Account of a Conference on Conscious Purpose and Human Adaption, New York.

Belfi, Amy u.a. (2019): *Dynamics of aesthetic experience are reflected in the default-mode network.* NeuroImage, 188, March, 584–597.

Berlyne, Daniel E. (1971a): *Aesthetics and psychobiology.* New York.

Berlyne, Daniel E. (1971b): *What next?* In: Day, H.I.; Berlyne, D.E. & Hunt, D.E. (Hrsg.): *Intrinsic motivation. A new direction in education. Toronto.*

Bischof, Norbert (1996): *Das Kraftfeld der Mythen.* München.

Brockman, John (1995): *The Third Culture. Beyond the Scientific Revolution.* New York.

Brodsky, Joseph (1998): *Der sterbliche Dichter.* München.

Brody, Nathan (1982): *My First Interest Is Interest.* Contemporary Psychology, 27, No 8.

Brown, William M. u.a. (2005) *Dance reveals symmetry especially in young men,* Nature, *438,* 1148–1150.

Bruckner, Randy L. u.a. (2008): *The brain's default network: anatomy, function, and relevance to disease.* Annals of the New York Academy of Sciences. 1124:1–38.

Bryson, Bill (2004): *Eine kurze Geschichte von fast allem.* München.

Cela-Conde, Camilo u.a. (2004): *Activation of the prefrontal cortex in the human visual aesthetic perception.* PNAS, Apr 20; 101 (16):6321–5.

Christaller, Walter (1933): *Die zentralen Orte in Süddeutschland: Eine ökonomisch-geographische Untersuchung über die Gesetzmäßigkeit der Verbreitung und Entwicklung der Siedlungen mit städtischen Funktionen.* Jena.

Christian, David (2018): *Big History. Die Geschichte der Welt – vom Urknall bis zur Zukunft der Menschheit.* München.

Christie, Agatha (1926): *The murder of Roger Ackroyd.* Glasgow.

Clark, Andy (1996): *Being There: Putting Brain, Body and World together again.* Cambridge, Mass.

Clark, Andy & **Chalmers,** David (1998)**:** *The extended mind.* Analysis 58, *7–19.*

Conard, Nicholas u.a. (2009): *New flutes document the earliest musical tradition in southwestern Germany.* Nature 460 (7256): 737–40.

Csikszentmihalyi, Mihaly (1985): *Das Flow-Erlebnis.* Stuttgart.

Csikszentmihalyi, Mihaly (1997): *Kreativität – Wie Sie das Unmögliche schaffen und Ihre Grenzen überwinden.* Stuttgart.

Damasio, Antonio (1994): *Descartes Irrtum. Fühlen, Denken und menschliches Gehirn*. München.

Damasio, Antonio (1999): *The feeling of what happens. Body and emotion in the making of consciousness*, New York.

Dediu, Dan & **Levinson**, Stephen. C. (2013): *On the antiquity of language: The reinterpretation of Neandertal linguistic capacities and its consequences.* Frontiers in Language Sciences, 4: 397. doi:10.3389/fpsyg.2013.00397

Deppe, Michael u.a. (2005): *Nonlinear Responses Within the Medial Prefrontal Cortex Reveal When Specific Implicit Information Influences Economic Decision Making.* Neuroimaging, Volume 15, Issue 2, 171–182.

Deutsch, Diana (1992): *Paradoxien der Tonhöhenwahrnehmung*. Spektrum der Wissenschaft. 10, 82 ff. Heidelberg.

Dirac, Paul A. M. (1963): *The evolution of the physicist's picture of nature.* Scientific American, 208 (5), 45–53.

Downs, Roger N. & **Stea,** David (1973): *Image and environment: cognitive mapping and spatial behaviour*. Chicago.

Dresler, Martin (2009): *Kunst und Neurowissenschaft.* In: Dresler (Hrsg.): Neuroästhetik – Kunst – Gehirn – Wissenschaft. Leipzig.

Drieschner, Michael (1991): *Einführung in die Naturphilosophie.* Darmstadt.

Eliot, T. S. (2015): *Four Quarters/Vier Quartette*. Frankfurt/M.

Emrich, Hinderk; **Schneider**, Udo; **Zedler**, Markus (2001): *Welche Farbe hat der Montag? Synästhesie: das Leben mit verknüpften Sinnen.* Stuttgart.

Esfeld, Michael (2002): *Einführung in die Naturphilosophie*. Darmstadt.

Fechner, Gustav Theodor (1876): *Vorschule der Ästhetik.* Leipzig.

Fischer, Ernst Peter (1997): *Das Schöne und das Biest. Ästhetische Momente in der Wissenschaft.* München.

Fischer, Lars (2015): *Wissenschaft und ihre (wechselnden) Begriffe*. Spektrum.de. https://scilogs.spektrum.de/fischblog/wissenschaft-und-ihre-wechselnden-begriffe/ zul. abg. 3.11.2020.

Flohr, Hermann (1994): *Denken und Bewußtsein*. In: Fedrowitz, Jutta u.a. (Hrsg): Neuroworlds. Gehirn – Geist – Kultur. 335–353. Frankfurt/M.

Franzmann Andreas (2013): *Am Anfang steht die Leidenschaft: Bildungsbiographien von Wissenschaftlern.* Attempto! Forum der Universität Tübingen, Juni.

Gebhardt, Hans (2016): *Das „Anthropozän" – zur Konjunktur eines Begriffs.* Heidelberger Jahrbücher Online. 1, Art. 3, 28.

Gierer, Alfred (1986): *Die Physik, die Seele und das Leben.* München.

Goodman, Nelson (1995): *Sprachen der Kunst*. 2. Ausgabe. Frankfurt/M.

Haeckel, Ernst (1998): *Kunstformen der Natur.* München.

Haidt, Jonathan (2012): *The righteous mind: Why good people are divided by politics and religion.* New York.

Haken, Hermann (1986): *Erfolgsgeheimnisse der Natur. Synergetik – die Lehre vom Zusammenwirken.* München.

Hard, Gerhard (1973): *Die Geographie. Eine wissenschaftliche Einführung*. Berlin.

Hawking, Stephen (2019): *Kurze Antworten auf große Fragen.* Stuttgart.

Heerwagen, Judith H. & **Orians**, Gordon H. (1993): *Humans, Habitats and aesthetics.* In: Kellert, Stephen R. & Wilson, Edward O. (Hrsg.): The Biophilia Hypothesis. Washington, D. C.

Hegel, Georg Wilhelm Friedrich (1967): *Jenaer Realphilosophie. Vorlesungsmanuskripte zur Philosophie der Natur und des Geistes von 1805–1806.* Hg. von Johannes Hoffmeister. Hamburg.

Hein, Hilde (1996): *The Art of Displaying Science: Museum Exhibition.* In: Tauber, Alfred I.: The elusive synthesis: Aesthetics and science, 267–288. Dordrecht.

Hoffmann, Dirk L. u.a. (2018a): *U-Th dating of carbonate crusts reveals Neanderthal origin of Iberian cave art.* Science, 359 (6378), 912–915.

Hoffmann, Dirk L. u.a. (2018b): *Symbolic Use of Marine Shells and Mineral Pigments by Iberian Neanderthals 115,000 years ago.* Science Advances, 4, No. 2, eaar5255.

Hossenfelder, Sabine (2018): *Das hässliche Universum. Warum unsere Suche nach Schönheit die Physik in eine Sackgasse führt.* Frankfurt/M.

Humboldt, Alexander von (1808): *Ansichten der Natur.* 1986 neu herausgegeben von Hans Magnus Enzensberger. Nördlingen.

Jacobsen, Thomas (2004): *Individual and group modelling of aesthetic judgment strategies.* British Journal of Psychology, 95(1), 41–56.

Jacobsen, Thomas u.a. (2006): *Brain correlates of aesthetic judgment of beauty. NeuroImage,* 29(1), 276–285.

Jakesch, Martina u.a. (2013): *Image Ambiguity and Fluency.* PLoS One, 8(9): e74084. https://doi.org/10.1371/journal.pone.0074084.

Junker, Thomas 2013: *Die Evolution der Phantasie. Wie der Mensch zum Künstler wurde.* Stuttgart.

Kahneman, Daniel (2012): *Schnelles Denken, langsames Denken.* München.

Kahneman, Daniel u.a. (1993): *When More Pain Is Preferred to Less: Adding a Better End*. Psychological Science. 4 (6): 401–405.

Kahneman, Daniel & **Frederickson**, Barbara (1993): *Duration neglect in retrospective evaluations of affective episodes*. Journal of Personality and Social Psychology. 65 (1): 45–55.

Kahneman, Daniel u.a. (2004): *A Survey Method for Characterizing Daily Life Experience: The Day Reconstruction Method*. Science, 306, 5702, 1776–1780.

Kampe, Knut K. u.a. (2001): *Reward value of attractiveness and gaze.* Nature. 413(6856):589.

Kant, Immanuel (1790): *Kritik der Urteilskraft.* Kap. 32, 2. Buch: Analytik des Erhabenen. https://www.projekt-gutenberg.org/kant/kuk/kukvor1

Kemp, Simon u.a. (2008). *A test of the peak-end rule with extended autobiographical events*. Memory & Cognition. 36 (1): 132–138.

Koestler, Arthur (1983): *Als Zeuge der Zeit. Das Abenteuer meines Lebens.* München.

Koppe, Franz (1983): *Grundbegriffe der Ästhetik.* Frankfurt/M.

Kries, Mateo (2010): *Design vs. Styling.* Interview in „Die Welt". https://www.welt.de/welt_print/lifestyle/article9263796/Design-vs-Styling.html zul. abg. 3.11.2020

Kringelbach, Morten L. & Berridge, Kent C. (2013): *Freude, schöner Nervenfunken.* Spektrum der Wissenschaft, 8, 34–39.

Kuhn, Thomas S. (1976): *Die Struktur wissenschaftlicher Revolutionen*. Frankfurt.

Küppers, Bernd-Olaf (1993): *Die ästhetischen Dimensionen natürlicher Komplexität.* In: Welsch, Wolfgang: Die Aktualität des Ästhetischen, 247–277, München.

Leeuwenberg, Emanuel. (1974): *Meaning of perceptual complexity*. In: Berlyne, Daniel E. (Hrsg.): Pleasure, reward, preference, 99–114. London.

Lorblanchet, Michel (1997): *Höhlenmalerei*. Sigmaringen.

Lorblanchet, Michel (1989): *From man to animal and sign in Palaeolithic art.* In: Morphy, Howard (Hrsg): Animals into Art, 109–143. London.

Lück, Gisela (2000): *Leichte Experimente für Eltern und Kinder.* Freiburg.

Markowitsch, Hans J. (1996): *Neuropsychologie des menschlichen Gedächtnisses.* Spektrum der Wissenschaft, 9, 52–61.

Martindale, Colin u.a. (1990): *Aesthetic Preference: Anomalous Findings for Berlyne's Psychobiological Theory*. The American Journal of Psychology, 103, No. 1, 53–80.

Maturana, Humberto,& **Varela**, Francisco (1987): *Der Baum der Erkenntnis.* Bern.

McAllister, James W. (1998): *Is beauty a sign of truth in scientific theories?* American Scientist, 86, 174–183.

McClure, Samuel M. u.a. (2004): *Neural Correlates of Behavioral Preference for Culturally Familiar Drinks.* Neuron, Vol 44, 2, 379–387.

Menninghaus, Winfried u.a. (2017): *The Distancing-Embracing model of the enjoyment of negative emotions in art reception.* Behavioral and Brain Sciences, 1–58.

Menninghaus, Winfried u.a. (2019a): *What are aesthetic emotions?* Psychological Review, 126, No. 2, 171–195.

Menninghaus, Winfried u.a. (2019b): *Beauty, elegance, grace, and sexiness compared.* PLoS ONE 14(6): e0218728.

Mercier, Pascal (2004): *Nachtzug nach Lissabon.* München.

Milinski, Manfred & **Wedekind**, Claus (2001): *Evidence for MHC-correlated perfume preferences in humans, Behavioral Ecology*, 12, No. 2, 140–149.

Miller, Geoffrey F. (2001): *Die sexuelle Evolution. Partnerwahl und die Entstehung des Geistes.* Heidelberg.

Mithen, Steven J. (1996): *The prehistory of the mind. A search for the origins of art, religion and science.* London.

Mithen, Steven J. (2005). *The singing Neanderthals: The origins of music, language, mind, and body.* London.

Müller, Mira u.a. (2010): *Aesthetic judgments of music in experts and laypersons – An ERP study.* Int. Journal of Psychophysiology, 76(1), 40–51.

Newberg, Andrew u.a. (2001): *Why God won't go away*. New York.

Norenzayan, Ara (2013): *Big Gods: How Religion Transformed Cooperation and Conflict.* Princeton.

Orians, Gordon H. & **Heerwagen**, Judith H. (1992): *Evolved responses to landscapes.* In: Barkow, J.; Cosmides, L. & Tooby, J. (Hrsg.): The adapted mind. 555–579. Oxford.

Ortoli, Sven & **Witkowski**, Nicolas (1997): *Die Badewanne des Archimedes. Berühmte Legenden aus der Wissenschaft*. München.

Otti, Alexander u.a. (2012): *„Default-mode"-Netzwerk des Gehirns. Neurobiologie und klinische Bedeutung*. Der Nervenarzt 83, 16–24.

Paál, Gábor (1994): *Die ästhetische Grundlage der Geographie und ihre Bedeutung im Geographieunterricht*. Z. f. d. Erdkundeunterricht, 46, 226–29.

Paál, Gábor (2000): *Der Weg der reinen Neugier. Hobbyforscher und ihre Erfolge*. SWR2 Wissen, 17. April.

Paal, Gábor (2003): *Was ist schön? Ästhetik und Erkenntnis*. Würzburg.

Paál, Gábor (2008): *Lyrik ist Logik. Gedichte aus der Wissenschaft*. Vechta.

Paál, Gábor (2010): *Wir brauchen eine Geoethik!* Zeit Online, 2.12.2010. https://www.zeit.de/politik/ausland/2010-12/geoethik-klima-umwelt zul. abg. 3.11.2020.

Paál, Gábor (2012): *Warum Kreativität kein Maßstab für Urheberrechte ist*. In: iRights.info. https://irights.info/2012/05/24/gabor-paal-warum-kreati vitat-kein-masstab-fur-urheberrechte-ist/4156 zul. abg. 3.11.2020.

Paál, Gabor (2015): *Das Anthropozän muss wissenschaftlich bleiben*. Spektrum.de https://www.spektrum.de/kolumne/meinung-das-anthropozaen-muss-wissenschaftlich-bleiben/1347395 zul. abg. 3.11.2020.

Paál, Gábor (2020): *Die Vermessung der Schönheit*. SWR2 Wissen, 1.1.2020. Manuskript: https://www.swr.de/swr2/wissen/swr2-manuskript-wissen-20200101-100.pdf

Parin, Paul (1996). *Heimat, eine Plombe*. Rede am 16. November 1994 in Wien. Hamburg.

Paulino-Neto, Brigitte (1996): *Die Melancholie des Geographen*. Innsbruck.

Penrose, Roger (1974): *The role of aesthetics in pure and applied mathematical research*. Bull. of the Institute of Mathematics and its applications, 10, 266–271.

Penrose, Roger (1991): *Computerdenken. Die Debatte um Künstliche Intelligenz, Bewußtsein und die Gesetze der Physik*. Heidelberg.

Penrose, Roger (1995): *Schatten des Geistes. Wege zu einer neuen Physik des Bewußtseins*. Heidelberg.

Persinger, Michael (1999): *Neuropsychological Bases of God Beliefs*. New York.

Pessoa, Fernando (1996): *Das Buch der Unruhe*. Frankfurt/M.

Pinker, Steven (1998): *Wie das Denken im Kopf entsteht*. München.

Pöppel, Ernst (2000): *Grenzen des Bewußtseins. Wie kommen wir zur Zeit, und wie entsteht Wirklichkeit*. Kippenberg.

Raab, Erich (1981): *Ästhetik und Neugier*. In: Voss, Hans-Georg & Keller, Heide (Hrsg.): Neugierforschung. Grundlagen, Theorien, Anwendungen, 263–308. Weinheim.

Reber, Rolf; **Schwarz**, Norbert & **Winkielman**, Piotr (2004): *Processing Fluency and Aesthetic Pleasure: Is Beauty in the Perceiver's Processing Experience?* Personality and Social Psychology Review, 8, No. 4, 364–382.

Rendu, William u.a. (2014): *Neandertal burial at La Chapelle-aux-Saints*. PNAS, Jan 2014, 111 (1) 81–86; DOI: 10.1073/pnas.1316780110.

Rehm, Hubert (1994): *Schönheit – doch mehr als bloßer Durchschnitt?* Spektrum der Wissenschaft, 7, 20.

Richter, Klaus (1999): *Die Herkunft des Schönen. Grundzüge der evolutionären Ästhetik.* Mainz.

Rombach, Heinrich (1990): *Philosophie des Gartens.* In: Wieviel Garten braucht der Mensch? Würzburger Universitätsvorträge, Würzburg, 237–250.

Rojahn, Susan Y. (2013): *Memory Is Inherently Fallible, And That's a Good Thing.* MIT Technology Review. 9 Oct. https://www.technologyreview.com/2013/10/09/176152/memory-is-inherently-fallible-and-thats-a-good-thing/ zul. abg. 3.11.2020

Roth, Gerhard (1997): *Das Gehirn und seine Wirklichkeit. Kognitive Neurobiologie und ihre philosophischen Konsequenzen*. Frankfurt/M.

Roth, Gerhard (2002): *Fühlen, Denken, Handeln. Die neurobiologischen Grundlagen des menschlichen Verhaltens.* Frankfurt/M.

Roth, Michael S. (1994): *We are what we remember (and forget)*. Tikkun, 9.6.1994, 41–42, 91.

Santayana, George (1896): *The sense of beauty*. New York.

Sacks, Oliver (1987): *Der Mann, der seine Frau mit einem Hut verwechselte.* Reinbek bei Hamburg.

Saint-Exupéry, Antoine de (2000) [1943]: *Der kleine Prinz.* Düsseldorf.

Savage, Patrick E. u.a. (2020): *Music as a coevolved system for social bonding.* Behavioral and Brain Sciences. Published online by Cambridge University Press: 20 August 2020.

Schafer, Murray (1988): *Klang und Krach – Eine Kulturgeschichte des Hörens.* Frankfurt/M.

Schmidt, Patrick (2020): *Der Kunststoff der Neandertaler.* Spektrum der Wissenschaft, 7, 79ff.

Schöttler, Christel, & **Kutter**, Peter (Hrsg) (1992): *Sexualität und Aggression aus der Sicht der Selbstpsychologie.* Frankfurt/M.

Snow, Charles P. (2001) [1959]. *The Two Cultures*. London.

Spork, Peer (2017): *Gesundheit ist kein Zufall. Wie das Leben unsere Gene prägt – die neuesten Erkenntnisse der Epigenetik.* München.

Stern, Daniel (1992): *Die Lebenserfahrungen des Säuglings*. Stuttgart.

Strack, Fritz u.a. (1988): *Inhibiting and facilitating Conditions of the Human Smile: A Nonobtrusive Test of the Facial Feedback Hypothesis. Journal of Personality and Social Psychology, 54, 768–777.*

Swami, Viren & **Furnham**, Adrian (2014): *Personality and aesthetics preferences.* In: Smith, Jeffrey K. & Tinio, Pablo P. L. (Hrsg.): The Cambridge Handbook of the Psychology of Aesthetics and the Arts, Cambridge University Press, 540–561.

Tauber, Alfred I. (Hrsg.) (1996): *The elusive synthesis: Aesthetics and science.* Dordrecht.

Tuan, Yi Fu (1974): *Topophilia. A study of environmental perception*. Englewood Cliffs.

Tuan, Yi Fu (1977): *Space and Place: The perspective of experience*. London.

Vanhaeren, Marian u.a. (2006): *Middle Paleolithic Shell Beads in Israel and Algeria.* Science, 23, 1785–1788

Varela, Francisco J. (1990): *Kognitionswissenschaft – Kognitionstechnik. Eine Skizze aktueller Probleme.* Frankfurt/M.

Vessel, Edward u.a. (2013): *Art reaches within: aesthetic experience, the self and the default mode network*. Frontiers in Neuroscience. 7, 258.
Wallas, Graham (1926): *The Art of Thought.* London
Wassiliwizky, Eugen u.a. (2017): *Tears Falling on Goosebumps: Co-occurrence of Emotional Lacrimation and Emotional Piloerection Indicates a Psychophysiological Climax in Emotional Arousal.* Frontiers in Psychology, 8.
Watterson, Bill (1995): *The Calvin and Hobbes Tenth Anniversary Book.* London.
Weber, Ralf u.a. (2008): *Aesthetics of streetscapes: influence of fundamental properties on aesthetic judgments of urban space.* Perceptual and Motor Skills, 106(1):128–46.
Wechsler, Judith (1988) (Hrsg.): *On aesthetics of science*. Basel.
Wehling, Elisabeth (2016): *Politisches Framing: Wie eine Nation sich ihr Denken einredet – und daraus Politik macht.* Köln.
Welsch, Wolfgang (1991): *Ästhetisches Denken*. Stuttgart.
Welsch, Wolfgang (1994): *Ästhetik, ethische Implikationen und Konsequenzen.* In: Wulf, C.; Kampe, D.; Gumbrecht, H. U. (Hrsg.): Ethik der Ästhetik. Berlin.
Wertheimer, Jürgen & **Birbaumer**, Nils (2016): *Vertrauen: ein riskantes Gefühl.* Wals bei Salzburg.
Whitehead, Alfred N. & **Russell**, Bertrand (1910–1913): *Principia Mathematica*, 3 Bände. Cambridge.
Wilson, Edward O. (1984): *Biophilia*. Cambridge (Mass.).
Wolf, Ernest S., u.a. (1989): *Selbstpsychologie. Weiterentwicklungen nach Heinz Kohut.* München.
Wong, Kate (2020): *Die älteste Bildgeschichte der Menschheit.* Spektrum der Wissenschaft, 8, 22–25.
Worringer, Wilhelm (1959): Abstraktion und Einfühlung. München.
Yarham, Robert (2015): *Landschaften lesen.* Bern.
Zeki, Semir (2001): *Artistic Creativity and the Brain*. Science. 293 (5527), 51–52.

Bildnachweis

Alle Illustrationen © Britta Wagner (https://britta-wagner.de) außer:

Buchcover	NASA
S. 5	Max-Planck-Inst. für Entwicklungsbiologie, Tübingen.
Abb. 2	Gábor Paál
Abb. 10	Re. o: © Max-Planck-Inst. für Entwicklungsbiologie, Tübingen. Li. o.: Piotr Siedlecki, Public Domain CC0 1.0 Universal (CC0 1.0)
S. 151/S. 235	Hendrik Mäkeler/bearb. Britta Wagner
Abb. 19	Saul Steinberg/VG Bild-Kunst
Abb. 29	Anlehnung an Penrose, R.; British Journal of Psychology 1958/49.

Register

Ahnung 13, 173ff, 186ff, 200ff, 217, 224, 261
Aisthesis 11
Aktionskunst 248
Ambiguitätstoleranz 121, 126, 222
Andersch, Alfred 9, 255
Angemessenheit 83
Animismus 108
Anregendes 115
Anregung, geistige 64
Anthromorphismus 108
Apollo 8 85
Archäologie 161
Architektur 24, 66f, 154
Assmann, Jan 109
Ästhetik
empirische 29f, 43, 44f
integrative 10
von oben/unten 10f, 62, 283
ästhetische Emotion 97
Ästhetisierung 24ff, 147
Attraktivität 22, 31, 50, 55, 105, 136 150, 156
Augustinus 61
Auratisierung 208
Aussichtspunkte 82
Authentizität 77, 82, 108, 134
Balance 81
Bandura, Albert 98f
Bär, S. 17
Bateson, Gregory 5, 14, 22, 23, 70, 92ff, 107, 122f, 160, 219ff, 252f,
Bateson, Mary Catherine 95, 102
Belohnungssystem 30f
Berlyne, Daniel 27f, 54, 116, 127
Bernstein, Leonard 96
Bewegtsein 40ff, 97f, 111, 152
Bewusstsein 19, 60
Beziehungen, menschliche 64
Big Five 74
Blombos-Höhle 158
Brockman, John 285
Brodsky, Joseph 151, 166
Burke, Edmund 111
Busakawa 135
Calvin and Hobbes 102
Cela-Conde, Camilo 33
Chemie 176, 183, 198, 246ff, 255
Cicero, Marcus Tullius 63
Corona-Krise 185
Cortex, orbitofrontaler 34f, 42, 152,
Cortex, präfrontaler *Siehe* Cortex, orbitofrontaler
Csikszentmihalyi, Mihaly 130ff
Damasio, Antonio 37, 59, 93f
Darwin, Charles 281
Default Mode Network 42, 98, 114
Definitionen 17
ästhetisch 20
elementare Ästhetik 56
Erkenntnisästhetik 61
E-Werte 56
Muster 68
O-, S- und K-Werte 68
schön 18
Schönheit 19
Stil 205
Thema 173ff
Denklandschaften 13, 175ff
Didaktik 169
Diffusion v. Innovationen 176, 199
Dinosaurier 233f, 262
Dirac, Paul 231f, 237
Dirigieren 96
Disposition, ästhetische 55
diversiv *vs.* spezifisch 127f
DNA-Doppelhelix 230
Drosten, Christian 185
Duncan, Isadora 211
Earthrise 85, 96, 112, 135
Eden-Theorie 50, 105
Effizienz 88
ehrlich/unehrlich 22
Einfachheit 87, 88, 189, 231ff
Einheit 85
Einstein, Albert 87, 233, 235, 264

Eiszeitkunst 156
Eleganz 71, 81, 87, 155, 232, 238ff, 245, 258
Emotionen 30f
Emotionen, ästhetische 40
Entsinnlichung 77
ergründen 123
Erhabene, das 111f
Erhabenheit 135f
Erinnerungen 7, 34f, 48, 57, 101, 110, 137, 140, 145ff, 191
Erkenntnisstile 247
Erkundung 27, 122ff, 127, 128, 129, 132, 220ff, 249ff, 278
Escher, Morits C. 271, 289
Ethik 13, 36, 151, 165, 241
EU 85
Eulersche Identität 87
Evidenz 83
Evolution 30, 49, 50ff, 140, 158f, 166, 197, 222, 233ff, 253, 258ff, 284ff
Evolutionspsychologie 50f, 157
Fantasie 161f, 166
Faustkeile 158f
Fechner, Gustav Theodor 10, 12, 29, 54, 112, 170, 286
Filmmusik 25
Fischer, Lars 240
Fischlarven 140
Flaggen 89
Flohr, Hans 37
Flow 130, 172
Fluency Siehe kognitive Leichtigkeit
Fortschritt 257
Framing 25
Frankfurt a.M. 13, 29, 45, 47, 75, 184, 286
Freud, Sigmund 94
Fülle 247
Funktionalität 66
Gänsehaut 43ff
Ganzheit 79ff, 88f, 113, 133
Gärten 98, 106
Gedichte *Siehe* Lyrik
Genres 208
Geographie 175
Gerechtigkeit 83, 141, 152, 267
Geschichten 107
Gesichter 11, 33f, 47, 51ff
Gesichtsmuskeln 44, 76
gestalten 123
Gewöhnung 56
Glück 19, 148
Glücksforschung 148
Goldener Schnitt 54, 87
Goodman, Nelson 12, 31, 59, 139, 247, 249
Haeckel, Ernst 246
Haidt, Jonathan 155
Handlungskontext 122
Hedonimeter 148
Hegel, Georg Wilhelm Friedrich 285
Heilige, das 111, 160
Heimat 101f, 105, 129
Hermeneutik 251
Hobbyforscher 195ff, 256
Hoffmann, Roald 246, 255
Höhlenmalerei 157, 162
Holocaustmahnmal 24
Horrorfilme 32
hortensische Zustände *Siehe* Gärten
Hossenfelder, Sabine 231f
Humboldt, Alexander von 276
Humor 64
Ideologien 90
Information 60
Innovationen 143, 199, 200
innovativ 122
intrinsisch 18, 130, 201
Jacobsen, Thomas 34f, 40, 61
Journalismus 63, 67, 107, 130, 175
Kahneman, Daniel 38f, 44, 107, 145, 148ff.
Kandinsky, Wassily 29
Kant, Immanuel 18, 111
Kaskaden der Schönheit 136, 139
Kästner, Erich 169
Kategorien vs. Werte 20f
Kenntnisse vs. Erkenntnisse 174
Kernselbst 94
Kitsch 141
Koestler, Arthur 205
Kognitionspsychologie 12, 38, 162
kognitive Karten 176, 186
kognitive Leichtigkeit 80, 87, 120
Kohut, Heinz 94, 100

Komplexität 116, 137
Kongruenz 83
Konsistenz 83
Konstruktivismus 27f, 241, 260
Kontextualisierung 23ff, 36, 37, 122, 152, 229
Konzeptkunst 248
Korrektheit 83
Kreativität 62, 65, 121ff, 127ff, 135ff, 219, 222ff, 249
Kries, Mateo 154
Kuhn, Thomas S. 238
Kunst 18, 65
  Entstehung der 158
  und Wissenschaft 245
Kunsthandwerk 66
Landschaft 279
Landschaften 10f, 41, 50, 69, 102ff, 116f, 135, 157, 187, 206, 260, 282
Lascaux 161
Leben 20
Lebenszufriedenheit 148
Lernen lernen 219
Liebe 92
Lorenz, Konrad 252
Löwenmensch 161
Lust 11, 30ff, 40f, 46, 50, 152
Lyrik 87, 246, 255
Mandelbrotmenge 84, 243
Markenwahrnehmung 35
Mathematik 86f, 231, 255, 258f, 261, 268ff, 271
McAllister, James 237, 238ff
Menninghaus, Winfried 38ff, 88
Mercier, Pascal 59
Meta-Emotion 13, 36, 229
Metawissenschaften 287
Minimalismus 87
Mischwesen 161ff
Mithen, Steven 162ff
Mode 57, 62, 142f, 147, 199, 236
Module, kognitive 163
Moiré-Effekt 86
Moral 152
Morphologie 260, 278
Museen 9, 26, 133, 216, 258
Musik 25ff, 31f, 43ff, 156, 160
Mythen 109f, 264f, 293
Natur 103
natürlich 84
natürliche Formen 102
Natürlichkeit 232
Neandertaler 157, 164, 165, 299
Neuartigkeit 64, 117ff, 140, 142, 171, 175
New York Times 23, 37
New Yorker 185f
Newton, Isaac 85
Normalität 83, 143
Nucleus Accumbens 32ff
Nüsslein-Volhard, Christiane 255
Objekt 16
Ockhams Rasiermesser 88, 234
Offenheit und Abgrenzung 97
Ordnung 37, 62ff, 79ff, 258
Originalität 67, 117, 138
Overview-Effekt 85, 96, 137
Pädagogik 65, 267
Paradigmenwechsel 239
Paradoxie der Hässlichkeit 31, 139, 271
Paradoxien 268ff
Parin, Paul 102
Parklandschaften 50, 56, 105
Penrose, Roger 231, 255, 271
Perfektion 84
Persönlichkeit 23, 74f, 94, 138, 175, 188, 202, 236
Perspektivenwechsel 118
Pessoa, Fernando 115
Pflanzen 103, 106, 116, 164, 245, 258, 262
Physik 181, 220, 231ff, 237, 255ff, 261, 267ff
Pistetik 241, 288
planen 139
Polyrhythmik 118
Popper, Karl 198
Priming 75
Punks 140
Qualität 84
Radikalismus 90
Rahmung 23
Realphilosophie 283ff
Regenbogen 89, 259
Reichtum 137

Reinheit 85
Reisen 9, 124, 171, 176, 181, 199, 265
Relevanz 63, 91f, 120, 169, 188, 201f, 217, 223, 248, 265 268
Religion 98, 111, 160ff, 164ff, 285
repetitive Muster 86
Resonanz 99, 113, 202, 217, 224
Rhetorik 63
Rituale 102
Ruck 220f, 224
Russell, Bertrand 270
Sacks, Oliver 94
Santayana, George 18
Schafer, Murray 26, 56
Schiller, Daniela 148
Schlichtheit 80ff, 113, 116, 136, 155, 259ff, 268
Schmuck 158
Schrödinger, Erwin 285
Schule 63
Schwäbische Alb 156f, 159
Selbst 93ff
autobiographisches 93
erinnerndes vs. erlebendes 145, 148
Selbstähnlichkeit 86
Selbstbild 69, 91, 237
Selbstpsychologie 92
Selbstwert 99
Selbstwirksamkeit 100f, 126, 135, 139, 227
semantisch vs. syntaktisch 81, 117
Sensibilisierung 7, 13, 169ff, 180, 222, 260
Sex 31f, 64, 96
sexuelle Selektion 52
sich äußern 125
sich einlassen 124
Signale 89
Situation 97
Skaleninvarianz 170f, 180, 185
Skulpturen 156
Sonate 207
Sonnenuntergang 87, 136, 142
Space und *Place* 104f, 280
Spannung 46, 116, 119ff, 132ff, 175, 202, 260, 270
Spezialstile 208
spezifisch *vs.* diversiv *Siehe* diversiv *vs.* spezifisch
Spiel 135
Sprache 208
Steinberg, Saul 185
Stern, Daniel 95
Stil 205ff
Stilelemente 207
Stimmigkeit 79ff, 88, 113, 215, 230, 248, 261
Stimmung 62, 99f, 113, 120, 148, 207, 210ff, 217, 229, 276
subjektives Wohlbefinden 148
Subjektivität 27
Süß, Hermann 196
Symbole 35, 89
symbolisches Denken 160
Symmetrie 11, 52, 79, 83, 106, 141, 152ff, 158, 231, 240
Sympathie 62, 98f
Synästhesie 55
Syntax vs. Semantik *Siehe* semantisch vs. syntaktisch
Tanz 52
Themen 173ff
Themenwelt 7, 176, 179ff, 189ff
Theorien 235, 260
Tiere 103, 135, 140, 158, 163, 233, 253, 262
Träume 281
Tuan, Yi Fu 104f, 279
tüfteln 124
Twain, Mark 118, 283
Übersichtlichkeit 63, 79
U-Kurve 116
Unversehrtheit 84
Verbundenheit 64, 91, 92, 99, 103, 111, 120, 140, 152, 154, 162, 262
Verlässlichkeit 63, 80, 202, 228, 257
Verträglichkeit 83
Vertrauen 64, 79, 228ff, 241
Vielfalt 137, 249
in Einheit 85
Vielschichtigkeit 118
Virtuosität 138
Vitra Design Museum 154
Vollständigkeit 84

Vorlieben 12, 50ff, 61ff, 73ff, 91, 101, 153, 157, 238f
Wächtershäuser, Günter 197ff
Wald-Fuhrmann, Melanie 46, 72f
Wallas, Graham 127
Walliser, Otto Heinrich 234
Wassiliwizky, Eugen 43, 45f
Weltformel 86
Werte 68
Werte vs. Kategorien 21
Whitehead, Alfred 270
Wiederholungen 117
Wilson, Edward O. 281
Wissenschaft 63
wissenschaftliche Revolutionen 238
Wohlfühlen 19
Worringer, Wilhelm 91
Zeichen 24, 57ff, 89, 109, 140, 143, 237, 271
Zeitempfinden 150
Zeki, Semir 30
zentrale Orte 176, 199
Zugehörigkeit 91, 96, 99ff, 109ff, 120, 160, 262